HARDPRESS.NET
HOME OF HARD-TO-FIND BOOKS

Collection Complète Des Mémoires Relatifs À
L'histoire De France, Depuis Le Règne De
Philippe-Auguste, Jusqu'au Commencement Du
Dix-Septième Siècle
by Claude Bernard Petitot

COLLECTION

COMPLÈTE

DES MÉMOIRES

RELATIFS

A L'HISTOIRE DE FRANCE.

———

P. de L'Estoile, tome 3.

DE L'IMPRIMERIE DE RIGNOUX.

COLLECTION

COMPLÈTE

DES MÉMOIRES

RELATIFS

A L'HISTOIRE DE FRANCE,

DEPUIS LE RÈGNE DE PHILIPPE-AUGUSTE, JUSQU'AU COMMENCEMENT
DU DIX-SEPTIÈME SIÈCLE;

AVEC DES NOTICES SUR CHAQUE AUTEUR,
ET DES OBSERVATIONS SUR CHAQUE OUVRAGE,

PAR M. PETITOT.

———

TOME XLVII.

PARIS,

FOUCAULT, LIBRAIRE, RUE DE SORBONNE, N° 9.
1825.

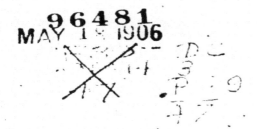
MEMOIRES JOURNAUX

PAR

PIERRE DE L'ESTOILE,

DEPUIS LA REDUCTION DE PARIS (22 MARS 1594) JUSQUES A LA FIN
DE L'AN 1597.

Mihi, non aliis.

SUPPLÉMENT

AU JOURNAL DU RÈGNE DE HENRI IV, DEPUIS 1599 JUSQU'A 1606,
TIRÉ DES ÉDITIONS DE 1736 ET 1732.

MÉMOIRES JOURNAUX

DE

PIERRE DE L'ESTOILE.

[MARS 1594.] LE mardi vingt-deuxieme jour de mars 1594, à sept heures du matin, le Roy entra dedans Paris par la mesme porte que le feu Roy en estoit sorti; et fut la ville reduite en son obeissance sans saq et sans effusion de sang, fors de quelques lansquenets qui voulurent mener les mains, et deux ou trois bourgeois de la ville : la vie desquels le Roi dit depuis avoir le desir de racheter, s'il eust esté en sa puissance, de la somme de cinquante mille escus, pour laisser un singulier temoingnage à la posterité que le Roy avoit pris Paris sans le meurtre d'un seul homme.

Estant dans la rue Saint-Honoré vis à vis de la barriere, il demanda au mareschal de Mattignon, comme s'il eust esté estonné de se voir dans une telle ville, au milieu d'un si grand peuple, s'il avoit donné bon ordre à la porte; et qu'il y regardast bien. Puis aiant avisé un soldat qui prenoit par force du pain sur un boulanger, y courust lui-mesmes, et le voulust tuer.

Passant devant les Innocens, et s'y estant arrêté avec sa trouppe, fust veu un homme à la fenestre

1.

d'une maison qui fait le coing, lequel, la teste couverte, regarda long temps Sa Majesté, sans faire seulement semblant de la saluer. En fin voiant qu'on commençoit à en murmurer, ferma la fenestre, et se retira.
Ce qu'aiant esté rapporté au Roy, s'en prist à rire, et
ce pendant defendist tresexpressement qu'on n'eust à
entrer en la dite maison, pour y fascher ou molester
aucun.

Estant arrivé sur le pont Nostre Dame, et oiant tout
ce peuple crier si alaigrement *vive le Roy!* dit ces
mots : « Je voi bien que ce pauvre peuple a esté tyran-
« nizé. » Puis aiant mis pied à terre devant l'eglise
Nostre Dame, estant porté de la foule, ses capitaines
des gardes voulans faire retirer le peuple, il les en engarda, disant qu'il aimoit mieux avoir plus de peine,
et qu'ils le vissent à leur aise : « car ils sont, dit-il,
« affamés de voir un roy. »

Dés qu'il fust arrivé au Louvre, il voulust voir et
parler au capitaine Saint Quentin, capitaine des Walons, prisonnier de l'Espagnol, pour le service qu'il
pretendoit faire au Roy (s'il eust peu) en la reduction
de Paris. Estant venu, Sa Majesté lui dist qu'il vouloit que les estrangers vidassent de sa ville de Paris
dans deux heures aprés midi. L'autre s'estant jetté à
ses pieds pour remercier Sa Majesté de la vie et liberté qui lui estoient rendues par son moien (car il
devoit estre pendu l'aprésdisnée dans la cour de l'hostel de Longueville), lui aiant offert son service, le
Roy l'accepta et le retinst, lui disant, puis qu'il n'estoit
point Espagnol, mais François, qu'il les laissast aller:
qu'il demeureroit prés sa personne, et qu'il n'eust plus
peur.

Dés le matin, le Roy avoit envoié vers eux M. le comte de Saint Pol, avec charge de dire au duc de Feria, comme il fit, que Sa Majesté tenant en sa main et leurs vies et leurs biens, il ne vouloit toutefois ni de l'un ni de l'autre : ains que liberalement il le leur remectoit, moiennant que promptement ils sortissent sa ville de Paris, sans aucune dilation ou excuse. Ce que le dit duc aiant promis, et assés promptement, comme celui qui ne s'attendoit pas d'en sortir à si bon marché, s'escria par deux ou trois fois : « Ah ! grand « roy, grand roy ! »

Sa Majesté fit aussi-tôt publier par la ville une declaration arrestée à Senlis le 20 de ce mois, par laquelle il pardonnoit à tout le monde, mesmes aux Seize.

Puis envoia donner le bon jour à mesdames de Nemoux et de Montpensier, et les asseurer qu'il ne seroit fait tort aucun à leurs personnes, biens et maisons : lesquelles il avoit pris et prenoit en sa protection et sauvegarde. Lesquelles, bien que deconfortées, en remercierent bien humblement Sa Majesté, et en dirent un grand merci bien bas.

A la première nouvelle qu'en receust madame de Montpensier, lors qu'on lui vinst dire de bon matin que le Roi estoit dedans Paris, elle se monstra tellement esperdue et comme desesperée, qu'elle demanda s'il y avoit point quelcun qui lui peust donner d'un coup de poignard dans le sein. Puis aiant un peu repris ses esprits, tourna sa colere contre M. de Brissac, l'appelant meschant et traïstre, disant que dés long temps elle sçavoit qu'il estoit poltron ; mais que de traïstre elle ne l'avoit congneu que jusques à ce jour.

Ce jour, sur les trois heures aprés midi, le duc de

Feria avec les garnisons estrangeres sortirent de Paris par la porte Saint Denis, au dessus de laquelle il y a une fenestre, où le Roy se mist pour les voir passer.

Le duc de Feria le salua à l'espagnole, comme on dist : c'est à dire gravement et meigrement. Dequoi le Roy se moqua ; et lui ostant à moictié son chappeau, le contrefaisoit aprés fort plaisamment.

Une femme d'un Hespagnol passant avec les troupes pria qu'on luy monstrast le Roy, disant tout hault que la France estoit heureuse d'avoir un si grand roy, si bon, si doux et si clement, lequel leur avoit pardonné à tous. Et que s'ils l'eussent tenu comme il les tenoit, qu'ils n'eussent eu garde de lui en faire autant. Aprés qu'on lui eust monstré le Roy : « Je le vois, dist elle ; » et le regardant, commença de lui crier tout haut : « Je « prie à Dieu, bon roy, que Dieu te doint toute pros- « perité ! Et de moi estant en mon pays, et quelque « part que je sois, je te benirai tousjours, et celebre- « rai ta grandeur, ta bonté et ta clemence. »

Les Neapolitains aussi s'en allans, disoient : « Vous « avez aujourd'hui un bon roy, au lieu d'un prince « tresmeschant que vous aviés. »

Au president de Nully, qui ce jour se presenta pour faire la reverence à Sa Majesté, elle fit demander par Sanssi en quelle qualité il la lui vouloit faire. Auquel ledit president ayant respondu que c'estoit en qualité de son treshumble et tresobeissant subject et serviteur ; le Roy l'ayant entendu, lui renvoia dire par Sanssi qu'il ne tenoit point pour ses subjets ni pour ses ser- viteurs ceux qui l'estoient de l'Espagnol ; et qu'il ne laissast pas, si bon lui sembloit, de s'en aller avec eux. Au president de Hacqueville il dit ces mots : « M. le

« president, je suis bien aise de vous voir ; je sçai les
« bons offices que m'avez fait ici : je vous en remercie.
« Toutefois, quand il estoit question de quelque affaire
« qui importoit à mon service, vous estiés ordinaire-
« ment malade. Je suis d'avis que vous vous retiriés à
« vostre grand conseil. »

Pour le secretaire Nicolas, Sa Majesté le manda à
son disner, pour en tirer du plaisir. Lui ayant demandé
qui il avoit suivi pendant les troubles, ledit Nicolas lui
respondit qu'il avoit à la verité quitté le soleil et suivi
la lune. « Mais que veux-tu dire de me voir ainsi à Pa-
« ris comme j'y suis ? — Je dis, sire, respondit Nicolas,
« qu'on a rendu à Cæsar ce qui appartenoit à Cæsar,
« comme il faut rendre à Dieu ce qui appartient à
« Dieu. — Ventre saint gris, respondit le Roy, on ne
« m'a pas fait comme à Cæsar, car on ne me l'a pas
« rendu à moy : on me l'a bien vendu. » Cela dit-il en
presence de M. de Brissac, du prevost des marchands,
et autres vendeurs qu'il appeloit.

Ce jour, à l'instance de l'ambassadeur d'Angleterre,
le tableau de la cruauté de la roine d'Angleterre contre
les catholiques, estalé par la Ligue dans la grande
eglise de Nostre Dame, en fust osté, par commandement exprés de Sa Majesté.

Le mesme jour, Sa Majesté ayant receu deux advis
d'importance, elle dit à ceux qui lui en parloient ces
mots : « Il faut que je vous confesse que je suis si eny-
« vré d'aise de me voir où je suis, que je ne sçai que
« vous me dites, ni ce que je vous dois dire. »

A messieurs de la ville, qui lui presenterent ce jour
de l'hippocras, de la dragée et des flambeaux, supplians Sa Majesté d'excuser la pauvreté de sa ville de

Paris, il leur dit qu'il les remercioit de ce que le jour de devant ils lui avoient fait present de leurs cœurs, et maintenant de leurs biens; qu'il les acceptoit de bon cœur. Et pour leur monstrer, qu'il demeureroit avec eux et en leur garde, et qu'il n'en vouloit point d'autre que la leur.

Comme il se mettoit à table pour soupper, il dit en riant qu'il sentoit bien à ses pieds, qui estoient moictes, qu'il s'estoit crotté venant à Paris; mais pour le moins qu'il n'avoit pas perdu ses pas.

Le mecredi 23, le soubschantre Nostre Dame, qui le jour de devant avoit presenté la croix au Roy à l'entrée de l'eglise, mourut à deux heures aprés minuict, n'ayant esté malade que deux heures. Ce que ceux de la Ligue interpretoient à punition divine.

Ce jour, le Roy alla ouir la messe à la Sainte Chapelle, où je le vis entrer.

Le jour mesme, en la ruë de l'Arondelle, un gentilhomme qui estoit au Roy, accompagné de deux ou trois autres, ayant avisé le curé de Saint André avec celui de Saint Germain de l'Auxerrois, qu'on appelloit le curé du Roy; l'ayant accosté, lui demanda s'il estoit pas bien resjoui d'avoir un si bon paroissien que le Roy, et s'il ne vouloit pas crier *vive le Roy?* Auquel ledit curé respondit qu'on y aviseroit, et qu'on n'en estoit pas encores là. Lors ce gentilhomme entrant en colere, lui dit en jurant que s'il n'eust eu crainte de desplaire au Roy son maistre, qu'il le lui eust fait crier tout à l'heure, voire bien hault.

Ces jours de mecredi et jeudi, à Saint André et en quelques autres paroisses de Paris, les prœbstres ne vouloient confesser, que prealablement ils ne sceussent de ceux qui s'y presentoient s'ils avoient esté bien aises de la venue du Roy à Paris. Et ceux qui disoient qu'oui, les renvoyoient, et ne les vouloient confesser.

Les predications aussi cesserent, disans tout haut les predicateurs qu'ils ne pouvoient prescher autrement qu'ils avoient presché. Ce qu'estant rapporté au Roy, dit qu'il les faloit excuser, pour ce qu'ils estoient encore faschés.

Ung patissier de devant Saint Sevrin fust bien si impudent et hardi, jusques là de dire en plaine rue que le jour de devant il estoit bien entré des chiens à Paris : mais qu'il les faloit avoir. Pour lesquelles paroles fut contraint de s'absenter.

Ce jour mesme, une honneste damoiselle donna advis de deux bourgeois de la ville, l'un masson et l'autre boulanger, qui tous deux avoient dit qu'ils estoient resolus de mourir : mais que devant ils tueroient le Roy.

Le jeudi 24 mars, le curé de Saint Jacques de la Boucherie, auquel on avoit envoyé un billet (ce qu'il meritoit bien, et pis), communia seize personnes dans l'eglise de l'Avé Maria ; et aprés leur dit qu'ils remerciassent Dieu de ce que les choses s'estoient passées si doucement en la reduction de Paris ; que le Roy s'estoit monstré merveilleusement doux et bening, en ce qu'il leur avoit à tous pardonné, combien que plusieurs d'entre eux eussent fait de mauvais actes, et irremissibles ; qu'il n'en pouvoit dire autre chose, si non que c'estoit un bon roy. Quant à lui, qu'il falloit qu'il s'en allast ; mais en quelque part qu'il fust, qu'il celebreroit tousjours et loueroit sa generosité et clemence.

Ce jour, le Roy vinst voir madame de Nemoux, avec

laquelle madame de Montpensier estoit. Il leur demanda, entre autres propos, si elles estoient point bien estonnées de le voir à Paris; et encore plus de ce qu'on n'y avoit volé ni pillé personne, ni fait tort à homme du monde de la valeur d'un festu, voire jusques à la racaille des goujats, qui avoient paié tout ce qu'ils avoient pris. Et se tournant vers madame de Montpensier, lui dit : « Que dites-vous de cela, ma cousine? — Sire, « lui respondit-elle, nous n'en pouvons dire autre « chose, sinon que vous estes un tresgrand roy, tres-« bening, tresclement et tresgenereux. » A quoi le Roy se soubsriant, lui dit : « Je ne sçai si je dois « croire que vous parliez comme vous pensez. Une « chose sçai-je bien, c'est que vous voulez bien du mal « à Brissac : est il pas vrai? — Non, sire, dit-elle; « pourquoi lui en voudrois-je? — Si faites, si faites, « respondit le Roy; je le sçai trop bien. Mais quelque « jour que vous n'aurez que faire, vous ferez vostre « paix. — Sire, dit-elle, elle est toute faite, puis qu'il « vous plaist. Une chose eussai-je seulement desiré en « la reduction de vostre ville de Paris : c'est que M. de « Maienne mon frere vous eust abaissé le pont pour « y entrer. — Ventre saint gris, respondit le Roy, il « m'eust fait possible attendre longtemps; je n'i fusse « pas arrivé si matin. »

Le jour mesme, Sa Majesté entrant au Louvre dit à M. le chancelier : « M. le chancelier, dois je croire, à « vostre avis, que je sois là où je suis? — Sire, lui res-« pondit il, je croi que vous n'en doutez point. — Je « ne sçai, dit le Roy : car tant plus j'y pense, et plus « je m'en estonne. Car je trouve qu'il n'y a rien de « l'homme en tout ceci : c'est une œuvre de Dieu ex-

« traordinaire, voire des plus grandes. » Et à la verité
c'est chose fort miraculeuse de dire qu'une telle entreprise, esvantée comme elle estoit, et sceue de tant de
personnes, voire long temps auparavant, ait peu reus-
sir à la fin : car le secret est une chose rare, et peu
usitée entre ceux de nostre nation.

Le vendredi 25, un tonnelier ligueur et seditieus
qui demeuroit en la rue de l'Arondelle à Paris, qui la
derniere feste de la Toussaints avoit tué la femme de
l'orloger du Roy, nommé Greban, en qualité de politique et huguenote, fut constitué prisonnier, pour avoir
esté descouvert avoir porté le jour de devant un poin-
gnaard nud sous son manteau à l'hostel de Nemoux, où
estoit le Roy, en intention, disoit-on, d'en offenser Sa
Majesté; et que mesmes sa femme en avoit crié aprés
lui, disant qu'il feroit en fin quelque coup dont il ruineroit sa femme et ses enfans.

Ce jour, le curé de Saint-Germain de l'Auxerrois
prescha contre le Roy, non obstant le pardon que lui
avoit octroyé Sa Majesté le jour de devant, à la charge
d'estre plus sage à l'avenir, et plus retenu en ses predications qu'il n'avoit esté.

Au sortir de sa chaise, il fust saisi par le prevost
Lugoli et mené prisonnier au For l'Evesque, où interrogé il fist ce qu'il estoit, soustenant que le Roy estoit
excommunié. Pour lesquelles paroles il eust son congé,
le Roy n'ayant voulu qu'on le traictast plus rigoureu-
sement.

Nouvelet à Saint-Sevrin, Bellanger à Saint-Germain
de l'Auxerrois, et le prieur de Saint-Magloire à Saint-
Berthelemi, prescherent, et prierent Dieu pour le Roy.
Bellanger entre les autres, le Roy estant à son sermon

vis à vis de lui, prescha de l'obeissance deue aux rois, et que c'estoit heresie de soustenir le contraire; que ceux qui les avoient preschés par ci devant, et donné à entendre que le Roy estoit excommunié, et pourtant qu'il ne le falloit reconnoistre (comme avoit fait leur curé ce mesme jour au matin), estoient eux-mesmes excommuniés, seducteurs de peuple, et meschans.

Le curé de Saint-André des Ars fut adverti ce jour par M. le president Seguier de s'en aller, pour ce qu'il avoit esté chargé par Barriere, executé à Melun pour avoir voulu attenter à la personne du Roy. Ce que ledit curé nioit, ni qu'il eust jamais donné conseil de le tuer, bien qu'un grand homme noir qu'il ne connoissoit point s'estoit adressé à lui pour l'en consulter; mais qu'il l'avoit renvoyé aux jesuites.

Beaucoup de ligueus sortirent Paris ce jour : les uns par billets, et les autres sans les attendre, ayans crainte de pis.

Maistre Pierre Senault, adverti par le colonel d'Aubrai de reconnoistre le Roy, fit response que ce que son curé feroit, qu'il le feroit; et qu'il le suivroit tousjours comme son capitaine. Mais son curé dit qu'aucun bon catholique ne le pouvoit reconnoistre pour roy que le Pape n'y eust passé, et lui eust donné l'absolution. A laquelle opinion ou plustost heresie s'estant aheurté, il y entrainna Senault et quelques autres, qui ne s'en sont gueres bien trouvés, non plus que lui.

Le samedi 26, le Roy promist à messieurs du parlement de Paris leur restablissement, non obstant l'opposition de ceux qui l'importunoient d'attendre le parlement de Tours; ausquels il fit la response courte, mais bien à propos. « Ceux de Tours, leur dist-il, ont fait

« leurs affaires, et ceux de Paris ont fait les miennes.»

Ce jour, le Roy escrivist à M. de Dunes, qu'on nommoit Dantraguet, gouverneur de Pluviers, le mot suivant, de sa propre main :

« M. de Pluviers, je vous prie me venir trouver incontinent en ce lieu, où vous me verrés en mon char triumphant. C'est chose que je desire, et pour vous dire chose de bouche que je ne vous puis mander par escrit.

« De Paris.   HENRY.»

Ce jour, un coquin de gantier des seize, nommé Godon, auquel on avoit donné pour hostes des Anglois, sortist Paris. On l'apeloit le chapelain de Guarinus, pour ce qu'il estoit tousjours, pendant qu'il preschoit, au pied de sa chaire, avec une grande espée à deux mains.

Le dimanche 27, le Roy alla ouir la messe à Sainte-Genevieve, où il se trouva un si grand peuple à crier *vive le Roy!* que Sa Majesté dit qu'elle en estoit toute estourdie. Le jour de devant il avoit esté à Saint Eustace, où on en avoit fait autant.

Ce jour, on escrivist en grosse lettre, sur la porte du president de Nully : *François, pendez cest homme meschant!* Il avoit eu un billet deux jours auparavant, ayant esté esconduit de la requeste qu'il avoit presentée, qui portoit qu'attendu son aage et sa qualité, il lui fust permis de se retirer en l'abbaye Saint Victor lés Paris, ou en quelque autre moinerie des fauxbourgs.

Morin, procureur de la ville, au lieu de Brigard, eust aussi son billet ce jour. Icelui estant saisi d'une vive apprehension de voir le Roy à Paris, comme insigne ligueur et factieus qu'il estoit, alla trouver aussitost M. de Belin, lequel il importuna de prendre sa maison, qui estoit fort belle et bien meublée : en laquelle, entre autres singularités, y avoit une chambre qu'il nommoit sa chambre de parade, parée d'une fort belle et riche tapisserie, et d'un ciel beau par excellence ; dont il accommoda M. de Belin, lequel ayant jetté l'œil sur l'une et l'autre de ces pieces, eust incontinent envie de les avoir sans bourse deslier. Ce qu'il jugea aisé, veu la qualité du personnage auquel il avoit affaire, qui lui avoit fait offre non seulement de cela, mais de tout ce qui estoit en sa maison : desirant s'appuier de la faveur de ce seingneur pour se sauver d'un billet et d'une recherche qu'il jugeoit inevitable pour lui. L'autre, qui estoit accort, ne le prist sur l'heure au mot ; mais au sortir de sa maison le pria seulement de les lui prester pour quelque temps, et en attendant qu'il eust la commodité d'en acheter. Morin, qui sçavoit bien que prester à telles gens c'estoit donner, s'en voulut excuser. Mais M. de Belin, qui n'avoit envie de lascher prise, le somma de sa parole, s'offrant à lui, au cas qu'il l'accommodast de ces deux pieces, qui lui revenoient fort. Morin en fin lascha la tapisserie : mais du ciel il vouloit s'en descombattre, jusques à ce qu'estant vaincu par les belles paroles et promesses dudit seingneur, il laissa aller l'un et l'autre. Lesquelles ayant en sa possession, dés le lendemain lui fist donner un billet, aprés que Brigard de gré à gré eust composé avec ledit Morin de son estat, et rendu son argent, avec trois mille livres davantage.

Ce jour, Du Bourg rendist la Bastille, et en sortist avec l'escharpe noire. Il ne voulust jamais prendre ar-

gent pour la reddition de ceste place, monstrant par-
là sa generosité et valeur. Estant sollicité de reconnoistre le Roy, et que c'estoit un bon prince, respondit
qu'il n'en doutoit point, mais qu'il estoit serviteur
de M. de Maienne, auquel il avoit donné sa foy. Au
reste, que c'estoit un traistre que Brissac; et que pour
lui maintenir, il le combattroit entre quatre piques
en presence du Roy, et lui mangeroit le cœur du ventre. Que la premiere chose qu'il feroit, estant sorti,
ce seroit de l'appeler au combat, et qu'il lui envoieroit
un trompette : pour le moins lui feroit il perdre l'honneur, s'il ne lui faisoit perdre la vie.

Ce jour, le curé de la Magdeleine ne recommanda
point le Roy en son sermon; mais comme si la ville
eust encores tenu pour la Ligue, recommanda les bons
princes catholiques, et ceux qui estoient affligez pour
la journée de mardi. Son impudence fust seulement
chastiée d'un simple silence qu'on lui imposa; et ce, de
l'exprés commandement de Sa Majesté.

Le lundi 28 mars, M. le chancelier vinst à la cour,
et fust le parlement restabli.

Messieurs Pithou et Loysel assisterent comme procureurs et advocats du Roy, en attendant le retour de ceux
qui estoient à Tours. Fut aussi restablie la chambre des
comptes. On pourra voir aux registres l'ordre qui y
a esté tenu.

La declaration du Roy sur la reduction de Paris,
imprimée par F. Morel, fust aussi publiée ce jour : par
laquelle on peut voir que Paris a esté rendu comme un
village, et que les escus de France en telles affaires
operent aussi bien que les doublons d'Espagne.

Le curé de Saint-André des Ars et son vicaire, avec

quelques autres zelés, sortirent de Paris par la porte
Bussi, à laquelle commandoit M. d'Aubrai, qui dit
adieu au curé, et le curé à lui et à toute la compagnie,
laquelle pour la plus part estoit de ses paroissiens, ausquels il demanda pardon, et les pria de prier Dieu
pour lui, et qu'il le prieroit pour eux.

Le cardinal Pelvé, bon Hespagnol et mauvais François, aagé de quatre-vingts ans, mourust ce jour à Paris. Deux jours devant qu'il mourust, lui ayant esté
rapporté que la Bastille n'estoit encores rendue : « Tant
« mieux ! respondit-il en se resjouissant. » Toutefois,
pour toutes ses mauvaises prattiques et offices qu'il
avoit fait au Roy et à la couronne, Sa Majesté voulut
qu'on le laissast mourir en paix ; et fust porté aux Celestins, et là enterré sans aucune pompe ne cerimonie,
faute d'argent, ainsi qu'on disoit.

Ce jour, un ligueur appuié sur la boutique de madame Houzé au Palais, y voiant des Heures estalées,
qui estoient à l'usage de Romme, lui demanda si elle
vendoit encores de ces livres là. Auquel ayant respondu
qu'elle en vendoit plus que jamais : « Ah ! madame,
« lui dist il, vous n'en vendrez plus gueres. Bien heu-
« reux qui est bien mort ! car tout est perdu. »

Le mardi 29 mars, on fist procession generale à
Paris ; à laquelle le Roy assista tout du long, nonobstant la pluie et mauvais temps qu'il faisoit. Tous les
mandiens s'y trouverent, hors mis les jacobins, ausquels
on fist defense de s'y trouver. Il y eust aussi des feux
de joie commandés par tout, qu'on fist avec une merveilleuse allegresse, et où on cria à plaine voix *vive le
Roy !* Melodie toutefois qui ne sonnoit pas encores bien
aux oreilles de plusieurs ; et disoit on que madame de

Montpensier oiant ceste musique, avoit dit en riant que Brissac avoit plus fait que sa femme, qui en quinze ans n'avoit fait chanter qu'un cocu ; au lieu que lui en huict jours avoit fait chanter plus de vingt mille perroquets à Paris.

Au feu qui fust fait ce jour devant l'hostel de ville à Saint-Jean en Greve, y eust un procureur nommé Moron, fort honneste homme et homme de bien, qui par grand inconvenient fust tué d'une boitte de feu, et sept ou huict autres de bien blessez.

Le mecredi 3o, le president Le Maistre fist le serment à la cour de septiesme president. Le Roy l'appeloit son bon president, pour les bons services qu'il lui avoit faits : qui fut cause que Sa Majesté le voulust recongnoistre à son entrée, et recompenser de cest estat de president, bien deu à la vertu de ce bon personnage ; aussi bien que celui de maistre des requestes à la fidelité de Langlois, qui ce mesme jour presta le serment du sien. Il avoit fait un grand service au Roy le jour de la reduction, entretenant dextrement les Hespagnols, et les amusant d'histoires romaines, attendant la venue du Roy, qui fut si longue qu'elle cuida desesperer ses serviteurs.

Ce jour on envoya un billet à Rolland, qui estoit un des principaux faciendaires de la Ligue, et lequel, tant du vivant du feu Roy que de cestuici, n'avoit fait autre chose que brouiller les affaires à Paris, et qui toutefois comme miraculeusement et sans y penser ne servist de peu à la reduction de la ville, servant comme de conseil à M. Langlois, lequel il estoit en lui de bien fascher et brouiller tout le mesnage commencé, si Dieu tenant la main à ceste œuvre ne l'eust conduite.

Moururent ce mesme jour à Paris deux femmes ligueuses; et au lieu qu'on dit communement que les femmes meurent de joie, celles ci tout au contraire moururent d'ennui, et de fascherie de voir le Roy dedans Paris. L'une estoit la femme du sire Lebrun, marchant demeurant en la rue Saint Denis; laquelle, à la nouvelle de l'arrivée du Roy à Paris, perdit la parole. L'autre estoit la chambriere d'un hommé Bleri, grand ligueur, lieutenant du capitaine Froissard; ausquelles on peult adjouster la femme de l'avocat Choppin, qui en perdist l'esprit le mesme jour : laquelle toutefois on disoit n'avoir pas perdu grande chose.

Le jeudi trente uniesme et dernier de ce mois, les advocas et procureurs de la cour presterent au Roy le serment de fidelité.

Ce jour, par arrest de la cour de parlement, fust cassé le pouvoir du duc de Maienne.

Furent aussi apportées à Paris, ce jour, les nouvelles de la reduction de la ville de Rouen : dont furent commandés par tout feux de joie.

On disoit que le Roy, estant arrivé à Paris, avoit trouvé au Louvre dans un coffre toutes les clefs des villes de son royaume.

Ce jour, sortist la ville ce seditieux cordelier Guarinus, lequel s'estant desguisé en Hespagnol pensoit sortir avec eux le jour de la reduction; mais il ne peust, et fust contraint se sauver dans une maison de la ruē Saint Denis, où M. Targer le trouva caché dans un garnier, le jour de la reduction. Le Roy avoit demandé audit Targer où il estoit, et qu'il passeroit pour certain avec les Walons, desguisé en Espagnol : ce qui estoit vrai; toutefois qu'il n'entendoit qu'on lui fist mal, mais qu'il ne le vouloit point voir. Dés que ce bon frere eust advisé Targer, il se jetta tout tremblant à ses pieds, le priant de ne le point tuer; et que de tant qu'il avoit mesdit du Roy, il en diroit du bien, et prescheroit doresnavant tout au contraire. A quoy Targer repliqua qu'il n'estoit pas homme de sang et de meurtre comme lui, qui le l'avoit tousjours presché; mais qu'il tinst ce qu'il promettoit.

Supplément tiré de l'édition de 1719.

Le mardi 22 mars, à trois heures du matin, qui étoit l'heure prise pour recevoir le Roy dans Paris, M. de Brissac, le prevost des marchands L'Huillier, et plusieurs notables bourgeois, capitaines de quartier et autres armés, se saisissent de la porte Neuve, qui peu de jours auparavant avoit été terrassée, et que Brissac avoit fait deboucher le jour precedent, et oster les gabions et terre, sous pretexte de la faire murer.

Langlois, echevin, occupa de son costé, avec nombre de gens en armes, celle de Saint Denis.

Quatre heures étoient sonnées, que le Roy ne paroissoit, ny personne pour lui. Langlois, inquiet, sort la porte; et craignant qu'elle luy fût fermée, rentra dans la ville sans avoir rien veu ny apperceu. Enfin, impatient, il sort derechef, et voit M. de Vitry, accompagné de plusieurs seigneurs et gens d'armes, arrivans sans bruit; auxquels il livra la porte, et furent ensemble avec leurs gens et suite occuper les remparts à droite et à gauche, sur lesquels il y avoit plusieurs canons en batterie qu'ils tournerent sur la ville, pour s'en servir au besoin.

Le Roy arriva au même temps à la porte Neuve, dont le pont fut abaissé; et ses gens, sans attendre

2.

que la barriere fût ouverte, passerent dessous à pied, et se coulerent à gauche le long des remparts vers la porte Saint Honoré, que l'echevin Neret devoit occuper.

Cependant les garnisons de Melun et de Corbeil, descendues par eau en plusieurs batteaux, furent reçues par Grossier, capitaine du quartier de Saint Paul, où il étoit fort accrédité, et avoit pratiqué nombre de batteliers et gens d'eau tous à sa devotion, et baissa la chaine qui traversoit la riviere de l'Arcenal au quartier de la Tournelle.

Vitry entra par la rue de Saint Denis, et d'O vint à pied avec sa compagnie par le quai de l'Ecole Saint Germain ; et ne trouva Vitry de resistance que de quelque cinquante mutins en diverses troupes, qu'il dissipa, et dont deux furent tués, l'un desquels étoit Feilletene, procureur en la cour, qui fut tué près le Palais. Il étoit de ceux qui avoient mené le parlement à la Bastille.

Quant à d'O, il trouva au port de l'Ecole un corps de garde de vingt-cinq à trente lansquenets, qu'il mit en pieces et fit jetter à l'eau ; et après qu'il eut occupé ou fait occuper par les capitaines de quartier royalistes le Louvre, le Palais, le grand chastelet, les principales places et carrefours, et les avenues des ponts, le Roy à cheval, suivy de nombre de seigneurs et de quantité de noblesse, et de cinq ou six cens hommes d'armes armés de corselets et rondaches, après avoir reçu les clefs de la ville, qui luy furent presentées par le prevost des marchands L'Huillier, entra dans Paris par la porte Saint Honoré, qui luy fut ouverte par Neret, echevin ; et il fut en l'eglise de Notre-Dame, où il avoit mandé qu'il desiroit entendre messe. Et pour l'absence de l'eveque cardinal de Gondi et du doyen Seguier, qui avoient été forcés de se retirer, par la faction des Seize, és villes de l'obéissance du Roy, il y fut reçû par l'archidiacre Dreux et le reste du clergé, qui vint au-devant de luy à la porte de l'eglise avec la croix, que le Roy baisa en grande humilité et devotion; et entendit la messe et le *Te Deum* en musique avec voix et orgues, et se rendit après aussy à cheval, accompagné de sa noblesse et gens d'armes, au Louvre, où il trouva son diner preparé, comme s'il y avoit été attendu de plusieurs jours.

Pendant que le Roy étoit à Notre-Dame, le comte de Brissac, qui avoit presenté au Roy, à son entrée à Paris, une belle echarpe en broderie, et en avoit reçeu l'echarpe blanche avec le nom et le titre de marechal de France, dont il l'avoit honoré en l'embrassant; L'Huillier, prevost des marchands; Langlois, echevin, et bon nombre d'autres accompagnés des herauts, trompettes, et gens de toutes sortes à pied et à cheval faisans grand bruit, couroient et alloient en tous les quartiers et rues de la ville, dont ils s'assuroient par les capitaines et bons bourgeois : annonçant la paix, pardon et grace au peuple, qui temoignoit sa joye par des acclamations redoublées que faisoient hommes, femmes et enfans, de *vive le Roi, la paix et la liberté!* Le peuple se meslant librement et familierement avec les soldats qu'ils faisoient boire et entrer dans leurs maisons, et distribuant en grand nombre les billets que Brissac leur donnoit, et qui avoient été la veille imprimés à Saint Denis comme il suit :

« DE PAR LE ROY. Sa Majesté desirant de reunir tous ses sujets, et les faire vivre en bonne amitié et concorde, notamment les bourgeois et habitans de sa bonne ville de Paris, veut et entend que toutes choses passées et avenues depuis les troubles soyent oubliées; deffend à tous ses procureurs généraux et leurs substituts, et autres officiers, d'en faire aucune recherche à l'encontre d'aucune personne que ce soit, même de ceux que l'on appelle vulgairement les Seize, selon que plus à plein est declaré par les articles (1) accordés à ladite ville. Promettant Sadite Majesté, en foy et parole de roy, vivre et mourir en la religion catholique, apostolique et romaine, et de conserver tous sesdits sujets et bourgeois de ladite ville en leurs biens, privileges, etats, dignités, offices et benefices. Donné à Senlis le vingtieme jour de mars 1594, et de notre regne le cinquieme. Signé HENRY; et par le Roy, *Ruzé.* »

Ces billets, qui se donnoient de main en main, furent en peu de temps portés jusques aux quartiers les plus reculés. Les cloches sonnoient par tout en signe de rejouissance; et les gens de bien, qui ne s'attendoient à rien moins qu'à un tel et si subit changement, passerent bientost, de la surprise et de la crainte, à la joye et au contentement tels qu'il n'en fut jamais vû de semblable, même en beaucoup de ceux que jusqueslà l'on avoit tenus pour francs ligueurs. Alors le Roy sortit de Nostre-Dame; il se trouva pour le voir si grande affluence de peuple venu de toutes parts, que l'eglise, le parvis et les rues voisines qui y abordent n'étoient assés grandes pour le contenir. On n'oyoit de toutes parts que des cris et acclamations de joye, comme

(1) *Les articles :* Ces articles n'étoient point encore arrestés : ils ne le furent qu'après que le Roi fut maître de Paris. C'est l'édit de la réduction, enregistré au parlement le 28 mars 1594.

en jour de feste et de triomphe, et si Sa Majesté fut venue dans une paix assurée.

Le Roy étant à Paris à Notre-Dame, que l'on ne sçavoit encore que confusement, deça la riviere, qu'il y étoit entré : Alexandre de Monte, colonel des Napolitains, qui en avoit bien douze cents sous sa charge, excité par Senault, desesperé ligueur, qui n'avoit ny grace ny pardon à esperer, pour ses voleries et brigandages, se saisit de la porte de Bussy, faisant mine de s'y deffendre.

Aucuns des Seize et le curé de Saint Cosme, la pertuisane à la main, allerent aussy en armes pour se joindre à Crucé, capitaine du quartier de Saint Jacques, et avec autres ligueurs. Mais le conseiller Du Vair les arresta comme ils passoient en la rue des Mathurins le long de l'hostel de Cluny, où, comme il étoit averty de tout, il avoit le soir precedent ramassé nombre de gens armés, les menaçant de Jean Roseau, et renvoyant le curé en sa paroisse prier Dieu, et chanter le *Te Deum* pour l'heureuse delivrance et reduction de Paris en l'obeissance du Roy.

Il y eut encor d'autres mutins soutenus par ceux que l'on appelloit *minotiers* (1), que l'on tenoit être au nombre de bien quatre mil dans le seul quartier de l'Université, qui firent mine de remuer, et s'attrouperent près de la porte Saint Jacques, pendant que Crucé et ses satellites en armes marchoient pour les joindre, et se saisir avec eux de cette porte. Mais un héraut avec dix ou douze trompettes, accompagné de quelques gens d'armes, et de quantité de peuple et d'enfans

(1) Ceux du peuple qui recevoient des Espagnols et des Seize un minot de bled et une dale de quarante-cinq sols par semaine.

crians de toute force *vive le Roy, vive la paix !* après avoir traversé le pont St.-Michel et les rues de la Harpe, des Mathurins et de St.-Jacques, s'étant joint au comte de Brissac, au seigneur de Humieres, qui avoient avec eux nombre de gens d'armes à pied, et à L'Huillier, prevost des marchands ; aux conseillers Damours, de Marillac, Boucher, Dorsay et autres en grand nombre qui descendoient de Sainte-Genevieve par la rue de Saint Estienne des Grez, cela dissipa si bien ces deux troupes de ligueurs et mutins, qu'après que M. de Brissac eut envoyé à Crucé un billet de pardon, avec quelques paroles qui sentoient la corde, qu'il meritoit autant et plus que beaucoup d'autres, chacun alla se mettre à couvert chez soy, et personne ne parut plus depuis, là ny ailleurs. Et fut le quartier de l'Université, où il y avoit eu plus de bruit et de tumulte, aussy paisible que les autres, et les boutiques ouvertes le jour même, les marchands à leur comptoir, les ouvriers et artisans à leurs ouvrages à l'ordinaire, et non autrement que les jours precedens.

Et fut remarqué que les Espagnols, Wallons et Neapolitains de garnisons étrangeres ne bougerent de leurs logis et corps de gardes, fors les vingt-cinq à trente lansquenets du corps de garde du quay de l'Ecole, que d'O et sa compagnie taillerent en pieces : dont je vis vingt deux sur la place etendus morts, qui furent par après jettés en l'eau ; et les Neapolitains d'Alexandre de Monté qui occuperent la porte de Bussy, puis la quitterent sans bruit. Et le Roy se fit maistre dans sa ville de Paris à l'ayde de ses bons sujets, et par quatre mil hommes au plus de pied et de cheval, et en chassa les etrangers, qui étoient bien autant, sans presque mettre l'épée hors le fourreau, ny qu'il y eut un seul blessé de sa part.

Le Roy fit dire au duc de Feria, à dom Diego d'Ibarra, à Jean-Baptiste Taxis, et autres chefs et colonels etrangers qui avoient été tout ce temps en conseil et deliberation avec grand peur et étonnement, sans rien faire ny agir, que s'ils vouloient se retirer avec leurs Espagnols, Wallons et Neapolitains, il leur donneroit saufconduit et seureté, pourveu qu'ils ne s'en rendissent indignes. Ce qu'ils accepterent franchement : et furent prests à sortir dès le jour même, comme s'ils s'y fussent preparés de loin; et le Roy, qui avoit disné avec son corselet et ses armes, les quitta, et fut à la porte de Saint Denis, où il monta à la chambre qui est au-dessus d'icelle, pour les voir passer; et saluant les chefs principaux, leur disoit : « Allés, recommandés-« moy bien à vostre maistre; mais n'y revenés plus. » Ce qu'ils ne firent semblant d'entendre.

Sortirent avec eux le borgne Boucher, bien fourny de pouilles et d'imprecations, dont le peuple le chargeoit au passage; et cinquante à soixante que moines, que predicateurs, scelerats, voleurs et brigans qui n'eurent confiance à la clemence du Roy, et ne la meritoient gueres; et se retirerent au pays de Flandres, et un attirail de garces et vilaines que les soldats trainoient après eux.

Le Roy retint à luy le capitaine Saint-Quentin, colonel d'un regiment de Wallons, et son frere que l'echevin Langlois avoit peu auparavant pratiqué; et avoit le duc de Feria fait arrester prisonnier ledit colonel, et vouloit luy faire mauvais party : pourquoy dès que le Roy fut dans Paris, il envoya le demander à ce duc, qui le rendit aussy-tot. Resterent aussy de Wallons et de Neapolitains un bon nombre que le Roy garda pour s'en servir, et point d'Espagnols.

M. de Saint Luc [1] et le baron de Salagnac [2] conduisirent le demeurant, qui montoit bien à trois mil et plus, armés de pied en cap ; et passerent tous devant le Roy, qu'ils saluerent et s'inclinerent profondement le chapeau à la main, marchans en bon ordre quatre à quatre, les Neapolitains les premiers, puis les Espagnols ; après, le duc de Feria, dom Diego d'Ibarra, et Jean-Baptiste Taxis, bien montés sur beaux genets d'Espagne, avec leurs domestiques, gens de suite et livrée ; et derriere les lansquenets et Wallons. Et allerent en cet ordre jusqu'au Bourget, à deux lieues de Paris, où Saint-Luc et Salagnac les laisserent, sous l'escorte qui leur fut donnée jusqu'à l'Arbre de Guise, où est la separation et frontiere du costé de Picardie et de Flandres ; la pluspart ayant juré et promis de ne jamais porter armes contre la France.

Le Roy avoit aussy envoyé M. de Saint Luc vers les cardinaux de Pellevé et de Plaisance, et aux duchesses de Montpensier et de Nemours, pour les asseurer qu'il ne leur seroit fait aucun deplaisir ; et laissa des gardes à leurs hotels, encor qu'il n'en fût pas besoin, tout se passant avec une pleine tranquilité.

Le cardinal Pelé ou Pellevé étoit au lit grievement malade ; et comme mauvais François et determiné li-

[1] *M. de Saint-Luc :* François d'Epinay de Saint-Luc, grand maître de l'artillerie de France, qui avoit épousé Jeanne de Cossé, sœur du maréchal de Brissac, avec lequel il négocia pour la réduction de Paris, sous prétexte de quelques affaires de famille qu'ils avoient ensemble. — [2] *Le baron de Salagnac :* Bertrand de Saliguac, chevalier du Saint-Esprit, mort en 1599.

gueur, ne put entendre que le Roy étoit dans Paris, et bien voulu de ses bons sujets, sans entrer dans un grand trouble. Ce qui le jetta en telle frenaisie, qu'il se mit à crier comme un enragé qu'il étoit : « Qu'on le « prenne, qu'on le prenne! » Et mourut le samedy 26 mars, de douleur et de rage, à ce que chacun disoit, de ce que les affaires de la Ligue s'en alloient en deroute, et que le Roy étoit dans Paris, et avoit par tout la victoire.

L'eveque de Plaisance, legat vers la Ligue à Paris, se montra si fier et si orgueilleux, que quelques raisons et remontrances que l'on pût luy faire et dire, on ne le sceut induire ny persuader à aller voir et saluer Sa Majesté, encor que pour l'y attirer le Roy eût usé en son endroit d'offres et de soumissions jugées trop basses pour la majesté d'un si grand prince.

Après cette sortie d'étrangers, furent faits feux de joye et grandes rejouissances par les rues, et en tous les quartiers de la ville, avec cris de *vive le Roy! vive la paix et la liberté!* tous les bons bourgeois et le moyen et menu peuple étans fort contens de se voir hors d'esclavage, et de la faction et gouvernement des Seize, et remis en liberté dans leurs honneurs et biens, delivrés de la tirannie des Espagnols et etrangers, estimée très-dure et insupportable aux François. Ce que chacun fit à l'envie, tant ceux qui hayssoient veritablement la Ligue, que ceux qui dans leur âme n'estoient pas fort contens d'un tel changement, et n'osoient pourtant le demontrer; et y fut employée la meilleure partie de la nuit.

Le mercredy 23 mars, M. d'O fut remis par le Roy en son gouvernement de Paris, dont il avoit été chassé et depouillé au temps des Barricades , le 12 de may 1588, et n'y étoit depuis rentré : et auroient les Parisiens bien autant aimé un autre gouverneur, celuy-cy n'étant pas trop bien voulu de plusieurs.

Il eut, avec aucuns du conseil de Sa Majesté, une commission pour aller en l'hôtel-de-ville recevoir les sermens des officiers du Roy, qui étoient restés à Paris durant les troubles. En quoy il y eut debat : plusieurs qui vouloient bien faire les sermens faisans difficulté de le prester devant luy, se retirerent, quelques raisons que l'on pust leur dire.

Le samedy 26, le capitaine Du Bourg, qui tenoit le chateau de la Bastille, lequel il n'avoit voulu rendre qu'il n'eût auparavant envoyé vers le duc de Mayenne, et qui le jour que le Roy entra dans Paris avoit fait tirer quelques coups de son canon sur la ville , capitula d'en sortir, luy et les soldats qui y tenoient garnison, avec armes et bagages, pour estre conduits sous escorte en la ville la plus prochaine de son party. Ce qui fut executé le lendemain 27, jour de dimanche.

Le chateau de Vincennes, où commandoit le capitaine Baulieu, se rendit aussy le même jour, et aux mêmes conditions.

Le dimanche 27, M. le chancelier manda maistres Antoine Loisel et François Pithou, anciens avocats au parlement, et leur dit que Sa Majesté les avoit ordonnés pour ses avocat et procureur generaux, et en faire les fonctions, tant pour le restablissement de son parlement que autrement, en attendant le retour des gens du Roy qui estoient à Tours avec le parlement, et n'avoient encor eu le temps de se rendre à Paris pour y reprendre l'exercice de leurs offices ; et qu'ils eussent à s'y apprester, car le Roy vouloit que son parlement fût retably au plutôt; et qu'il iroit à cet effet le lendemain en la grande chambre d'iceluy, où ils se trouveroient. Et en outre leur dit que charge leur étoit donnée de faire oster et enlever des registres publics, tant du parlement que autres, tout ce qui se trouveroit y avoir été mis contre et au prejudice de la dignité et majesté du Roy reguant et du Roy deffunt, et contre les loix du royaume; et aussy oster des eglises, cloistres, monasteres, colleges, maisons communes, lieux et endroits publics, les tableaux, inscriptions et autres marques qui pouvoient conserver la memoire de ce qui s'est passé à Paris pendant qu'il a été au pouvoir de la Ligue.

Ce même jour, le Roy se voyant tranquille et maistre dans sa capitale, chery et aimé de ses sujets, se confiant en leur affection et bonne volonté de s'estre si librement remis à sa clemence sans conditions ny traité, commença à faire vuider la ville par les troupes qu'il y avoit fait venir, et renvoya aussy sa gendarmerie autre part où il en avoit plus de besoin, ne conservant qu'une simple garde par honneur, et par la grande confiance qu'il vouloit prendre en ses peuples, qu'il disoit être la plus seure pour un roy.

Ce même jour M. de Villars fit son traitté particulier pour Rouen, le Havre, Harfleur, Montivilliers, Ponteau de Mer et Verneuil; lequel traitté ne parut pourtant que peu de jours après, ayant été beaucoup traversé par La Chapelle Marteau, fieffé ligueur, qui se rendit exprès à Rouen, et n'y fit que blanchir. Et est M. de Villars celuy de tous les chefs de la Ligue qui s'est fait le mieux payer, s'étant fait donner tous les gouvernemens de ces villes, avec encor celuy de Fes-

camp, qu'il fallut y adjouter; la charge d'admiral de
France, à laquelle le duc de Mayenne l'avoit nommé,
et que Biron fut contraint de luy lascher malgré luy :
outre encor cinq ou six des meilleures et plus riches
abbayes de Normandie, qu'il fallut retirer des bons
serviteurs du Roy qui les tenoient, et les mecontenter;
douze cent mil francs d'argent pour payer ses dettes,
et soixante mil francs par an de pension, qu'il ne garda
pas longtemps.

M. de Villars étoit fort hautain et emporté; il étoit
des plus avant dans la Ligue, et n'y vouloit point reconnoistre d'authorité au-dessus de la sienne : de sorte
que voyant la Ligue sur son declin, et se voyant obligé
d'avoir un maitre, il aima autant le chercher en la
personne du Roy son souverain seigneur, que d'obéir
à un autre qu'il estimoit n'estre plus que luy. Et fut
son accommodement traitté par M. de Rosny, tous ceux
qui s'en estoient meslés avant luy n'y ayant reussy.

Le lundy 28 mars, M. le chancelier se rendit en
la grande chambre du parlement, avec plusieurs ducs
et pairs, et officiers de la couronne, conseillers d'Etat
et maitres des requetes; et là fit lire à huis clos la
commission des susdits Loisel et Pithou, nommés pour
avocat et procureur generaux; et leur fit prester serment de bien et fidelement exercer icelles charges.
Puis les huis ouverts, fit lire et publier l'edit de retablissement du parlement; et sur la remontrance de
Loisel, il fut ordonné qu'il seroit enregistré.

Alors M. le chancelier ayant fait refermer la grande
chambre, ordonna à Loisel et Pithou, qui faisoient
pour les gens du Roy, de se transporter vers messieurs
du parlement, qui avoient provisions du Roy et de ses

predecesseurs, et qui avoient été mandés en la chambre de Saint-Louis, où ils attendoient l'ordre de M. le chancelier; et de leur dire qu'ils vinssent à la grande chambre : ce qu'ils firent avec lesdits Loisel et Pithou, qui alloient devant eux. Et après que tous les uns ensuite des autres, et par ordre de dignitez et receptions, eurent presté nouveaux sermens és mains de M. le chancelier, leur fut permis d'exercer leurs charges comme auparavant. Quant à ceux qui avoient provisions du duc de Mayenne, ils n'y furent admis, jusqu'à ce qu'ils eussent obtenu nouvelles lettres du Roy. Après quoy fut registré l'edit et declaration du Roy sur la reduction de la ville de Paris.

Autant en fut fait pour le retablissement de la chambre des comptes et les generaux des aydes, où M. le chancelier se transporta, et fit comme au parlement. Et quant à la cour des monnoyes, il n'y fut point, n'estimant pas cette fonction digne de sa charge; mais y envoya deux conseillers de Sa Majesté, Claude Faucon de Ris, et Geoffroy Camus de Pontcarré.

La declaration pour le retablissement du parlement et autres cours de Paris porte que le Roy retablit en leur premier état, dignité et authorité, ceux de ses conseillers qui y étoient restés pendant les troubles : comme si deja toute la compagnie y étoit rassemblée; à la charge de faire nouveau serment de fidelité entre les mains du chancelier, et qu'ils recevront de sa bouche les monitions et commandemens que le Roy en son conseil avoit jugé devoir leur être faits.

Celle pour la reduction de Paris porte asseurance expresse pour la conservation de la religion catholique, apostolique et romaine; confirmation des privileges de ses habitans tant en general qu'en particulier, et abolition entiere des choses avenues à l'occasion des troubles : sous reserve neantmoins des voleries, assassinat du feu Roy, conspirations contre la vie de Sa Majesté à present regnante, et de tous crimes et delits commis et punissables entre gens de même party.

Les cours receurent aussy, chacune en droit soy, les nouveaux sermens des officiers et membres de leur dependance. En quoy chacun s'empressa, pour effacer et éloigner tout soupçon d'étre ligueurs, qui n'étoient plus à Paris qu'en petit nombre, même avant que le Roy y fût entré.

Le même jour, les officiers du chastelet, qui s'étoient retirés à Saint Denis, où ils tenoient leurs sceances, les vinrent reprendre à Paris, maistre Antoine Seguier étant lieutenant civil; et, suivant les ordres du Roy, il fit prester nouveaux sermens en ses mains, et aux autres conseillers et officiers qui étoient restés à Paris, et avoient suivy la Ligue.

Le mercredy 30 mars, fut lû et verifié en la cour de parlement un edit pour la creation d'un office de septieme president de la cour en faveur de Jean Le Maistre, qui auparavant étoit president pour la Ligue de la façon du duc de Mayenne, et étoit le premier des quatre par luy créés, et avoit presidé au parlement depuis la mort de Brisson; d'un office de president en la cour des comptes pour et en faveur de Jean L'Huillier, maistre des comptes et prevost des marchands; et des deux offices de maistres des requetes, l'un pour Martin Langlois, avocat et echevin de Paris, l'autre pour Guillaume Du Vair, conseiller au parlement : tous lesquels avoient bien merité telles recompenses, et avoient des plus contribué à reduire Paris, notament Langlois, qui avoit sa partie à part, et y auroit reussy, étant homme d'entendement, hardy et resolu. Il avoit pratiqué le capitaine Saint-Quentin, colonel d'un regiment de Wallons; et sur l'avis qu'il en fit donner au Roy, luy fut enjoint de s'unir et concerter avec le comte de Brissac, gouverneur, le president Le Maistre, le prevost des marchands L'Huillier, et autres bons serviteurs du Roy qui agissoient aux mêmes fins. Et dit-on qu'aucuns d'eux n'avoit pacte ny marché avec le Roy, qui fit pour eux de sa bonne et franche volonté ce qu'ils ne luy avoient point demandé : dont ils sont très-louables. Aussy quand L'Huillier presenta au Roy les clefs de la ville le jour qu'il y entra, le comte de Brissac luy ayant dit : « Il faut rendre à Cæsar ce qui « appartient à Cæsar, » il luy repondit fierement : « Il « faut le luy rendre, et non pas luy vendre. » Ce qui fut bien entendu par le Roy, qui n'en fit semblant.

Le même jour, la cour rendit et fit publier l'arrest qui ensuit, par lequel elle revoque et annulle le pouvoir de lieutenant general de l'Etat et couronne de France donné au duc de Mayenne par ceux de la Ligue, ou qu'il avoit usurpé luy-même.

Extrait des registres du parlement.

« La cour ayant, dès le douzieme jour du mois de janvier dernier, interpellé le duc de Mayenne de reconnoitre le Roy que Dieu et les loix ont donné au royaume, et procurer la paix, sans qu'il y ait voulu entendre, empeché par les artifices des Espagnols et leurs adherans; et Dieu ayant depuis par sa bonté infinie delivré cette ville de Paris des mains des étrangers, et reduite en l'obeissance de son roy naturel et legitime : après avoir solemnellement rendu graces à Dieu de cet heureux succès, voulant employer l'authorité de la justice souveraine du royaume pour, en conservant la religion catholique, apostolique, romaine, empecher que sous le faux pretexte d'icelle les étrangers ne s'emparent de l'Etat, et rappeller tous princes, prelats, seigneurs et gentilshommes, et autres sujets, à la grace et clemence du Roy, et à une generale reconciliation, et reparer ce que la licence des guerres civiles a alteré de l'authorité des loix et fondement de l'Etat, droits et honneurs de la couronne; la matiere mise en deliberation en ladite cour, toutes les chambres assemblées, a declaré et declare tous arrests, decrets, ordonnances et sermens donnés, faits et prestés, depuis le 29 decembre 1588, au prejudice de l'authorité de nos roys et loix du royaume, nuls, et extorqués par force et violence; et comme tels les a revoquez, cassez et annullez, et ordonne qu'ils demeureront abolis et supprimés; et par especial a declaré et declare tout ce qui a été fait contre l'honneur du feu roy Henry III, tant de son vivant que depuis son deceds, nul; fait deffences à toutes personnes de parler de sa memoire autrement qu'avec tout honneur et respect; et en outre ordonne qu'il sera informé du detestable parricide commis en sa personne, et procedé extraordinairement contre ceux qui s'en trouveront coupables. A ladite cour revoqué et revoque le pouvoir cy-devant donné au duc de Mayenne, sous la qualité de lieutenant general de l'Etat et couronne de France; fait deffences à toutes personnes, de quelque etat et condition qu'ils soient, de le reconnoistre en cette qualité, lui prester aucune obeissance, faveur, confort ou ayde, à peine d'estre punis comme criminels de leze-majesté au premier chef; et sur les mêmes peines enjoint au duc de Mayenne, et autres princes de la maison de Lorraine, de reconnoitre le roy Henry IV de ce nom, roy de France, pour leur roy et souverain seigneur, et luy rendre l'obeissance et le service deus. Et à tous autres princes, prélats, seigneurs, gentilshommes, villes, communautés et particuliers, de quitter le pretendu party de l'Union, duquel le duc de Mayenne s'est fait chef, et rendre au Roy service, obeissance et fidelité : à peine d'étre lesdits princes, seigneurs et gentilshommes degradés de noblesse, et declarés roturiers eux et leur posterité; de confiscation de corps et de biens, rasement et demolition des villes, chateaux et places qui seront refractaires au commandement et ordonnance du Roy.

« A cassé et revoqué, casse et revoque tout ce qui a été fait, arresté et ordonné par les pretendus deputés de l'assemblée tenue en cette ville de Paris sous le nom d'Etats generaux de ce royaume, comme nul et fait par personnes privées, choisies et pratiquées pour la plupart par les factieux de ce royaume, et partisans de l'Espagnol, et n'ayans aucun pouvoir legitime. Fait deffences ausdits pretendus deputés de prendre cette qualité, et de plus s'assembler en cette ville ou ailleurs, à peine d'étre punis comme perturbateurs du repos public, et criminels de leze majesté; et enjoint à ceux desdits pretendus deputés qui sont encor de present en cette ville de Paris, de se retirer chacun en leurs maisons, pour y vivre sous l'obeissance du Roy, et y faire serment de fidelité pardevant les juges des lieux.

« A aussy ordonné et ordonne que toutes proces-

sions et solemnités, ordonnées pendant les troubles et
à l'occasion d'iceux, cesseront; et au lieu d'iceux sera
à perpetuité solemnisé le vingt deuxieme jour de mars,
et audit jour faite procession generale en la maniere
accoustumée, où assistera la cour en robbes rouges,
en memoire et pour rendre graces à Dieu de l'heureuse delivrance et reduction de ladite ville en l'obeissance du Roy. Et afin que personne ne puisse pre-
tendre cause d'ignorance du present arrest, a ordonné
et ordonne qu'il sera lû et publié à son de trompe et
cry public par tous les carrefours de cette ville de Paris, et en tous les sieges de ce ressort; et à cette fin
sera imprimé et envoyé à la diligence du procureur
general du Roy, à tous ses substituts, ausquels elle
enjoint de tenir la main à l'execution d'iceluy, et en
certifier ladite cour. Fait en parlement le trentieme
jour de mars l'an 1594.

« Leu et publié à son de trompe et cry public par
les carrefours de cette ville de Paris le lendemain dernier jour dudit mois. Signé *de Villoutreis.* »

Le même jour, fut envoié aux quarteniers de cette
ville un etat ou liste de quelque cent ou cent vingt personnes des plus suspectes, que le Roy ordonna étre
chassées de Paris comme étans des plus avant dans la
faction des Seize; et porte l'ordre que les quarteniers
avertiront ceux qui y sont denommés de l'intention du
Roi, qui est qu'ils s'absenteront pour un temps de
cette ville; et que si aucuns d'eux se veulent retirer par
devers le duc de Mayenne, leur sera baillé passeport :
et ceux qui voudront faire le serment avec les soumissions seront conservés en leurs biens et offices, et pou—

ront eux retirer en maisons particulieres dehors la
ville, ou en quelque ville où il n'y ait garnison entretenue par Sa Majesté; et leur seront delivrés passeport
et sauvegardes necessaires. Et à cette fin feront les
quarteniers proces verbal de la declaration des dessus
nommés. Fait le 30 mars 1594.

Il n'y eut de tous ceux là que le prieur des Carmes
et un autre qui profiterent de la clemence, bonté et
graces toutes singulieres de nostre bon Roy. Encor
disoit-on tout haut que si ce moine, predicateur vehe-
ment et des plus emportés, eut sçû trouver ailleurs
cuisine comme celle qu'il quittoit, il auroit été precher
ses folies en autres villes qui étoient encor ligueuses.

Dans cette liste sont neuf curés de Paris, vrais
emissaires des Seize, precheurs de sang et de carnage,
et qui avoient toujours tenu le haut bout, et avoient
fait plus de maux que tous les autres ligueus ensemble. Les gens de bien étoient obligés d'aller à leurs
sermons, pour ne passer pour royaux et politiques, et
eviter peril de mort, ou prison et pillage de leurs maisons; et si n'osoit-on rire ny parler trop haut de leurs
extravagances.

Nostre curé de Saint-André, l'un des plus fous et des
plus emportés, ne put estre porté à se soumettre, quelque remontrance que l'on luy fit; et y perdit sa cure:
car ces gens d'Eglise, elevés pour la pluspart dans la
barbarie du college, y prennent un caractere dur et
feroce, et ne se rendent jamais, persistant toujours
dans l'erreur et l'entestement. On lui fit même entendre que le Roy pouroit être disposé à luy pardonner la
part qu'il avoit au crime de Barriere: ce qui ne put le
porter à se reconnoître.

Le pedant Rose et le recteur Vincy sont sur la liste, outre laquelle il étoit deja sorty avec les etrangers plusieurs de ces scelerats, qui par cette raison ne s'y trouvent point compris.

Le jeudy 31 mars, M. de Brissac, que le Roy avoit fait et declaré marechal de France en entrant dans Paris, fut reçû en cet office, auquel il avoit desja été reçû sur la nomination du duc de Mayenne. Et se fit sa reception en l'audience du parlement, tenue par le president Le Maistre; et presta ledit Brissac serment, tant comme officier de la couronne que comme conseiller.

Supplément tiré de l'édition de 1736.

Le mardy 22 mars, vers les quatre heures du matin un grand bruit advenu au quartier de l'Ecole Saint-Germain, par les lansquenets qui font la garde, a reveillé tout le voisinage. Les premiers qui ont couru à ce bruit ont trouvé les troupes du Roy, qui avoient taillé en pieces ou jetté dans l'eau le corps de garde desdits lansquenets, qui avoit voulu leur resister. Ceux-cy retournant en leurs maisons ont dit, à ceux qu'ils ont rencontrez sur leurs pas, que le Roy étoit dans Paris; ceux là l'ont dit à d'autres : tellement qu'avant l'heure de cinq heures tout Paris a cru que le Roy étoit au Louvre, et que ses troupes occupoient les avenues de tous les ponts, le Palais, le châtelet, les portes, les remparts. En sorte que ces habitans qui ne sçavoient pas l'entreprise ont demeuré coys dans leurs maisons, attendant d'être mieux instruits.

Peu de temps après, les cris de *paix!* et de *vive le Roy!* dont les troupes et ceux qui sçavoient l'arrivée de Sa Majesté faisoient retentir l'air, ont donné occasion aux plus craintifs d'aller s'informer de ce qui se passoit; et ont appris que le Roy étoit dans Paris, et étoit entré par la même porte que le feu Roy en étoit sorti. Cette nouvelle a causé divers mouvemens dans le cœur des Parisiens. Ceux qu'on appelle les Seize en sont affligez, et les politiques et royalistes s'en rejouissent; le nombre de ces derniers est infiniment plus grand que les premiers.

Ainsi cette grande ville, qui pendant près de cinq ans avoit fait une cruelle guerre contre son roy, par un changement qui approche du miracle n'a aujourd'hui que des louanges et des demonstrations de joye et d'actions de graces pour Sa Majesté : en sorte qu'en moins de deux heures elle est devenue aussi tranquille que si elle n'eût jamais été dans le trouble.

On doit ce grand évenement au courage et à la prudence d'un si grand roy, et au zéle de plusieurs de ses serviteurs, entre lesquels on compte le sieur de Vic, gouverneur de Saint-Denys, qui pendant la treve avoit gagné par ses remontrances grand nombre des principaux bourgeois; le sieur de Belin, qui s'étoit attiré l'affection des Parisiens; le comte de Brissac, qui par sa prévoyance a fait sortir de Paris une partie de la garnison espagnole; le president Le Maistre, les conseillers Molé, d'Amours, Du Vair, et autres membres du parlement, qui avec les sieurs L'Huillier prevôt des marchands, de Beaurepaire, Langlois, Neret (1), echevins, et autres colonels et capitaines de quartier, après plusieurs conferences avec le susdit comte de Brissac,

(1) *Neret :* Denis Neret, marchand et bourgeois de Paris, accompagné de ses enfans et leurs amis, se rendit maître de la porte Saint-Honoré, par laquelle le Roy étoit entré dans Paris.

disposerent toutes choses, et se sont transportez dans differens quartiers de la ville, pour prevenir la confusion et l'effusion du sang.

Le jeudy 24, a été communiquée en cachette la liste de ceux qui doivent sortir de Paris, et ausquels on doit bientôt signifier des billets; sçavoir, les curez de la Magdeleine, de Saint-Leu, de Saint-Barthelemy, de Saint-Pierre aux Bœufs; Berault, chanoine de Notre-Dame; Oudineau et son frere, Dehere, conseiller; Leroy, passementier; de Lestre, chaussetier; Godon, gantier; Passart, teinturier. •

Du quartier de Carel : Maître Guillaume Roze, le prieur des Carmes, Vincy, recteur; Crucé, un epicier dit Jambe de bois, Poteau, fripier; Lasnier, huissier; Guarlin, procureur.

Du quartier de Huot : Senault, Josset, Michel, sergent; Basin, commissaire; Nicolas des Granges, serrurier; Jean Laurens, Badran le jeune, Mesnager, Chauveau, procureur; les curez de Saint-Côme, de Saint-André des Arcs, de Saint-Benoist.

Du quartier de Paulmier : Gallopin, Boisset et son fils, La Bruyere le pere, Du Ruble, capitaine; Boran, médecin; Roland Eslau, Le Sellier, passementier; Ysbard, Cappel, Jean Lenfant.

Des Bourgeois : Boué, drappier; Gourlin, Gaillardet, de La Noüe, chirurgien; Machault, conseiller; Rolland l'ainé, de Saint-Yon, capitaine; Dani le jeune, sergent; Le Febvre, sieur de Saint-Yon; Babuet, secretaire du sieur d'Aumale.

Du quartier de Bordan : Michel, procureur au châtelet; Le Normant, Thuant, lieutenant de Dufour; le commissaire Gruant.

Du Canau : La Bruyere, lieutenant particulier; Lebel, conseiller au châtelet; Pointeau, sergent; Dufresnoy, Martin, sergent; Robiot et son gendre.

Du quartier de Le Roux : Le curé de Saint-Germain l'Auxerrois, Cassebras, commissaire; Le Lievre, huissier.

Du quartier de Lecomte : D'Orleans, Jean Du Bois, Lagresle, avocat; Hoquiquan, commis de Rolland; Le Breton, procureur; Russaye, un apotiquaire; l'eleu Mocquereau.

Du quartier de Lambert : Joly, Delestre, Le Brun l'ainé, Martinet, Mercier.

Du quartier de Dutertre : Olivier, Bezançon, Acarie, maître des comptes; de Vaux, Jacquet, commissaire; Salvaney, Chevalier, greffier, Durant, procureur; Hennequin Du Perray, président; Thomas, receveur des aydes; Nicolas Thomas, couvreur; L'Allemant, conseiller; Noël, bedeau de Saint-Gervais; Du Couloix, avocat.

Du quartier de Ave : Messier, drappier; Coüet, capitaine; Drouart, sergent.

Du quartier de Goys : Luy, le président de Nully, Trigallot, Mangeot et son frere, Loison, procureur; Daugere, peintre.

Du quartier de Perfait : Tablier, notaire; Bruneau, commissaire; Le Camus, Choüiller, Fresneau; Nicolas, procureur.

Du quartier de Chailly : Le Mercier, Le Peuple, Le Riche, de Courcelle, capitaine; Baston, conseiller; Taconet, Girard, capitaine; Bidault, sergent; Renoüart, couvreur; Substille, sergent; pere Bernard, jesuite.

[AVRIL.] Le vendredi premier d'avril, Zamet et Desportes Beuvilliers arriverent à Paris de la part du duc de Maienne. Le Roy, pour parler à Zamet, fist sortir tout le monde de sa chambre, hormis Sanssi (1), dont on disoit que M. le chancelier, qu'on en fit sortir avec les autres, avoit esté mal content.

Le samedi 2 de ce mois, fust publié à Paris un nouvel impost d'un escu et demi sur le muid de vin, et de vingt-cinq sols sur le septier de bled.

Defenses furent faites le mesme jour de jurer et blasphemer le nom de Dieu, ni aucunement se promener dans les eglises pendant le service.

Les livres de Boucher et d'Orleans parlans contre le Roy, avec quelques autres livres de la Ligue, furent bruslés ce jour à la Croix du Tirouer et à la place Maubert. L'imprimeur, qui estoit G. Bichon, fust banni de Paris par un billet.

Ce jour, qui estoit la veuille de Pasques flories, fut pris dans le Louvre un capussin desguisé, lequel estant reconnu fut mené prisonnier au For l'Evesque. Aprés qu'il eust esté fouillé par tout, et qu'on ne lui eust rien trouvé, il demanda d'estre visité, soustenant que les autres capussins ses compagnons l'avoient fouetté outrageusement, pour avoir proposé à leur chapitre de reconnoistre le Roy; et qu'ils lui avoient osté son habit de capussin et vestu de ceste façon, en laquelle il estoit venu demander justice au Roy de l'excés et outrage qu'ils lui avoient fait : ce qui se trouva veritable. Et toutefois le rapport en ayant esté fait à Sa Majesté, ne

(1) *Hormis Sanssi :* Nicolas Du Harlay, seigneur de Sancy, premier maitre d'hôtel du Roi.

voulust aucunement permettre qu'on y touchast, disant qu'il ne vouloit point fascher l'Eglise.

Ce jour, ceux de la Sorboune en corps furent saluer le Roy, ausquels il fist fort bon visage et reception, les appela messieurs nos maistres, et leur protesta de vivre et mourir en la religion catholique, apostolique et rommaine, sans jamais se despartir de la foy de l'Eglise qu'il avoit embrassée. Au surplus, qu'il sçavoit que ce mot de relaps les avoit arrestés longtemps; mais qu'il ne l'avoit jamais esté : ce qu'il avoit appris des plus doctes d'entre eux. Car quant à la Saint-Berthelemi, c'avoit esté une force notoire s'il y en eust jamais; qu'il sçavoit ce qu'on avoit presché à Paris contre lui, et combien indignement on l'avoit traicté en plaines chaises; mais qu'il vouloit tout oublier, et leur pardonnoit à tous, voire jusques à son curé, et n'exceptoit de tout leur nombre que Boucher, qui preschoit dedans Beauvais des menteries et meschancetez, contre Sa Majesté et son estat, qui ne se pouvoient pardonner. Encores ne vouloit-il point de sa vie, combien qu'il meritast de la perdre publiquement et exemplairement : seulement qu'il se teust, et il lui pardonneroit comme aux autres, tant il avoit envie de reunir par la douceur tous ses subjects, principalement ceux de l'Eglise; mais singulierement leur corps et faculté, laquelle il aimeroit et honoreroit tousjours. De quoi messieurs nos maistres s'en allerent fort contents, disans autant de bien de Sa Majesté comme peu au paravant ils en avoient dit de mal.

Commolet et Lincestre, de grands ligueus qu'ils estoient, devenus royaux, ou pour le moins feingnans de l'estre, recommanderent fort en leurs sermons la personne du Roy nostre sire, principalement Lincestre, qui s'estendit si avant sur les louanges de Sa Majesté, qu'on pensoit qu'il n'en dust jamais sortir. Le jour de la reduction, comme le Roy disnoit, il se vinst jetter à ses pieds, et lui demanda pardon : que Sa Majesté lui octroia. Toutefois comme il approchoit prés, le Roy estant à table, il dit tout haut : « Garde le cousteau! » M. de Sanssi ne le vouloit laisser entrer ; mais le Roy le lui commanda, aiant entendu que c'estoit Lincestre.

Ce jour, le bois de Vincennes fust rendu.

Le dimanche troisieme jour de Pasques flories, le Roy fist le pain benist à Sainct-Germain de l'Auxerrois sa paroisse ; et comme bon paroissien assista tout du long à la procession, tenant sa branche de rameau à la main comme les autres.

Le lundi 4, le tonnelier fust pendu et estranglé au bout du pont Saint Michel à Paris, aprés qu'on lui eust coupé et bruslé le poing. Son cri (1) portoit que c'estoit pour reparation du meurtre commis et perpetré par lui, la derniere feste de la Toussaints, en la personne de la veufve Greban, femme de l'horloger du Roy, l'an 1589. Quant à l'attentat sur la personne du Roy, son dicton n'en portoit rien ; mais bien fust-il interrogé dessus la dague nuë qu'il avoit porté à l'hostel de Nemoux, le Roy y estant, qu'il nia avoir esté en intention d'offenser Sa Majesté ; et toutefois recongneust avoir dit qu'il eust voulu que sadite dague eust esté dans le cœur du Roy.

Le mecredi saint 6 avril, le Roy revinst de Saint-Germain en Laye à Paris sur les onze heures du matin, exprés, comme il disoit, pour estre à l'absoulte à

(1) *Son cri :* c'est-à-dire son arrêt, qui étoit, selon l'usage, crié dans les rues de Paris.

Nostre-Dame, où il alla ; et s'y trouva tant de monde qu'on s'y entretuoit. M. de Bourges fist l'absoulte. Vis à vis du Roy y avoit un ligueur qui mangeoit ses doigts jusques aux poulces ; on le monstra à Sa Majesté, qui n'en fist que rire, et ne voulust qu'on le fist retirer. Une pauvre femme, comme il sortoit de l'eglise, lui cria tout hault : « Sire, Dieu vous doint bonne « vie et longue ! » Le Roy lui fist signe de la teste ; lors ceste femme redoublant de grande affection : « Bon roy, dist-elle, Dieu vous gouverne et assiste « tousjours par son Saint Esprit, à ce que vos ennemis « soient dissipés et confondus ! — *Amen*, respondit le « Roy tout haut ; Dieu me face misericorde, et à vous « aussi ! »

Ce jour, furent reiterées par la ville les defenses de jurer et blasphemer, et de se proumener aux eglises ; avec injonction, sur grandes peines, de porter honneur aux processions et au saint sacrement de l'autel, à peine de punition exemplaire et extraordinaire.

Le soir de ce jour, messieurs de la ville furent trouver Sa Majesté, sçavoir s'il ne lui plaisoit pas qu'on chantast un *Te Deum*, et qu'on fist feux de joye pour la reduction des villes de Troyes et Auxerre en son obeissance, qui leur dit du commencement qu'oui ; puis se ravisant, leur dit qu'il valoit mieux attendre à samedi, et qu'il en viendroit d'autres qu'on feroit avec ceux-là ; puis comme ils prenoient congé de Sa Majesté, leur dit ces mots : « Mes amis, faites moy con- « gnoistre que vous m'aimez, et je vous aimerai bien. »

On publia ce jour, par la ville, que le Roy toucheroit les escrouelles le jour de Pasques.

Ce jour, mes dames de Nemoux et Montpensier

sortirent de Paris, pour aller trouver le duc de Maienne à Rheims.

Le jeudi absolut, 7 de ce mois, le Roy fist au Louvre la cerimonie accoustumée du lavement des pieds, où M. de Bourges prescha; alla dans l'hostel Dieu visiter tous les pauvres, et leur donna à chacun l'ausmonne de sa propre main, sans en oublier un seul; et aprés les exhorta à l'amour de Dieu et de leurs prochains, et à patience. Chose belle à un roy.

Le lendemain, qui estoit le vendredy saint, il alla aux prisons visiter les prisonniers, se fist conduire avec un flambeau dans les cachots, d'où il tira un pauvre criminel appelant de la mort, donnant liberté à tous les autres qui y tenoient pour de l'argent; fist sortir de la Conciergerie un grand nombre de pitaus prisonniers de la Ligue pour la taille, et les mist dehors lui mesmes; lesquels en sortant faisoient retentir avec un merveilleux organe : *vive le Roy !* Donna aux Filles-Dieu quatre-vingts escus, aux Repenties cinquante escus, et autant à celles de l'Ave Maria : qui estoient toutes œuvres pieuses, lesquelles ne coustoient gueres au Roy à faire, et ce pendant ne lui servoient pas peu à l'endroit du peuple.

Le Roy dit ce jour, à ceux qui lui parloient du retour de son parlement de Tours : « Je veux mettre fin « à la partie des Parisiens et Tourangeaux, et qu'ils « s'en voisent quitte à quitte, et bons amis. »

Le mecredi 13 avril, Madame, seur du Roy, arriva à Paris, accompagnée de huict coches et carrosses. Le peuple de Paris, qui regardoit passer son train, voyant des gentilshommes dans un des coches, se disoient l'un à l'autre : « Ce sont ses ministres. »

Le jeudi 14, arriva le parlement de Tours à Paris. Ils estoient environ deux cens de trouppes, et entrerent confusement en assez mauvais equippage; on les disoit si chargez d'escus, qu'ils n'en pouvoient plus; mais les pauvres montures qu'ils avoient estoient assez empeschées à les porter, sans porter encore leurs escus. Le peuple estoit espandu par les ruës, comme si c'eust esté une entrée du Roy; les dames et damoiselles aux fenestres, les fenestres tapissées, les bancs et ouvroirs plains de tables. Tout le peuple les saluoit, et avec resjouissance prioit Dieu qu'ils n'en peussent jamais sortir, et qu'ils fissent bonne justice des ligueus.

Aussitost qu'ils furent arrivés ils allerent saluer le Roy, lequel leur fist bon accueil et bon visage; mais au surplus il leur dit que sa volonté estoit qu'on ne se souvinst plus de tout le passé, et que tout fust oublié d'une part et d'autre; qu'il avoit bien oublié et pardonné ses injures : qu'ils ne pouvoient moins que d'oublier et pardonner les leurs.

Le samedi 16, M. le cardinal de Bourbon arriva à Paris dans une litiere fermée.

Le dimanche 17, y arriva M. le comte de Soissons.

Le mardi 19, maistre Loys Servin, comme avocat du Roy, fist la harangue à la cour, qui fust sur l'amnistie.

Le mecredi 20, les deputez d'Orleans presenterent requeste au conseil, où estoit M. de La Chastre leur gouverneur, à ce que, suivant la declaration du Roy qu'il n'y auroit point de presches à cinq lieuës d'Orleans, que Gergeo, qui n'en estoit qu'à quatre lieues, y fust compris. A quoi M. le chancelier fist response qu'on y avoit tousjours presché; que pour une lieue c'estoit peu de chose, et qu'on n'en parlast plus.

Le vendredi 22, M. de Bourges fust à la Sorbonne, pour recevoir d'eux le serment de fidelité au Roy, lequel ils presterent, hors mis quelques-uns, qui ne le voulurent faire que sous le bon plaisir du Pape. Ce qui se passa à petit bruict.

Le samedi 23, mes dames de Nemoux et de Guise arriverent à Paris, et allerent baiser les mains à Madame, seur du Roy.

Le mardi 26, furent constitués prisonniers à Paris, pour la mort du feu president Brisson, trois sergens, avec le vicaire de Saint-Cosme et le bourreau de la ville.

Le mecredi 27, l'enterrement solennel du feu president Brisson, qui avoit esté arresté le jour precedent à la cour, fust remis par elle quand le parlement de Chaalons seroit arrivé; et depuis rompu du tout par l'avis de ladite cour, pour plusieurs grandes et importantes considerations.

Ce jour, les Estats de Flandres envoyerent au Roy le pourtraict d'un monstre marin, nouvellement pris et tué à coups de harquebuse à l'embouchure de L'Escluse en Flandres; il estoit long de quatre-vingt et dix pieds, de la hauteur de deux piques; avoit cent dents longues comme le bras. Avoit esté recongneu que ce n'estoit point baleine, ains un dragon marin; et disoit on que Billi, en ses predictions de l'an passé, avoit predit que quand on verroit en la Gaule belgique le monstre marin, que la paix universelle se feroit.

Le jeudi 28, les nouvelles vinrent à Paris de la mort du capitaine Saint Pol, tué à Rheims par le duc de Guise, le jour Saint Marc, 25 de ce mois. On disoit que la querelle estoit venue pour les garnisons que M. de Guise y avoit voulu changer, et que l'autre ne l'avoit voulu endurer; ains y contredisant fort et ferme, auroit dit fierement audit duc de Guise que quand il les auroit fait sortir, qu'à deux jours de là il y feroit entrer deux mille Espagnols : sur laquelle parole ledit duc de Guise l'avoit tué. Dés qu'il fust mort, il fut despouillé tout nud, et lui osta-t'on ses anneaux, demeurant ainsi dans les fanges jusques à midi.

Le duc de Maienne dit à sa femme, qui estoit une bigotte, et avoit fait accoustrer le desjuner, que son mari estoit mort, et que son nepveu l'avoit chastié de sa presomption et arrogance; au reste, qu'elle regardast de sortir de la ville dans quatre heures, et emportast tout ce qu'elle pourroit.

Les grands chevaux du capitaine son mari, avec ses armes, furent pillés; mais on ne toucha point à son cabinet, où estoient ses meilleures besongnes et son argent, que sa femme emporta quand et elle à Mezieres, où elle arriva premier que les nouvelles.

M. de Nevers, qui lors estoit à Chaalons, en aiant entendu la nouvelle, qui lui agreoit fort, comme estant bien avant troublé par lui en ses biens et possessions, dit qu'il n'avoit occasion de le regretter : si non qu'il estoit marri que ce goujat n'estoit mort par la main d'un bourreau, et non d'un prince. Envoya, dés qu'il en sceust les nouvelles, esveiller M. le president du Blanc-mesnil, pour les lui dire; puis s'en retourna à Reteil, où en moins de trois jours il mit l'escharpe blanche au col à six vingts gentilshommes.

Sur la mort de ce capitaine, laquais de son premier mestier, et ce pendant mareschal de la Ligue, qui le regrettoit fort pour sa valeur, furent publiés les vers suivans, qui rencontroient assés à propos, tant sur sa mareschalerie de la Ligue que sur le lieu où il avoit esté tué, qui estoit devant la grande eglise de Saint Pierre de Rheims.

> Que nul plus ne se fie en compagnon de guerre,
> Tant soit il son ami, tant soit il preux et fort,
> Puisqu'on a veu Saint Pol tué devant Saint Pierre,
> Sans de lui recevoir ayde ni confort.

> Saint Pol que la Ligue ferroit,
> Pour ce que trop il la ferroit,
> Est mort la poictrine ferrée.
> Le cas de la Ligue va mal :
> Elle perd un grand mareschal,
> Et si est toute desferrée.

Supplément tiré de l'édition de 1719.

Le samedy 2 avril, comme le Roi étoit à entendre la messe dans la chapelle de Bourbon, le recteur (1), en attendant que l'Université se fût tout-à-fait determinée sur les soumissions qu'elle avoit à rendre au Roi, vint, accompagné des procureurs des quatre nations, de plusieurs docteurs, et de ses supposts, se jetter aux pieds de Sa Majesté, la supliant avec grandes instances de les recevoir en grace, et les regarder comme ses obeissans serviteurs et fideles sujets. Ce qui plut beaucoup au Roy.

Plusieurs ecclesiastiques et theologiens, tant seculiers

(1) *Le recteur :* Antoine de Vincy étoit recteur de l'Université lors de la reduction de Paris. Il ne voulut pas se soumettre, et fut chassé. Il fallut donc procéder à une nouvelle élection de recteur. Jacques d'Amboise, licencié en médecine, conseiller, et médecin ordinaire du Roi, fut élu le 31 mars, qui étoit un jeudi. Le lendemain il y eut une assemblée générale, dans laquelle il fut délibéré d'aller vers le Roy. Ainsi le recteur ne put se présenter devant lui que le samedi 2 avril.

que reguliers, croyoient que ce n'étoit pas assés que le
Roy eût été absous par les eveques de son royaume,
mais qu'il devoit encor étre admis par le Pape, et de
luy reconnu pour le fils aisné de l'Eglise. Ce qui causoit
un grand schisme et difference de sentimens dans l'Université; pour lequel dissiper furent tenues à plusieurs et
diverses fois grandes et longues assemblées, comme il
arrive communement à gens accoustumés à la dispute.

Enfin il y en eut une bien solemnelle, tenue le vendredy 22 de ce mois d'avril, en présence de l'archèveque de Bourges (1), devenu archeveque de Sens; où se
trouverent, pour le Roy, M. d'O, gouverneur de Paris,
et le lieutenant civil du chastelet (2), garde et protecteur des privileges de l'Université. Et là Jacques d'Amboise, eslu recteur, et homme de grand sens; les doyens
des quatre Facultez, le grand maistre de Navarre, l'ancien de Sorbonne, les procureurs des nations, et tout
ce qu'il y avoit lors à Paris de docteurs et supports
dans l'Université seculiere et reguliere de tous les ordres, corps et communautez, jurerent foy et fidelité
au Roy, et en donnerent leur conclusion cy-après :

JURAMENTUM FIDELITATIS.

*Universis præsentes litteras inspecturis, rector et
Universitas studii Parisiensis et Facultatum theologiæ, decretorum, medecinæ, et artium, salutem, in
eo qui est omnium vera salus. Notum sit hujus publici
instrumenti tenore, quod die infra scripta comparuimus in aula theologali collegii regalis Campaniæ, alias
Navarræ, nimirum nos Jacobus d'Amboise, rector,*

(1) *L'archeveque de Bourges :* Renault de Beaulne, grand aumônier
de France. — (2) *Le lieutenant civil du chastelet :* Antoine Seguier.

decanus venerandœ senectutis, et doctores regentes sacratissimœ Facultatis theologicœ, tam seculares quam regulares, quinquaginta quatuor in urbe residentes : in his magnus magister dicti collegii, senior collegii Sorbonœ, syndicus dictœ Facultatis, priores et lectores quatuor Mendicantium et aliarum communitatum ad hoc congregati, cum curatis almœ urbis; decanus, doctores et regentes juris pontificii, decanus cum doctoribus saluberrimœ Facultatis medicinœ : nec non quatuor procuratores nationum, cum decanis suis, censoribus, artium magistris et collegiorum primariis, et pædagogis et viris religiosis omnium ordinum et conventuum Minorum, Augustinensium, Prædicatorum, Benedictinorum, Cisterciensium, Præmonstratensium, Canonicorum regularium divi Augustini, Cruciferorum, Servorum B. Mariœ, Guillelmitarum, Mathurinensium, S. Catharinœ Vallis Scholarium, cæterorumque suppositorum et officiariorum dictœ Universitatis. Atque ibi, invocato divini Pneumatis numine, Virginisque Deiparœ, et sanctorum patrocinio, proposuimus et expendimus ea quæ apostolorum Coriphœus I, suœ epistolœ capite secundo, sapientissime præcipit : Deum timere, regem honorare; subjectos esse omni humanœ creaturœ propter Deum, sive regi quasi præcellenti, sive ducibus tamquam ab eo missis ad vindictam male factorum, laudemque bonorum. Et super nonnullis dubiis quæ his turbulentissimis temporibus moveri vidimus de obedientia præstanda Henrico IV, Dei gratia Francorum et Navarrœ regi christianissimo, domino nostro, et hujus regni heredi, successorique legitimo, cum nonnulli male instructi et sinistris opi-

nionibus induti, scrupulos varios in animos hominum injicere tentaverint, prætendentes quod quamvis supradictus dominus rex noster sit amplexus firmiter et ex animo ea omnia quæ Ecclesia sancta, catholica, apostolica et romana credit et profitetur, tamen cum beatissimus dominus noster Papa eum nondum publice admiserit recognoveritque filium primogenitum Ecclesiæ, dubium videatur illis sit ne obedientia interim penitus reddenda, tanquam absoluto principi ac domino clementissimo et unico heredi. Qua de re mature consilio habito, gratiis insuper Deo et toti curiæ cœlesti actis pro ejus manifesta conversione, et ferventi erga sanctam matrem Ecclesiam zelo, cujus nos testes oculati sumus, nec non pro tam pacifica hujus urbis reductione; descendimus omnes cujuscumque Facultatis et ordinis unanimiter in eam sententiam, quod dictus Henricus IV est legitimus et verus rex, dominus naturalis, et heres dictorum regnorum Franciæ et Navarræ, secundum leges fundamentales ipsorum; eique obedientia ab omnibus dictorum regnorum et incolis præstanda est sponte et libere, prout a Deo imperatum est, etiamsi hostes regni, et factiosi homines usque hodie obstiterint eum admitti a sancta sede, et agnosci, tanquam filium bene meritum et primo genitum sanctæ matris Ecclesiæ nostræ catholicæ, quamvis per eum non steterit, neque stet ut notorietate facti palam sit omnibus. Et cum nulla, inquit Paulus, potestas sit, nisi a Deo, idcirco qui potestati ejus resistunt Dei ordinationi resistunt, et sibi damnationem acquirunt; itaque ut supradictorum omnium major fides constet exemplo quæ nostro quilibet possit probare spiritus, qui ex Deo sunt : nos, rector, decani, theologi, decretistæ, medici, artistæ, magistri, seculares, regulares, conventuales, et generaliter omnes scholares, officiarii et alii supradicti, sponte et divina aspirante gratia in verbo dicti regis christianissimi Henrici IV, corde et ore juravimus et juramus, cum omni submissione, reverentia et fidelitate, atque adeo sanguinis nostri profusione ad hujus status Gallici conservationem, Lutetiæque tranquillitatem et obedientiam legitimam, ut domino et heredi legitimo promittimus et promisimus orationes, observationes nostras, gratiarumque actiones publicatas et privatas pro eo et omni magistratu et sublimitate faciendas decernimus. Omnibus fœderibus et associationibus tam intra quam extra regnum abrenuntiavimus et abrenuntiamus, et tactis ordine corporaliter sanctis Evangeliis : chirographi nostri et sigilli appositione confirmamus et corroboramus. Contra vero sentientes ut abortivos de gremio nostro abscidimus et privilegiis nostris privavimus, privamus et abscindimus perduellionis reos, et hostes publicos et privatos denuntiavimus et proclamavimus : omnibus veris orthodoxis Gallis et sinceris catholicis, ut idem faciant tuta conscientia, in quantum nobis est, præstamus et denuntiamus. Quapropter nos rector, decanique prælibati, præsentem processum, ut vocant, seu attestationem verbalem et authenticum instrumentum ad perpetuam memoriam et securitatem conscientiarum, confecimus servata apud nos scheda originaria ab omnibus signata manualiter, et hoc in publicum emisimus manibus nostris scribæque Universitatis, et Facultatis sacratissimæ apprehensione munitum.

Datum et actum Parisiis, in nostra congregatione generali solemniter celebrata, anno 1594, die 22 mensis aprilis S. D., Clementis papæ VIII *anno tertio, et ejusdem regis christianissimi Henrici* IV *anno quinto. Subsignarunt :* Jacobus d'Amboise, *Academiæ rector ;* Dionisius Cainus, *decanus Facultatis theologiæ ;* Jacobus Le Febvre, *prodecanus, curatus Sancti Pauli ;* Adrianus d'Amboise, *prædicator Regis magnus, magister collegii Navarrici ;* J. Pillaguet, *decanus decretorum ;* H. Blacvold, *decanus medicinæ ;* Medardus Bourgeotte, *procurator nationis Franciæ ;* Malherbe, *procurator Picardiæ ;* Jacobus Gueroust, *procurator Normanniæ ;* Georgius Critonius, *procurator Germaniæ ;* Nicolas Vignier, *procurator fiscalis ; et* Guillelmus Du Val, *scriba Universitatis.*

FORMULA AUTEM JURAMENTI TALIS EST :

Nos, Jacobus d'Amboise, rector almæ Universitatis Parisiensis ; decanus et doctores sacratissimæ Facultatis theologiæ, decanus et doctores regentes juris pontificii, decanus et doctores regentes saluberrimæ Facultatis medicinæ, procuratores quatuor nationum, decani provinciarum, censores ipsarum, professores publici regii, primarii collegiorum, regentes pedagogi, magistri in artibus, priores, provisores, religiosi Sancti Benedicti, Cistercienses, Augustinienses, Albimantelli, Vallis Scholarium, S. Genovefæ et S. Victoris ; quatuor Mendicantes, et alii, tam regulares quam seculares, supposita, officiarii, scholares, et alii subsignati :

Juramus et promittimus, coram Deo et tactis sa-

crosanctis *Evangeliis*, *nos recognoscere corde et intimo affectu regem nostrum et principem naturalem et legitimum Henricum* IV, *regem Franciæ et Navarræ, nunc feliciter regnantem.*

Spondemus illius regiæ majestati nos servaturos obsequium et fidelitatem, *sub vitæ etiam et honoris dispendio, cum omni reverentia et perfecta obedientia, et ad conservationem hujus status et coronæ, potissimum vero hujus metropolis Parisiensis sub ejus potestate et imperio ; neque nos parcituros vitæ et fortunis nostris in iis quæ spectabunt ad illius servitium regnique gallicani tranquillitatem.*

Promittimus præterea nullam nos unquam partem, *consortium*, *aut fœdus, habituros cum illis qui se perduellionis scelere obstrinxerunt armati contra regiam ejus majestatem*, *neque cum omnibus aliis qui posthac possent in dictum regem christianissimum insurgere ; quos omnes abominamus, declaramus et pronuntiamus rebelles, hostes Galliarum publicos, nostrosque privatos.*

Renuntiamus omnibus factionibus, juramentis, fœderibus in quæ nos incurrere antea potuimus occasione et errore perniciosarum tempestatum, contra et in præjudicium præsentis declarationis.

Recognoscimus humiliter accepisse nos de gratia speciali, bonitate et clementia qua placuit regiæ majestati, universos nos et singulos amplecti : quibus de rebus nos illi, et quam maximas possumus gratias, habemus atque agimus : obsecrantes, intimis visceribus, Deum optimum, maximum, ut nobis diu feliciterque eum Regem sospitem servet atque incolumem, hostium suorum nostrorumque victorem et triumphatorem.

In quorum testimonium sigillatim subscripsimus in comitiis generalibus academiæ Lutetïanæ, habitis in aula theologica regalis collegii Navarræ, alias Campaniæ, die veneris 22 aprilis 1594.

Subsignarunt : Jacobus d'Amboise, *rector Universitatis Parisiensis ;* Dionisius Le Camus, *decanus sacræ Facultatis theologicæ ;* Jacobus Le Fevre, *prodecanus, curatus Sancti Pauli ;* Renatus Benoist, *curatus Sancti Eustachii, lector, prædicator et confessor regius, episcopus Trecensis ;* Adrianus d'Amboise, *prædicator et eleemosinarius regius, magnus magister collegii Navarræ ;* Franciscus Abely, *abbas d'Ivry, prædicator et eleemosinarius regius ;* Franciscus Huon, *abbas ;* Du Val, *provisor Bernardinorum ;* Columbel, Fr. Ferré, *prædicatores ;* Joannes Poitevin, *de Sorbona ;* Franciscus Du Bourg, Lyat, Sabot, *collegii Lexoviensis ;* Laffilé, *magnus magister collegii Cardinalitii ;* Colas, *curatus Sanctæ Opportunæ ;* Jacobus Langues, *de Sorbona ;* Michael Aubourg, *syndicus Facultatis ;* Ludovicus Godebert, *canonicus penitentiarius, et vicarius domini Pariensis episcopi ;* Blasius Martin, Theodorus de Langres, Franciscus Hesselin, *magnus commendatarus Sancti Dionisii ;* Quintinus Gehenault, *curatus Sancti Salvatoris ;* Drocus Contesse, *thesaurarius Sancti Jacobi ;* Petrus de Banlieu, *curatus de Corbolio ;* Petrus Perotte, *curatus de Melloduno ;* Claudius Lallemant, *curatus Sancti Petri des Arcis ;* Jacobus Julien, *curatus Sanctorum Lupi et Ægidii ;* Franciscus Berenger, *jacobinus, abbas Sancti Augustini ;* Fr. Joannes Noyron, *prior Sancti Martini de Campis ;* Joannes Guincestre, *curatus Sancti Gervasii ;* R. Balesdens, *archipresbiter, curatus Sancti*

Severini ; Joannes Benoist, *archidiaconus Lemovicensis ; frater* Simon Filleul, *prior Carmelitarum ; frater* N. Maleteste, *augustinus ; et alii plurimi doctores, licentiati et baccalaurei in theologia.*

Doctores in decretis : Joannes Pillaguet, *decanus ;* Martin, Davidson, Le Clerc.

Doctores in medicina : Gerardus Denisot, *decanus ;* Petrus Laffilé, Ludovicus Robineau, Nicolaus Marescot, Henricus de Monanteüil ; *et alii multi.*

Professores regii : Joannes Pellerin, *decanus ;* N. Goulu, M. Vignal, Joannes Passerat, Fridericus Morel; *et alii.*

Procuratores nationum : Medardus. Bourgeotte, *Franciæ ;* Malherbe, *Picardiæ ;* Jacobus Gueroust, *Normanniæ ;* Georgius Critton, *Germaniæ ;* Bigot *et* Croizier.

Decani provinciarum, primarii collegiorum, pedagogi multi, etc.

Cæteri ordines exemplum Universitatis secuti sunt, paucis exceptis.

Furent au-devant de la cour M. d'O, gouverneur, avec plusieurs seigneurs et les ⬤lus qualifiés bourgeois; et entrerent par la porte Saint-Jacques, accompagnans M. de Harlay, premier president, et les presidens Seguier, Blanc-Mesnil-Pottier, de Thou, et Forget, suivis de bon nombre de conseillers.

Autant en fut fait à M. Nicolai, premier president, et aux presidens Tambonneau, des Charmeaux et Danés-Marly, et gens des comptes, qui venoient après le parlement : chacun s'empressant à les voir arriver en si grande et bonne compagnie, et tous à cheval.

Et dit-on du conseiller d'Amours, qui avoit bien lavé la tache de ligueur, et avoit été des premiers et plus zelés à s'employer pour la reduction de Paris, qu'étant deputé de ceux de la cour qui y étoient restés, avec autres ses collegues dont il étoit l'ancien, jusqu'à Estampes, pour faire le compliment de bien venüe à ceux qui revenoient de Tours, il fut à l'hostellerie où étoit logé le premier president de Harlay; et étant entré en sa chambre où il étoit seul, ne laissa pas de le haranguer, et commença : « Monsieur, le douzieme de « may... » Surquoi le president l'interrompit, et dit qu'il falloit envoyer querir les autres presidens. Et eux venus, d'Amours reprit : « Monsieur, le douzieme de « may..., » et fut encor arresté par M. de Harlay, disant que le procureur general n'y étoit pas. Et neantmoins d'Amours recommença encor : « Monsieur, le douzieme « de mai..., » qui étoit le jour des Barricades ; dont fut mocqué, et ne dit rien qui vaille dans sa harangue.

Le lundy 18 avril, lendemain de Quasimodo, messieurs du parlement de Tours et de Chalons vinrent au Palais reprendre leurs places, et ne presterent point nouveaux sermens comme avoient fait ceux de Paris, parce qu'ils estoient restés dans le party du Roy. Et fit M. le premier president de Harlay les ouvertures en la maniere accoustumée, le tout étant si bien reuni que dès ce même jour il n'y restoit plus aucune apparence des divisions passées.

Il fut aussy ce même jour (1) arresté que le nom du pretendu roy Charles x seroit osté des arrests où il avoit esté mis.

(1) *Ce même jour* : C'est le 3 décembre 1594 que cette délibération fut prise, ainsi que le prouve l'arrêt qui suit.

Extrait des registres du parlement, du samedy 3 decembre 1594.

« Sur ce que le procureur general du Roy a remontré à la cour qu'il est tombé entre ses mains un arrest donné en ladite cour pendant les derniers troubles, par le narré duquel est fait mention d'un roy qu'ils appellent *Charles* x, supposé par la malice du temps au préjudice de la *loy salique*, fondamentale de ce royaume et de l'authorité du Roy, auquel la couronne appartient legitimement, et qu'en outre il y a plusieurs intitulations d'arrests dudit pretendu roy : requerroit lesdits mots de *Charles* x estre rayés et biffés, et l'inscription de même nom des autres arrests et commissions donnés aux gouverneurs, mandemens et lettres expediées en chancellerie. La matiere mise en deliberation, ladite cour a ordonné que ces mots de *Charles* x seront rayés et ostés tant des minuttes des arrests et registres d'icelle, que des expeditions en forme par extrait qui ont été delivrées aux parties; ensemble les ecritures du même nom, tant desdits arrests, commissions, que lettres obtenues en chancellerie; et a fait inhibitions et deffences à tous juges, huissiers ou sergens d'executer lesdits arrests, mandemens et lettres sous pareilles inscriptions, sur peine de crime de leze-majesté. »

Le même jour 18 avril, le recteur, les doyens des Facultés, grand maitre de Navarre, ancien de Sorbone, procureurs des nations, et tous les docteurs et supposts de l'Université, parce qu'ils ne s'étoient point trouvez à la procession generale du mardy 29 mars, firent la leur en particulier à la Sainte Chapelle du Palais, pour rendre graces à Dieu de l'heureuse reduction de Paris, et implorer son assistance pour la conservation de la personne du Roy, le bonheur de ses armes et la tranquillité de son royaume. Ces messieurs, toujours lents dans leurs deliberations, avoient passé tout ce temps en harangues, disputes et ergoteries, pour sçavoir s'ils se rangeroient à leur devoir; et cependant les festes étoient venues, qui les avoient encor éloignés :

en sorte qu'ils furent des derniers à donner des marques publiques de leur soumission.

[MAY.] Le lundi 2 may, la cour de parlement n'entra point, pour ce que c'estoit la feste de Sainct Gatian de Tours (1). On disoit qu'on le devoit nommer saint Gratian, pour ce que tous ceux qui revenoient de Tours estoient gras et en bon point.

Ce jour on eust nouvelles de la mort du president Le Sueur, qui avoit esté tué comme il pensoit revenir à Paris : homme qui estoit des plus doctes du parlement, mais assés mal famé.

Poictevin, docteur de Navarre, eust un billet ce jour, auquel il ne vouloit obeir ; mais menassé de prison et de pis, troussa bagage dés le lendemain.

La Place, conseiller en la cour, et qui avoit esté de la chambre d'*Agrippa*, eust aussi le sien. Il employa tout le monde pour ne point sortir ; mais en fin il fust prouvé contre lui que pendant la treufve il avoit dit à madamoiselle Datis que le Roy ne pouvoit eschapper que dedans Pasques il ne fust tué ; et qu'il le seroit, quand lui-mesmes le devroit faire. Parole qui meritoit une corde, et non pas un billet.

Maistre René Choppin, advocat en la cour, en eust aussi ung. Il estoit homme docte, mais grand ligueur, comme il a fait assés paroistre par ses beaux escrits, ausquels on a respondu par turlupins et matagots. Toutefois par la priere en fin, et à la faveur du gendre

---

(1) *La fête de Sainct Gatian de Tours :* C'étoit l'anniversaire du jour où le parlement avoit été transféré à Tours ; on le fêtoit comme le jour de la Saint-Hilaire, où sous Charles VII le parlement avoit été transféré à Poitiers.

de M. de La Chastre, il fust retenu ici, et son billet n'eust point de lieu.

Le mardi 3, fust pris prisonnier un prestre de Saint-Jacques de la Boucherie, pour avoir mesdit du Roy, estant à la taverne.

Le mecredi 4, Becquet, tripotier, fust pendu et estranglé devant le Louvre à Paris, pour avoir assisté au meurtre commis en la personne du marquis de Megnelet (1) à La Fere, qui neantmoins n'estoit encores reduitte. M. Levoix, conseiller en la grand chambre, lequel il avoit emprisonné et maltraicté pendant la Ligue, aida fort à ceste execution, et fut cause en partie de le faire pendre.

Le dimanche 8, arriverent les nouvelles de la reduction de Toulouse : dont furent faits feux de joye, et le *Te Deum* solemnellement chanté.

Ce jour, M. d'O, comme gouverneur de Paris, receust dans l'eglise des Augustins les sermens de tous les capitaines de la ville, la pluspart desquels estoient des deposez par la Ligue que le feu Roy y avoit mis, lesquels ce Roy ici voulust restablir, comme il sembloit bien raisonnable. M. Boier, conseiller en chastelet, refusa d'estre lieutenant de Remi, nagueres grand audiancier, pour ce qu'il estoit ligueur. Le president Tambonneau remis dit qu'il en acceptoit la charge, si d'aventure il ne s'en trouvoit un plus jeune que lui, qui fust aussi bon serviteur du Roy qu'il estoit.

Quelques-uns neantmoins par faveur et par argent, encores qu'ils fussent notoirement de la Ligue, furent continués en leurs charges : entre autres un nommé La

(1) *Marquis de Megnelet :* Florimond de Halluyn-Pienne, marquis de Maignelay, fils de Charles duc d'Halluyn, pair de France.

Croix, qui avoit assisté à la prise de la cour; et ung apotiquaire demeurant devant la Magdeleine, qui se racheta d'un billet par de l'argent qu'il donna, estant homme fort riche, mais ligueur desesperé et seditieus. Le Roy, d'autre costé, pardonnoit à tout le monde, et n'esconduisoit personne, quelque grand ligueur qu'il fust; ains remettoit les billets à tous ceux qui lui demandoient, disant qu'il ne vouloit plus ouir parler de billets, ni de chasser personne, pour ce que les ligueus estoient aussi bien ses subjets que les autres. Ce que lui ayant esté remonstré, et que la trop grande clemence dont il usoit envers ses ennemis et ce peuple ligueur offensoit ses bons subjets et serviteurs, et lui portoit prejudice, il fist à ceux qui lui en parloient la response suivante en ces mots, digne d'un roy et prince vraiment chrestien :

« Si vous, et tous ceux qui tenés ce langage, disiés
« tous les jours vostre patenostre de bon cœur, vous
« ne diriez pas ce que vous me dites de moi. Je recon-
« nois que toutes mes victoires viennent de Dieu, qui
« estend sur moi en beaucoup de sortes sa misericorde,
« encores que j'en sois du tout indigne; et comme il
« me pardonne, aussi veux je pardonner, et, en ou-
« bliant les fautes de mon peuple, estre encores plus
« clement et misericordieus envers lui que je n'ai point
« esté. S'il y en a qui se sont oubliés, il me suffit qu'ils
« se reconnoissent, et qu'on ne m'en parle plus. »

Le mecredi onzieme de ce mois, le Roy partist de Paris pour secourir La Capelle, qui estoit assiegée de l'Espagnol (1); mais devant qu'il y arrivast, il receust nouvelles de la reddition.

(1) *Assiégée de l'Espagnol* : Le comte Charles de Mansfield.

Le jeudi 12, le recteur vinst à la cour de parlement, pour la supplier, au nom de l'Université, de chasser hors de France les jesuites (1), lesquels n'avoient faute de gens à Paris qui les soustenoient, et même dans le parlement : entre lesquels on nommoit l'avocat du Roy Seguier (2), et le procureur general La Guesle. M. le cardinal de Bourbon aussi, et M. de Nevers (3), les affectionnoient fort, et en escrivirent amplement à la cour en leur faveur, prenans en main leur cause comme si c'eust esté la leur propre.

Ce jour, un advocat plaidant en la cour des aydes, estant tumbé sur l'amnistie, et ayant allegué ce vers,

Qui justius arma sumpserit scire nefas,

eust un adjournement personnel à la cour. Et n'eust esté qu'il fust verifié qu'il n'estoit ni n'avoit jamais esté de la Ligue, eust esté envoié sur le champ prisonnier.

(1) *De chasser hors de France les jesuites :* Le recteur de l'Université renouvela le procès déjà intenté contre eux depuis quelques années. Dès l'an 1558, les jésuites, par la protection du cardinal de Lorraine, avoient obtenu des lettres du Roy pour s'établir dans le royaume : quelque temps après ayant ouvert le college de Clermont, l'Université leur fit interdire par le recteur la liberté d'enseigner. Cette affaire fut portée au parlement, et plaidée par deux fameux avocats, Etienne Pasquier pour l'Université, et Pierre Versoris pour les jésuites. La cause fut appointée : et cependant il leur avoit été permis d'enseigner par provision. — (2) *L'avocat du Roy Seguier :* Antoine Seguier, fils du fameux Pierre Seguier, premier du nom, président à mortier au parlement de Paris. Il exerçoit la charge d'avocat général lorsque l'Université renouvela le procès contre les jésuites : il fut au nombre de ceux qui, pour les favoriser, firent décider que cette cause seroit plaidée à huis clos. — (3) *M. de Nevers :* Louis Gonzague, duc de Nevers, qui avoit fondé un collége à Nevers, présenta une requeste par laquelle il supplioit la cour de laisser paisibles les jésuites de Nevers, et de ne pas punir tout le corps pour les fautes de quelques individus.

Le dimanche 15, ceux du parlement de Chaalons arriverent à Paris, où ils n'avoient peu revenir plus tost, à cause des dangers des chemins. M. de Nevers leur fist escorte, et les conduisit jusques à Sedane, hors de danger.

Le jeudi 19, feste de l'Ascension, la femme du capitaine Olivier, archiligueur, alla trouver M. de Versigni, maistre des requestes, au logis du sieur de Perreuse son frere, pour s'excuser de ce qu'on lui imposoit qu'elle avoit à lui quelques bagues, et entre autres pieces un sapphir qui estoit fort beau. Mais Versigni ne prenant patience de l'escouter, transporté de colere, à laquelle il se laisse aller souvent, commença à l'injurier, et appeler son mari voleur. Sur quoi ladite femme ayant repliqué que son mary estoit homme de bien, l'autre lui dit qu'elle en avoit menti, et que son mari estoit un voleur, et elle une p.....; et là-dessus lui donna un soufflet jusques à effusion de sang, avec un coup de pied par le cul. Dont s'estant allée jetter aux pieds de M. d'O, et demandé reparation de cest outrage, M. d'O, qui en trouva le fait mauvais et de consequence, arresta que M. de Versigni sortiroit la ville, comme perturbateur du repos publiq; et qu'on lui envoyeroit un billet. Sur lequel la cour s'estant assemblée le samedi suivant, et se souvenant bien qu'Olivier avoit esté leur concierge au Louvre, adoucist M. d'O, tansu Versigni, et traicta la femme à la Ligue, c'est-à-dire ne lui en fist comme point ou peu de justice, y ayant esté dextrement pourveu par le president Seguier, qui en faveur de Versigni lui donna un rapporteur de bois, qui estoit le bon homme Du Four.

Ce que ceste femme prist tellement à cœur qu'elle en perdit l'esprit, et mourust le mois d'aoust ensuivant dans la ville de Soissons, où son mari et elle, comme ligueus, avoient esté contraints de se retirer.

Le vendredi 20, on eust nouvelles à Paris de la mort de la duchesse de Bouillon, decedée à Sedan le 15 de ce mois, non sans apparance et soubçon de poison.

Le dimanche 22, fust mis sur le grand autel des Chartreus de Paris un petit billet contenant ce qui s'ensuit :

Fratres, orate pro fratribus vestris jesuitis, ut Deus illis faveat in favorem dominæ Monteloniæ cancellariæ, cujus maritus fuit olim patronus vester.

Ce jour, madame de Nemoux presta le serment de fidelité au Roy.

Le mardi 24, toutes les vignes d'alentour de Paris, et generalement presque par toute la France, furent gelées.

Sur la fin de ce mois, M. d'O fist coucher sur l'estat des predicateurs du Roi, à deux cens escus par an de gages, nostre maistre Lincestre, insigne ligueur.

[JUIN.] Le samedi 11 juin, fust constitué prisonnier à Paris le gardien des Cordeliers, avec quelques autres accusez de conspiration contre le Roy et son Estat.

Le lundi 13, vinrent nouvelles à Paris que le Roy avoit pris les munitions que l'ennemi vouloit mettre dans Laon.

Le vendredi 17, on fist procession generale à Paris,

sur les lettres du Roy qui portoient qu'il estoit prest de donner bataille, et qu'on priast Dieu pour lui.

Le dimanche 19, le Roy manda à Paris qu'il avoit desfait tout plain d'Espagnols; et que le champ lui estoit demeuré, aprés avoir pris leurs charrettes et munitions, qu'ils vouloient mettre dans la ville. Sur quoi M. de Paris fist redoubler les prieres par toutes les eglises et paroisses.

Le mardi 21, on fist courir un faux bruict à Paris que Victri le François s'estoit révolté de la Ligue, et avoit pris le parti du Roy; et que le duc de Guise avoit esté pris prisonnier dedans. Le lendemain on disoit qu'il avoit esté bruslé, et que M. de Guise s'estoit sauvé dans la citadelle. Les deux jours d'aprés la ville brusloit tousjours, mais le duc de Guise n'y estoit plus. Le 27 de ce mois, tout estoit devenu à rien.

Le jeudi 23, veille de la Saint Jean, M. d'O, comme gouverneur de Paris, mist le feu à Saint Jean en Greve; et le lendemain on fist un autre grand feu au beau milieu de la cour du Palais, où on brusla la Ligue, le legat et les Seize. On y avoit peint toutes sortes de moines, prebstres et gens d'Eglise : dont beaucoup de peuple murmura.

Le jeudi trentieme et dernier de ce mois, le Roi manda au cardinal de Bourbon, fort malade dans son abbaie Saint Germain des Prés lés Paris, qu'il avoit prés de lui de mauvais serviteurs qui le faisoient plus malade qu'il n'estoit, et l'entretenoient de ses benefices, lui en donnant des apprehensions, et lui voulans faire croire que Sa Majesté en vouloit disposer à son plaisir : ce qui n'estoit point; et pourtant le prioit, sans avoir esgard à tels faux rapports, de mettre peine seu-

5.

lement de se bien porter, et recouvrir sa santé; et qu'estant guairi, il s'asseurast qu'il lui en donneroit deux fois autant qu'il en avoit.

Ces lettres estoient escrites de la main du Roy, de son camp devant Laon, en dacte du mardy 28 juin 1594.

En ce mois s'esleva la ligue des Crocans (1), qui fust presque aussitost dissipée qu'eslevée: comme les vieilles jacqueries (2) de Beauvoisis et autres semblables, sans teste et sans chef. Ils en vouloient sur tout aux gouverneurs et aux tresoriers: qui estoit cause que le Roy dit, jurant son ventre saint gris, et gossant à sa maniere accoustumée, que s'il n'eust point esté ce qu'il estoit, et qu'il eust eu un peu plus de loisir, qu'il se fust fait volontiers crocan.

[JUILLET.] Le dimanche 3 juillet, le vicaire de Saint Supplice dit à son prosne qu'il y avoit une damoiselle en sa paroisse qui estoit accouchée, et n'avoit fait baptiser son enfant à l'Eglise. Ce que ledit vicaire avoit dit sur le rapport de Commolet, qui en avoit asseuré le cardinal de Bourbon; et qu'on faisoit tous les jours la presche aux faubourgs, mesmes tout contre sa maison.

(1) *La ligue des Crocans :* Ils furent nommés crocans, parce que les premiers qui prirent les armes étoient d'une paroisse nommée Croc dans le Limosin. Ils furent bientôt suivis par les habitans des paroisses voisines, et s'étendirent dans le Périgord, le Quercy et l'Agenois. Leur nombre ayant augmenté jusqu'à près de trente mille, ils n'attaquèrent pas seulement les receveurs des tailles et les maltôtiers; mais ils firent des entreprises contre les villes et les châteaux. Comme ils n'avoient point de chef, et que chacun vouloit être maître, cette ligue se dissipa presque d'elle-même. — (2) *Jacqueries :* C'est le nom qu'on donna aux paysans qui se soulevèrent dans le temps où le roy Jean étoit prisonnier en Angleterre.

De quoy ce bon prince fit faire des informations, qui enfin revinrent à rien.

Le jeudi 7, la cause des jesuites, qui avoit beaucoup de fauteurs et beaucoup de contredisans, estant preste à plaider, leur advocat ne s'y trouva point : dont la cour ordonna qu'ils seroient tenus d'y venir dans lundi, pour toutes prefixions et delais. Maistre Antoine Arnaud, advocat contre eux, dit que ces gens n'alleguoient d'autres raisons pour leurs justifications, si non qu'ils ne vouloient estre justifiés.

Le vendredi 8, arriverent les nouvelles à Paris de la mort de M. de Givri, tué devant la ville de Laon comme il faisoit bracquer une piece. Ce seigneur fust fort regretté de la noblesse de France, pour sa vertu et generosité, et aussi de tous les bons François et serviteurs du Roy, pour avoir esté comme l'aucteur des premiers bons succés du feu Roy contre la Ligue.

Ce jour, Lugoli, prevost de l'hostel, alla aux jesuites leur demander un rubi (1) qu'ils avoient des bagues de la couronne. Et sur la difficulté qu'ils faisoient de s'assembler pour y adviser, ayans desja par plusieurs fois esté interpollés de faire response, leur dit enfin que s'ils ne vouloient s'assembler chez eux, qu'il seroit contraint les assembler en la Bastille.

(1) *Un rubi :* Le duc de Nemours, après avoir fait fondre durant le siége de Paris une partie des joyaux d'or et d'argent de la couronne pour en faire des espèces, engagea, dit de Thou, un rubis, deux saphirs, et huit émeraudes. L'avocat Antoine Arnauld prétend que sur ces pierreries les jésuites prêtèrent du vin, du blé et de l'avoine. Le défenseur des jésuites assure au contraire que le duc de Nemours avoit donné ces pierreries à diverses personnes qui lui avoient prêté de l'argent; et que pour plus d'assurance il commanda aux jésuites de les garder comme séquestres. Les juges n'ayant point décidé ce fait, il est encore incertain.

Le lundi 11, M. d'O alla à la cour, où en sa presence fust arresté que la cause des jesuites se plaideroit le lendemain à huis clos; et qu'il n'i auroit personne, selon la requisition et conclusions de messieurs les gens du Roy.

Le lendemain, qui estoit le mardi 12 juillet, la cause fust plaidée à huis clos, selon qu'il avoit esté arresté; et pour ce que quelques uns par curiosité s'estoient ingerés d'entrer, l'advocat du Roy Seguier demanda l'execution de l'arrest, et qu'ils eussent à sortir: ce qui fust fait. Lors maistre Anthoine Arnauld commença son plaidoier contre eux, qui fust violent en toutes ses parties depuis le commencement jusques à la fin : car il appella lesdits jesuites voleurs, corrupteurs de la junesse, assassins des roys, ennemis conjurés de cest Estat, pestes des republiques, et perturbateurs du repos publiq. Brief, les traicta comme gens qui ne meritoient pas seulement d'estre chassés d'un Paris, d'une cour et d'un roiaume, mais d'estre entierement raclés et exterminés de dessus la face de la terre. Entra aux preuves de tout cela sur les memoires qu'on lui en avoit baillé, qui sout memoires d'advocats, qui ne sont pas tousjours bien certains. Que si à son plaidoié il eust apporté plus de moderation et moins de passion, laquelle ordinairement est subjecte au controlle et à l'envie, il eust esté trouvé meilleur de ceux mesmes qui n'aiment pas les jesuites, et qui les souhaittent tous aux Indes, à convertir les infideles.

Duret, leur advocat, dit à Arnaud qu'il se fust bien passé d'en dire tant. A quoi ledit Arnaud repliqua qu'il n'en avoit pas assés dit, et qu'il en falloit chasser les uns et pendre les autres. Sur quoi M. le premier president lui imposa silence.

Le jeudi 14, l'advocat du Roy Seguier, en une cause qui se presenta, plaida tres doctement, et se fit admirer, tant pour sa rare doctrine que pour son eloquence. On avoit opinion qu'il parleroit des jesuites, pour ce que la cause en avoit esté fraischement plaidée. Ce qui en avoit fait venir beaucoup, qui s'en retournerent comme ils estoient venus : car il n'en toucha un seul mot.

Ce jour, le cardinal de Bourbon, bien que tresmalade, escrivit à la cour pour les jesuites, se plaingnant d'Arnaud et de ses injures.

Commolet (1) d'autre costé ne bougeoit du chevet du lit de ce bon prince, s'y trouvant bien empesché pour son fait particulier : car l'Arnaud l'avoit nommé en son plaidoyé, et soustenu qu'il avoit presché publiquement dedans Paris ; que quant David avoit dit en l'un de ses pseaumes : *Erue nos de luto*, il avoit prophetisé la ruine de la France par la maison de Bourbon, et consequemment donné advis aux François de se desbourber. Et ne sçavoit ledit Commolet comment se sauver de ce coup, sinon par la negative, recours ordinaire des coupables.

Le dimanche 24, un docteur de Navarre, preschant à Saint Estienne du Mont à Paris, dit en son sermon qu'avant la reduction on avoit tousjours presché l'Evangile à Paris; mais depuis, que non. Ajousta que ceux qui vouloient mettre les prebstres hors la ville et les en chasser, comme aussi tous les advocats de sem-

(1) *Commolet* : Suivant Cayet, ce fut le docteur Boucher, et non le père Commolet, qui, dans le sermon qu'il fit à Notre-Dame devant l'assemblée des Etats, prit pour texte ces paroles de David : *Eripe me de luto*.

blables causes, estoient heretiques, et ne valoient tous
rien. Pour lesquelles paroles ayant esté informé contre
lui, fut contraint de s'absenter.

On descendit ce jour à Paris la chasse Sainte Genevieve, pour ne plus pleuvoir; et fort à propos : car il
y avoit trente-six jours qu'il ne faisoit autre chose. Et
après la pluie on dit que le beau temps vient.

Ce jour mesme, on eut nouvelles à Paris de la mort
de M. Daliboust, premier medecin du Roy, auquel on
disoit qu'une parole libre qu'il avoit dite à Sa Majesté
touchant son petit Cæsar avoit cousté la vie, non de
la part du Roy, qui ne cognoit point ces bestes et monstres de poisons, mais de la part de celle (comme tout
le monde tenoit) qui s'y sentoit interessée; à laquelle
le Roy contre sa promesse l'avoit redit, ne pensant
qu'il en deust couster la vie à ce bon homme de medecin, fidele serviteur de Sa Majesté. En sa place succeda La Riviere, medecin de M. de Bouillon, qui le
donna au Roy.

Le lundi 25, arriverent à Paris les nouvelles de la
composition de la ville de Laon, dans laquelle le Roy
devoit entrer le 2 aoust, si dans ledit temps elle n'estoit
secourue.

Le jeudi 28, M. d'O partist de Paris pour s'en aller
au camp de Laon porter de l'argent au Roy, qui y
mouroit de faim, pendant que ses tresoriers faisoient
grande chere à Paris. Ils faisoient aussi jusner Madame,
et disoient que puis qu'elle ne se vouloit convertir et
aller à la messe par un mariage, que n'en pouvant venir à bout par le bas, ils tascheroient d'en avoir la raison par le hault.

Le samedi 30 juillet, à deux heures après midi, mourust à Paris, en son hostel des fauxbourgs Saint-Germain; M. le cardinal de Bourbon, en la fleur de son aage, attenué de longue maladie : bon prince et sage, s'il n'eust esté mal conseillé, comme sont souvent les princes de son qualibre. Peu de jours avant sa mort le Roy se gossant, disoit qu'il n'i avoit nul moyen de le guairir, sinon en lui promettant d'estre roy bien tost.

Il y avoit huict jours, quand il mourust, qu'on faisoit inventaire chés lui, jusques aux ustensiles de la cuisine, dans laquelle il y avoit bien trois jours qu'il n'i avoit rien qu'un vieil cousteau qui ne valoit pas trois sols : encores estoit-il attaché à une chaisne ; autrement il n'i fust demeuré.

Sur sa mort, furent semées à Paris les suivantes mesdisances, que j'ay recueillies entre beaucoup d'autres :

Les Durets (1) et maistre Guillaume
Ont perdu leur maistre à ce coup.
C'est à eux de dire un sept pseaume :
La France n'i perd pas beaucoup.

Ce jour, on eust nouvelles à Paris que le duc de Nemoux, prisonnier à Lion, s'estoit sauvé la nuict d'entre le mardi et mecredi.

Autres nouvelles le mesme jour, venantes du cardinal de Gondi, qui portoient en somme qu'un Clement VII avoit ruiné l'Italie, et qu'il estoit bien à craindre qu'un Clement VIII ne ruinast la France.

(1) *Les Durets :* Les Duret père et fils étoient au nombre des confidens du jeune cardinal de Bourbon, et avoient eu part aux intrigues du tiers parti.

A Paris, ce mesme jour, fust pendu et aprés bruslé en Greve un vieil homme aagé de plus de soixante-dix ans, qui avoit violé la fille de sa seconde femme.

En ce mois de juillet, on donna congé à petit bruict à un sire de Paris demeurant rue Saint Denis, prés du Sepulchre; lequel aiant chés lui une chienne pleine, avoit dit ces mots : « Le premier chien qui viendra de « ma chienne que voilà, je veux qu'on le nomme Henry « de Bourbon. »

On trouva chés un autre un pourtrait du feu Roy entouré de serpens et crapaux, qu'il avoit fait faire exprés.

Il y eust aussi un cordelier, au pays de Gastinois, qui prescha publiquement que le Roy ressembloit aux huppes, qui faisoient leur nid de merde.

[AOUST.] Le mecredi 3 aoust, ung petit orfevre de la religion, nommé Claude Du Mont, qui ordinairement travailloit sur les grands degrés du Palais à Paris, estant ce jour de garde à la porte Saint Jacques, comme le sacrement vinst à passer, fut si indiscret que, sans se retirer à l'escart ni oster son bonnet, il le regarda sans faire autrement semblant de sçavoir que c'estoit. Dont sur l'heure il faillist d'estre tué et saccagé, sans le capitaine Jusselin qui le sauva de la mort, qui lui estoit inevitable, et bien deuc à sa temerité.

Le vendredi 5, je vis une lettre du Roy, par laquelle il mandoit que dés le mardi 2 de ce mois il estoit entré dans Laon; et que le mesme jour ceux d'Amiens avoient chassé le duc de Maienne, et envoyé deputés pour traicter avec Sa Majesté.

Le jour de devant, M. le chancelier en avoit eu les nouvelles entre sept et huict heures du soir. Dont fust chanté à Paris le *Te Deum* fort solennellement, où la ville, la cour et toutes les compagnies se trouverent.

Sur ceste reduction fust fait le quatrain suivant, rencontré sur le nom de la ville reduitte :

> Le roy Numa, par sa prudence,
> Composa l'an de douze mois ;
> Mais nostre Roy, par sa vaillance,
> L'a reduit à moins de trois mois.

Ce jour, Hottoman, tresorier de l'espargne, passant par la Vieille rue du Temple avec un train de quarante-cinq chevaux, pour s'en aller en une sienne maison des champs, fist mettre tout le monde aux fenestres, pensant que ce fust quelque prince qui passast, tant la pompe et suitte de messieurs les tresoriers estoit grande.

Nostre maistre Lincestre ce mesme jour se transporta en la maison d'un nommé L'Amoureux, procureur des comptes, sien paroissien, pour le convertir et reduire à la religion catholique, apostolique et rommaine. Mais il perdist son temps, d'autant que l'autre ayant entendu la fin de sa venue, ne lui voulut jamais rien respondre : tellement que ledit Lincestre fust contraint de s'en retourner comme il estoit venu.

Le dimanche 7, fust mise en terre madame la presidente Seguier, ma tante et marraine, aagée de soixante-dix-sept ans, femme vertueuse, et la mere des pauvres.

Le lundi 8, un frere cordelier s'adressa à la Gourdeille, qui vendoit des tableaux au Palais, prés de la Chancellerie ; et lui ayant demandé à voir un pourtrait

du Roy, aprés qu'elle lui en eust monstré ung, lui demanda s'elle n'en avoit point un plus beau. « Non, dist-
« elle. — Je le crois, va respondre le cordelier : car
« un vilain comme lui ne peult estre beau. Au reste,
« il n'y a pas encores ung an que vous vendés ces
« beaux pourtraits; devant que la fin de l'année soit
« venue, vous n'en vendrés plus. » Et à l'instant s'estoit
escoulé, craingnant que la femme, qui commençoit de
crier aprés lui, le fist arrester, comme elle vouloit faire.

Ce jour, un procureur de la cour, nommé Vodé,
pour avoir conseillé à sa partie de faire faire des culiers
d'argent pour donner à ses juges, afin de gangner son
procés, fust contraint de s'absenter de la ville, pour
ce que la cour en ayant esté advertie, lui vouloit faire
son procés.

Le mecredi 10, jour Saint Laurens, une fille aagée
de seize ans, demeurante au Marché Neuf à Paris, se
precipita du haut d'une fenestre et se tua, pour le
mauvais traictement que lui faisoit sa belle mere.

Ce jour mesme, fust pesché prés Nesle ung pauvre
petit enfant qui ne faisoit que naistre, qu'on avoit tout
aussitost estranglé, et jetté dans la riviere.

Le jeudi 11, à la requeste de maistre Lois Servin,
advocat du Roy, fut ordonné par la cour que defenses
seroient faites à tous advocats de plus plaider sur les
provisions du legat (1), comme estant nulles et abu-
sives, *defectu potestatis.*

---

(1) *Provisions du legat :* Les cardinaux Cajetan et de Plaisance étoient
entrés en France pendant les derniers troubles en qualité de legats,
sans avoir reconnu le Roy; et avoient donné des provisions pour des
bénéfices contentieux, contre l'autorité de Sa Majesté, les droits et les
libertés de l'Eglise gallicane.

Ce jour, le baron de La Chastre fust receu à la cour baillivf de Berri.

Le vendredi 12, fut chanté à Paris le *Te Deum* de la reduction de la ville d'Amiens, qui advinst le mardi 9 aoust, à deux heures aprés minuict.

Le samedi 13, M. d'O envoya querir un ministre de Madame, nommé La Faye, auquel il dit qu'il l'avoit envoyé querir pour l'avertir que le peuple murmuroit de ce qu'il se faisoit des presches à Paris, et que chascun disoit que c'estoit luy. Auquel ledit La Faye respondit qu'il ne sçavoit que c'estoit, et que de lui il n'en faisoit point : aussi n'avoit-il jamais entendu le peuple murmurer de presches qu'on fist, trop bien des daces et imposts nouveaux qu'on lui mettoit sus ; et que de cela chacun s'en plaingnoit assés.

Le samedi 20, les soldats de la garnison de La Ferté Milon prirent prisonniers, tout contre les Thuilleries, Saint-Blanchart, frere de M. de Biron, avec quelques autres. Mais ils furent si vivement et chaudement poursuivis par ledit seingneur de Biron et ses troupes, qui les attaingnirent prés Livri, qu'ils furent contraints de lascher prise ; et aprés en avoir tué quelques uns, entre autres Lamoieux et Saint-Besnard, envoyerent les autres à Paris, qui à trois jours de là firent monstre en pourpoint sur un eschaffaut.

Le jeudi 25, arriverent à Paris messeigneurs de Conti et de Soissons ; et le mesme jour s'esleva un faux bruict à Paris de la prise du duc de Maienne par le duc Ernest, qui continua bien quinze jours, contre la coustume des fausses nouvelles : car on dit que c'est beaucoup quand une menterie est bien entretenue vingt-quatre heures, et qu'en matiere d'Estat elle sert souvent de beaucoup. Mais celle-ci le fut quinze jours entiers.

Le Roy entra ce jour dans Amiens (1), et se contenta tant de la reception qu'ils lui avoient faite, qu'il escrivist à madame de Chastelerâud qu'il reservoit à lui dire de bouche le grand contentement qu'il en avoit.

Le samedi 27, furent pendus et estranglés en la place de Greve à Paris, pour l'assassinat commis en la personne du feu president Brisson, maistre Aubin, prestre non degradé, clerc de Saint Germain le Vieux, qui dit qu'il n'avoit rien fait, et qu'il mouroit pour sa religion; maistre Jean Roseau, bourreau de la ville, qui ne se pouvoit resouldre à mourir; et un nommé Danés, sergent, avec un autre nommé Fourmantin, aussi sergent, qui fut condamné à y assister, et aux galeres perpetuelles.

Sur ceste execution memorable, pour la qualité des trois personnages qu'on vist pendre ce jour à Paris en une place publique, fust divulgué le sixain suivant :

> Le sergent fut creé pour le malfaicteur prendre;
> Si condamné à mort, le bourreau pour le pendre :
> Avant la mort il est par prœbstre confessé.
> Icy tu vois, passant, par nouvelle justice,
> Sergent, prestre, bourreau exposés au supplice,
> Par un crime non veu pareil au temps passé.

Le dimanche 28, M. d'O fist un festin magnifique aux dames et damoiselles de Paris.

Ce mesme jour, Madame, sœur du Roy, fist prescher publiquement dans le chasteau de Saint Germain en Laye; et y fust celebrée la cene en tresgrande compagnie.

Le mecredi trente et unieme et dernier du mois

(1) *Entra ce jour dans Amiens :* Les habitans d'Amiens furent les premiers qui, sans traité ni condition, reçurent le Roi dans leur ville.

d'aoust, le petit Chauveau, curé de Saint Gervais, mourust dans les Cordeliers de Senlis d'une fievre chaude, procedante (ainsi qu'on disoit) d'un bouillon trop chaud que lesdits cordeliers lui avoient fait prendre : car il estoit malvoulu de la plus part d'eux, pour ce que librement il les reprenoit de leurs vices, et taxoit en plaine chaise les abus de l'Eglise, conduisant le peuple droit à Jesuschrist, et le destournant, en tant qu'en lui estoit, de tous autres moiens inventés par les hommes pour gangner paradis : mesme de leur sainte Riole, et autres saints et confrairies ausquelles ceste ville a esté de tout temps adonnée. Au reste, homme bien vivant, par le tesmoingnage d'eux mesmes ; point avaricieux, et si fort charitable à l'endroit des pauvres qu'il se devestoit ordinairement pour les revestir : ce qu'on lui a veu faire assés de fois.

A esté le premier (ce qui est remarquable) qui sous le surpelis a osé prescher en chaise que le Pape estoit l'Antechrist. Neantmoins disoit la messe, et lui a t'on oui prescher et dire souvent qu'il estoit aussi peu huguenot que ligueur.

[SEPTEMBRE.] Le vendredi 2 septembre, mes dames de Nemoux, de Guise et de Montpensier, qui avoient fait le serment de fidelité au Roy, arriverent à Paris. La dame de Montpensier passant par Compiegne pour venir à Paris, y voulust loger par fourriers; mais les habitans ne le voulurent jamais endurer, disans qu'ils sçavoient bien que c'estoit elle qui avoit fait tuer le feu Roy; et que si elle venoit pour y loger, qu'ils mettroient le feu dans la maison où elle seroit.

La nuict du vendredi 9 de ce mois, madamoiselle

de Vigni mourust en sa maison à Paris, et ne dura que deux jours.

Le lundi 12, M. d'O alla à la cour, pour adviser de la forme de l'entrée qu'on devoit faire au Roy; lequel aiant entendu que les Parisiens s'apprestoient pour y venir en armes, et faire une brave salve à Sa Majesté avec leurs mosquets et arquebuses, manda à M. d'O qu'il eust à leur dire qu'il ne le vouloit pas, et qu'il se contentoit pour ce regard de leur bonne volonté : aussi bien que leurs canons estoient souvent mal affustez; et que, pour n'estre asseurez de leurs bastons, il y auroit plus à se garder du derriere que du devant.

Le mardi 13, le Roy vinst se proumener à Paris à la desrobbée, n'estant accompagné que de M. de Longueville; coucha chez Du Mortier à la Cousture Sainte Catherine, et le lendemain matin s'en retourna seul avec madame de Liancourt, dans son coche, à Saint Germain en Laye.

Ce jour, le duc de Bouillon commença à aller voir ses juges et leur faire la cour, pour estre reçeu mareschal de France. A quoy la cour ne vouloit entendre, à raison de l'ouverte profession de religion qu'il faisoit; alleguoient que les ordonnances y estoient contraires, mettoient en avant la consequence, et que ce n'estoit ce que le Roy leur avoit promis.

Le jeudi 15 septembre, le Roy fist son entrée à Paris aux flambeaux, entre sept et huict heures du soir. Il estoit monté sur un cheval gris pommelé, avoit un habillement de veloux gris tout chamarré d'or, avec le chappeau gris et le pennache blanc. Les garnisons de Mante et Saint Denis furent audevant, avec le corps de la ville et eschevins. Messieurs de la cour, avec leurs robbes rouges, l'allerent attendre à Nostre Dame, où le *Te Deum* fust chanté. Le reste de l'ordre et cerimonies qui y furent gardées ont esté imprimées à Paris.

Il estoit huict heures du soir quand Sa Majesté passa sur le pont Nostre Dame, accompagné d'un grand nombre de cavallerie, et entouré d'une magnifique noblesse. Lui, avec un visage fort riant, et content de voir tout ce peuple crier si alegrement *vive le Roi!* avoit presque tousjours son chappeau au poing, principalement pour saluer les dames et damoiselles qui estoient aux fenestres; entre lesquelles il en salua trois fort belles qui portoient le deuil, et estoient à des fenestres hautes vis à vis de Saint-Denys de la Chartre: comme il fist aussi la Raverie, estant chés Bocquet à la rue Saint Jacques. Madame de Liancourt marchoit un peu devant lui, dans une lictiere magnifique toute descouverte, chargée de tant de perles et de pierreries si reluisantes qu'elles offusquoient la lueur des flambeaux; et avoit une robbe de satin noir, toute houppée de blanc.

Ici je ne veux oublier une particularité de laquelle je fus spectateur: c'est que sur les quatre heures du soir mes dames de Nemoux et Montpensier, passantes dans leurs carosses sur le pont Nostre Dame, furent contraintes s'arrester pour laisser passer le grand nombre de chevaux et archers de la ville qui passoient pour aller au devant du Roy: desquels il n'y en eust de toute ceste grande troupe que deux ou trois qui les saluassent, encores estoient ils des plus pietres et malautrus. Tous les autres les regardoient au nés, sans faire semblant de les congnoistre: ce que je ne doute point qu'il ne leur fust un grand creve cœur, principalement à celle qu'on appelloit à Paris la Roine mere,

47.

avant sa reduction. A quoy plusieurs prirent garde
aussi bien que moy, qui estois vis à vis du lieu où elles
furent contraintes s'arrester; et le regardai avec plaisir, et consideration de la vanité du monde et de sa
rouë, que Dieu manie, tourne et retourne tout ainsi
comme il lui plaist.

Le vendredi 16, le Roy joua à la paume, tout du
long de l'apresdisnée, dans le jeu de paume de la Sphere;
et toute la nuict joua à trois dés contre M. d'O.

Le samedi 17, Loys Revol, secretaire d'Estat, mourust à Paris à neuf heures du matin. Il estoit homme
de peu de monstre, mais grand d'esprit et d'entendement, qui craignoit Dieu et avoit l'ame droite, outre
l'ordinaire des courtizans de sa profession. On ne luy
trouva d'argent que vingt-six escus. Le Roy le re-
gretta, et dit tout hault qu'il avoit fait perte en lui
d'un bon serviteur et d'un trés homme de bien : faisant Sa Majesté peu d'estat des trois autres (1), desquels
il dit en riant que l'un estoit un presomptueux, l'autre
un fol, et l'autre un larron.

Le Roy fist ce jour dans sa chambre, en presence
de sa noblesse, une belle protestation (mais elle ne dura
gueres) que des estats de chancelier, de secretaires
d'Estat, et de capitaines de ses gardes, il n'en vouloit
plus recevoir ni or, ni argent, ni prieres : ains qu'il
vouloit lui-mesmes y pourvoir, et en honorer ceux
qu'il en jugeroit estre dignes; et ce, disoit-il, pour
fermer la bouche et la bourse des poursuivans, qui la
lui ouvroient bien grande, ayans envie de mettre là
leur argent.

(1) *Peu d'estat des trois autres :* Ces trois autres étoient Forget, Beaulieu et Potier.

Le dimanche 18, le Roy alla à Saint-Germain des Prés donner de l'eau beniste au cardinal de Bourbon.

Ce jour, madame la princesse d'Orange (1) ayant trouvé dans la chambre de Madame, sœur du Roy, la duchesse de Montpensier, en sortit aussi tost et se retira, disant tout haut qu'il ne lui estoit pas possible de voir de bon œil pas un de ceux et celles qui avoient esté cause de la mort du feu Roy, pour ce qu'elle estoit Françoise et aimoit les François.

Le lundi 19, fust enterré à six heures du soir, dans l'eglise Saint-Germain de l'Auxerrois, le seingneur Revol. A son convoy assisterent le mareschal de Rets, qui conduisoit le deuil; messieurs de Brissac, Saint-Luc, le marquis de Pisani, et autres grands seigneurs. Le poisle fut porté par Forget et Beaulieu, secretaires d'Estat, et par Denys et Thielement, secretaires du Roy.

Ce jour, le Roy fust oüir la messe aux Capucins, où chascun estoit estonné de lui voir faire tant de signes de croix, et devotions non accoustumées.

Le mecredi 21, la femme d'Ysouard Cappel, grand ligueur et vrai Hespagnol, se vinst jetter aux pieds du Roy pour faire revenir son mari, qui par un billet avoit esté chassé de Paris. Ce que le Roy lui octroia tout aussi tost; mais M. d'O n'en voulust rien faire, congnoissant trop son mari, et bien adverti qu'elle mesmes avoit dit peu auparavant que tous les François n'estoient que des traistres et des heretiques; mais que les Hespagnols estoient tous bons catholiques et gens de bien. Qui fut cause qu'on lui fist dire qu'elle se teust,

(1) *Madame la princesse d'Orange* : Louise de Coligny, fille de Gaspard, amiral de France.

6.

si elle ne vouloit qu'on lui en fist autant qu'à son mari.

Le jeudi 22, mourust à Paris en la religion, de laquelle dés longtemps il faisoit profession, M. de Luines, sieur de Frementieres, autrefois conseiller en la cour, ancien ami et compagnon de feu mon pere.

Le vendredi 23, Amiot, auditeur des comptes, mourust tout soudainement dans son estude, ayant sa fille auprés de lui, qui lisoit dans un livre qu'il lui avoit baillé; laquelle estant sortie pour appeler, trouva à son retour son pauvre pere qui avoit rendu l'esprit.

Le samedi 24, le Roy joua tout du long du jour à la paume dans le jeu de la Sphere. Il estoit tout en chemise : encores estoit-elle deschirée sur le dos, et avoit des chausses grises à jambes de chien, qu'on appelle. Ne pouvant bien aller à l'estœuf, pour ce qu'il estoit las, dit qu'il ressembloit aux asnes qui faillent par le pied. Puis à l'instigation de l'avocat Duret, qui dit à Sa Majesté que si elle vouloit avoir du plaisir, qu'elle fist fouiller un nacquet (¹) qui faisoit le mitouard sous la gallerie, et qu'on lui ostast son manteau, qu'on lui trouveroit une grosse de balles qu'il avoit derobbées, commanda à M. d'O de ce faire. Et lui ayant esté trouvé ce qu'il avoit dit, le Roy en rid bien fort; et aiant fait venir le nacquet, l'arraisonna assés long temps, et en tira du plaisir.

Le dimanche 25 septembre, le Roy declara tout haut Villeroi secretaire d'Estat, en la place de Revol; et ce, contre sa protestation souventefois reiterée, contre les prieres aussi treshumbles et tresaffectionnées de Madame, sa sœur, qui au nom de toutes les eglises, principalement de celles des Pays Bas, avoit supplié Sa Ma-

(¹) *Nacquet :* marqueur.

jesté de n'y mettre point Villeroy, pour ce qu'elles le connoissoient pour leur ennemi formel et juré, et de tous ceux de la religion ; et au surplus tresmauvais François et vrai Hespagnol. Madame de Chasteleraud [1] dit au Roy qu'elle ne tenoit moins coulpable Villeroy de la mort du feu Roy son frere, qu'estoit La Chapelle Marteau [2]. Mais Sa Majesté, resolue au contraire, passa par dessus toutes ces remonstrances, leur disant pour conclusion qu'il sçavoit bien ce qu'il faisoit : qu'il connoissoit mieux Villeroy que tous tant qu'ils estoient, et qu'il en sçauroit bien chevir. Au reste, qu'il n'i avoit homme en tout son royaume plus necessaire à son estat pour le temps present que lui ; et qu'on se contentast de cela.

A Beaulieu qui s'en plaingnoit, le Roy dit ces mots : « Beaulieu, ne t'en fasche point ; je t'aime, et veux « que tu demeures premier secretaire d'Estat, et que les « pacquets mesme le portent. Mais laisse à Villeroy la « guerre, et te contente que je te laisse la paix en ta « maison : je la voudrois bien avoir, et toutefois je ne « puis. » Ce neantmoins on sema ce jour au Louvre le suivant quatrain, fait par quelque malcontent et mesdisant, comme il n'y en avoit point de faute en ce temps à la cour ni à Paris :

> Le Roy n'a peu vaincre la Ligue :
> Il n'appartient qu'à Villeroy,
> Qui a si bien conduit sa brigue
> Qu'enfin la Ligue a pris le Roy.

Ce jour mesme, comme le Roy jouoit teste à teste

(1) *Madame de Chasteleraud* : Diane, légitimée de France, fille du roi Henri II. — (2) *La Chapelle Marteau* : De Thou rapporte que, dans les informations secrètes faites depuis cet assassinat, il y avoit preuve

au sens contre madame de Montpensier, le seingneur de Grillon (1) dit par deux fois au Roy : « Sire, gardez « le petit cousteau de la Montpensier ! »

Le mardi 27, M. d'O dist en riant au duc de Bouillon, dans la chambre du Roy : « Monsieur, vous se- « rez à la fin receu; mais ce sera avec le petit mot « *sans consequence.* » M. de Bouillon, ne prenant plaisir à tels propos, respondit à M. d'O que la consequence n'en seroit jamais mauvaise; et qu'il n'avoit esté empesché en cela que par les mauvais serviteurs du Roy. Pour le regard de lui, qu'il avoit tousjours eu ung maistre, et n'avoit point fait comme beaucoup, qui avoient tousjours esté et estoient encores à qui plus leur donnoit. Et beaucoup de semblables propos, ausquels M. d'O cala la voile, voyant bien que M. de Bouillon s'estoit senti piqué du langage qu'il lui avoit tenu.

Sur la fin de ce mois, messieurs de Here et Bordeaux, conseillers en la cour, revinrent à Paris, d'où ils avoient esté chassés par billets, comme ligueus. Plusieurs autres y revindrent en ce mesme temps, qu'on disoit avoir racheté leurs billets par de l'argent : entre iceux on nommoit Sescot, Le Graisle et Mesnager (2). On proposa mesmes de faire revenir Rolland ; mais M. d'Aubrai, comme bon citoyen, s'y opposa. On ne

que Jacques Clément, sortant de Paris pour l'aller commettre, avoit passé par le faubourg Saint-Martin, et conféré dans Saint-Lazarre avec le duc de Mayenne et La Chapelle-Marteau.

(1) *Le seingneur de Grillon :* Louis de Breton, seigneur de Grillon ou Crillon. — (2) *Sescot, Le Graisle et Mesnager :* Trois ligueurs qui avoient eu ordre de sortir de Paris. Sescot ne se trouva point dans la liste de ceux qui reçurent les billets. Le Graisle et Mesnager étoient avocats.

parloit point de rappeler les faquins et les savetiers
qu'on avoit mis dehors, pour ce qu'ils n'avoient ni
credit ni argent, combien que leur condition fust plus
considerable pour leur faire grace que celle des autres;
en ce qu'ils ne pouvoient du tout rien pour remuer
l'estat d'une ville, quand ils en eussent eu la volonté.
Mais quoi ! les mesdisans de Paris disoient qu'il n'y avoit
impost qui vinst mieux, ni argent plus prompt, pour
faire fond aux finances de M. d'O, que celui qu'on tiroit journellement des billets. Ainsi alloit le monde.

Le vendredi 30 et dernier de ce mois, le Roy manda
ceux de sa cour de parlement pour la reception du duc
de Bouillon, et entre autres propos leur dit qu'encores
qu'il n'allast point à la messe, qu'il le tenoit pour le plus
homme de bien de son roiaume.

[OCTOBRE.] Le samedi premier d'octobre, la cour
fut assemblée pour la reception du duc de Bouillon en
l'estat de mareschal de France : dont on faisoit de
grandes difficultés pour l'amour de la religion, de
laquelle ledit seingneur faisoit ouverte profession; et de
fait les opinions se trouverent miparties : mais le president Le Maistre revint, qui fust cause qu'on arresta
de le recevoir. M. le president de Thou, en son opinion, dit qu'il n'estoit point question de recevoir un
docteur de theologie, mais un marechal de France :
en quoi il ne s'agissoit point de la religion; que M. de
Bouillon avoit bonne espée pour faire service au Roy
en ceste charge, de laquelle s'il y avoit seingneur en
France qui en fust digne, que c'estoit lui, comme il
avoit fait assés paroistre; et que nous avions affaire
autant que jamais de bons capitaines : voire toute la

France avoit interest de pourveoir en telles places des seingneurs genereux, fideles serviteurs du Roy et de sa couronne, et tels que Sa Majesté avoit jugé estre le dit seingneur de Bouillon.

L'avocat du Roy Servin, qui pour lors estoit malade, en envoia son opinion à la cour, qui estoit de le recevoir purement et simplement; mais son opinion ne fust en rien contée. L'avocat du Roy Seguier ne s'y trouva point. Le procureur general y consentist, soubs quelque promesse, ainsi qu'on disoit; et parloit on de la tutelle de madame de Bourbon.

Le lundi 10, fust fait le service du feu cardinal de Bourbon, auquel assista la cour de parlement, avec messieurs les princes de Conti et de Soissons; mes dames de Conti, de Soissons, de Nevers et de Guise y assisterent. M. de Saint-Germain fist l'oraison funebre, où entre autres choses il dit que nous estions tenus à ce bon prince de la conversion du Roy: en quoy on disoit qu'il avoit dit vrai, mais non pas de la façon qu'il l'entendoit (1).

Ce jour, le Roy s'en alla à Fontainebleau, et disna à Villeroy, où incontinent qu'il fust arrivé s'en alla à la letterie, où il trouva une bonne femme qui l'appella *sire monsieur*. Le Roy lui demanda la traicte des vaches de ce jour; et s'en estant fait apporter le laict, se mist à table avec douze ou quinze qui l'avoient accompagné, ausquels pour entrée de table il dit : « Mes

---

(1) *De la façon qu'il l'entendoit :* L'auteur de l'oraison funèbre de M. le cardinal de Bourbon louoit les exhortations, les conférences, les prières par lesquelles ce cardinal avoit opéré la conversion de Henri IV. L'Estoile donne à entendre que ce ne fut pas par ces moyens que le cardinal travailla à la conversion de ce prince; mais bien par la crainte d'un tiers parti, dont lui cardinal étoit le chef.

« amis, nous sommes tous compagnons à table d'hoste;
« faisons bonne chere pour nostre argent : car nous
« avons un hoste qui nous fera bien payer l'escot. »

Le mardi 11 octobre, le duc de Bouillon fut receu
mareschal de France en la cour de parlement, *sans
tirer à consequence :* ce qui fust adjousté à l'arrest pour
l'amour de la religion, de laquelle il estoit. Maistre Anthoine Arnauld fust son advocat, qui triompha sur ses
louanges ; le procureur general fist l'office d'avocat du
Roy, pour l'absence de ses collegues, l'un malade et
l'autre absent, pour la conscience qu'il fit de s'y trouver ; loua hautement le personnage, et blasma sa religion. De messieurs les presidens, il n'y eust que le premier qui s'y trouva, avec M. le president de Thou.

Il estoit fort accompagné de noblesse, principalement de la religion. Des catholiques, s'y trouverent
M. de Montpensier et M. de Luxembourg; aussi fist
M. d'O, encores qu'on le tinst estre de ceux qui avoient
le plus traversé sa reception. M. de Luxembourg n'en
estoit pas aussi fort content, encores qu'il fust bon
serviteur du Roy : car le lendemain, comme il faisoit
collation sur l'abesse d'Ierre sa sœur, on dit qu'il
avoit dit que le Roy ne faisoit du bien qu'aux huguenos
et aux ligueus. Un autre, qui estoit de la Ligue, passa
bien plus avant : car il dit en plain Palais que le Roy
avoit plus de religion que tous ses predecesseurs, pour
ce qu'il estoit catholique et huguenot tout ensemble.
On remarqua aussi que l'avocat du Roy Seguier, qui
ne voulust plaider à la reception de ce seigneur pour
ce qu'il estoit huguenot, peu de temps aprés employa
tout son bien dire à plaider pour un ligueur signalé,
qui estoit l'amiral de Villars.

Le samedi 15, le Roy revinst à Paris, et fust voir M. d'O, malade d'une retention d'urine. Il trouva dans sa chambre jusques à seize medecins, lesquels il fist sortir, disant qu'il ne lui en falloit que deux ou trois des plus vieux : encore estoit ce trop.

Le dimanche 16, M. le cardinal de Gondi, accompagné de quelques uns du clergé, vinst faire plainte au Roy des presches que Madame, sa sœur, faisoit faire à Paris; et que ce qu'on trouvoit estrange en cela estoit qu'elle faisoit prescher dans le Louvre, qui estoit la maison de Sa Majesté. Auquel le Roy respondit promptement qu'il trouvoit encores plus estrange de ce qu'ils estoient si osez de lui tenir ce langage en sa maison, et mesmes de Madame, sa sœur : toutefois qu'il ne lui avoit donné ceste charge, et qu'il parleroit à elle. Plus, lui parlerent des mariages qu'on y faisoit, supplians Sa Majesté d'y pourvoir; lequel fit response qu'il ne sçavoit que c'estoit que cela. Alors un gentilhomme qui estoit prés Sa Majesté lui dit qu'à la verité il s'en estoit fait un, et qu'il n'en sçavoit que cestui là; mais que c'estoit une chose faite. « Puis que c'est fait, dit le Roy, quel ordre voulez-vous que j'y donne? Qu'on ne m'en parle plus. »

C'estoit madamoiselle Dandelot, qui avoit esté mariée chés Madame dans le Louvre, le dimanche precedent 9 de ce mois, où on avoit fait le presche publiq à huis ouvert : ce que le Roy sçavoit bien.

Le mecredi 19, M. d'O, travaillé et vexé continuellement de grandes et insupportables douleurs qui lui faisoient jetter de piteux cris, jusques à souhaiter d'estre le plus pauvre porte-faix et vil faquin de Paris, et avoir allegeance, fut taillé par Collo, contre l'avis de beaucoup. On disoit qu'il estoit bien raisonnable que lui qui en avoit tant taillé d'autres, le fust à la fin.

Le samedi 22, M. de Montpensier fust à la cour des aydes pour leur faire passer quelques edits nouveaux. M. le comte de Soissons avoit esté nommé du Roy pour y aller, mais il s'en excusa. Ce qu'ayant entendu le Roy, dit : « Mon cousin le comte de Soissons ressem-« ble au feu duc de Guise : il est populaire comme lui. »

Sa Majesté, parlant ce jour de M. d'O et de son gou-vernement, dit qu'il n'avoit la teste rompue d'autre chose, comme s'il eust desja esté mort. Mais quand cela aviendroit, qu'il y en auroit de fort trompés, pour ce qu'il avoit envie de se donner ce gouvernement là; et que de gouverneurs de Paris on n'en voyoit point de belistre. « Tellement que més que je le sois, dist-il en « gossant, je ferai mes affaires comme les autres, si « Dieu plaist, et regarderai à m'aquitter. »

Ce jour mesmes, madame de Montpensier estant en la chambre de Madame, y eust un gentilhomme auquel aprés que le sieur de Grillon eust dit deux ou trois mots à l'aureille, vinst à la dite dame de Montpensier, et lui dit : « Madame, vous ne sçavez pas ce que M. de Gril-« lon me disoit tout à ceste heure à l'aureille? Il me di-« soit que c'estoit vous qui aviés tué le feu Roy; et que « je vous tuasse. — J'estois trop peu forte pour le faire, « lui respondit-elle; mais de dire que je n'en aye esté « bien aise, je vous le confesse tout haut, et l'advoue en « bonne compagnie. » Dont chacun demeura estonné, et principalement qu'avec toute son impudence on la voyoit mieux venuë, chez le Roy et chés Madame, qu'aucune autre dame ou princesse de sa qualité.

Le lundi 24 octobre, entre neuf et dix heures du matin, mourut à Paris M. d'O, gouverneur de la ville.

et superintendant de toutes les finances de France. M. le doien Seguier qui lui assista jusques à la fin, comme firent aussi messieurs ses freres, lui crioit comme il se mouroit : *Miserere mei, Deus!* Une des dernieres paroles qu'il dit fust : « Recommandés-moi « bien au Roy! Il sçaura mieux aprés ma mort de quoi « je lui servois, qu'il n'a sceu pendant ma vie. » Aprés qu'il eust rendu le dernier souspir, le president Seguier, qui estoit là, dit tout haut à l'assistance : « Messieurs « qui assistez icy, vous voyez un bel exemple devant vos « yeux, qui vous monstre que c'est que de l'homme. « Voilà cestui là qui gouvernoit toute la France il n'y a « que trois jours : regardez l'estat où il est! »

Il avoit nommé le dit president Seguier pour execu- teur de son testament, qu'on disoit ne monter qu'à douze cens escus; ayant prié son frere, si on ne trouvoit de quoy l'accomplir, de vouloir suppleer au default, pour la bonne amitié qu'il lui avoit tousjours portée.

On disoit qu'il mouroit fort endebté, voire de plus qu'il n'avoit vaillant; et qu'il y avoit vingt-cinq ou trente sergens en sa maison quand il mourust.

Les tresoriers le regretterent merveilleusement, et l'appeloient leur pere. Mesmes on disoit que trois d'en- tre eux avoient donné cinquante escus chascun à Collo, pour leur donner courage de le mieux penser.

M. le grand, son bon ami, en estoit comme deses- peré : car il lui bailloit tous les ans cent mille francs à despendre. Madame n'y eust point de regret, pour ce qu'il la faisoit mourir de faim. Ceux de la religion aussi peu : car il ne leur vouloit point de bien. Madame de Liancourt le pleura, pour ce qu'elle en faisoit ce qu'elle vouloit, et si l'entretenoit aux bonnes graces du Roy;

lequel y eust aucunement regret, pour ce qu'il lui donnoit tousjours quelque invention pour recouvrir de l'argent, qui estoit ce que le Roy demandoit.

A l'heure qu'il mourust, M. de Grillon, auquel il
estoit permis de tout dire, dit à une dame avec laquelle
il estoit : « A l'heure que je parle à vous, madame, le
« pauvre d'O vient de rendre l'ame à tous les diables.
« Si faut que chacun rende ses comptes là haut (comme
« l'on dit), je crois que le pauvre d'O se trouvera bien
« empesché à fournir de bons acquits pour les siens. »

Quand il fust mort, il se trouva devant sa porte un
tas de faquins (attiltrez et corrompus par argent, ainsi
qu'on disoit) qui commencerent à crier : « Le pere des
« pauvres est mort, cest homme de bien tant bon ca-
« tholique! Voila que c'est : Dieu oste les bons catho-
« liques, et nous laisse les heretiques. » Au contraire,
ceux qui revenoient des champs rapportoient que tout
le pauvre peuple s'en resjouissoit, et disoit : « Dieu soit
« loué! ce meschant d'O est mort : nous ne payerons
« plus de tailles. »

Ce seingneur surpassa en excés et prodigalité les rois
et les princes : car jusques à ses souppers il se faisoit
servir des tourtes composées de musque et d'ambre,
qui revenoient à vingt-cinq escus.

Le mardi 25, le Roy envoya un billet à ceux de la
ville, par lequel il leur faisoit sçavoir qu'il n'entendoit
pourvoir aucun du gouvernement de Paris ; et qu'il
vouloit faire cest honneur à sa bonne ville d'en estre
lui mesme le gouverneur. Laquelle resolution fust estimée et trouvée bonne de tout le monde.

Le jeudi 27, qui estoit la veuille de la Saint-Simon
et Saint-Jude, madame de Montpensier souppant chés

Madame, y mangea de la viande sans y penser, ainsi qu'elle disoit. De quoy estant plaisamment gossée, dit qu'elle y avoit esté prise voirement; mais qu'elle s'en confesseroit.

Ce jour, les deputez de La Rochelle firent requeste au Roy de soixante mille escus pour dresser la maison du petit prince (1). Ausquels Sa Majesté ne fit autre response, sinon que c'estoit trop pour avoir de la boulie à un enfant.

Le jour mesme, fust emprisonné à Paris un prestre de Saint-Nicolas des Champs, pour avoir dit, tenant un cousteau, qu'il esperoit de faire encore un coup de saint Clement.

Le Roy ayant gangné ce jour quatre cens escus à la paume qui estoient sous la corde, les fist ramasser par des naquets et mettre dans son chappeau; puis dit tout haut : « Je tiens bien ceux ci, on ne me les derobbera « pas : car ils ne passeront point par les mains de mes « tresoriers. »

En ce mois d'octobre mourust à Paris La Guillotiere, excellent cosmographe, pauvre des biens de ce monde, et pourtant mesprisé non obstant son bel esprit, selon le train ordinaire des mondains, qui ne font cas que de ceux qui en ont, et negligent les autres, quelques vertueux qu'ils soient. Il fust enterré au cimetiere de la Sainte Chapelle. Il avoit resigné par son testament, à maistre Pierre Pithou, advocat en la cour, ses cartes et papiers, avec une bonne partie de son travail, digne en un bon siecle d'autre recompense que de celle qu'il en a eue. J'ai dans mon estude une carte singuliere de

_____

(1) *Du petit prince :* Henri de Bourbon, second du nom, prince de Condé.

la Normaudie, faite par lui sur les lieus, et escrite si bien de sa main, qu'il ne se peult rien voir de plus delicat ni de plus delié; laquelle je garde comme une piece rare, que j'achetai durant la Ligue à bon marché, et venoit du cabinet de feu Monsieur, auquel ledit Guillotiere l'avoit donnée.

En ce temps on fist saisir à Paris sur la Videville, et seller tous les papiers de feu son mari (1), jusques à ce que ses comptes fussent rendus. On disoit qu'on y trouveroit un million de larrecins. Fut par mesme moyen proposé au conseil du Roy de faire le procés aux financiers; mais cela fut rompu et remis en une saison plus propre, et fort sagement : car le temps n'y estoit pas, pource que le Roy mesmes eust deu vouloir (s'il eust peu) avoir racheté l'esprit de ce petit larron de Videville de cinquante mille escus; au lieu qu'en un autre temps il en eust fallu despendre cent mille pour le faire pendre.

En ce mois, la trop grande hardiesse du Roy (qu'on appelleroit en un autre temerité) cuida causer un estrange et prodigieux accident, qui fust que le Roy s'estaut esgaré dans un bois à la chasse vers Saint-Germain en Laye, ayant en fin trouvé moyen d'en sortir lui troisiesme, M. de Sourdis l'ayant descouvert avec vingt-cinq chevaux, et cuidant que ce fust l'enemi, commanda à ses gens de les aller recongnoistre et donner dedans : ce qu'ils faingnirent du commencement, craingnans l'embuscade pour l'amour du bois. Mais en fin commandés par Sourdis de donner, et qu'il les suivroit, vinrent à bride abbatue, avec les chiens couchés sur

_____

(1) *Feu son mari* : Milon de Videville, premier intendant des finances sous Henri III.

leurs paictrinalset pistoles ; et comme ils estoient prests
de tirer, le Roy s'estant retiré à costé, un de la trouppe
l'ayant recongneu commença de crier : « Que voulés
« vous faire? c'est le Roy. » Lors Sourdis accourut; et
se jettant à ses pieds, lui dit : « Sire, qu'avés vous
« pensé faire? Sans cestui là qui vous a recongneu,
« vous estiés mort. »

Le lendemain sa noblesse lui en aiant fait remons-
trance, et s'estant jettée à ses pieds pour cest effect, il
leur promist de se mieux garder à l'avenir, et n'y retourner plus : s'estant laissé comme tanser par Grillon
et autres, qui, zelez à sa conservation et à son service,
lui avoient parlé fort librement. Promesses qu'on croira
mais qu'on en voie les effects.

[NOVEMBRE.] Le dimanche 6 de novembre, fust fait
le baptesme du fils de madame de Sourdis, à six heures
du soir, dans l'eglise de Saint-Germain de l'Auxerrois
à Paris; duquel le Roy fust le compere avec madame
de Liancour, qui estoit vestue ce jour d'une robbe de
satin noir, tant chargée de perles et pierreries qu'elle
ne se pouvoit soustenir, et à laquelle on disoit que mes
dames de Nemoux et de Montpensier avoient servi de
chambrieres en ceste cerimonie. M. de Montpensier
portoit la saliere; la mareschale de La Chastre portoit
l'enfant, qui fut baptisé par l'evesque de Maillezais son
oncle. Le Roy, vestu d'un habillement gris, depuis qu'il
fust entré dans l'eglise jusques à ce qu'il en sortist, ne
cessa de rire avec madame de Liancour, et la caresser
tantost d'une façon, tantost de l'autre. Quand elle
vint à lever l'enfant pour le presenter aux fons, elle
s'escria : « Mon Dieu, qu'il est gros! J'ai peur qu'il

« m'eschappe, tant il est pesant ! —Ventre saint gris,
« respondit le Roy, ne craingnez pas cela, il n'a garde;
« il est bien bridé et bien sellé (¹).» Une dame qui n'en
estoit pas loin va dire qu'il ne se faloit point estonner
s'il estoit bien pesant; puisqu'il avoit des seaux pendus au cul. Sa Majesté, deux ou trois jours au paravant, avoit mandé par Lomenie, à M. le chancelier,
qu'il estoit bien aise de ce qu'il avoit fait un si beau
fils à madame de Sourdis, et qu'il en vouloit estre le
compere. Autres toutefois le donnoient à l'evesque son
oncle, qui l'avoit baptizé; et maintenoient qu'il en
estoit le vrai pere. Sur quoi aussi fust divulgué ce vilain quatrain qui fust trouvé semé ce jour dans l'eglise
Saint-Germain, avec un autre sixain qui ne valoit pas
mieux :

> Les dieux ont bien favorizé
> Cest enfançon nouveau venu :
> Deux adulteres l'ont tenu,
> Et son pere l'a baptizé.

Le samedi 12, on me fist voir un mouschoir qu'un
brodeur de Paris venoit d'achever pour madame de
Liancour; laquelle le devoit porter le lendemain à un
ballet, et en avoit arresté de prix avec lui à dix neuf
cens escus, qu'elle lui devoit payer content.

Le mecredi 16, le Roy estant à Paris, receust les
nouvelles de la prise de Montluel par le connestable :
dont il fust fort joyeux.

(¹) *Bien bridé et bien sellé :* [Philippe Hurault, comte de Chiverny,
garde des sceaux, et chancelier de France, passoit dans le public pour
être le père de cet enfant. Madame de Sourdis étoit tante de Gabrielle
d'Estrées.

47.   7

Donna à madame de Liancour, pour faire son voyage de Lion, l'estat de M. de Brou, conseiller au grand conseil, decedé à Paris peu de jours auparavant.

Le dimanche 20, y eust un docteur à Saint-Eustace qui prescha fort seditieusement, jusques à dire qu'on faisoit tout ce qu'on pouvoit pour faire perdre la religion en France, comme on avoit fait en Angleterre; et que les catholiques n'y estoient plus gueres mieux traictez. Desquelles paroles furent faites quelques informations, qui en fin revindrent à rien.

Le mardi 22, comme le Roy arrivoit à Saint-Germain en Laye, furent pris huict voleurs qui par leurs paroles et variations se rendirent suspects d'estre venus là pour tuer le Roy : car ils s'estoient enquis à quelle heure il passeroit, s'il estoit bien accompagné, quel habit il portoit, et autres circonstances qui les envoyerent tout bottés au gibet : car ils furent pendus aux torches.

Un gentilhomme du Roy nommé Darquien les descouvrit le premier, et s'en saisit, priant Sa Majesté de lui en donner deux qui se disoient gentilshommes, qui tenoient à Soissons deux orfevres prisonniers, qu'ils avoient mis à six cens escus de rançon. Ce que le Roy lui accorda ; mais en derriere fist dire à Lugoli qu'on les depeschast. Ce qui fust executé tout aussi tost ; et les pendirent les gens de Victri, à faute de bourreau.

Un de ces gallans estoit un apotiquaire, qui demanda de parler au Roy ; auquel Sa Majesté s'estant enquis de quel estat il estoit, lui respondit qu'il estoit apotiquaire. « Comment, dit le Roy, a-t'on accous- « tumé de faire ici un estat d'apotiquaire ? Guettés vous « les passans pour leur donner des clistaires ? »

Le lundi 28, fust faite l'ouverture du parlement, differée jusques à ce jour pour la maladie du procureur general.

En ce mois de novembre, l'edit de pacification de l'an 1577, accordé à ceux de la religion par le feu Roy, fut renouvelé par cestuici, et arresté en son conseil le mardi 15 de ce mois, Sa Majesté y seant.

Le Roy dit tout hault qu'il en sçavoit qui avoient dit que le feu Roy estoit heretique, pour l'amour de cest edit. Mais que le premier qui s'ingereroit doresnavant de tenir ce langage, qu'il le feroit pendre.

Il avoit auparavant rabroué fort rudement (et sagement) ceux de la religion qui lui avoient demandé l'edit de janvier, des chambres miparties, et un protecteur; leur ayant respondu qu'il ne vouloit rien innover, et qu'ils n'auroient que l'edit de 77, et la chambre de l'edit; et que c'estoit assés, voire trop, pour eux. Pour le regard d'un protecteur, qu'il vouloit bien qu'ils entendissent qu'il n'y avoit autre protecteur en France que lui des uns et des autres; et que le premier qui seroit si osé d'en prendre le tiltre, qu'il lui feroit courir fortune de sa vie; et qu'il s'en asseurast.

Renvoia aussi plaisamment les ministres d'Aulnis et Xainctonge, qui lui demandoient quelques assignations sur les terres qu'il avoit en ces pays-là, pour estre payés de leurs pensions. « Pourvoyés vous, leur dist il, « pour ce regard vers Madame, ma sœur : car vostre « royaume est tumbé en quenouille. »

[DECEMBRE.] Le jeudi premier decembre, mourust à Paris en sa maison M. Du Puis (1), conseiller en la

(1) *M. Du Puis :* Claude Dupuis, conseiller au parlement de Paris,

7.

cour, regretté de tous les gens de bien, pour sa singuliere probité et erudition.

Le lundi 5, un nommé Chuppin, imprimeur, nouvellement arrivé de Geneve en ceste ville, me conta qu'estant allé au Louvre pour quelque sien affaire, il auroit rencontré sous la porte dudit Louvre madame de Liancour, magnifiquement parée et accompagnée; laquelle ne connoissant point, et voiant que tout le monde lui faisoit honneur, auroit demandé en s'arrestant qui elle estoit, et auroit esté tout esbahi qu'à l'instant un archer de la garde lui avoit respondu tout haut : « Mon ami, ce n'est rien qui vaille, c'est la p..... « du Roy. » Dont ce pauvre homme estoit demeuré tout estonné.

Le samedi 10, fut pendu à Paris un serrurier, pour avoir crocheté une des portes de la religion (1) des Cordelieres Saint-Marceau, pour y violer une nonnain.

Le samedi 24, veuille de Noël, mourust à Paris M. Regnault, advocat au grand conseil; et ce par un grand inconvenient, à sçavoir d'un petit mal qui ne paroissoit rien, qui lui vinst au bout du pied, qui lui fist perdre premierement l'orteil, et finalement la vie.

Le grand froid de ceste saison, et la gelée continuë tresaspre, causerent à Paris des morts subites et estranges, qui tumboient principalement sur les femmes et petits enfans.

Madame Du Plessis, belle fille de M. le president de Thou, en mourust, avec tout plain d'autres.

fils de Clément Dupuis, célèbre avocat au même parlement, et père de Pierre Dupuis, conseiller et garde de la bibliothèque du Roi, un des plus savans hommes de son siècle.

(1) *De la religion :* du couvent.

Le mardi 27 de ce mois, comme le Roy, revenant de son voyage de Picardie, fust entré tout botté dans la chambre de madame de Liancour, aiant autour de lui le comte de Soissons, le comte de Saint Pol et autres seingneurs; se presenterent à Sa Majesté, pour lui baiser les mains, messieurs de Ragni (1) et de Montigni (2). Ainsi qu'il les recevoit, un jeune garson nommé Jean Chastel, aagé de dix neuf ans ou environ, fils d'un drappier de Paris demeurant devant le Palais, lequel avec la troupe s'estoit glissé dans la chambre, et avancé jusques aupres du Roi sans estre apperceu, tascha, avec un cousteau qu'il tenoit, d'en donner dans la gorge de Sa Majesté. Mais pource que le Roy s'inclina à l'heure pour relever ces seingneurs qui lui baisoient les genoux, le coup, conduit par une secrette et admirable providence de Dieu, porta, au lieu de la gorge, à la face, sur la levre-haute du costé droit, et lui entama et couppa une dent. A l'instant le Roy, qui se sentist blessé, regardant ceux qui estoient autour de lui, et aiant advisé Mathurine sa folle, commença à dire : « Au diable soit la folle! elle m'a blessé. » Mais elle le niant, courust tout aussi tost fermer la porte, et fut cause que ce petit assassin n'eschappast. Lequel ayant esté saisi, puis fouillé, jetta à terre son cousteau encores tout sanglant, dont il fut contraint de confesser le fait sans autre force.

Alors le Roy commanda qu'on le laissast aller, et qu'il lui pardonnoit. Puis ayant entendu qu'il estoit disciple des jesuistes, dit ces mots : « Falloit il donc

(1) *Ragni* : François de La Madeleine, marquis de Ragny, gouverneur du Nivernois. — (2) *Montigni* : François de La Grange, seigneur de Montigny et de Sery.

« que les jesuistes fussent convaincus par ma bouche?»

A l'instant que ce prodigieux attentat fut divulgué par Paris, y eust grand murmure, principalement contre les suspects de la Ligue. M. Brizard, conseiller en la grand'chambre, capitaine du quartier des Jesuistes, avec messieurs Lugoli et Du Vair, allerent aux Jesuites pour s'asseurer de leurs personnes, et y mettre garnison.

Fut aussi emprisonnée toute la famille de Chastel, pere du parricide, avec quelques autres marqués du coing de la Ligue, comme le curé de Saint Pierre des Arsis, et un autre prestre.

Madame de Montpensier en aiant ouï les nouvelles, s'esvanouist, fust de trop grande affection qu'elle eust à Sa Majesté et à cest Estat, ou fust de regret (selon les autres) que le coup avoit mal porté.

Quant à Madame, sœur du Roy, en estant vivement navrée jusques au fond du cœur, elle eut recours aux prieres, lesquelles elle fist faire incontinent et publiquement dans sa chambre en tresgrande compagnie, où on pria Dieu ardamment pour la conservation et santé du Roy, lequel, selon sa clemence accoustumée, sauva les ligueus de Paris, voire les plus grands, d'un mauvais tour qu'on leur vouloit jouer; jusques là que messieurs de Montigni et Grillon dirent tout haut dans le Louvre qu'il faloit couper la gorge aux ligueus, et traisner à la riviere les Seguiers (1).

(1) *Les Seguiers*: Pierre Seguier, second du nom, président à mortier au parlement de Paris; et Louis Seguier, conseiller au même parlement. Ils étoient bons serviteurs du Roi, et ennemis des ligueurs; mais partisans zélés des jésuites.

Quant au procureur general (1), auquel on en vouloit comme fauteur avec eux des jesuites, le Roy lui dit, sur ce qu'il s'excusoit à Sa Majesté que sans y penser il avoit esté d'avis à la verité de les laisser à Paris, ne pensant pas que leur demeure y deust causer un tel inconvenient : « Voila que c'est, M. le procureur! Vous « fustes cause de la mort du Roy mon frere, sans y « penser : vous l'avez cuidé estre de la mienne tout de « mesme. »

Sur ce bruit, les malcontens et mesdisans (desquels il n'y a point de faute à Paris) firent voler les anagrammes suivans, qui furent divulgués et semés à Paris et partout :

Jaques de La Guaile :
Laquais de la Ligue.

Antoine Seguier :
O jesuite enragé!

Antonius Seguierius :
Novus jesuita niger.

Antoine Seguier, Jacques de La Guesle :
Les gens du Roi aquiescent à la Ligue.

Le mecredi 28, on fist un point d'esguille à la blessure du Roy, lequel ne voulut endurer le second, et dit qu'on lui avoit fait trop de mal au premier pour retourner au second.

Ce jour, Chastel fut interrogé, et par son interrogation deschargea du tout les jesuistes, mesme le

(1) *Procureur general :* Jacques de La Guesle, procureur général au parlement de Paris.

pere Gueret son precepteur ; dit qu'il avoit entrepris le coup de son propre mouvement, et que rien ne lui avoit poussé que le zele qu'il avoit à sa religion, de laquelle Henry de Bourbon (car il appeloit ainsi le Roy) estoit ennemi ; et qu'il n'estoit en l'Eglise jusques à ce qu'il eust l'approbation du Pape : voire qu'il estoit permis de tuer les rois qui n'estoient approuvés par Sa Sainteté. Lesquelles paroles fust defendu par arrest de proferer, sur peine de crime de leze-majesté.

M. Lugoli s'estant desguisé en prœbstre pour essayer si par la confession il en pourroit point tirer quelque chose davantage, vinst à le confesser ; et combien qu'il jouast dextrement ce personnage, si fust-il descouvert tellement qu'il n'en peust jamais rien tirer.

Le jeudi 29, Chastel, aprés avoir esté mis à la question ordinaire et extraordinaire, qu'il endura sans rien confesser, fist amande honorable, eust le poing couppé, tenant en sa main l'homicide cousteau duquel il avoit voulu tuer le Roy ; puis fust tenaillé et tiré à quatre chevaux en la place de Greve à Paris, son corps et ses membres jettés au feu, et consommés en cendres, et les cendres jettées au vent.

Les ligueus faisoient de ce petit assassin un martir, à cause de la resolution, par dessus son aage, qu'il monstra au supplice, et sa constance : laquelle toutefois ne pouvoit estre fortifiée d'ailleurs que du diable son maistre, qui a tousjours esté meurtrier et homicide dés le commencement du monde.

Peu au paravant ce malheureux assassinat, et en ce mesme mois, les Jacobins de Paris empoisonnerent un de leurs compagnons nommé Belanger, pour ce qu'il haïoit la Ligue, preschoit assés purement, et avoit tousjours tenu le parti du Roy. M. Du Laurent, medecin qui l'avoit pensé, conta à un de mes amis que ce pauvre moine estoit mort martir, avec des douleurs cruelles et insupportables, causées du violent poison qu'on lui avoit donné; et qu'en ayant adverti le prieur, au lieu de le faire ouvrir comme il l'en avoit prié, l'auroit fait enterrer tout chaud, lui disant qu'ils n'avoient jamais accoustumé de faire ouvrir leurs moines.

La fin de cest an fascha autant les Parisiens que le printemps de la reduction les avoit resjoüis : car ce coup, pour l'apprehension du mal à venir, fist resserrer les bourses, refroidist les marchands, et les replongea avec le peuple en nouvelles miseres et necessités.

L'Université aussi, qui commençoit à se remettre, y receust un notable interest : car le bruit du coup de Chastel fist retourner plus de six cens escoliers de toutes nations qui venoient à Paris, et en fist sortir presque autant d'autres qui s'y estoient habituez.

Ce coup desastreus, devant qu'il advinst, avoit esté predit au Roy par quelques curieux, et entre autres par deux de ses serviteurs : l'un desquels étoit Risaccasza, grand mathematicien, qui dit à Sa Majesté que s'il entroit ce jour à Paris, qu'infailliblement il y seroit blessé, l'ayant asseuré de mesme quelques jours au paravant à M. le president Nicolaï. L'autre estoit Villandri, gentilhomme de sa maison, qui plus de trois mois auparavant avoit dit au Roy qu'il avoit à se garder de la fin de ceste année, et qu'il y devoit estre blessé au visage par un jeune garson. Mais Sa Majesté ne tenant tous ces prœdiseus là que pour des fols et des conteus, avoit fait estat de leurs avis comme d'une fable, et s'en estoit mocqué.

[JANVIER 1595.] La cerimonie des chevaliers du Saint Esprit, laquelle, selon son institution, se devoit celebrer le dimanche premier jour de ce mois, fut remise, à cause de la blessure du Roy, à huictaine ; et la procession, à laquelle le Roy declara se vouloir trouver en personne, au cinquieme de ce mois, qui estoit la veuille des Rois.

Le lundi 2, madame de Balagni (1) voiant le Roy fort triste, s'ingera de lui dire qu'à voir sa façon, Sa Majesté n'estoit point bien contente. A laquelle le Roy respondit avec vehemence : « Ventre saint gris, comment le pourrois-je estre, de voir un peuple si ingrat envers son roy, qu'encore que j'aie fait et face encores tous les jours tout ce que je puis pour lui, et pour le salut duquel je voudrois sacrifier mille vies, si Dieu m'en avoit donné autant (comme je lui ai fait assés paroistre à sa necessité), me dresser toutefois tous les jours de nouveaux attentats ? Car depuis que je suis ici je n'oy parler d'autre chose. »

Le jeudi 5, fut faite à Paris procession generale, où la cour de parlement et toutes les autres compagnies se trouverent en corps.

Les ruës estoient tendues par où elle devoit passer, avec commandement à tous ceux qui presteroient leurs fenestres de regarder quelles gens ils y mettroient, pour ce qu'il leur en faudroit respondre vie pour vie.

Le Roy en personne y assista, accompagné d'un grand nombre de noblesse, et de ses gardes et archers. Il estoit tout habillé de noir, ayant une petite emplastre

(1) *Madame de Balagni* : Renée, fille de Jacques de Clermont d'Amboise, seigneur de Bussy, et de Catherine de Beauveau, sœur de Bussy d'Amboise.

sur son mal ; et portoit au reste un visage fort triste et melancolique.

Il alla dans un carrosse jusques à Nostre Dame ; et pour ce qu'il estoit au fonds dudit carosse, y eust un coquin parmi la foule, qui pour estre grande ne peust jamais estre apprehendé ni recongneu, qui dit tout hault : « Le voila desja au cul de la charrette ! »

Cependant le peuple, avec une merveilleuse allegresse, crioit si haut *vive le Roy !* que tout l'air en retentissoit ; et ne vid on jamais un si grand applaudissement de peuple à roy, que celui qui se fist ce jour à ce bon prince par tout où il passa. Sur quoy y eust un seingneur proche de Sa Majesté qui lui dit : « Sire, « voyez comme tout vostre peuple se resjouist de vous « voir ! » Le Roy, secouant la teste, lui respondit: « C'est un peuple : si mon plus grand ennemi estoit « là où je suis, et qu'il le vid passer, il lui en feroit au- « tant qu'à moy, et crieroit encore plus hault qu'il ne « fait. »

Il ne laissa toutefois, estant arrivé à Nostre-Dame, de gosser comme de coustume. Mesme ayant jetté l'œil sur ceux de son conseil et autres de son parlement qui avoient leurs robbes rouges, voyant que Pontcarré n'en avoit point, dist à M. de Longueville, qui estoit prés de lui : « Voilà Pontcarré qui a oublié d'apporter « ici sa robbe rouge ; mais de son beau nés rouge, il « ne l'a pas oublié. »

Au sortir de Nostre Dame il voulust aller à Sainte Genevieve, encore qu'on ne lui conseillast pas.

Ce jour, suivant l'avis que Sa Majesté avoit eu de Bruxelles, on fit recherche à Paris d'un nommé Chasteaufort, parisien, soldat de la garnison dudit Bruxelles,

qui avoit un œil esraillé, et estoit venu exprés à Paris
pour tuer le Roy. Il faisoit dangereux à Paris pour
ceux qui avoient quelque marque à l'œil : car on s'en
saisissoit, et y en eust quelques uns d'apprehendés, en-
tre lesquels se trouva un des gens du baron de Chouppes, et un moine qui, pour avoir l'œil esraillé, fust
pris prisonnier dans le Louvre, et tost aprés relasché.

Fust ce mesme jour suppliée Sa Majesté, par messieurs de la ville de Paris en corps, de trouver bon
qu'on chassast de la ville les ligueus, et qu'il estoit de
necessité d'y pourvoir. Ausquels le Roy respondit sommairement qu'il ne pouvoit trouver bon qu'ils les chassassent de sa ville de Paris, pour ce qu'il les reconnoissoit tous pour ses subjects, et les vouloit traieter
et aimer esgalement ; mais qu'ils veillassent les mauvais de si prés qu'ils ne peussent faire mal aux gens
de bien.

Les jesuites ce pendant estoient baffoués et blasmés
par tout, criés et deschiquetés par les carrefours de
Paris plus vilainement que n'avoient jamais esté les
huguenos. Leur bibliotheque, qui estoit ample et
belle, fut exposée au pillage, jusques aux revendeus et
plus pietres frippiers de l'Université. On disoit qu'on
y avoit trouvé plusieurs papiers et escrits contre le
Roy, desquels messieurs les revisiteurs ne firent si bien
leur proufit que des bons livres græqs et latins qui furent
jugés de bonne prise, à la requeste de messieurs les
gens du Roy, qui s'en acommoderent les premiers, selon
leurs conclusions ; et aprés les autres, chacun selon son
merite et qualité.

Le samedi 7, un jesuiste nommé Guignard, natif de
la ville de Chartres, regent au college des Jesuistes à

Paris, homme docte, aagé de trente-cinq ans ou environ, fust, par arrest de la cour de parlement (1), pendu et estranglé en la place de Greve à Paris, et son corps ards et consommé en cendres, aprés avoir fait amande honnorable en chemise devant la grande eglise Nostre Dame ; et ce, pour reparation des escrits injurieux et diffamatoires contre l'honneur du feu Roy et de cestui ci trouvés dans son estude, escrits de sa main et faits par lui. Ce qu'il auroit confessé, et toutefois soustenu qu'il les avoit faits pendant la guerre, et avant la conversion du Roy : depuis lequel temps il ne se trouveroit point qu'il en eust fait ; au contraire, qu'il avoit tousjours esté d'avis de prier Dieu pour Sa Majesté seulement en particulier, pour ce qu'il ne se pouvoit autrement faire, n'aiant encores eu l'absolution du Pape. Et sur ce qu'il lui fut remonstré pourquoi, depuis la conversion du Roy et reduction de Paris, il n'avoit bruslé lesdits escrits, ains les avoit gardés, respondit qu'il n'en avoit tenu autrement conte, pour ce que tout cela avoit esté pardonné par le Roy : dit toutefois (ce qui lui fist tort) qu'il avoit escrit beaucoup de choses qui se pouvoient legitimement soustenir.

Quand il fust devant Nostre Dame, il ne voulust jamais crier merci au Roy, selon qu'il estoit porté par son arrest : alleguant qu'il ne l'avoit point offensé, et que depuis qu'il s'estoit fait catholique il avoit tousjours prié Dieu pour lui, et ne l'avoit jamais oublié au *Memento* de sa messe.

Estant venu au lieu du supplice, dit qu'il mouroit

(1) *Par arrest de la cour de parlement :* Les jésuites, quelque temps aprés, firent imprimer en Flandre un avertissement aux catholiques, sur l'arrêt qui avoit été rendu contre eux.

innocent, et neantmoins ne laissa d'exhorter le peuple
à la crainte de Dieu, obeissance du Roy, et reverence
du magistrat; mesme fist une priere tout haut pour
Sa Majesté, à ce qu'il pleust à Dieu lui donner son
Saint Esprit, et le confirmer en la religion catholique, qu'il avoit embrassée; puis pria le peuple de
prier Dieu pour les jesuistes, et n'ajouter foy legere-
ment aux faux rapports qu'on faisoit courir d'eux;
qu'ils n'estoient point assassins de rois, comme on leur
vouloit faire entendre, ni fauteurs de telles gens qu'ils
detestoient; et que jamais les jesuistes n'avoient procuré ni approuvé la mort de roy quelconque.

Montant à l'eschelle, il profera tout haut ces mots :
« *Suscipe servum tuum, Domine; et ne statuas illis*
« *hoc peccatum!* »

Une chose notable se doit remarquer au jugement
de ce jesuiste : c'est que ses juges, qui tous d'une voix
le condamnerent à la mort (horsmis le procureur general, qui conclud au simple bannissement et à l'amande
honnorable, comme il y a grande apparance que s'il
ne fust venu à mauvaise heure, comme on dit, qu'il
en eust esté quitte pour cela), estoient pour la plus
part de ceux qui avoient assisté au jugement de l'arrest
donné contre le feu Roy l'an 1569 : qui est une chose
estrange, et encore plus de voir à Paris des jesuistes
au gibet, qui n'a gueres y estoient craints, honorés et
adorés comme petits dieux, voire designés pour estre
(si les desseins des rebelles eussent eu lieu) grands
maistres des consciences de tout le monde, et inquisi-
teurs de la foy : qui sont changemens esmerveillables,
procedans de la main de Dieu, dignes d'estre conside-
rez de tous ceux qui font profession de le connoistre.

. Un homme d'Eglise qui assistoit à ceste execution, plaingnant l'infortune des jesuistes, en disant que ces gens là estoient vrais martirs, se trouva un quidam qui, pour le reconforter, lui respondit qu'il y avoit assés longtemps qu'ils estoient confesseurs, et qu'il estoit bien temps qu'ils fussent martirs.

Ce jour, le sire Chastel, pere du parricide, fut par arrest de la cour banni pour neuf ans du royaume de France, et de la prevosté et vicomté de Paris à tousjours : condamné à quatre mille escus d'amande, mais moderés à deux mille escus qu'il paya comptant, et sortist la ville deux heures aprés. Sa maison fust rasée, et au lieu d'icelle une pyramide eslevée, contenant le discours de tout le fait. Quant à sa femme, de laquelle la constance fust fort louée, on la mist dehors, à pur et à plain, avec son gendre et toute sa famille.

Le dimanche 8 janvier, le Roy solennisa l'ordre des chevaliers du Saint Esprit dans l'eglise des Augustins de Paris, où il fust assisté de tous les princes et seingneurs de sa cour, fors du comte de Soissons, qui estoit demeuré malade.

Il donna à l'offrande quarante deux escus, pour autant d'années qu'il avoit; et à chacun des chevaliers, qui estoient vingt huit, donna dix escus. Il fit deux chevaliers de la Ligue, mais deux desligués : l'un par la reduction de Paris, qui estoit Brissac ; l'autre par madame de Liancour, qui estoit La Bordaiziere, oncle de la dite dame. Sa Majesté disna au refectoir des Augustins, d'où venant à sortir l'aprés disnée, voyant un grand monde amassé pour le voir, dit : « Voilà « un grand peuple ! » Sur quoy on lui demanda s'il lui plaisoit qu'on le fist retirer. « Non, dit le Roy, je suis

« bien aise de voir mon peuple ; mais il me semble que
« je n'ai pas accoustumé d'en tant voir. » Puis s'estant
acheminé à l'eglise pour ouir vespres, trouvant à la
porte force dames et damoiselles qui taschoient d'entrer et ne pouvoient, gossant à sa maniere accoustumée, leur dit : « Mesdames, je sçai que vous n'estes
« ici que pour entrer ; mais il n'y a personne qui vous
« mette dedans, si ce n'est moi. Voilà pourquoi je vous
« veux faire ce bon office ; car més que je sois entré,
« il n'y aura plus d'ordre. »

Ce jour de dimanche aprés disner, sur les deux heures
aprés midi, les jesuites, obeissans à leur arrest (qui se
void par tout imprimé), sortirent la ville de Paris, conduits par un huissier de la cour. Ils estoient trente sept,
desquels une partie estoit dans trois charrettes, et le
reste à pied. Leur procureur estoit monté sur un petit
bidet. Voilà comme un simple huissier, avec sa baguette,
executa ce jour ce que quatre batailles n'eussent sceu
faire.

On prist un mauvais presage pour eux de ce que
leur depart se rencontroit en l'hyver et au dimanche,
selon le texte de l'Escriture : *Orate ne fuga vestra sit
in hyeme et in sabbattho ; erit enim tunc tribulatio
magna, qualis, etc.*

Ce jour, à midi justement, le temps se tourna au
degel à Paris, où la gelée avoit continué sans lascher,
depuis le 19 novembre jusques à ce jour. Ce qui avoit
encheri toutes choses, et mesme le bois : car la demie
douzaine de busches communes s'y vendoient vingt-
cinq sols.

Le mardi 10, fust pendu à Paris le vicaire de Saint-
Nicolas des Champs, pour avoir dit, tenant un cous-

teau, qu'il vouloit faire encore un coup de saint Clement; et autres sots propos pour lesquels, encores qu'il
s'en excusast sur le vin dont il estoit plain, la cour l'envoya au gibet, s'estant rencontré, comme on dit, à mauvaise heure, pour la playe du Roy qui seingnoit encores.

Le mecredi 11, les jesuites prisonniers furent mis
dehors, et envoyés aprés leurs compagnons; deux desquels l'eschaperent belle, le pere Alexandre Hayus (1),
qui estoit chargé d'avoir esté aux chambres de ses compagnons lorsque le Roy fut blessé, et leur avoir dit ces
mots : *Surge, frater! agitur de religione.* Aussi d'avoir
dit qu'il eust voulu estre tumbé du haut d'une fenestre
sur le Bearnois, pour lui rompre le col; et autres meschans et seditieux propos qu'il confessa en partie, mais
soustinst, et fist preuve que c'avoit esté avant la conversion du Roy et reduction de Paris : comme aussi fut
absous des autres, faute de preuves.

L'autre jesuiste estoit le pere Gueret (2), regent du
parricide, qui ne confessa jamais rien, et pourtant fut
mis à la question, où il se monstra fort constant; et
devant qu'y entrer fist ceste priere en latin tout hault :
« *Jesu-Christe, fili Dei vivi, qui passus es pro me,*
« *miserere mei; et fac ut sufferam patienter tormen-*
« *tum hoc quod mihi præparatum est, quod merui,*
« *et majus adhuc. Attamen tu scis, Domine, quod*
« *mundus sum, et innocens ab hoc peccato.* »

Estant tiré, il ne jetta aucun souspir ni plainte de
douleur; seulement reitera ceste priere : « *Jesu Christe,*
« *fili Dei vivi qui passus fuisti pro me, miserere mei.* »

_____

(1) *Le pere Alexandre Hayus :* Il étoit Ecossais de nation. — (2) *Le
pere Gueret :* Jean Chastel avoit fait son cours de philosophie sous ce
jesuite.

Le sire Chastel (1), auquel on la donna avec lui, cria fort, combien que la gehenne qu'on donna à l'un et à l'autre ne fust des plus rudes : car ils marchoient droit après l'avoir euë, comme au paravant ; au lieu que ceux qui ont esté bien tirés ne se peuvent sousteñir. Mais elle avoit esté adoucie par les moyens que sçavent ceux du mestier, et la constance du jesuite en partie fortifiée de là.

Courust ce jour à Paris un faux bruict de la prise du duc de Maienne, venant d'un Suisse, qui disoit que l'on lui avoit monstré à Lyon ; et mesme le dit au Roy, qui n'en fist point d'estat.

Ce mesme jour arriva à Paris la bulle du jubilé, qu'on disoit estre l'absolution du Roy, encores qu'elle y fust toute contraire : car il donnoit planiere et entiere remission à tous qui gagneroient ledit jubilé, fors à ceux qui auroient esté excommuniés par les predecesseurs de Sa Sainteté : ce qui touchoit directement le Roy, lequel toutefois avoit esté imbu de ceste opinion par M. de Paris, qui l'avoit asseuré que c'estoit son absolution, et l'avoit dit tout haut : ce qui en fist courir le bruict par tout. Laquelle faute Sa Majesté rejetta plaisamment le lendemain sur M. de Paris : car il dit qu'il falloit bien dire que M. de Paris avoit rencontré en ceste bulle quelque mot de latin de travers, sur lequel il n'avoit peu mordre.

Le samedi 14, la cour assemblée delibera sur ceste bulle du Pape, de laquelle Boisruffier fust rapporteur, qui opina le premier contre, et consequemment les autres. Elle fust jugée par la cour non recevable, ains

(1) *Le sire Chastel :* père du parricide. Suivant Le Grain, son fils lui auroit parlé de son projet.

abusi ve et seminaire de nouvelles divisions en France,
et comme telle ordonné qu'elle seroit renvoyée : ne
pouvant la cour ni ne devant rien recevoir ou auto-
riser venant de la part du Pape, que premierement il
n'eust receu et recongneu le Roy.

Elle fut aussi pasquillée plaisamment par les huguenos, et y eust une fille de la religion qui en fist les vers
suivans :

> Si le Pape, etc.

Sa Majesté envoya ce jour aux Augustins six mou-
tons, un demi bœuf et un muid de vin ; et leur envoya
dire quant et quant qu'ils beussent à lui, et regardas-
sent qu'en leur convent il n'y eust point de ligueus : ce
qu'ils promirent de bon cœur. Car le jour de la cerimonie (comme je l'ai appris d'eux mesmes) leur valust
deux mille francs d'argent seq et contant, sans les
vivres et autres menues prattiques : tellement qu'ils
trouvoient les devotions du Roy meilleures que les paradis de la Ligue et les pardons du legat.

Le dimanche 15 janvier, le duc de Guise ayant fait
son accord avec le Roy, arriva à Paris par la porte
Saint-Antoine, plus accompagné de ceux que le Roy
avoit envoyé au devant de lui, entre lesquels estoit
M. le grand, que d'autres gens de sa suite.

Il fust peu caressé et salué du peuple de Paris, qui se
monstra aussi chiche envers lui de bonnetades, comme
feu son pere [1] en estoit liberal, jusques aux crocheteus
et plus vils faquins de la ville.

[1] *Feu son pere :* Henri de Lorraine, premier du nom, duc de Guise.
Il étoit fils de François de Lorraine, qui brilla par son éloquence, son
courage et son esprit, et qui fut l'idole du peuple. Le jeune duc de
Guise étoit d'un naturel sombre et difficile.

8.

Estant arrivé au Louvre, Sa Majesté le receust avec un fort bon visage, l'embrassa par deux fois, et lui dit qu'il estoit le bien venú, et qu'il se ressentiroit du service qu'il lui avoit fait de l'estre venu trouver; et qu'il esperoit lui donner plus de contentement que là où il avoit esté.

Là dessus M. de Guise commençant à vouloir haranguer, et reprenant un peu ses esprits, qu'il avoit comme perdus quand il s'estoit trouvé devant le Roy, Sa Majesté lui dit en riant : « Mon cousin, vous n'estes « pas grand harangueur, non plus que moi. Je sçai ce « que me voulés dire ; il n'y a qu'un mot en tout cela. « Nous sommes subjects tous à faire des fautes et des « junesses : j'oublie tout, mais n'y retournons plus. Me « reconnoissant pour ce que je suis, je vous servirai de « pere ; et n'y a personne en ceste cour que je voie de « meiller cœur que vous. »

Aprés soupper Madame fist un ballet fort magnifique, où le Roy se trouva et y prist plaisir. Il estoit composé de neuf filles, dont madame de Liancour estoit une ; et les deux Grandmonts, qui emporterent l'honneur du ballet. M. de Guise y vinst, qui portoit au visage une façon fort melancolique, ayant son chappeau enfoncé, un pourpoint de satin blanc fort gras, avec un manteau noir dont il se couvroit le visage ; et ne voulust jamais danser.

Le mardi 17 janvier, la declaration du Roy pour l'ouverture de la guerre contre le roy d'Espagne fust publiée à Paris. L'horrible attentat qui lui porta le cousteau au visage hasta fort ceste resolution, à laquelle le Roy de soi-mesmes enclinoit assés il y avoit long temps.

Le dimanche 22, madame de Rohan fist prescher publiquement à Paris dans la maison de Madame, seur du Roy, où se trouverent de sept à huict cens personnes; et dans le Louvre autant ou davantage, au presche qu'y fist faire Madame. Ce que le peuple de Paris comme estonné regardoit, sans toutefois s'en esmouvoir davantage.

Le mecredi 25, furent desfaits en effigie, en la place de Greve à Paris, un jesuite nommé Varades, avec le curé de Saint André des Ars, et son vicaire. Leur tableau contenoit ce qui s'ensuit :

Maistre Claude de Varades, soi disant prieur ou recteur des Jesuites de ceste ville; maistre Christophle Auberi, curé de Saint André des Ars, et maistre Pierre Ethorel son vicaire, par arrest de la cour sont trouvés attaints et convaincus de crime de leze majesté divine et humaine au premier chef, pour avoir par eux baillé conseil, et meschamment induit le traistre et proditeur de sa patrie, Pierre Barriere, executé à mort, à commettre le tresabominable et detestable parricide, par lui recongneu et confessé, en la personne du Roy regnant; pour la reparation duquel crime ont esté condamnés à estre tirés et desmembrés, et après leurs membres rompus, jettez au feu, tous et chacuns leurs biens acquis et confisquez au Roy.

Le lundi 30, un nommé Jacquemin, par sentence du prevost de Paris, fust pendu et estranglé en la Vallée de Misere, pour avoir commis durant ces troubles plusieurs vols et assassinats; entre autres un signalé et bien verifié d'un Flammant, lequel aprés avoir entierement volé et l'avoir tenu quelque temps en sa maison, lui auroit coupé la gorge et jetté dans l'eau, le chargeant d'estre politique. Ce Jacquemin estoit orfevre de son mestier, fils d'un pere qui estoit de la religion, et lui de la confrairie des Seize, qui estoit la religion des brigands.

Le mardi dernier jour du present mois de janvier, l'edit de pacification de l'an 1577 [1] fust arresté et verifié par la cour de parlement, toutes les chambres assemblées; sur lequel ils avoient ja esté douze jours entiers à opiner, sans vacquer à autre chose.

La contrariété des opinions y fust grande, principalement sur l'admission et reception de ceux de la religion aux Estats, et sur tout aux cours souveraines.

M. de Fleuri [2], rapporteur de l'edit, conclut à la verification pure et simple d'icelui; soustinst que si on y apportoit limitation, ce seroit limiter et restraindre la puissance du Roy, et diminuer Sa Majesté, à laquelle la provision des offices appartenoit : joint que les services faits par ceux de la religion à l'Estat meritoient bien ceste recompense. Ajousta qu'il en avoit parlé à l'avocat du Roy Servin, et oui de lui des raisons trespertinentes, faisantes à son opinion. Pourtant estoit d'avis que, nonobstant le dire du procureur general, fust mis sur l'arrest, pour le regard de ladite declaration : *Leue, publiée et enregistrée, oui et ce requerant le procureur general du Roy.*

M. Brisart l'aisné fut d'avis, au contraire, que ladite declaration fut verifiée comme l'edit l'estoit du vivant

---

[1] *L'edit de pacification de l'an 1577* : Cet édit étoit une nouvelle confirmation de celui de Fleix et de Nérac. — [2] *M. de Fleuri* : Etienne de Fleury, doyen des conseillers du parlement de Paris.

du feu Roy, et sans que ceux de la religion fussent receus aux Estats.

M. Du Drac soustinst qu'il falloit garder l'egalité entre les vrais François, et ne tenir pas pour gens de bien ceux qui sous un specieus pretexte de religion tenoient des maximes d'inegalité, pour ouvrir la porte à l'Espagnol. Fut d'advis de recevoir l'edit purement et simplement.

L'opinion de M. Brissonnet fust qu'on n'avoit point accoustumé de verifier tels edits, que quand on voyoit une armée de reistres.

M. Le Voix dit qu'en verifiant ceste declaration il faloit craindre qu'on ne dist : *Canis ad vomitum* (on ne sçait si en opinant il lui souviust point de son chien), et que la conversion du Roy fust calomniée. Rejetta fort ce que M. le procureur general leur avoit fait entendre de la part de Sa Majesté, à sçavoir qu'il retireroit bientost le petit prince des mains de ceux de la religion par devers lui, pour le faire nourrir en la religion catholique, apostolique et romaine; et qu'il ne falloit croire cestui là, ni que jamais les huguenos le rendissent.

M. Rancher opina violemment, appella meschans tous ceux qui trouvoient bon que les huguenos fussent admis aux Estats; et pour le regard de l'edit de l'an 1577, que ce n'estoit qu'une feuille de papier escrite, que le Roy avoit baillé aux huguenos pour les contenter en papier, comme il y avoit bien paru; et qu'aujourd'hui de vouloir restablir ceste nouveauté estainte, il n'i avoit point d'apparance : au contraire, que de grands inconveniens en pouvoient avenir. Premierement que cela reculeroit la bonne volonté du Pape, duquel on avoit bien affaire en beaucoup de choses, mesme pour auctorizer un second mariage; qu'il ne falloit point aussi se promettre que les huguenos rendissent jamais le petit prince, et toutefois qu'il en faloit faire instance au Roy de le retirer de leurs mains par la force. Ce qu'ayant executé, il ne se falloit plus mettre en peine des huguenos ni de leurs edits.

M. Belanger opina en soldat; et bien que nouvellement desligué [1], opina toutefois comme un homme qui toute sa vie y eust esté fort contraire : car il fust d'avis de recevoir l'edit purement et simplement; et que si on se fioit à ceux de la religion des charges militaires qui estoient pour la conduite des armées, dont la conservation de nos vies dependoit, qu'on ne leur pouvoit desnier choses moindres, et que de telles charges il s'en faloit remettre à la volonté du Roi.

M. Ruellé [2] contre ceste opinion soutinst que le jugement d'un heretique prejudicioit plus que la mort de trois cens capitaines.

M. des Landes la secondant, dit qu'un juge heretique pouvoit faire plus de mal qu'une armée entiere de gendarmes.

M. Bouchard fut d'avis de deprimer les huguenos, à fin que l'on conneust qu'ils tenoient la mauvaise opinion; et qu'il ne les faloit admettre aux charges avec les catholiques.

Au contraire M. Coquelay [3], chanoine de Nostre

[1] *Nouvellement desligué :* Jacques Belanger avoit été ligueur, et du nombre des quarante qui composoient le conseil général de l'Union. — [2] *M. Ruellé :* Pierre Ruellé, chantre et chanoine de Notre-Dame de Paris, conseiller au parlement, puis président aux enquêtes. — [3] *M. Coquelay :* Lazarre Coquelay avoit été ligueur, et du conseil des Quarante.

Dame, aprés avoir adjuré et detesté la Ligue, voire fait comme une espece d'amande honorable de ce qu'il en avoit tant esté, dit qu'il n'i avoit une plus grand erreur que celui qui vouloit entretenir le discord entre les catholiques et ceux de la religion : que de se reunir, c'estoit le moyen d'avoir paix en l'Estat et en l'Eglise; qu'il ne se faloit pas laisser pipper en ce fait par quelques prestres ignorans des saintes Escritures et de leur sens, voire mesmes qu'il y avoit des estincelles de verité en la nouvelle religion; et quant à recevoir aux Estats ceux qui en estoient, quand on le feroit, qu'on ne feroit rien qui n'eust esté fait en plus forts termes par les papes mesmes. Allegua le pape Jean, envoié en ambassade par Theodore vers Justin, empereur en Orient, pour le restablissement des arriens és eglises et dignités, afin que les catholiques orthodoxes ne fussent maltraictés en Italie, où les arriens estoient les plus fors. Et ajoustant à ce propos plusieurs beaux exemples et raisons, conclud à la verification de l'edit pure et simple, sans restriction ni modification aucune.

M. Veau rejetta entierement l'edit, disant que les derniers troubles n'estoient arrivés que pour le trop grand mespris de la religion catholique, apostolique et rommaine; laquelle parole M. le premier president releva, et lui dit qu'il ne pouvoit passer cestui-là, pour ce qu'il n'avoit point esté mis en la Bastille pour avoir mesprisé la religion.

Messieurs Poisle et Mareschal sembloient en leurs opinions vouloir par paroles indirectes justifier les armes de la Ligue. Ce qui fust censuré par le premier president lorsqu'il opina; et eurent peine de s'en excuser, principalement Poisle, qui avoit taché de macule l'honneur du feu Roy.

M. Le Jau fut d'avis de remonstrances à Sa Majesté, et en après d'un mariage des deux religions. Opinion, dit quelcun, digne d'un jodeveau.

M. Ripault tinst une opinion singuliere et un peu confuse : sçavoir est de verifier l'edit, avec trente conditions qui eussent suffi pour occuper la cour jusques à Pasques.

M. Du Four le bon homme conclud à tout, à la verification de l'edit, aux remonstrances, aux modifications du procureur general, et à tout ce qu'on trouveroit bon.

Voilà comme la cour se trouva divisée en opinions sur cest edit. Mais en fin ceux qui opinerent pour la verification pure et simple le gangnerent de six voix seulement : car il y eust cent douze opinans, dont il s'en trouva cinquante-neuf pour, et cinquante-trois contre, six des conseillers estans revenus à la premiere opinion du rapporteur de le verifier purement et simplement.

A la levée de la cour, M. le procureur general (1) alla trouver M. le premier president, le supplia qu'en faisant dresser l'arrest il fust mis sur icelui : *Oui le procureur general,* seulement, sans y ajouster, comme est ordinaire en toutes verifications, *Ce requerant.* Ce qui fut trouvé estrange, et n'a esté oublié aux memoires des huguenos, notamment en un petit traicté qu'ils firent imprimer en cest an 1595, intitulé *Remonstrances des eglises reformées au Roy et à nosseigneurs du*

---

(1) *Le procureur general :* Jacques de La Guesle.

conseil, sur les moiens de pourvoir à leurs justes plaintes, etc.

Ce jour, qui estoit le dernier du mois, arriverent à Paris les ambassadeurs de Venise, qui furent logez à l'hostel d'O.

Messieurs de Montpensier et le grand, avec une bonne troupe de noblesse, allerent au devant par commandement du Roy. Aussi fist M. le prevost des marchans (1), qui leur fist une harangue.

En ce mois de janvier, mourust à Paris en sa maison, d'une fievre chaude et pestilente, M. de Sermoises, maistre des requestes.

Mourust aussi l'auditeur Charlet, aagé de soixante-huit ans, d'un grand cathairre qui le suffoqua sans qu'on le pensast aucunement : car son medecin, en estant sorti un peu au paravant, avoit dit qu'il n'y avoit aucun inconvenient en sa maladie; et quand il en eust deu mourir, qu'il n'en fust mort de deux mois.

La plus part des maladies de ceste saison estoient incongneues aux medecins, à cause de la constitution du temps, vaine et humide apres une longue et apre gelée : ce qui a accoustumé de causer ordinairement les grandes maladies.

En ce mesme mois, ung cordelier nommé Croiset, fils de ce signalé bourreau de la Saint Berthelemy (2), jetta son froc aux orties, et se retira à Bourg en Bresse, où depuis il a esté bruict qu'il exerçoit le ministere.

[FEBVRIER.] Le vendredi 3 febvrier, les ambassa-

---

(1) *Le prevost des marchands :* Martin Langlois. — (2) *Bourreau de la Saint Berthelemy :* Croiset, lors des massacres de la Saint-Barthelemy, avoit, dit-on, tué de sa main quatre cents personnes.

deurs de la seingneurie de Venise allerent saluer le Roy au Louvre, lequel leur fist un grand recueil et reception. Leur harangue fust courte, comme estant bien advertis que le Roy n'aimoit pas les longues harangues.

Sa Majesté, en les attendant, passa le temps à rire, et gosser les dames. Voiant venir madame de Rohan, leur dit : « Voici venir madame de Rohan; gardés « vous, mes dames, qu'elle ne crache sur vous. Pour « le moins, si elle n'y crache, elle en mesdira. » Puis advisant la gouvernante de madamoiselle de Bourbon, qui estoit fort vieille et laide : « Il n'i aura, dit-il, que « celle ci qui entre avec moi dans mon cabinet. Je « m'en vais en faire un sacrifice pour le publiq. »

Le dimanche 5, furent faits à Paris force ballets, masquarades et collations; et à la cour encore plus, où les plus belles dames, richement parées et magnifiquement atournées, et si fort chargées de perles et pierreries qu'elles ne se pouvoient remuer, se trouverent, par commandement de Sa Majesté, pour donner plaisir et faire passer le temps à messieurs les ambassadeurs.

Ce jour, courust à Paris un faux bruict de la mort du duc d'Esparnon.

Fust aussi la foire Saint Germain criée.

Le mardi 7, jour de caresme prenant, y eust force masquarades et folies par la ville, comme de coustume; on disoit que le Roy s'y trouveroit, mais il n'y alla point. Le duc de Guise et Victri coururent les rues, avec dix mille insolences.

Ce jour, furent publiées à Paris les defenses de ne manger chair en caresme sans dispense, sur peine de punition corporelle; et aux bouchers d'en vendre ni estaller, sur peine de la vie.

Ce pendant tous les dimanches on preschoit à Paris publiquement dans le logis de Madame, et les mecredis et vendredis dans le Louvre; et estoient les ministres ordinaires La Faye, Montigni, Fugré et La Serizaie, sans que personne en dist mot ni s'en formalisast, fors quelques proebstres et ecclesiastiques qui en parlerent, encore fort sobrement. Un de ceux qui s'en remuerent le plus fut Benoist, curé de Saint Eustace : mais Madame l'ayant envoyé querir pour cest effect, lui en ferma la bouche.

M. de Sanssi traicta ce jour les ambassadeurs, et fut la foire Saint Germain recriée pour quinze jours, à sçavoir huict pour la tenir et huict pour l'accoustrer, comme elle en avoit bon besoin : car ceux qui l'avoient veue du vivant du feu Roy ne la pouvoient reconnoistre pour la foire Saint Germain, tant elle estoit pietre et desolée.

Le vendredi 10, mourut à Paris le receveur Ysambert.

Le samedi 11, un patissier demeurant à Paris prés du logis de M. le chancelier fut pendu à l'escole Saint Germain, pour avoir aidé à tuer une damoiselle qui passoit desguisée pendant la Ligue, pour aller trouver son mari qui estoit au service du Roy.

Le Roy passa ce jour tout à cheval par la foire Saint Germain, laquelle il prolongea de huict jours, à la requeste des marchands; puis de là s'en alla à Fontainebleau.

Le dimanche 12, qui estoit le dimanche des Brandons, Madame fit un ballet magnifique au Louvre, où il n'y eust rien d'oublié, si ce ne fust possible Dieu, qui volontiers ne se trouve en telles compagnies pleines de luxe et dissolution.

Le vendredi 17, arriverent nouvelles à Paris de la garnison de Soissons, desfaite par ceux du Roy en la plaine de Villiers-Costrets le mecredi 15 de ce mois; en laquelle rencontre demeurerent morts une cinquantaine pour le moins des plus mauvais et desesperés ligueurs de la France : qui fust une nouvelle saingnée à la Ligue qui l'affoiblist fort.

Vinrent aussi nouvelles de la desfaite d'onze cornettes de cavallerie hespagnole par le mareschal de Bouillon, auprés de Vuirton en la duché de Luxembourg, et de Vezou, Jonville et autres places, prises en la Franche-Comté par les capitaines Saint George et Tremblecourt, lorrains.

Ceux de Beaune ayans couppé la gorge à leurs garnisons, ouvrirent en mesme temps leurs portes à M. de Biron, lequel mit le siege devant le chasteau, que chacun tenoit pour imprenable; et toutefois l'emporta en six semaines, aprés avoir enduré trois mille coups de canon.

Le jeudi 23, vinrent à Paris les nouvelles de la mort du duc Ernest, aagé de quarante ans, auquel succeda le comte de Fuentes.

[MARS.] Le mecredi premier mars, le Roy eust advis d'une entreprise dressée contre sa personne par sept hommes qui estoient à Paris, desquels les six avoient esté prattiqués par les jesuistes, et le septiesme par le Pape. Lequel advis Sa Majesté en apparence negligea; mais en effect fut cause qu'il ne s'alla point promener à la foire, le dedans de laquelle n'estoit si beau qu'en estoit le dehors du vivant du feu Roy.

Le jeudi 2, un jeune compagnon natif de Sens, qui de prebstre qu'il estoit s'estoit fait capitaine de la Ligue, et en ceste qualité ravageoit et voloit tout le monde autour de Montereau Faultyonne, se faisant appeler le capitaine Merleau, fust pendu en la place de Greve à Paris, chargé, outre ses voleries ordinaires, d'avoir eu quelque mauvais dessein contre la personne du Roy.

Ce jour, M. le president Seguier estant allé trouver le Roy pour lui faire, de la part de sa cour, remonstrances sur l'edit des consignations, que la cour avoit refusé de verifier : Sa Majesté lui dit qu'il ne leur demandoit de tous que cestui là ; et qu'ils ne l'en refusassent point, si non qu'ils lui donneroient la peine d'y aller lui-mesme pour le verifier, et qu'il leur en porteroit encores demie douzaine d'autres dans sa manche. Puis gossant à sa maniere accoustumée, lui dit : « Traictez-moi au moins comme les moines, *victum et* « *vestitum*. Je ne mange pas tousjours mon saoul ; et « quant à mes habillemens, regardés, M. le president, « regardés comme je suis accoustré! »

Le vendredi 17, il fist un grand tonnerre à Paris avec esclairs et tempeste, pendant laquelle le Roy estoit à la campagne, qui chassoit autour de Paris avec sa Gabrielle, nouvellement comtesse de Monsseaux, coste à coste du Roy, qui lui tenoit la main. Elle estoit à cheval, montée en homme, toute habillée de vert, et rentra à Paris avec lui en cest equipage; où Sa Majesté ne fust plus tost arrivée, qu'on lui presenta des lettres d'un vieil gentilhomme de Gascongne, qui donnoit avis au Roy (par forme de divination : car ce gentilhomme s'en mesloit fort) de se garder de la fin du mois. Le Roy les ayant leues devinst tout songeant, et ayant M. de Bourges prés de lui, lui en dit le contenu; lequel commença d'entrer en discours sur la vanité des devins et devinations. Mais le Roy l'interrompant lui dit : « Je sçai autant de tout cela que vous m'en « sçauriés dire, et que c'est en Dieu qu'il faut croire, et « non pas aux hommes. Mais si vous diray-je là-dessus « une chose qui est vraie : c'est que jamais ce gentil- « homme ne me mentist, car il m'a mesmes predit les « deux batailles de Coutras et d'Ivry tout de la mesme « façon qu'elles sont avenues. C'est ce qui m'y a fait « penser. »

Le samedi 18, le Roy envoia les seingneurs de La Forsse (1) et Pralins (2), capitaines de ses gardes, au Palais, pour empescher l'execution de deux gentilshommes de La Marche en Limosin, condamnés par arrest de la cour à estre decapités en Greve, pour un prodigieus assassinat perpetré par eux.

Sur quoi M. le premier president estant allé trouver Sa Majesté pour lui en faire des remonstrances; aussi tost que le Roy l'avisa, il lui dit : « M. le president, je « sçai tout ce que vous me voulés dire; je sçai qu'ils « ont bien merité la mort, et que ma cour et vous leur « avés fait justice. Aussi est ce une supplication que « je vous fais, et n'y veux point aller par autre forme, « de me les vouloir donner, pour les grands et signa- « lés services que tous les deux m'ont fait. »

(1) *De La Forsse* : Jacques Nompar de Caumont, duc de La Force, pair et maréchal de France. — (2) *Pralins* : Charles de Choiseul, marquis de Praslin, comte de Chavignon.

On remarquoit une particularité notable en la race de ces gentilshommes : c'est qu'ils estoient descendus de Tristan l'Hermite, et que de leur race il s'en trouvoit vingt six qui avoient tous passé par les mains des bourreaux, comme eussent aussi fait ces deux, sans une speciale grace et faveur du prince.

Ce jour, une damoiselle nommée Barbedor, tenue pour riche à Paris, fut receue à faire cession en la premiere chambre des enquestes.

On dit ce jour au Roy que sur le bruict qui couroit à Paris que Sa Majesté alloit faire sa feste à Fontainebleau, que la pluspart de ceste populasse parisienne s'estoit persuadée qu'il y alloit pour faire ses Pasques à la huguenotte. « Un peuple, respondit le Roy, est « une beste qui se laisse mener par le nés, principa- « lement le Parisien. Ce ne sont pas eux, mais ce sont « de plus mauvais qu'eux qui lui persuadent cestui là. « Mais afin de leur faire perdre ceste opinion, je ne « veux bouger d'ici, afin qu'ils me les voient faire. » Toutefois il les fist au bois de Vincennes.

Le lendemain qui estoit le 19 du mois, et le dimanche de Pasques flories, le Roy se doutant que chés Madame y auroit grande assemblée, et n'aiant la teste rompue d'autre chose, mesme de son aùsmonnier, commanda à Chasteauvieux, capitaine de ses gardes, de garder la porte ce jour, et n'y laisser entrer que les officiers ordinaires de la maison de sa seur, et M. de Bouillon s'il y venoit. Quant à tous les autres, de quelque qualité qu'ils fussent, qu'il les renvoyast; et sur l'instance qu'ils en pourroient faire, qu'il leur dist que més qu'on les eust veus une fois seulement à la messe du Roy, qu'il avoit charge de les laisser entrer, mais

non pas devant. Ce que ledit Chasteauvieux executa
fort dextrement : si bien que tous ceux qui vinrent ce
jour pour penser ouïr le presche sur Madame furent
contraints s'en retourner.

Le mecredi saint 22, y eut un homme pris par
soubçon au bois de Vincennes où le Roy estoit, auquel
on trouva un cousteau ; mais aprés qu'on eust recongneu que l'homme ni le cousteau n'estoient clementins,
on le laissa aller.

Le vendredi saint 24, y en eust un autre qui voulust presenter au Roy un chat duit à mille souplesses ;
mais on eust opinion qu'il y avoit du sort pour empoisonner ou faire quelque mal à Sa Majesté, dont elle
s'en moqua. Et toutefois M. le charlatan, avec son
basteleur de chat, furent si bien serrés et esvanouis,
qu'on n'en a oncques puis ouï parler.

Le jour de Pasques, qui estoit le 26 de ce mois, il
neigea à Paris tout du long du jour ; et y eust telle
presse chez Madame à ouïr le presche, qu'on ne s'y
pouvoit asseoir.

En ce temps, s'entretuerent à Paris le marquis Das-
serac et le fils du capitaine Marchant, pour une legere querelle prise à la chaude.

Ce mois de mars fust fort pluvieux, neigeux et venteux. Grandes inondations et desbordemens de rivie-
res, qui causerent necessité et cherté de vivres, qui avec
la guerre affligerent beaucoup le pauvre peuple.

[AVRIL.] Au commencement d'avril, le Roy se trouva
fort mal d'un cathairre qui lui desfiguroit tout le visage. Tels cathairres regnoient à Paris, à cause du
grand froid qu'il faisoit, contraire à la saison : dont

s'ensuivirent plusieurs morts estranges et subites, avec la peste qui se respandit en divers endroits de la ville; qui estoient tous fleols de Dieu, pour lesquels toutefois on voiioit aussi peu d'amandement aux grands comme aux petits.

Le jeudi 13, mourust à Paris une jeune fille damoiselle, nommée Barron, niaipce de madamoiselle Pasté, de la gangrene qui se prist à son nés pour le froid qu'elle y avoit eu : car il geloit aussi fort qu'à Noël.

Le vendredi 14, il gela et neigea bien fort, et estoit la neige à Paris espaisse de trois doigts.

Le mardi 18, il neigea encore plus fort, et estoit la neige espaisse de six doigts.

Le vendredi 28, fut chanté le *Te Deum* à Paris, pour la reduction de la ville de Vienne en l'obeissance du Roy.

Le samedi 29, furent apportées à Paris les nouvelles de la mort de M. de Longueville, blessé quelques jours auparavant en Picardie, d'un coup de harquebuse.

Depuis le bastard d'Orleans, l'aisné de ceste maison n'a pas passé trente et ung ans. Ce qui est à remarquer.

Ce jour, La Grandrue et La Chapelle Marteau son fils, qui avoit esté prevost des marchans de la Ligue, furent criés par Paris à trois briefs jours, accusés du parricide commis en la personne du feu treschrestien roy Henri troisiesme.

En ce mois, madame de Sourdis, mal contente de ce que le Roy avoit cassé quelques compagnies de son mari, en fist plainte à Sa Majesté; et comme elle a tousjours esté remplie de presomption, il lui eschappa, en

9.

parlant au Roy, de lui dire qu'on avoit fait tort à M. de Sourdis son mari, et à elle du deshonneur beaucoup. Laquelle parole le Roy relevant fort promptement et de bonne grace, lui dit que pour le regard du deshonneur, jamais personne ne lui en feroit autant que M. le chancelier lui en avoit fait.

Les gens de bien disoient là dessus que si le Roy eust eu le zele pareil à celui du petit roy David son predecesseur, et qu'il eust autant hay que lui les meschans et leur vie, il ne s'en fust rid comme il faisoit. Au contraire, qu'à son exemple il eust nettoyé sa cour de toutes telles pestes et ordures, et particulierement ceste maison, laquelle il ne pouvoit ignorer estre remplie de toute vilanie et autres pechés abominables devant Dieu et les hommes.

Cela donna subject aux pasquils et vers diffamatoires qu'on publia en ce temps contre ceux de ceste maison, particulierement contre la Sourdis et son vieux serviteur de chancellier. Les mieux faits et plus sanglans, mais veritables, et qui ont couru par tout, estoient ceux de Baudius ; sçavoir, un *Pullipremonis Culcitella Satrapæ*, et un *Elogium Drusianæ domus*, qu'il a mis sous le nom de *moribus antiquis stat Res Romana Fidesque ;* et en ayant retranché seulement onze vers, les a fait imprimer tous deux à Leyden.

[MAY.] Le mecredi 3 may, une bourgeoise de Paris, veufve d'un honneste marchand de la ville, fust mise prisonniere, pour avoir fait faire, ainsi qu'on disoit, quelques presches en sa maison ; et pour ce qu'elle estoit de la religion, elle fust mise en la prison avec une garse, quelque honneste femme qu'elle fust, et assés mal traictée. Mais tost aprés le Roy la fist mettre dehors par M. le lieutenant civil Seguier.

Le mecredi 10, un augustin nommé Jacob fut emprisonné à Paris pour des theses qu'il avoit publiées, en l'une desquelles il soustenoit que le Pape avoit plaine puissance et entiere jurisdiction sur les rois. Le president de la dispute, qui estoit le principal du college de Calvi, fust aussi envoyé prisonnier.

Le mesme jour ung nommé Lasnier, huissier de la cour, fut mis en prison à Paris, pour avoir dit que tous ceux qui avoient suivi le Roy avant qu'il fust catholique ne valoient rien. Ce qu'ayant entendu un de ses compagnons nommé Malingre, en prist tel saisissement qu'il en mourust le jour mesme; auquel on trouva semé dans le Palais un sonnet qui soustenoit le fait de frere Clement.

Le samedi 13, veille de la Pentecoste, le maistre de l'Escu de France, demeurant au fauxbourg Saint Germain des Prés, fut constitué prisonnier, pour avoir esté verifié contre lui que pendant la Ligue il alloit lui mesme conduire de maison en maison la mere de feu frere Clement, assassin du feu Roy, et la recommandoit comme la mere d'un saint; aussi qu'il avoit battu sa propre mere jusques à effusion de sang, pour lui avoir remonstré qu'il falloit reconnoistre le Roy; et qu'il en avoit encores cruellement outragé une autre dans l'eglise Saint Supplice, pour ce qu'elle avoit seulement proferé ce nom de roy. En fin toutefois ce meschant et desesperé ligueur trouva plus d'amis à Paris qu'un bien homme de bien : car il en sortist pour rien; et mesmes madame de Montpensier y apporta tant de passion, pour ce qu'il y alloit de l'assassinat du feu

Roy, qu'elle revinst exprés à Paris pour le solliciter, l'allant elle mesme recommander aux juges, qui furent blasmés de n'en avoir fait autre justice.

Le samedi 13, le septiér de bled froment fut vendu dans la halle de Paris vingt et une et vingt deux livres. Aussi les rues de Paris se voiioient plaines de processions de pauvres, qui y affluoient de tous costés : si qu'on faisoit compte que depuis trois jours il en estoit entré dedans Paris jusques à dix mille. Chose pitoiable à voir.

Le vendredi 19, il fist à Paris et aux environs un si grand vent et impetueux, que Madame revenant ce jour de Fontainebleau dans sa littiere, il fallut mettre jusques à vingt hommes pour la soustenir, de peur qu'elle ne tombast, tant la tempeste estoit violente. Elle abbatist force cheminées à Paris.

Le samedi 20, le septier de bled fust vendu à Paris jusques à vingt quatre et vingt cinq francs, la necessité y croissant à veue d'œil, et le cri des pauvres se renforçant, ausquels pour donner ordre on fit une assemblée en la salle Saint Loys ; d'autre costé la diversité et malignité du temps, qui estoit froid, venteux et gresleux, mesme ce jour, menassoit le pauvre peuple de pis.

On disoit que le Roy, se retirant souvent à part, prioit Dieu, et pleuroit la misere de son peuple. De quoi j'ai oui rendre tesmoingnage à un des siens, fort homme de bien, qui m'a asseuré l'y avoir trouvé ; et que Sa Majesté elle-mesme lui avoit dit ces mots : « Je « plains bien mon pauvre peuple ; je sçai qu'il est mal « mené. Mais quoi ! si j'y pense faire quelque chose, ils « me le traiteront encor plus mal. »

Quand il avisoit quelcun des ministres de Madame, il l'appeloit tousjours, et lui disoit à l'aureille : « Priez « Dieu pour moi, et ne m'oubliés pas en vos prieres. »

Le dimanche 21, le Roy receust lettres de M. d'Esparnon, par lesquelles il se plaingnoit fort des huguenos, et lui demandoit comme en termes couverts permission de leur faire la guerre. Sa Majesté les ayant veues, on dit qu'il dit : « Seguier a passé par ici. »

Le lundi 22, on chanta à Paris le *Te Deum* de la reddition de la ville d'Autun, les habitans de laquelle couperent la gorge à leurs garnisons ligueuses ; et ce jour mesme le Roy, qu'on pensoit à Sens en Bourgongne, arriva à l'improviste à Paris, pour donner ordre à quelque remuement qui se preparoit dans la ville. Ce qu'ayant fait, remonta dés le lendemain à cheval, et s'en retourna.

Le samedi 27, mourust à Paris le bon homme de Champelais, secretaire du Roy, ung de mes amis, aagé de soixante douze ans.

Ce jour mesme, arriverent nouvelles de la ville de Nuits en Bourgongne, remise en l'obeissance du Roy par les habitans, qui avoient coupé la gorge à leur gouverneur et à sa garnison.

Le mardi 30, on commença à faire une queste pour les pauvres estans à Paris, où chacun fut taxé selon le pied des fortifications de sa maison.

Par le rapport de ceux qui tenoient le registre des pauvres estrangers mendians entrez à Paris depuis quinze jours, le nombre passoit quatorze mille personnes.

En ce mois, Sanguin, chanoine (1) de Nostre Dame.

(1) *Sanguin, chanoine :* Ce chanoine étoit un des Seize.

fust rappellé à Paris, et y revinst, ayant esté reintegré en tous ses biens, dignités et benefices, à la recommandation de M. de Pontcarré, conseiller d'Estat, combien que ledit Sanguin fust des Seize, et qu'en sa maison, là où ils s'assembloient ordinairement, la mort du feu president Brisson et des autres eust esté complottée et arrestée.

Un architecte, maistre Masson, natif de Pontoise, fut emprisonné à Paris en ce mesme mois, pour avoir eu quelque dessein à l'encontre du Roy.

[JUIN.] Le vendredi 2 juin, on chanta le *Te Deum* à Paris de la reduction de la ville de Dijon le dimanche 28 may, au grand desplaisir du duc de Maienne, qui de là en avant ne battist plus que d'une aisle, non plus que la Ligue, qui ressembloit proprement une corneille desplumée.

Le samedi 3, mourust à Paris madamoiselle Pineau.

Le vendredi 9, fust apportée la nouvelle à Paris de la desfaite des trouppes du connestable de Castille et du duc de Maienne prés Dijon, le lundi 5 de ce mois. Dont Sa Majesté escrivit lettres à sa cour de parlement signées Henry, et contresignées Rusé; et une autre de sa main à Madame, sa seur, de laquelle la copie que j'ay extraict moimesmes de l'original s'ensuit:

« Ma chere seur, tant plus je vay en avant, et plus j'admire la grace que Dieu me fist au combat de lundi, où je pensois n'avoir desfait que douze cens chevaux: mais il en faut compter deux mille. Le connestable de Castille y estoit en personne avec le duc de Maienne, qui m'y virent et m'y congneurent tousjours fort bien:

ce que je sçais de leurs trompettes et prisonniers. Ils m'ont envoyé demander tout plain de leurs capitaines italiens et espagnols, lesquels n'estant point prisonniers, faut qu'ils soient des morts qu'on a enterrés : car je commandai le lendemain qu'ils le fussent. Beaucoup de mes jeunes gentilshommes me voiians par tout avec eux, ont fait feu en ceste rencontre, et y ont monstré de la valeur beaucoup, et du courage; entre lesquels j'ai remarqué Grammont, Termes, Boissi, La Curée, et le marquis de Mirebeau, qui fortuitement s'y trouverent, sans autres armes que de leurs haussecols et gaillardets; et si firent merveilles. Aussi y en eust-il d'autres qui ne firent pas si bien, et beaucoup qui firent tresmal. Ceux qui ne s'y sont pas trouvés y doivent avoir du regret : car j'y ai eu affaire de tous mes bons amis, et vous ai veu bien prés d'estre mon heritiere. Je suis à ceste heure devant le chasteau, que les ennemis, aprés avoir joint leurs forces, font estat de secourir encore une fois. Mais Dieu leur en a desja osté un grand moyen, et m'a donné un si grand pied sur eux, qu'ils auront tout besoin de se defendre, et non de m'assaillir, quand j'aurai passé vers eux, comme je me delibere. Je me porte fort bien, Dieu merci, vous aimant comme moi mesme. »

Les lettres qu'il escrivit ce jour mesme à sa cour portoient une remarque singuliere, qui estoit que moins de deux cents chevaux avoient empesché, et sans aucun ruisseau entre deux, une armée de dix mille hommes de pied et deux mille chevaux d'entrer en ce royaume. De quoi il en falloit donner la gloire à Dieu, de la main duquel ce grand bien estoit parti;

et pour l'en remercier exhortoit sa cour de faire faire une procession generale, laquelle fust celebrée solennellement à Paris le dimanche ensuivant.

Le mardi 20, mourust à Paris M. Du Drac(1), sieur de Mareuil, conseiller en la cour; laquelle fist perte, en la mort de ce personnage, d'un tresbon juge, homme de bien, et tresdocte.

Le jeudi 22, furent apportées les nouvelles à Paris de la prise de la ville de Han par les François, qui y taillerent en pieces tous les Hespagnols, sous la prudente conduitte et valeur du mareschal de Bouillon, qui le l'entreprist hazardeuzement, et avec plus d'heur l'executa : qui eust esté entier sans la mort de M. de Humieres (2), un des plus genereux seingneurs de la France, et des meilleurs guerriers, qui en combattant valeureusement y fust tué (3).

[JUILLET.] Le samedi premier jour du mois de juillet, fut pendue et puis bruslée aux Halles, à Paris, une chambriere qui s'estoit efforcée de couper la gorge à madamoiselle Buisson, prés les grands Carnaux : comme de fait elle lui eust couppée, si on ne fust venu à la recousse.

Le jeudi 6, Charles de Lorraine, duc d'Aumale, fut, comme crimineux de leze majesté, tiré en effigie à

(1) *M. Du Drac :* Adrien Du Drac, vicomte d'Ay, seigneur de Beaulieu et de Mareuil. — (2) *M. de Humieres :* Charles, seigneur de Humières, marquis d'Ancre. — (3) *Y fust tué :* On perdit plusieurs autres capitaines. L'un des plus distingués étoit François Blanchard, sieur des Cluzeaux, gentilhomme du Berri. Il avoit rendu de grands services à Henri III, s'étoit jeté dans le parti de la Ligue, puis avoit fait sa soumission à Henri IV, qui lui avoit confié le gouvernement de Noyon.

quatre chevaux en la place de Greve à Paris, par arrest de la cour; duquel toutefois fut ordonné qu'on ne feroit point de registre, pource que les solennités en tel cas accoustumées, ni sa qualité, n'y avoient esté observées. Ce que Chomberg leur avoit remonstré.

Le dimanche 9, mourust à Paris M. de Bordeaux (1), conseiller en la cour, peu regretté, ainsi qu'on disoit, sinon des bons ligueus comme lui.

Le mardi 18, fust enterré dans l'eglise Saint Pol à Paris maistre Thomas Pileur, controlleur de la chancellerie.

Le jeudi 27, vinrent les nouvelles à Paris de la desfaite des François devant la ville de Dourlans en Picardie; de laquelle s'ensuivist la ruine et sac de ceste pauvre ville par l'Espagnol, qui y commist toutes sortes d'excés et cruautés, se souvenant encore de la plaie toute fresche et sanglante de Han, où il disoit avoir esté fort maltraicté par M. le mareschal de Bouillon. J'y perdis mon fils aisné Loys de L'Estoile, qui y fut vendangé des premiers.

Quant à l'amiral de Villars, estant en ceste rencontre tumbé prisonnier entre les mains de quelques Neapolitains ausquels il avoit promis cinquante mil escus de ransson pour avoir la vie sauve; aprés qu'ils lui eurent donné la foy, le bruit s'estant respandu par l'armée que l'amiral des François estoit prisonnier, survint un capitaine espagnol fort suivi, nommé Con-

(1) *M. de Bordeaux :* Fameux ligueur, et du conseil des Quarante. L'auteur de la Satire Menippée, raillant sur son peu de mérite, lui adresse ces paroles : « Le vaillant Bourdeaux, vous êtes comme moi « digne d'être élevé au plus haut degré de noblesse. » Par ce haut degré, il entend la potence.

traire, qui estant entré tout exprés en dispute avec les Neapolitains pour l'avoir, se servant de leur refus pour le tuer, se prist à crier en hespagnol *Mata! mata!* qui est à dire *Tués! tués!* Et au mesme instant lui donna le premier coup, qui fust suivi de plus de cinquante autres, qui l'estendirent mort sur la place.

La haine que lui portoient les Hespagnols, pour avoir autrefois esté des leurs et n'en estre plus, ayant pris le parti du Roy et abandonné celui de la Ligue, fut la vraie cause de la mort de ce seingneur tresvaleureux, qui mourut au lit d'honneur pour le service de son prince, auquel il n'en fist jamais un meilleur que ce dernier, et lequel il lui devoit bien, pour avoir esté de tous les seingneurs de la Ligue le mieux appointé, et si cherement acheté que le Roy à bon droit le pouvoit dire sien.

Ceste grande desfaite, jointe à la prise de Dourlans, laquelle les plus clairs voians aux affaires et les moins flatteus attribuoient à la mauvaise intelligence des deux chefs, qui estoient M. de Nevers et M. de Bouillon, qui l'un pour l'amour de l'autre ne firent rien qui vaille, estonna estrangement toute la Picardie, où sans la sage prevoyance des chefs, et de M. de Nevers entre autres, on parloit par tout d'entrer en composition avec l'Espagnol, victorieux et insolent, comme de coustume, en sa prosperité.

Le samedi 29, on fist courir un bruict à Paris de la mort de M. de Guise, qui continua trois jours entiers, et en fin se trouva faux.

[AOUST.] Le lundi 7 aoust, le seingneur de Mouci (1)

(1) *De Mouci :* Jean de Moucy, conseiller au parlement de Paris.

fut pris par des coureurs de la Ligue de la garnison de Soissons, comme il se proumenoit au bout du faux-bourg de Saint Honoré à Paris.

Le samedi 12, un loup ayant passé l'eau, mangea à Paris un enfant à la Greve. Chose prodigieuse, et de mauvais presage.

Les nouvelles vinrent ce jour à Paris du siége mis devant Cambrai par le duc de Fuentes, hespagnol; et comme M. de Nevers y avoit envoié le duc de Retelois son fils, qui y estoit entré pour y soustenir le siege, assisté de la prudence et valeur de M. de Vicq.

Le mardi 22, arriverent les nouvelles de la mort du duc de Nemoux (1), empoisonné, selon le bruit commun, pour aller prendre possession d'un autre diadesme que celui qui s'estoit promis ici bas par le moyen de sa rebellion. Heureux en ce seulement que Dieu lui aiant touché le cœur à la fin de ses jours pour detester sa rebellion, mourust en reconnoissant Dieu et son prince, exhortant tout le monde à ce juste devoir, et entre les autres M. le marquis de Saint Sornin, son frere.

Voilà comme Dieu nous a voulu laisser un miroir de sa justice et misericorde tout ensemble en la fin de ce pauvre prince, qui estoit le plus mauvais et dangereux à cest Estat de tous les chefs de la Ligue.

Le vendredi 25, mourust en sa maison à Paris M. le president de Thou, bon serviteur du Roy, ennemi de la Ligue et de toute faccion.

Le jeudi 31 et dernier de ce mois, on eust nouvelles à Paris de la mort de M. de Morlas, decedé à Mascon

(1) *La mort du duc de Nemoux :* Ce duc mourut à Annecy en Savoie, place que son père lui avoit laissée, et qu'il tenoit pour son apanage, comme prince issu des ducs de Savoie.

le samedi 26 de ce mois, homme de grand esprit et d'affaires, et congneu pour tel du Roy mesme, de la conversion duquel, de huguenot en catholique, on faisoit par tout grand estat, principalement les ecclesiastiques, qui en firent imprimer un discours à Paris, où ils faisoient un miracle de ce qui est tout ordinaire aux esprits ambitieux comme le sien, à sçavoir de suivre tousjours la religion qui sert à leur dessein.

On disoit qu'il s'en estoit promis d'estre secretaire d'Estat. A quoy il ne pouvoit parvenir que par le changement de sa religion.

En ce mois mourust à Paris dom Antonio, roy de Portugal, au moins qui le l'avoit esté : car son train estoit reduit à celui d'un bien simple gentilhomme.

[SEPTEMBRE.] Le lundi 4 septembre, le Roy fist son entrée à Lion magnifique, telle qu'on la void par tout imprimée.

Sa Majesté pourveust de ce gouvernement M. de La Guische (¹), grand maistre de l'artillerie de France.

Le vendredi 23 septembre, qui fut le jour que Sa Majesté accorda une treufve et cessation d'armes generale à M. de Maienne, furent apportées à Paris les bonnes nouvelles de l'absolution du Roy à Romme, le dimanche 18 de ce mois; dont y eust grande resjouissance entre le peuple, et furent par les catholiques divulgués les vers suivans :

Quem tota armatum mirata est Gallia Regem ,
  Mirata est etiam Roma beata pium.

(¹) *M. de La Guische :* Philibert, seigneur de La Guiche et de Chaumont.

Magnum opus est armis stravisse tot agmina : majus
Pontificis pedibus succubuisse sacris.

Messieurs d'Ossat et Du Perron aiderent fort à moienner du Pape ceste absolution : dont pour ses bons services gangna d'Ossat un chapeau de cardinal. Du Perron, fils d'un ministre és terres des seigneurs de Berne, fust renvoyé avec esperance du chappeau qu'il briguoit, moiennant qu'il continuast de s'opposer fermement à ceux de la religion, et faire revolter à son exemple tous ceux qu'il pourroit : combattant en ses sermons et escrits la vocation des ministres. De quoi il a esté fort songneus, attendant que le Pape eust esgard à lui ; lequel les huguenos blasonnerent plaisamment, publians entre autres libelles les vers qui s'ensuivent :

> Monstrés au doigt ce m.........
> Qui vient de briguer un chappeau
> De la boutique vaticane;
> Et, pour faire un marché pour soi,
> A vendu l'honneur de son Roy
> Et de l'Eglise gallicane.
> Puis qu'il est ambassadeur,
> Et qu'il aspire à la grandeur
> De la cardinaulté romaine,
> Je conclu necessairement
> Que l'on resouldra promptement
> De faire pape La Varaine.

> *Opposition.*

> Mainville, plain d'ambition,
> S'oppose à ceste election,
> Disant qu'il est fils de l'Eglise,
> Et que desja les lois d'amour
> L'ont tant avancé à la cour
> Que l'on le tient pour un Mouise :
> Joint que l'Estat estant vacant,

Il succede directement,
Aiant la voix de la marquise.

LE PAPE A DU PERRON :

Estafier de ma cour papale,
Çà, dit le Pape à Du Perron,
De ceste mittre episcopale
Dés à present je te fais don.
Que si ta faconde imposture
Peult accroistre nostre trouppeau,
En foi de pape je te jure
De changer ta mittre en chappeau.

Qu'on a reduit en ce distique latin :

Infula, Perro, tibi datur hæc; sed si tua nostrum
Impostura gregem suppleverit, esto galerus.

Et sur ce que ledit Du Perron, prosterné aux pieds
du Pape, receust quelques coups de houssine de lui,
pour penitence (ainsi qu'on disoit) de l'heresie du Roy
son maistre, furent semés par lesdits huguenos les vers
suivans :

D'un si leger baston ne doit estre battu
Le Perron à vos pieds laschement abattu :
Sa coulpe vers son Roy est par trop criminelle.
Si la verge de fer que Christ tient en sa main
Vous tenés en la vostre, ô vicaire rommain,
Rompez lui tout d'un coup les reins et la cervelle.

Que l'on a tourné en latin de ceste façon :

Quid tenui hos humeros cædis, Romane, bacillo?
In tanto hoc nimium est crimine pœna levis.
Si et tibi, quæ Christi est, communis ferrea virga,
Debueras sacrum hoc comminuisse caput.

Estant de retour de Romme, il apporta à Paris des
indulgences singulieres qu'il fist imprimer en une feuille

de papier chés M. Patisson, desquelles les plus grands
catholiques se moquoient. Elles portoient ce tiltre :

*Indulgences octroiées par nostre saint pere le pape
Clement VIII aux chapelets, grains, croisettes,
rosaires, croix, crucifix, medailles et images be-
nistes, à l'instance de R. P. en Dieu messire Jacques Davi, evesque d'Evreux, conseiller du Roy
en ses conseils d'Estat et privé, et son premier
ausmonnier.*

Les grains benits sont seulement pour le roiaume
de France.

Aprés cela, afin de tenir promesse au Pape, et qu'il
lui tinst la sienne, il se mist à escrire contre ceux de la
religion, et fist un livre de la vocation contre leurs ministres; auquel on respondit, et Tilenus entre autres.
Il fut aussi piqué au vif du suivant quatrain, par quelque esprit remuant.

> Cellui qui hautement caquette,
> Blasmant nostre vocation,
> Parloit plus bas sur la sellette
> Lorsqu'il eut l'abolition.

Le mecredi 28 de ce mois, M. Marteau, sieur de
Gland, mon beau frere, avocat en la cour, un des
beaux esprits du siecle, et des plus doctes, mourust à
Paris de la maladie, en la fleur de son aage.

Ma femme grosse, avec toute ma famille, en fust
preservée par une singuliere grace de Dieu.

L'advocat de Rochefort, qui demeuroit avec ledit
de Gland et un sien frere, avec madame leur mere,
bien qu'aagée de prés de quatre vingts ans, moururent

à Paris en ce mois de ladite maladie; et furent enveloppés en ceste contagion plus de vingt ou vingt-cinq personnes, tous frappés de ceste maison, qui y avoit esté apportée par un laquais revenant des champs, sans qu'on s'en doutast aucunement, pour ce qu'à Paris on ne parloit à l'heure que bien peu ou point du tout de la peste, et n'y en avoit que quatre malades dans l'hostel Dieu.

[OCTOBRE.] Le mecredi 12 octobre, furent apportées les nouvelles à Paris de la prise de Cambrai, unique triomphe d'un fils de France, rendu au duc de Fuentes le dimanche 9 de ce mois, qui en receust autant d'honneur que fist Balagny de deshonneur et de honte. Aussi en mourust sa femme de desplaisir, sans vouloir recevoir aucun remede ne consolation, mesmement de la part de son mari, auquel reprochant sa lascheté, elle dit, estant au lit de la mort, que s'il eust eu seulement la moictié du cœur de sa femme, il n'eust surveseu une telle perte; et qu'aprés une si grande escorne il ne lui estoit possible de vivre.

Le Roy ayant eu nouvelles à Lion que ceste place estoit pressée, partist aussitost en poste pour la secourir; mais il trouva besongne faite à son arrivée en Picardie: ce qui le fascha, et troubla les feux de joie de son absolution. Joint que toute la Provence estoit en mesme temps troublée par les armes du duc d'Esparnon, contre lequel y eust un manifeste publié par la noblesse de Provence, qui fust imprimé en ce temps à Paris.

Le mardi 15, le Roy estant à Amiens, fist publier une police militaire pour le soulagement des pauvres

laboureurs , qui en avoient bon besoin ; mais son execution fust en papier.

Quand Sa Majesté arriva à Amiens, se trouvant las
et harassé de la grande traite qu'il avoit fait pensant secourir Cambrai , pour le congratuler de sa bien venuë
on vinst lui faire une harangue : et celui qui portoit la
parole commença par les eloges et tiltres d'honneur
qu'on a accoustumé de donner aux rois, disant : « Roy
« tresbening, tresgrand et tresclement... — Dites aussi,
« lui va dire le Roy, et treslas. »

Quelque temps au paravant, ung autre s'estant presenté à Sa Majesté sur l'heure de son disner, comme
il eust commencé sa harangue par ces mots : « Agesi-
« laus, roi de Lacedemone, sire ; » le Roy ayant douté
que ceste harangue fust un peu longue , en l'interrompant lui dit : « Ventre saint gris, j'ai bien oui parler
« de cet Agesilaus là ; mais il avoit disné, et je n'ai pas
« disné , moi. »

Il renvoya aussi plaisamment un deputé de Bretagne
qui estoit long en sa harangue, et continuoit tousjours
(encores que le Roy lui eust dit par deux fois qu'il
abregeast); car s'estant levé, le laissant là, lui dit :
« Vous direz donc le reste à maistre Guillaume. »

En ce mesme temps le comte de Gourdon(¹), qui estoit
bossu, demanda au Roy l'investiture de tous les gouvernemens de M. d'Esparnon. Auquel le Roy fist une
response de moquerie, mais fort à propos, à sçavoir
qu'il se devoit contenter du haut de chausses ; et que
le pourpoint ne lui eust pas esté bon, pour ce qu'il
estoit bossu.

(¹) *Le comte de Gourdon :* Louis de Gourdon de Genouillac, premier
du nom , comte de Vaillac , et gouverneur de Bordeaux.

Le dimanche 23 octobre, mourust à Nesle en Picardie monseigneur le duc de Nevers (1), prince regrettable pour sa valeur, sagesse et bon conseil.

[NOVEMBRE.] Le 21 novembre, le duc de Monmorenci, pair et mareschal de France, fist le serment à la cour de l'estat de connestable.

Maistre Antoine Arnauld fut son advocat, qu'on disoit l'avoir louangé à la façon des advocats du Palais.

En ce mois, le Roy assembla dans Amiens les Estats de la Picardie, du comté de Boulongne, du Vermandois et de Tierasche, pour aviser aux affaires de ceste pauvre province extremement affligée. Il pourveust aussi à la Bretagne, qu'on disoit s'en aller espagnole; et commença d'assieger et bloquer La Fere.

Il perdit en ce mesme mois le mareschal d'Aumont (2), seingneur tresvalureux, et fidele serviteur de Sa Majesté; en la place duquel il mist M. de Lavardin (3), sa nourriture, et l'envoya en Bretagne, province qui avoit bien affaire de bons capitaines tels qu'estoit le sieur de Lavardin.

[DECEMBRE.] Le 6 de decembre, feste de Saint Nico-

---

(1) *Le duc de Nevers :* C'étoit un prince, dit d'Aubigné, qui dans sa jeunesse emporta le prix aux exercices de son siècle; depuis, bon capitaine et bon conseiller, meilleur Français que les Français mêmes, et ferme dans ses délibérations. On a de lui des Mémoires et Discours d'Etat en deux volumes in-folio. — (2) *Le mareschal d'Aumont :* Jean d'Aumont, comté de Châteauroux, baron d'Estrabonne, l'un des grands capitaines de son temps. — (3) *M. de Lavardin :* Jean de Beaumanoir, marquis de Lavardin, étoit fils de Charles de Beaumanoir, qui fut tué à la Saint-Barthelemy.

las, on fist procession generale à Paris, pour remercier Dieu de l'absolution donnée au Roy par le Pape; et en furent faits et commandés par tout feux de joye.

Sur la fin de ce mois et an 1595, furent quelques capitaines executés à mort dans Amiens, pour les pertes des places royales : ce qui ne pouvoit estre sans trahison. Mais la pitié de ce temps estoit que les gros, qui estoient cause du mal, rompoient les toiles : tellement qu'il n'i avoit que les petits qui y demeurassent.

Le Roy, suivant la promesse qu'il en avoit fait au Pape, retira prés de lui, sur la fin de ceste année, Henri de Bourbon, prince de Condé (1), premier prince du sang, aagé de sept ans, pour le faire nourrir et instruire en la religion catholique, apostolique et rommaine; et pour ce le fist amener de Poictou au chasteau de Saint Germain en Laye, où il lui bailla pour gouverneur M. le marquis de Pizani, seingneur autant sage et accompli qu'il y en eust en France, grand catholique, et homme de bien; et pour precepteur M. Lefevre (2), homme de rare probité et doctrine, vrai catholique de profession et d'effect.

En ce temps mesme, et sur la fin de l'année, un ministre de Madame, nommé Pierre Victor Cayer (3), abjura la religion et quitta le ministere, pour se faire prebstre catholique rommain; brouilla force cayers de papier contre les ministres ses compagnons, qui l'ac-

---

(1) *Prince de Condé* : Henri de Bourbon, deuxième du nom, né le premier septembre 1588, six mois après la mort du prince de Condé son père. — (2) *M. Lefevre* : Nicolas Lefèvre étoit fort savant dans les langues orientales et dans les belles-lettres. — (3) *Pierre Victor Cayer* : Voyez la Notice qui précède les Mémoires de Cayet, tome 38 de la première série.

cusqient d'avoir commencé sa conversion par le bordeau : car ils produisoient un livre qu'il avoit fait pour la permission et tolerance desdits bordeaux; dont fust fait le suivant quatrain :

Cayer se voulant faire prebstre,
A monstré qu'il a bon cerveau :
Car il veult, avant que de l'estre,
Faire restablir le bordeau.

Et un autre sur ce que ledit Cayer, qui se vantoit de convertir tout le monde, n'avoit peu venir à bout de convertir un valet qu'il avoit; et disoit ainsi :

Victor Cayer, fils de Caillette,
Cousin germain de Triboullet,
A bien sceu tourner sa jaquette,
Mais non convertir son vallet.

Madame lui donna son congé, sous le bon plaisir du Roy, qui aprouva si peu sa revolte qu'il demanda à Madame que c'est qu'elle en vouloit faire, et pourquoi elle ne le chassoit de sa maison? A quoi lui ayant respondu que le seul respect de Sa Majesté l'en avoit empeschée, craingnant qu'il en fust marri : « Non, non, « dist le Roy; tout au contraire. Il y a long temps que « je congnois Cayer : il ne m'a point trompé d'avoir « fait ce qu'il a fait. »

Estant hors du logis de Madame, il brouilla plus que devant, pour monstrer qu'à bonne et juste cause il avoit abjuré sa profession et religion, qu'il appeloit *heresie*, contre laquelle il escrivist. Ceux de la religion lui respondirent fort et ferme : mais tout se passa en paroles et sornettes d'une part et d'autre, sans aucun fruict ni edification.

Un seul Viliers Hottoman (sans y mettre son nom)

fist imprimer à Paris un petit advis, de demie-feuille sur un point de la lettre de Cayer, par laquelle il mettoit en avant des moyens d'une reunion qui ne pouvoient estre blasmés d'une part ne d'autre, comme je l'ai oui confesser à tous les deux; et toutefois par opiniastreté, l'un par despit de l'autre (comme on dit) le rejetterent et desavouerent. En quoi il faut reconnoistre le doigt de Dieu.

[JANVIER 1596.] Le jeudi 4 janvier, mourut à Paris d'une hidropisie M. Houlier [1], conseiller en la cour des aydes, un des plus doctes hommes, et des meilleurs de ce siecle.

Ce jour mesme mourut à Paris, en la rue de la Poterie, la veufve Molevaut, qu'on appeloit le Soleil de la Cité, pendant qu'elle y demeuroit; à laquelle aagée de prés de cinquante ans, à peine en eust l'on donné trente, tant elle estoit encores belle et fraische. Ce neantmoins fust emportée et fanie, et ce beau soleil esteint en moins de huict jours d'une fievre continue, pestilente et pourprée. Ainsi triomphe enfin la mort de l'amour.

Le samedi 6, jour des Rois, s'esleva à Paris un bruict de l'emprisonnement de M. le chancelier : lequel, tout faux qu'il estoit, ne laissa de passer pour vrai entre beaucoup, à cause de l'asseurance que les menteurs lui donnoient; et aussi qu'on le desiroit, pour estre cest homme assés mal voulu du peuple. Tellement que sur ceste nouvelle on fist ce jour à Paris un chancelier, aussi bien qu'un roi de la febve.

Le vendredi 19, fut roué un Hespagnol en la place

[1] *M. Houlier :* Il étoit fils de Jacques Houlier, célèbre médecin.

de Greve à Paris, atteint et convaincu d'avoir voulu
tuer dom Perés, secretaire du roy d'Espagne, qui dés
long temps suivoit la cour : estant bien venu prés Sa
Majesté, pour lui avoir descouvert plusieurs conseils et
menées du roy d'Espagne son maistre contre sa personne et son Estat.

Lors qu'on lui donna la gehenne, on lui trouva cent
doublons cousus en un coing de ses chausses : dont il
y eust procés entre M. Rappin et le bourreau à qui les
auroit, soustenans l'un et l'autre que ledit argent leur
appartenoit.

Ce jour, fut fait le service, dans l'abbaye Saint Germain des Prés lés Paris, de madamoiselle de Bourbon,
decedée à Paris sur la fin de l'an passé 1595, et enterrée vis à vis du grand autel de l'eglise de ladite abbaye.
Elle estoit aagée de vingt deux ans, deux mois, tant
de jours; bonne princesse, mais d'un corps imparfait
et mal composé, ayant au reste (comme beaucoup de
sa race) peu d'esprit et beaucoup de cœur. Ses heritiers furent mesdames de Guise (1) et de Nevers (2),
ausquelles on disoit que ceste riche succession aide-
roit bien, principalement à la derniere, pour essuyer
les larmes de la mort de son mari.

Le dimanche 21, mourust à Paris le medecin Ro-
chon, d'une hargne qu'il ne voulut jamais permettre
qu'on lui ostast. On disoit qu'il mouroit regretté de

(1) *De Guise :* Catherine de Clèves, comtesse d'Eu, qui avoit épousé
en premières noces Antoine de Croï, prince de Porcien, lequel étant
mort, elle épousa Henri de Lorraine, premier du nom, duc de
Guise. — (2) *De Nevers :* Henriette, duchesse de Clèves, duchesse de
Nevers et de Rethel, femme de Louis de Gonzague, prince de Mantoue, duc de Nevers, gouverneur de Champagne, etc.

tous les bons ligueus de Paris, qui estoient hargneux comme lui.

La nuict de ce jour, mourust à Paris la presidente Tevin, à laquelle Dieu l'ostant de ce monde fist un grand bien, maugré qu'elle en eust.

Le lundi 22, l'arrivée de la marquise de Mousseaux à Paris auctoriza le faux bruict qui y couroit depuis quinze jours, de la mort du duc d'Esparnon : car elle le dit tout haut, fust à dessein ou autrement Mais au bout de huict jours il ressuscita : tellement qu'on ne parloit à Paris que du duc d'Esparnon mort, qui venoit en bonne santé baiser les mains à Sa Majesté.

Le mardi 23, advinst à la cour, qui estoit en Picardie, un notable accident en la personne du Roy, laquelle Dieu preserva miraculeusement ceste fois comme toutes les autres. Car Sa Majesté estant allée visiter sur le soir Madame, sa seur, qui estoit dans son lit malade : aprés qu'il eust commandé que chacun eust à sortir, s'estant mis à la ruelle de son lit pour lui parler, voilà le plancher de la chambre qui vinst à s'esbouler et fondre : de façon qu'il ne demeura rien d'entier que la place du lit de Madame, sur lequel, pour se garantir, fust contraint le Roy de se jetter, tenant son petit Cæsar entre ses bras. Aussi tost que cest accident fut divulgué, qui estoit comme un petit miracle, chacun y apporta son allegorie et interpretation.

Ceux de la religion l'allegorizerent pour eux, et dirent que le lit de Madame estoit leur religion, qui demeuroit tousjours debout au milieu des ruines; et que le Roy l'ayant quittée seroit contraint d'y revenir pour se sauver, comme aussi il n'avoit trouvé autre

moyen pour se garantir que de se jetter sur ce lit. Laquelle allegorie un seingneur de la cour fist entendre
au Roy, qui en rid et y pensa possible tout ensemble.

Le mecredi 24, le petit prince qui estoit à Saint
Germain en Laye, de l'exprés commandement de Sa
Majesté alla à la messe ; et fut changée sa religion, et
instruit en la catholique par messire Pierre de Gondi,
cardinal evesque de Paris, qui le catechisa selon que son
aage le pouvoit porter. Et pour ce que le desastre du
plancher fondu à la cour estoit arrivé le jour de devant,
cela donna subject aux curieux de nouvelles allegories.

Ce jour, mourust à Paris en sa maison, contigue de
la mienne, M. Hennequin, sieur de Bermainville,
ayant à peine atteint l'aage de trente ans. Lequel aiant
un esprit perdu d'oisiveté et de superstition, à la sua-
sion de quelques nouveaux justiciaires de ce temps, qui
lui conseilloient des jusnes, et autres œuvres de maceration ausquelles ils n'eussent pas voulu possible toucher du bout du doigt, se laissa mourir de faim et de
froid auprés de six ou sept mille livres de rente dont
il jouissoit fort à son aise (chose rare en ce temps) :
tellement que ce pauvre jeune homme, bon d'ailleurs
et grand ausmonnier, n'eust autre mal que celui qu'il
se fist à soimesmes.

Le mardi 30, M. Hottoman, avocat en la cour,
mourust à Paris en sa maison, pulmonique, en la fleur
de son aage : personnage regrettable, tant pour la probité que pour la doctrine rare qui estoit en lui. M. de
Viliers Hottoman, son nepveu, bien que de la religion,
l'assista jusques à la fin, et le consola à la mode de
ceux de la religion ; ausquels, encore que son oncle
fust contraire, si monstra il jusques à la fin avoir à

plaisir ce qu'il lui disoit. Estant mort, son nepveu conduisist le corps jusques à la porte de l'eglise seulement.

Le mecredi 31 et dernier du mois, le duc de Maienne, accompagné de six gentilshommes seulement, vinst trouver le Roy à Mousseaux, pour baiser les mains à Sa Majesté. Madame la marquise fist l'honneur de la maison : car elle le fust attendre à la porte du chasteau, où, aprés l'avoir receu avec toutes les caresses et bon visage qu'il estoit possible, le conduisist elle mesmes, et le mena par la main jusques dans la chambre du Roy, où Sa Majesté, assise sous son dais, attendoit le dit duc.

Le duc de Maienne donc entrant dans la chambre fist trois grandes reverences ; et à la troisiesme, comme il eust mis le genouil en terre pour baiser les pieds de Sa Majesté, le Roy s'avançant avec un visage fort gay, le releva et l'embrassa, lui disant ces mots : « Mon cou-« sin, est-ce vous ? ou si c'est un songe que je voy ? » A quoi le duc de Maienne ayant respondu avec grandes soubmissions et reverences, le Roy lui dit lors cinq ou six paroles qu'on disoit n'y avoir eu que ledit duc qui les eust entendues. Puis l'ayant proumené deux ou trois tours par la chambre, le mena en son cabinet, où ils furent quelque temps ensemble. Aprés ils vinrent soupper, et souppa le Roy en une table à part, ayant la marquise à son costé. Le duc de Maienne estoit en une autre table joignante celle du Roy, qui estoit à potence, qu'on appeloit la table des gentilshommes : ayant prés de lui assise madamoiselle Diane d'Estrées, seur de madame la marquise. Ainsi les deux seurs firent ce jour l'honneur de la feste : et beut le Roy au duc de Maienne, que les courtisans appeloient son beau frere.

Voilà comme on passoit le temps à la cour, où, si on n'estoit gueres sage, on l'estoit aussi peu à Paris, encores qu'on eust plus d'occasion d'y pleurer que d'y rire : car la constitution du temps, maligne, toute contraire à la saison, à sçavoir tellement chaude et humide qu'on y cueilloit en ce mois de janvier les violettes de mars, causoit d'estranges maladies, avec attente de pis, comme il parust bientost aprés. Puis la cherté de toutes choses, et celle du pain principalement, dont le pauvre peuple ne mangeoit pas à moictié son saoul, achevoit le demeurant.

Processions de pauvres se voioient par les rues, en telle abondance qu'on n'y pouvoit passer : lesquels crioient à la faim, pendant que les maisons des riches regorgeoient de banquets et superfluités. Chose abominable devant la face de Dieu, quelque couleur que les hommes y donnassent, qui, au lieu d'appaiser l'ire de Dieu, la provoquoient de plus en plus par leurs excés et dissolutions : car ce pendant qu'on apportoit à tas de tous les costés dans l'hostel Dieu les pauvres membres de Jesuschrist, si seqs et attenués qu'ils n'y estoient plus tost entrés qu'ils ne rendissent l'esprit, on dansoit à Paris, on y mommoit; les festins et banquets s'y faisoient à quarante-cinq escus le plat, avec les collations magnifiques à trois services, où les dragées, confitures seches et mascepans estoient si peu espargnés, que les dames et damoiselles estoient contraintes s'en descharger sur les pages et les laquais, auxquels on les bailloit tous entiers.

Quant aux habillemens, bagues et pierreries, la superfluité y estoit telle qu'elle s'estendoit jusques au bout de leurs souliers et patins : qui fut occasion de faire dire tout haut, à un seingneur de la cour qui s'estoit trouvé en une de ces collations, que c'estoit à Paris qu'il faloit demander de l'argent, et qu'il le diroit au Roy; et quand il les contraindroit de lui en bailler, qu'il ne leur feroit point de tort, pour ce que s'ils en trouvoient bien pour fournir à leurs excés et superfluités, à plus forte raison et meilleure en devoient ils trouver pour soulager la necessité de leur prince.

[FEBVRIER.] Le jeudi premier de ce mois, un petit maistre des requestes bossu, nommé Dubrueil, estant entré en la chambre du Roy, qui se proumenoit avec M. le grand, s'adressa à Sa Majesté, pour la supplier bien humblement que son bon plaisir fust que de là en avant les maistres des requestes peussent rapporter les requestes de ses finances, comme ils faisoient toutes les autres. Auquel le Roy, empesché ailleurs, fit response en ces termes : « Mon petit maistre des requestes, mon « ami, nous y avons donné ordre. Mais retirés vous « pour ceste heure, et sortés. » Ce que ledit Dubrueil ne fist, ains se retira seulement en un coing de la chambre; lequel le Roy ayant avisé, lui dit comme en colere ces mots : « Mon petit maistre des requestes « bossu, tortu, contrefait, je vous avois commandé de « sortir, et vous voilà. J'ay fait une ordonnance que vous « sortirés tous, et que M. le chancelier vous emmenera, « et vous le premier : car je n'en veux plus voir auprés « de moy d'autres que ceux qui porteront ceste espée « (mettant la main sur l'espée de M. le grand.) » Voilà comme une importunité precipitée reçoit souvent une grande escorne.

Ce jour, l'avocat du Roy Seguier harangua longuement et doctement sur les defenses d'aller à Rome (1), levées par Sa Majesté à cause de son absolution; et s'estendist fort sur les louanges du Roy, mais encore plus, disoit on, sur celles du Pape.

Le vendredi 2, mourust à Paris M. Veau, conseiller en la cour, en reputation d'un juge docte et incorruptible.

Le mecredi 7, mourust à Paris de la petite verole madamoiselle Thiersaut, femme de M. Thiersaut, conseiller en la cour des aydes, aagée de vingt-deux ans seulement.

Le vendredi 9, mourust à Paris M. Grasseteau, procureur en la cour.

Le samedi 10, ung des maistres de l'hostel Dieu de Paris dit à mon gendre que, depuis le premier janvier jusques à ce jour, il estoit mort dans ledit hostel Dieu quatre cens seize personnes, la plus part de faim et necessité.

Le dimanche 11, le Roy estant à Follembray, M. de Maienne fist present à Sa Majesté d'un fort beau cheval, estimé à plus de mille escus, sur lequel il fist monter M. le grand; et en remerciant ledit duc lui dit tout haut qu'il prioit Dieu que le cheval lui peust durer aussi long temps comme il lui souhaitoit bonne vie et longue.

Le jeudi 15, M. Dampville fist le serment à la cour

(1) *Defenses d'aller à Rome :* Pendant les troubles de la Ligue, le parlement de Tours avoit défendu, par arrêt du premier avril 1594, d'avoir recours à Rome pour l'expédition des bénéfices. On devoit s'adresser aux archevêques ou évêques; et sur leur refus, au parlement. Mais après sa réconciliation avec le Saint-Siége, le Roi manda à son parlement de lever ces défenses.

d'admiral de France, où M. le prince de Conti (1) l'accompagna, avec force noblesse. Maistre Antoine Arnaud fut son avocat, qui lui donna des louanges inaudites.

Le vendredi 16, un advocat d'Angers, nommé Jean Guedon, fust pendu en la place de Greve à Paris, et son corps redigé en cendres, accusé d'estre parti exprés d'Angers pour tuer le Roy. Il avoit esté pris, il y avoit environ un an, comme il passoit par Chartres.

Le samedi 17, mourust à Paris madamoiselle de La Tillaie, et ce mesme jour le jeune Molevault, aagé de dix-neuf à vingt ans : comme aussi un procureur nommé Le Comte, demeurant prés Saint Nicolas du Chardronnet, par desespoir d'un procés qu'il avoit perdu se precipita dans son puis, et finist ainsi sa miserable vie.

Fust marié le mesme jour à Paris le seingneur de Balagny, jadis prince et gouverneur de Cambrai, avec madamoiselle Diane d'Estrées, seur de madame la marquise de Mousseaux. Fut le festin magnifique fait le lendemain en l'hostel d'Estrées.

On tenoit ce mariage d'autant plus authentique, qu'il avoit esté prophetizé par Nostra Damus, dans les centuries duquel on le trouva compris en ces quatre vers :

En l'Occident de cité reconquise,
Il sortira un enfant de l'Eglise ;
Femme mourra : et, par bien grand'escorne,
Jointe on verra la lune au capricorne.

De ce mariage, que beaucoup de gens trouvoient

(1) *Le prince de Conti :* François de Bourbon, prince de Conti, second fils de Louis de Bourbon, prince de Condé.

estrange, les mesdisans de la cour disoient que quand un homme avoit gaingné la corde, il n'avoit point un plus beau moyen de s'en racheter que d'aller prendre une p..... en plein bordeau.

Le lundi 19, mourust à Paris en sa maison Blaise Viginaire(1), aagé de soixante quinze ans, d'une maladie fort estrange : car il lui sortist un chancre du corps qui lui gangna de telle façon la bouche, que non obstant tous les remedes des medecins et chirurgiens il demeura suffoqué, faute de respiration. Il estoit homme tresdocte, mais vicieux.

On eust ce jour nouvelles à Paris de la mort de M. de L'Aubespine, evesque d'Orleans, homme de paix, et bon serviteur du Roy.

Le jeudi dernier de ce mois, fust enterré à Paris Louvet, clerc du greffe de la chambre des comptes, qui le mardi precedent, jour de caresme prenant, avoit encore fait fort bonne chere.

Le Roy en ce mois fust contraint, pour avoir de l'argent, de restablir les intendans de ses finances qu'il avoit cassés le mois de devant, ayant dit à un d'entre eux, nommé des Barreaux, que lui ni ses compagnons n'avoient dent en la bouche qui ne lui coustast dix mille escus.

La ville de La Fere, aussi assiegée en ce mois, qui estoit de grande despense au Roy, encores que tous les jours elle fust noiée par nouveaux discours, se faisoit sentir mauvaise beste : entre autres le baron de Terme en fust mordu à la jambe bien serré; l'armée du Roy

(1) *Blaise Viginaire* : secrétaire du duc de Nevers. Il s'acquit beaucoup de réputation par sa traduction des Commentaires de César, de Tite-Live, etc.

affligée de grandes maladies et necessités : Dieu faisant
sa guerre aussi bien que les hommes, contre lesquels il
se monstroit courroucé en beaucoup de sortes.

En ce mois mesme, et sur la fin d'icelui, survinst à
la cour une querelle (d'enfans, comme on dit, et pour
le jeu) entre le fils de M. de Maienne, qu'on appeloit
Emmanuel Monsieur, et le fils de M. de Saint Luc,
tous deux de pareil aage, à sçavoir de treize à quatorze
ans au plus, et l'un et l'autre de grande esperance, principalement le petit Saint Luc, lequel ayant esté poussé
un peu rudement contre une muraille par le fils de
M. du Mayne, s'en sentant offensé, lui demanda si ce
qu'il en avoit fait avoit esté par jeu, ou pour le braver?
Auquel l'autre ayant respondu qu'il le prist comme il
le voudroit, et s'il ne le reconnoissoit point : « Oui, dit
« Saint Luc, je vous reconnois pour le fils du duc de
« Maienne; mais aussi veux je bien que vous me recon-
« noissiez pour le fils de Saint Luc, gentilhomme qui a
« tousjours fait service à son prince, et n'a jamais levé
« les armes contre son Roy. » Sur quoi la noblesse commença à faire le hola; et le Roy estant adverti des paroles qu'avoit dit Saint Luc (combien qu'à l'avanture
il ne les trouvast si mauvaises qu'il en faisoit le semblant), si le tansa il fort, lui disant qu'il le mande-
soit à son pere, et l'en feroit chastier, disant tout
haut qu'il ne vouloit point ouir tenir tels langages à sa
cour.

[MARS.] Le vendredi premier de mars, fust brulée
à Paris une femme vis-à-vis de Saint Nicolas des
Champs, pour avoir tué et desfait de ses deux mains
deux de ses enfans, y ayant esté induitte, ainsi qu'elle

disoit, par la faim, n'aiant de quoi leur donner à manger.

Le samedi 2, fut chanté à Paris le *Te Deum* de la reduction de la ville de Marseille en l'obeissance du Roy, sous la conduite et par la vaillance du duc de Guise, qui en cela fist un service signalé au Roy. Car si Sa Majesté eust fait perte de ceste place, l'Espagnol devant trois ans se fust rendu maistre de la Provence et du Languedoc.

Le lundi 4, furent comptés dans le cimetiere Saint Innocent, à Paris, sept mille sept cens soixante-neuf pauvres.

Le mardi 5, furent, par sentence de M. Lugoli, executez à mort à Paris deux coquins de ruffiens qui avoient donné neuf coups de cousteau à un palefrenier du prince de Conti.

Le vendredi 8, fust pendu en la place de Greve à Paris un nommé La Ramée, jeune homme aagé de vingt-trois à vingt-quatre ans, qui se disoit fils naturel du roy Charles IX, et en ceste qualité avoit esté à Reims demander l'onction pour estre sacré roy; laquelle la justice du lieu avoit trouvé bon de changer à la corde, de laquelle il s'estoit rendu appelant à Paris. Je le vis à La Chapelle : il se disoit natif de Paris, mais avoir esté nourri secretement en la maison d'un gentilhomme en Bretagne, à trois lieues de Nantes. Et à voir sa façon, n'y avoit celui qui ne le jugeast, comme moi, yssu de bon lieu : car il avoit mesme quelque chose de majesté escrit au visage. Mais à ses propos paroissoit un transport d'esprit qui l'envoia à la mort, lequel en un autre temps eust esté chastié d'un confinement en quelque moinerie, qui sembloit estre assés de peine à ce pauvre fol, n'eust esté que les royautés de la Ligue estoient encore toutes fraisches. Ce qui fut cause qu'on vid ce jour à Paris un fils de France à la Greve.

Quand il fust pris, on lui trouva une escharpe rouge dans sa pochette, sur laquelle le president Riant l'ayant interrogé, dit que c'estoit pour monstrer qu'il estoit bon et franc catholique, et ennemi juré des huguenos, desquels il en tueroit autant qu'il pourroit, et les poursuivroit à feu et à sang. Sur quoi M. le president lui ayant demandé en quelle auctorité et de quelle puissance il pretendoit faire ceste execution, lui respondit qu'il la feroit comme fils du roy Charles son pere, qui avoit commencé la Saint Berthelemy, laquelle il acheveroit, si jamais Dieu lui faisoit la grace de rentrer en possession de son roiaume qu'on lui avoit volé. Avec plusieurs autres sots propos qu'il tinst, et entre autres de certaines revelations qu'il avoit eûes par un ange, dont il produist quelques tesmoins, qui s'en desdirent et en firent amande honorable.

Il estoit chargé, outre tout cela, d'avoir voulu attenter à la personne du Roy, qui estoit la pire folie de toutes, et digne du dernier supplice.

Quand Sa Majesté eust entendu ceste histoire, elle se prist à rire, et dist qu'il y venoit trop tard, et qu'il se falloit haster pendant qu'il estoit à Dieppe.

Le samedi 16, le nombre des pauvres se trouvant accreu à Paris des deux tiers, y en estant entré de six à sept mille le jour de devant, on fist une assemblée en la salle Saint Loys, où aprés plusieurs difficultez fut resolu au double de la taxe qui en avoit esté faite sur les habitans.

11.

Le vendredi 29, ung nommé Rommiers avec sa femme moururent à Paris, à vingt-quatre heures l'un de l'autre. Et sans le secours des gens de bien, et de ceux mesmes ausquels ils avoient fait beaucoup de mal pendant la Ligue, de laquelle ils estoient des plus avant pour devenir riches, fussent mors miserablement de faim sur le fumier. En quoi il nous faut reconnoistre le doigt de Dieu.

Le Roy en ce mois establist à Soissons un bureau de recepte generale de ses finances, et y crea un balliage provincial et siege presidial.

Plusieurs personnes à Paris moururent en ce mois de rougeoles, veroles et pleuresies. Alienations d'esprit et desespoirs saisissoient hommes et femmes, qui, estans tourmentés du malin esprit, crioient qu'ils estoient damnés; dont chacun disoit que Dieu estoit courroucé, mais personne ne s'amandoit.

Madame Bragelonne aagée de soixante quinze ans, et madame L'Escuyer aagée de soixante et onze, toutes deux femmes sages et vertueuses, moururent sur la fin de ce mois à Paris. Elles estoient des amies de ma mere, et la derniere estoit de son aage : ce que la bonne femme apprehenda comme une assignation pour partir, qui advinst trois mois aprés.

[AVRIL.] Le mecredi saint 10 d'avril, fust mis en terre M. le lieutenant civil Seguier, à la mort duquel tout Paris et le public perdit beaucoup : car c'estoit un treshomme de bien, et bon serviteur du Roy.

Le lundi 21, arriverent à Paris les piteuses nouvelles de la prise de Calais par le cardinal d'Austriche; lequel estant sorti de Bruxelles avec le bruit d'aller au

secours de La Fere, prinst Calais par le mesme stra-
tagesme que le duc de Guise l'avoit pris sur les Anglois, et delà assiegea Ardres, l'emporta, et se rendit
l'effroi de toute la Picardie.

Deux jours aprés on sema un bruict à Paris de la
reprise de Calais, puis de la citadelle, dans laquelle on
disoit qu'il estoit entré trois cens hommes de secours,
lequel faux bruict M. le chancelier auctorisa fort pour
rasseurer le peuple, qu'on voiioit estonné. Mais en fin
la prise de l'un et l'autre ayant esté divulguée entre
le peuple, mesme que le secours qu'on pensoit faire
entrer dans la citadelle avoit esté taillé en pieces par
le cardinal d'Austriche à la veue du Roy, le peuple,
qui de soi est un animal testu, inconstant et volage,
autant de bien qu'il avoit dit de son Roy au paravant,
commença à en dire du mal, prenant occasion sur ce
qu'il s'amusoit un peu beaucoup à madame la marquize.
Dont fut semé le suivant quatrain, avec un distique
latin sur le mesme subject :

> Ce grand Henri, qui souloit estre
> L'effroi de l'Espagnol hautain,
> Maintenant fuit devant un prestre,
> Et suit le c... d'une p......

> *Te Mars evexit, Venus opprimit. O scelus ! ensis*
> *Cuspide quod partum est, cuspide penis abit.*

Le vendredi 26 de ce mois, M. Miron presenta ses
lettres de l'estat de lieutenant civil à la cour, auquel
le Roy l'avoit nommé de son propre instinct et mouvement, disant que son pere l'avoit esté, et qu'il vouloit que le fils le fust. Il y avoit trois principaux cou-
tendans à cest estat, qui a tousjours esté estimé un des

plus beaux et des plus lucratifs de Paris : à sçavoir Mangot, conseiller en la cour; Fortia, aussi conseiller en ladite cour; et Chevalier, mari de la Videville, maistre des requestes, qui en furent refusés plaisamment de Sa Majesté : car elle dit qu'on lui avoit presenté trois hommes pour estre lieutenans civils de sa ville de Paris, dont l'un n'avoit point de barbe, l'autre estoit un juif, et le tiers vouloit faire proufiter l'argent de la vieille. Et parlant de M. Miron, dit à M. de Villeroy qu'il le connoissoit fidele à son service, point avaricieux, et qui en cest estat derobberoit moins que les autres.

Ce jour, fut fait commandement à son de trompe et cri publiq, à tous pauvres estrangers mendians, de sortir la ville de Paris; et ce, à cause de la contagion respandue en divers endroits. Ce qui estoit plus aisé à publier qu'executer : car la multitude en estoit telle, et la misere si grande, qu'on ne sçavoit quelle piece on y devoit coudre. Non obstant laquelle, et les menaces de Dieu de tous les costés, le luxe et la bombance ne cessoient de continuer à Paris, tant que la femme d'un simple procureur fist faire une robbe en ce mois, de laquelle la façon revenoit à cent francs.

Toutefois comme Dieu s'en reserve tousjours quelques uns et quelques unes qui ont sa crainte, sans lesquelles je crois que tout le reste abismeroit, j'escrirai ici une charité singuliere (comme tesmoing d'icelle) d'une fille d'une des bonnes maisons de Paris; laquelle ayant esté en ce temps accordée, et son accordé lui ayant donné, comme on a de coustume, cinquante escus dans une bourse pour employer en ses menues negoces et affiquets, au lieu de les y employer les donna aux pauvres, et les distribua tous cinquante elle mesme de sa main, là où elle vid la necessité.

M. de Venan, maistre des comptes, estant tumbé malade en ce mois, comme se vid deploré et abandonné des medecins, fist son testament, par lequel il legua aux pauvres quatre mille escus, disant n'avoir sa conscience chargée de rien tant que de ne leur avoir pas assés donné. Et comme Dieu permist, releva de ladite maladie contre l'opinion de tous les medecins, qui faisoient leur aoust en avril, confessans qu'ils ne connoissoient rien ou bien peu aux maladies, et qu'il y avoit en icelle je ne sçai quoi de Θεῖον, comme l'appelle Fernel.

Par le rapport des maistres et gouverneurs de l'hostel Dieu, il mourust en ce mois dans l'hostel Dieu de Paris six cens tant de personnes.

Madame la duchesse d'Uzés, à laquelle on donnoit quatre-vingts et seize ans, mourust en ce mois à Sens en Bourgongne de disette et necessité, au milieu de ses grands biens, duchez et principautés : exemple notable du jugement de Dieu sur la vie impudique et lascive de ceste dame.

En ce mois d'avril, le jour du vendredi oré, à huict heures du soir, madame de Montholon, veufve de feu M. de Montholon, garde des sceaux de France, mon oncle, mourust à Paris tout soudain, ayant à peine achevé de manger un œuf qu'on lui fist prendre par force ; et ce, sans peine aucune ou apprehension de la mort, laquelle elle avoit apprehendée et crainte tout le long de sa vie : Dieu la voulant recompenser de sa bonté et charité singuliere.

[MAY.] Le vendredi 3 may, mourust à Paris un

nommé Boulanger, procureur en chastelet, qui ne fust malade que deux jours de ces fievres chaudes et pestilentes qui regnoient. Mourust aussi en ce mesme jour M. de Tiersanville, advocat en parlement, attenué d'une longue maladie qu'on disoit estre la sorcellerie d'une chambriere, ou plus tost la volonté de Dieu, qui dispose de nous comme il lui plaist.

Le samedi 4, furent enterrées dix sept personnes dans l'eglise Saint Eustace à Paris, desquelles y avoit sept jeunes femmes et dix jeunes hommes, la mort estant sur les jeunes ; et en demeura encore cinq à enterrer, les prestres ne pouvans fournir à enterrer les morts, encores que les corps commençassent à sentir.

Le lundi 6, mourust à une heure aprés minuict madame de Montpensier en sa maison de la rue des Bourdonnois à Paris, d'un grand flux de sang qui lui couloit de tous les endroits de son corps : qui estoit une mort fort rapportante à sa vie, aussi bien que le grand tonnerre et tempeste qui fist ceste nuict aux tempestueuses humeurs de son esprit malin, brouillon et tempestueux. Par lesquelles elle fust cause, au dire mesme de ceux de la Ligue, de la mort de ses deux freres, pour s'estre vantés tout haut de faire donner un jour au feu Roi la couronne de saint Gregoire.

Quand elle fust morte, on la mist en son lit de parade, où beaucoup de gens de bien souhaitoient de la voir il y avoit long temps ; et se trouva un gentilhomme qui, aprés l'avoir baisé morte, dit tout haut qu'il y avoit long temps qu'il avoit envie de lui donner ce baiser-là. Comme aussi une damoiselle voyant autour du corps des augustins, dit qu'il y falloit des jacobins, et non pas des augustins.

Ce jour, mourust à Paris mon cousin Descharcon, jeune conseiller aagé de vingt-cinq ans, qui estoit de grande esperance, tant pour la dexterité de son esprit que pour sa doctrine ; et mourust de ces fievres pestilentes qui regnoient, accompagnées de resveries.

Le sieur Raimondi, italien, fust enterré ce jour aux Augustins ; et le sire Isembourg, marchant demeurant prés du Palais, mourust à Paris le mesme jour, fort regretté d'un chacun pour ses vertus et preud'hommie.

Le dimanche 12, M. de Montaut, fils unique, de M. Lefebvre le medecin, aagé de vingt-sept ans seulement, mourust à Paris le vingtiesme jour de sa maladie, qui estoit une fievre pestilente de la saison ; et fut regretté de ceux qui l'avoient congneu, pour sa singuliere bonté et vertu.

Ce jour, vinrent les nouvelles à Paris de la mort de madame de Villeroy à Villeroy ; laquelle avant que mourir souffrist beaucoup de tourmens en son corps, et de grandes douleurs, lesquelles tous les gens de bien souhaitoient lui pouvoir servir au salut de son ame. Ceste dame estoit douée d'un bel esprit, lequel elle employoit aux exercices ordinaires de la cour.

Le jeudi 16, fust enterrée à Paris la veuve de M. de Fontenay, grand maistre des eaux et forests, damoiselle reduitte en si grande necessité pour avoir parlé aux responses de son mari, qu'elle estoit contrainte, avec une charge de quatre petits enfans, d'aller mandier son vivre et son pain.

Le samedi 18, le prevost Oudineau (1), qui estoit au

(1) *Le prevost Oudineau* : Il avoit été un des principaux des Seize, et s'étoit réfugié en Flandre après la réduction de Paris. Il avoit été prevôt de l'hôtel, et un des favoris du duc de Mayenne, sans lequel il

duc de Maienne et de ses favoris, ayant esté mandé à la cour sur l'assassinat du feu Roy, dont il estoit chargé, fut baillé en garde au sortir à l'huissier Hebert; et deux jours aprés, de l'ordonnance de ladite cour, envoié prisonnier à la Conciergerie, de laquelle la faveur du duc de Maienne son maistre le tira, et non son innocence.

Le mecredi 22, mourust à Pontoise, en la maison de M. de Villeroy, le doien de Saint Germain de l'Auxerrois, d'une mort si subite qu'il ne fust malade que trois heures. Il n'avoit que trente-un ans, et venoit de baptiser un Turq. Homme regrettable pour son integrité.

Ce jour, on me dit la mort d'un jeune gentilhomme nommé Moridon, qui avoit espousé la sœur de feu ma femme, decedé d'une pestilente fiévre en sa maison des champs.

Le jeudi 23, mourust l'abbesse Saint Antoine des Champs, en sa maison de Saint Antoine. Elle n'avoit que vingt-sept ans, et fut regrettée de beaucoup de bonnes compagnies de Paris, principalement des joyeuses, avec lesquelles elle s'accommodoit fort.

Le vendredi 24, fust chanté le *Te Deum* à Paris de la reddition de La Fere.

Le samedi 25, fut mis sur la roue en la place de Greve à Paris un nommé Du Chesne, pour le meurtre par lui commis il y avoit vingt ans en la personne de feu M. Scoreol, conseiller en la cour. Il fut jugé par la chambre de l'edit, comme estant de la religion, en laquelle il mourust : encores que pour l'en divertir on lui eust fait venir dés le matin six docteurs, et baillé un prestre dans la charette, qui fut contraint de resserrer sa croix à la fin, et la bailler au charetier, qui la mist avec d'autres pieces dans un saq que les bourreaux portent ordinairement à l'arson de leur cheval.

Le mardi 28, mourust, en son logis des fauxbourgs Saint Germain des Prés à Paris, madamoiselle la chauffecire La Planche, aagée de quarante-cinq ans, femme craingnant Dieu, humble et debonnaire, à laquelle Nostre Seingneur donna une fin heureuse et paisible, conforme à sa vie.

Le mecredi 29, mourust à Paris la presidente Dorsé, aagée de soixante-sept ans, à laquelle son confesseur ne voulust donner l'absolution, pour n'avoir jamais voulu pardonner aux enfans de feu son mari, encore qu'ils fussent venus vers elle lui demander pardon fort humblement. Qui estoit la mort d'une infidelle, et non d'une chrestienne.

Le jeudi 30, fust mis en terre à Paris un jeune financier nommé Bourlon, fils du sire Bourlon, drappier, qui estoit un nouveau marié : lequel s'estoit si bien eschauffé le mardi de devant à danser la volte, qu'en vingt-quatre heures il en mourust, sans qu'on lui peust jamais donner remede.

Le vendredi dernier may, mourust à Paris, en la force et fleur de son aage, le vicomte d'Aubeterre (1), jeune gentilhomme fort dispost et gaillard, emporté en peu de jours de ces fievres pestilentes et pourprées qui regnoient, où les medecins, par leur confession mesme, ne congnoissoient rien. Car mesme les simples fievres tierces et les flux de ventre se tournoient en pourpre, et ceux qui en reschappoient alloient (comme on dit)

(1) *Le vicomte d'Aubeterre* : Jacques Esparbès.

jusques au tiquet, et les gangrennes leur survenoient, principalement aux parties de derriere et aux fesses, desquelles il leur falloit couper de grands morceaux : ce qui les sauvoit. Les jeunes et les forts y demeuroient plus tost que les vieux et les foibles, comme nous en eusmes un exemple prés de nous d'un fourbisseur qui estoit le plus fort homme de Paris, et demeuroit au coing de la rue Pouppée, lequel en la fleur de son aage en fust troussé en moins de quatre jours. La mauvaise maladie y regnoit aussi, et en moururent entre autres madame Renusson et le fils de M. Desjardins, conseiller.

La constitution du temps estoit vaine, maussade et pluvieuse : car on eust ceste année l'esté en avril, l'automne en may, et l'hiver en juin.

En ce mois mourust à Paris la chevaliere du guet, femme de plaisir, et regrettée beaucoup de celles de ceste profession.

Le Roy en ce mois octroya ses lettres patentes pour tenir les grands jours en sa ville de Lyon.

Le dernier de ce mois, à cinq heures du matin, fust enterrée la presidente Dorsé sans aucune pompe ne cerimonie, selon la disposition et ordonnance de sa derniere volonté, par laquelle il sembloit, veu sa fin peu chrestienne, avoir voulu en ce dernier acte chercher encore la gloire du monde, sous pretexte de la fuir.

[JUIN.] Le mardi 4, M. Rapin (1) prist prisonniers sur un nommé Pajot, qui tenoit un cabaret en la rue de la Huchette, quatre mattois qui en beuvant disoient des injures du Roy; dont il y en eust un qui dit que

_____

(1) *M. Rapin* : Nicolas Rapin, prevôt de la connétablie.

si on eust peu s'asseurer de la porte Saint Martin, qu'on eust fait un beau coup pour les catholiques.

Le mecredi 12, mourust à Paris la presidente Chandon, d'une inflammation de poulmon.

Le vendredi 14, mourust à Paris M. Salé, procureur en parlement, d'un grand cathairre qui le suffoqua en deux jours. Il estoit homme de bien, et de mes amis.

Le vendredi 21, à huict heures du soir, mourust en sa maison à Paris madame Cotton ma bonne mere, aagée de soixante et unze ans, femme vertueuse, et la mere des pauvres.

Deux des Monthelons la suivirent, à sçavoir le petit fils unique de l'avocat de Monthelon son nepveu, qui mourust de peste en sa maison; et le docteur Monthelon son pere, qui mourust de la mesme maladie et en mesme temps à Aubervilliers. Ainsi en moins de trois mois Dieu en retira à soi quatre du nom des Monthelons.

Par le rapport fait ce jour à la police, il y avoit cent dix malades de la contagion dans l'hostel Dieu de Paris.

L'avocat Boullart en mourust en vingt quatre heures au fauxbourg Saint Germain, avec plusieurs autres.

M. de Malissi, gouverneur de La Capelle; M. Blanchet, conseiller en la cour, homme de bien, et regretté comme tel de tous les gens de bien; le sire Hebert, marchant demeurant devant le Palais, grand ligueur, mourut en ce mois de ces fievres chaudes et pestilentes qui regnoient à Paris.

Le medecin Liebaud, homme docte, mourust sur une pierre où il fust contraint de s'asseoir, en la rue Gervais Laurent à Paris.

Madamoiselle de Guise fust malade en ce mois à

Paris; mais elle n'en mourust pas, pour ce que ce n'estoit (ainsi qu'on disoit) qu'une maladie provenante du poulet. Sur lequel furent divulguez ces vers à la cour et à Paris :

> La honte fut ta maladie ;
> Tu fus malade du poullet,
> Qui fist reconnoistre ta vie
> Et le jeu de ton cœur follet.
>
> Ta honte fit que la mort blesme,
> Voyant ton impudicité,
> Te jugea estre la mort mesme
> De l'honneur et de chasteté.
>
> Princesse, tu es assés morte :
> Tu ne dois plus craindre la mort.
> Celles qui vivent de ta sorte
> Meurent assés sans son effort.

[JUILLET.] Le lundi 15, mourust à Paris, pulmonique et en la fleur de son aage, maistre Savinian de Bellemaniere, chauffecire de France, et mon commis : sa femme, aagée de quatre vingts ans, l'ayant survescu, à son grand regret.

Le mecredi 17, le septier de bled-froument fust vendu trente francs dans les halles de Paris; et le samedi suivant, à cause du beau temps, ramanda de deux escus dix sols.

Le jeudi 18, mourust à Paris de la contagion mademoiselle Seure, fille du president Chandon, jeune damoiselle qui estoit, ainsi qu'on disoit, de facile accés et composition.

Le dimanche 21, sur les six heures du soir, fist son entrée à Paris M. le cardinal de Florence Alexandre de Medicis, envoyé du Pape en France pour legat, auquel on fist l'honneur qu'il meritoit : car il ne vinst jamais un meilleur legat en France, ni plus paisible que cestui là.

En ceste cerimonie le petit prince fust porté; et en tumba ce jour à Paris tout plain de malades de la contagion.

Le vendredi auparavant, le Roy estoit allé au devant de lui, et y avoit mené le duc de Maienne, disant qu'il avoit aussi grand besoing que lui d'une bonne absolution.

On comptoit jusques à vingt quatre ou vingt cinq lieues que le Roy avoit fait ce jour, et fait faire au duc de Maienne, qui se plaingnoit fort de tels exercices, dont on dit qu'il se revencha sur les bouteilles : car estant à Paris, il beust si bien à la santé du Roy avec messieurs d'Esparnon, Chomberg et Sanssi, qu'il les fallut remporter tout saouls.

Trois cens cinq malades de la contagion furent comptés en ce mois dans l'hostel Dieu de Paris.

Plusieurs bonnes maisons de la ville en furent infectées : car elle tumboit sur les plus gros. En la paroisse Saint Nicolas, à la porte Montmartre, à la Croix des Petits Champs, faux bourgs Saint Denys, Saint Honoré et Saint Martin, où à cause de la pauvreté et saleté où s'entretient le petit peuple, mal nourri et comme entassé l'un sur l'autre, ceste maladie avoit accoustumé de racler tout, y en avoit fort peu. Mesmement dans tout le faux bourg Saint Marceau ne s'en remarquoit que trois ou quatre maisons; le faux bourg Saint Germain en estant beaucoup plus infecté, encores qu'il fust sans comparaison plus aeré et moins serré. Ce qui est digne de remarque.

Le vendredi 26, furent faites defenses à son de trompe et cri publiq, à toutes revenderesses, de revendre ou porter hardes aucunes par la ville, sur peine de confiscation desdites hardes, de l'amande et du fouet.

[AOUST.] Le samedi 3, fust fait le service, dans l'eglise des Augustins à Paris, de feu M. de Roissi, decedé deux ou trois jours auparavant en sa maison d'une longue maladie, qui estoit plus d'esprit que de corps; et fust enterré sans aucune pompe ne cerimonie, à cause de la contagion qui regnoit.

Ce jour, l'avocat du Roy Servin fist cadenasser le cimetiere Saint André, pour ce que sa maison en estoit contigue.

Le dimanche 4, mourust à Paris de la maladie la mere du sire Le Comte, aagée de quatre vingts ans. Elle avoit une peste et deux charbons.

Le mardi 6, mourust la fille de M. de Chermois, conseiller, d'une mort soudaine et inopinée.

Le jeudi 8, mourust à Paris madamoiselle de Maumarcas, dame d'honneur de madame de Nemoux, et de la maladie : qui donna l'effroi à madame de Nemoux, qui l'estoit allé voir, ne pensant pas que ce fust la peste.

Le vendredi 23, mourust de la maladie en la rue des Vignes, où il avoit esté transporté, Pierre de La Rue, tailleur demeurant au bout du pont Saint Michel, jadis un des gouverneurs de la ville de Paris pendant la Ligue; et mourust furieux et hors de son esprit, criant les chats d'Hespagne. Regretté de tous les bons yvrongnes et vauneans comme lui, et en ayant trompé beaucoup,

s'attendoient de le voir pendre, et non pas mourir
dans son lict.

Chenet et Du Loir, appelé vulgairement le grand
Guillaume, avec un nommé La Rocque, clerc des sergens de Paris, lui firent compagnie, et moururent
tous quatre à huict jours prés l'un de l'autre, comme
compagnons d'armes et massacre, mesme de la Saint
Berthelemi, de laquelle ils estoient des principaux
bourreaux. Aussi finirent ils leurs jours pauvrement et
miserablement.

En ce mesme temps advinst à Paris une mort estrange,
d'un nommé Bocquet (¹), autrefois eschevin de Paris,
qui par desespoir d'ung procés qu'il avoit perdu (encores qu'il lui restast assés d'autre bien pour vivre sans
cela, et trop) se couppa la gorge lui mesme dans son
cabinet. On le tenoit pour homme d'esprit, mais de
tresmauvaise conscience; laquelle lui fist en fin son
procés, si que servant de tesmoing et de juge à ce miserable fust aussi son bourreau, pour executer le juste
jugement de Dieu sur sa personne. Ce qui nous doit
apprendre d'adorer en toute humilité la justice de
Dieu, et n'abuser jamais, s'il est possible, de sa longue
attente et misericorde. Ses enfans avoient fait porter
le corps à Saint Innocent, et courir le bruict qu'il
estoit mort de la maladie. Mais il fust deterré, le fait
aiant esté descouvert.

En ce mois, la maladie se respandist aux villages
d'alentour de Paris : ce qui deschargea la ville, où
elle continuoit tousjours, mais avec moindre furie et
danger. Tellement que sur la fin du mois beaucoup en

(¹) *D'un nommé Bocquet :* Simon Bocquet avoit été élu échevin de
Paris en 1570.

guairirent, et entre les autres de qualité madamoiselle Hottoman et la presidente Cirier.

Deux cens sortirent de l'hostel Dieu guairis (ce qu'on n'avoit point veu): mais leur coulant encores la maladie, en infecterent tout plain, par la mauvaise police de Paris, qui les laissoit sortir sans estre tout à fait guairis.

Une autre sorte de maladie dangereuse pour beaucoup regnoit en ce temps à Paris, qui estoit une volerie comme publique, principalement des maisons laissées : car on n'oiioit parler d'autre chose toutes les nuits que de maisons volées.

En ce mois, ung maistre des requestes breton, nommé La Graie, de mes anciens amis et compagnons d'estude, mourust à Paris d'une fievre chaude et pestilente.

[SEPTEMBRE.] Le mardi 3 septembre, le temps s'estant tourné au midi, survinst un grand tonnerre la nuict, qui renouvella fort la maladie à Paris, où on disoit qu'il en estoit tumbé tout à coup jusques à cinq cens de malades.

Les mariniers et basteliers disoient qu'ils avoient veu ceste nuict au ciel des impressions effroyables, et entre autres choses des bieres sur lesquelles on portoit des corps morts. Mais on se les figure telles qu'on veult, principalement sur l'eau.

Ils contoient aussi qu'ils avoient veu une estoille plus grande que les autres, qui s'estoit fendue en trois; et qu'à l'instant le tonnerre estoit survenu.

Le vendredi 6, mourust de la maladie le prieur des Augustins, dans son couvent des Augustins à Paris.

Le mesme jour, mourust de ladite maladie dans les Augustins nostre maistre Du Bourg, un des plus anciens de cest ordre, et qui estoit aussi peu superstitieus qu'ignorant. Ce qu'il monstra à la mort : car il defendist expressement toutes prieres et services pour son ame aprés sa mort, disant qu'ils ne servoient de rien.

Huict jours au paravant estoit decedé de ladite maladie dans le mesme couvent frere Laurens, augustin, auquel on trouva quatre cens escus, encore que ce fust un bon moine, sans reproche, et des moins vicieux de ceste maison.

Le samedi 7, mourust à Paris de la maladie Hachette, bonnetier, demeurant sur le pont Saint Michel. On l'appelloit l'espion des Seize pendant la Ligue, de laquelle il estoit autant hay comme il estoit aimé de tous les bons serviteurs du Roy.

Le lundi 9, furent pendus en la Greve à Paris deux de ces voleurs de maisons ; et en furent pris six autres par Rappin, ausquels tous six on trouva la fleur de lis.

Ce jour, fust pendu à Meaux un Italien, pensionnaire du cardinal d'Austriche à vingt cinq escus par mois (comme il confessa lui mesme), prattiqué pour tuer le Roy avec un arbaleste de nouvelle façon. Sa Majesté voulust parler à lui, et lui demanda si c'estoit pas lui qui une fois à la Franche-Comté lui avoit tenu l'estrier pour monter à cheval ? Ce qu'ayant recongneu, le Roy lui demanda de rechef s'il ne lui souvenoit point des moyens qu'il lui avoit voulu donner pour prendre un fort dont son conseil n'avoit pas esté d'avis ? Ce qu'il confessa. Et alors le Roy se retournant vers ceux qui l'environnoient, leur dit : « Je vous dirai bien plus, et « croi qu'il lui en souvient bien : c'est qu'il m'y fist

« perdre six vingts chevaux que j'avois envoyés pour
« sonder le guay ; et si j'y eusse esté, comme ce coquin
« m'en avoit fait venir la volonté, indubitablement
« j'estois perdu. »

Le mardi 17, moururent de la maladie à la porte
Bussi le Thuilier et la Thuiliere ; et y en eust ce jour
huict d'enterrez au fauxbourg Saint Germain.

Le jeudi 19, le Roy disna aux Thuileries avec Mathurine (¹) ; laquelle, moyennant cinq cents escus qu'on
lui promist, fist parler au Roy (encores qu'il l'eust
tresexpressement defendu) madamoiselle de Planci,
femme du controlleur de Bés, de laquelle le mari estoit
appelant de la mort, pour avoir rompu les coffres de
son beau pere, où estoient les deniers du Roy. Ceste
damoiselle, qui estoit fort belle et honneste, estant devant le Roy s'esvanouist en lui presentant son placet,
et tumba à la renverse. Le Roy lui mesmes la releva,
et lui fist apporter du vin ; et estant touché de commi-
seration sur elle, lui accorda la grace qu'elle lui demandoit, encores qu'il l'eust refusée à de bien grands seingneurs de sa cour, lui disant seulement que son mari
regardast d'estre plus sage une autre fois.

Le dimanche 29, Du Lac, conseiller en chastelet,
mourust à Paris de la maladie, qu'on disoit qu'une
garse avec laquelle il avoit couché lui avoit donnée.

M. de Pleurs, conseiller en la cour, bon homme,
mais simple, peschant plus en son estat par ignorance
que par malice ; M. Denys, secretaire du Roy, un de
mes amis ; un maistre és ars nommé Brejon, aagé de
soixante douze ans, demeurant au college de Lizieux,
où il avoit fait vingt cinq ans la premiere, et auquel

(¹) *Mathurine* : La folle du Roi.

furent trouvés huit mille escus la plus part en or, auprés desquels ce pauvre homme se laissoit mourir de
faim ; et un nommé le capitaine La Croix, linger du
Palais, grand ligueur qui s'estoit promis de parfaire sa
maison et cheminées des fauxbourgs Saint Germain
des marbres du controlleur Dumas, moururent en ce
mois à Paris : comme aussi firent les deux plus vieux
hommes de la ville, à sçavoir le sire de Bordeaux et le
sire Le Peultre, qui eussent fourni ensemble de prés de
deux cents ans.

[OCTOBRE.] Le jeudi 10 octobre, un nommé Bou-
taut, natif de Berri, fust pendu en la place de Greve à
Paris, pour avoir tué un sergent de Blois qui lui faisoit
un exploict. Sa sentence lui aiant esté prononcée, il dit
tout haut qu'il en appeloit aux grands jours.

Le mecredi 16, le Roy fist son entrée à Rouen, où
il avoit assigné une forme d'Estats pour pourvoir à ce
qu'on lui conseilleroit pour le bien de la France.

Le lendemain de ceste entrée, fust fait par commandement du Roy, dans la grande eglise de Rouen, le
service du cardinal de Tolete, hespagnol jesuite ; auquel Sa Majesté assista, et commanda davantage qu'on
eust à lui en faire par toutes les villes de son royaume.
L'occasion de cest honneur estoit l'avis que M. d'E-
vreux avoit donné à Sa Majesté du grand devoir que
lui avoit rendu ledit cardinal à Rome pour le fait de
son absolution, à laquelle il avoit comme porté le
Pape. Il estoit mort à Romme au mois de juing dernier,
et avoit esté empoisonné, selon le bruict commun.

Le lundi 21, deux prestres, l'ung sorcier et l'autre
putier, se battirent dans l'eglise du Saint Esprit à Paris.

Le sorcier, venant de dire messe, avoit oublié sur l'autel la coiffe d'un enfant nouveau né. Le putier venant à dire la sienne sur le mesme autel, comme l'autre y fust venu pour ravoir sa coiffe, et celui qui disoit la messe ne la lui voulant rendre, commencerent, avec grand scandale de tout le peuple, de se gouspiller et tirailler l'un contre l'autre à qui l'auroit. Mais en fin le putier se trouva le plus fort : si bien que la coiffe lui demeura ; et aiant accusé cestuici de sorcellerie, le fist constituer prisonnier à l'evesché, dont il trouva moyen par amis de sortir incontinent. Et se voulant venger de son prestre, aiant sceu qu'il entretenoit une garse sur les fossés d'entre la porte Saint Martin et Saint Denis, fist si bon guet qu'il surprist le prestre et la garse ensemble, et par un commissaire fist mener l'un et l'autre en prison. La garse avoit un cotillon vert, bandé de trois bandes de veloux.

Le samedi 26, ung tailleur demeurant a Paris en la rue Saint Honoré fust pendu à la Croix du Tirouer, pour avoir tué sa femme.

En ce mois mourust en sa maison de Champagne M. Angenoust, conseiller en la grand chambre du parlement de Paris ; et aux grands jours mourust M. Le Bossu, sieur de Montion, aussi conseiller, auquel on trouva aprés sa mort six mil escus comptant, estant homme fort avare, mais bon juge. Ce qu'on avoit dit autrefois d'Angenoust ; mais on ne le disoit plus.

En ce mesme mois, un gentilhomme venu de l'armée à Paris, s'estant logé à la place Maubert, et là tumbé grievfvement malade, aprés s'estre confessé et avoir receu le sacrement, se transperça de son espée, criant qu'il estoit damné, et qu'il l'avoit receu à sa condamnation. Et en cest estat mourust vingt quatre heures aprés, avec cris et gemissemens espouvantables.

La Goupiliere, chanoine de la Sainte Chapelle, mourust en ce mois à Paris en sa maison canoniale du Palais; et le mesme jour mourust à Paris madamoiselle de Sainte More.

Grande mortalité à Amiens en ce mois, où on faisoit conte de quinze cens personnes mortes de peste en quinze jours, et de six-vingts enterrés pour un jour.

En ce mois, ceux de la religion, aidés de l'ambassadeur d'Angleterre, firent requestes au Roy pour la manutention et amplification des exercices de leur religion; et disoit on que M. le connestable avoit parlé pour eux, et que les catholiques, et principalement ceux de l'Eglise, en estant mal contens, avoient dit de lui que tout lui estoit bon, pourveu qu'il emplist ses bouges.

Florent Chrestien (1), qui avoit esté precepteur du roy treschrestien Henry IV, à present regnant, homme docte, mourust au commencement de ce mois à Vendosme.

[NOVEMBRE.] Le lundi 4 novembre, vinrent les nouvelles à Paris de la mort de M. Pithou, advocat au parlement de Paris, decedé en sa maison de Nogent

---

(1) *Florent Chrestien* : Il est appelé en latin *Quintus Septimus Florens Christianus* : *Quintus*, parce qu'il étoit né le cinquième enfant de son père; et *Septimus*, parce qu'il étoit né au septième mois de la grossesse de sa mère. Il naquit à Orléans; il s'attacha à la médecine, dans laquelle il fit de grands progrès; puis fut choisi pour être précepteur du Roi. Il a traduit Oppien, et quelques comédies d'Aristophane.

prés Provins, le premier jour de ce mois : homme de bien et tresdocte, et une des lumieres du Palais.

Le mardi 12, furent bruslés à Saint Germain en Laye deux sodomites qui avoient vilené et gasté deux pages de M. le prince.

Un apotiquaire nommé Gonnier mourust ce jour à Paris, et entre autres choses se confessa de ce qu'il n'estoit point entré de bonne rheubarbe en sa maison il y avoit plus de huict ans.

Le mardi 26, fust faite l'ouverture du parlement pauvre et pietre : car il ne s'y trouva qu'un president, qui estoit Blancmesnil, et pas un des advocas du Roy; laquelle sterilité on imputoit à la maladie qui regnoit tousjours à Paris.

En ce mois de novembre, le Roy, à l'entrée de ses Estats de Rouen, fist une fort belle harangue (1), mais brusque et courte, selon son humeur, et qu'on disoit sentir ung peu beaucoup son soldat. Il en voulust avoir

(1) *Une fort belle harangue* : « Si je voulois, dit-il, acquérir le titre « d'orateur, j'aurois appris quelque belle harangue, et la prononce- « rois avec assez de gravité; mais, messieurs, mon desir tend à des « titres bien plus glorieux, qui sont de m'appeller libérateur et restau- « rateur de cet Etat : pour à quoi parvenir je vous ai assemblés. Vous « sçavez à vos dépens, comme moi aux miens, que lorsque Dieu m'a « appellé à cette couronne j'ai trouvé la France non-seulement quasi « ruinée, mais presque perdue pour les François. Par grace divine, « par les prieres, par les bons conseils de mes serviteurs, qui ne font « profession des armes; par l'épée de ma brave et généreuse noblesse « (de laquelle je ne distingue pas mes princes, pour être notre plus « beau titre foy de gentilhomme); par mes peines et labeurs, je l'ai « sauvée de perte. Sauvons-la à cette heure de ruine : participez, mes « sujets, à cette seconde gloire avec moi, comme vous avez fait à la « premiere. Je ne vous ai point appellez, comme faisoient mes prédé- « cesseurs, pour vous faire approuver mes volontez : je vous ai fait « assembler pour recevoir vos conseils, pour les croire, pour les suivre;

l'advis de madame la marquize sa maistresse, laquelle, cachée derriere une tapisserie, l'avoit ouie tout du long. Le Roy lui en demanda donc ce qu'il lui en sembloit; auquel elle fist response que jamais elle n'avoit oui mieux dire : seulement s'estoit elle estonnée de ce qu'il avoit parlé de se mettre en tutelle. « Ventre saint gris, « lui respondit le Roy, il est vray; mais je l'entens avec « mon espée au costé. »

En ceste assemblée Langlois, prevost des marchans, chargé de parler pour le peuple, s'en estant si mal et si froidement acquitté qu'il falust que Talon l'eschevin [1] prist la parole pour lui, et parlast en son lieu (ce qu'il fist fort vertueusement). Chacun en estant esbahi, le Roy tout en gossant en donna la solution, disant que son prevost avoit la langue au talon.

En ce mesme mois courust à la cour une prediction d'un grand magicien des Pays Bas, qui disoit que le Roy devoit estre tué dans son lit sur la fin de ceste année par une conjuration des plus grands de son royaume, à laquelle on ajoustoit une histoire faite à plaisir, et à dessein d'une grande desfaite de chrestiens par le Turq : laquelle victoire estoit attribuée par tous ceux du pays à la justice que le Grand Seingneur avoit fait d'une garse qu'il entretenoit, qu'il avoit tuée de sa

« bref, pour me mettre en tutelle entre vos mains : envie qui ne prend « guéres aux rois, aux barbes grises et aux victorieux. Mais la violente « amour que j'apporte à mes sujets, l'extrême desir que j'ai d'ajouter « deux beaux titres à celui de roy, me fait trouver tout aisé et hono- « rable. Mon chancelier vous fera entendre plus amplement ma vo- « lonté. »

[1] *Talon l'eschevin :* Omer Talon, avocat au parlement, étoit échevin depuis le 16 août 1595. Homme naturellement éloquent, et qui répara le défaut de mémoire de Martin Langlois.

propre main pour contenter le peuple et ceux de sa
cour, ausquels elle estoit fort odieuse; et que depuis
tout bon heur l'avoit suivi. Lequel conte estant venu
aux oreilles du Roy, il s'en moqua, aussi bien que de
la prediction, disant que pour cela il ne lairoit de baiser
sa maistresse, comme de fait il la baisoit devant tout
le monde, et elle lui en plein conseil. Et estant accouchée en ce temps à Rouen d'une fille (1), le Roy y alloit
tous les jours, et la regardoit remuer.

[DECEMBRE.] Le jeudi 12 decembre, le Roy arriva à
Paris, et le lendemain alla à l'hostel de ville, où il
parla en roy, envoia prisonnier à Saint Germain en
Laye un bourgeois de Paris nommé Carrel, qui s'estoit
meslé de dresser quelque requeste pour les rentes de la
ville, des deniers desquels il prist huict mille escus,
menaçant de la Bastille le premier qui parleroit de se-
dition pour lesdites rentes : car il avoit esté bien adverti qu'on en avoit parlé, et que le peuple murmuroit
fort : ce qui ne se pouvoit autrement, veu qu'on dit
que la necessité apprend à crier.

Le samedi 14, y eust une garse pendue à la place
Maubert, qui avoit jetté son enfant dans les privés.
Chose assés commune à Paris.

(1) *D'une fille* : Cette fille fut appelée Catherine-Henriette. Le Roi la
légitima l'année suivante : elle fut mariée en 1619 à Charles de Lorraine, deuxième du nom, duc d'Elbœuf. Le jour de son baptême, le
Roi donna une grande fête, à laquelle furent invités les premiers seigneurs du royaume et les ambassadeurs des cours étrangères, lesquels,
conduits par M. le duc de Montpensier, assistèrent à la cérémonie du
baptême, à la vue des députés des Etats et du légat même : ce qui
donna occasion à plusieurs de blâmer cette ostentation, croyant qu'il
auroit été mieux de cacher cet enfant que de l'exposer à la vue de tout
le royaume.

Le dimanche 22 decembre, à six heures et un quart du soir, le pont aux Musniers de Paris tumba, qui entraina avec soi une grande ruine de maisons, biens et hommes. Huit vingts personnes y perirent.

Ung marchand demeurant sur le pont au Change, nommé Le Laurier, qui avec sa femme grosse estoit allé souper sur un nommé Thomas qui paiioit sa tarte, y perist avec tout son train.

La veufve des Loges, linger et porteur de sel, un des insignes massacreurs de la Saint Berthelemi, et qui le jour de la Toussaints 1589 avoit jetté de dessus ces ponts un pauvre Anglois dans l'eau, y mourust submergée avec tout son bien, son train et ses enfans.

Et a-l'on remarqué que la pluspart de ceux qui perirent en ce deluge estoient tous gens riches et aisés, mais enrichis d'usures et pillages de la Saint Berthelemi et de la Ligue.

Sur quoi, sans nous arrester à l'accessoire, sçavoir au mauvais gouvernement tout notoire et meschante police de la ville de Paris, nous faut regarder au doigt de Dieu, qui est la cause principale : lequel en ce malheur nous a voulu proposer un exemple de sa justice, qui s'execute tost ou tard sur les rebelles et refractaires à ses saints commandemens et à sa parole.

Le lundi 23 de ce mois, mourust à Paris M. Anroux, conseiller en la grand'chambre, homme de bien et pacifique, et bon serviteur du Roy. Moururent aussi en mesme temps M. Chevalier, conseiller en la cinquiesme, et le president Perrot. Le seingneur de Potrincourt de ligueur devinst turq, et prist le turban.

Le Roy, sur la fin de ceste année, affligé de la fievre quarte, la guairist, contre l'avis de tous ses medecins,

par manger force huistres à l'escaillè, et boire de l'hippocras.

[JANVIER 1597.] Le samedi 4 janvier, ung tapissier
de Paris demeurant rue du Temple, en une des maisons de Maschaut, fust pendu en la place de Greve à
Paris, et son corps reduit en cendres, pour avoir le
jour de Noël, au retour de la messe de minuict, dit
qu'il vouloit qu'on lui fist une piramide, mais non
comme à Chastel qui avoit failli son coup, car il ne
faudroit pas le sien ; aussi pour avoir voulu marchander à un coustilier de Paris un cousteau pour tuer le
Roy. Il confessa à la mort d'avoir dit ces paroles : mais
que le diable et le vin les lui avoient fait dire.

Une petite fille qu'il avoit disoit le matin que son
pere seroit pendu l'aprés disnée ; mais qu'elle ne s'en
soucioit pas, pour ce qu'aussi bien ne la faisoit il que
battre ; et que sa mere n'en pleureroit gueres, pour ce
que tous les jours il la faisoit toute noire des coups
qu'il lui donnoit.

Ce jour, un pauvre fol, maistre és arts à Paris, fust
mené par le recteur à M. le lieutenant civil, pour ce
qu'il crioit par les rues et disoit par tout qu'il estoit
le fils de Charles de Bourbon, qui avoit eu affaire à
la Royne mere estant encores fille, dont il avoit esté
engendré ; et qu'il avoit esté nourri dans un puis, de
la mamelle gauche de la vierge Marie.

Le vendredi 17, fust amené prisonnier à la conciergerie du Palais à Paris un cordelier qui avoit presché
en plaine chaire, dans Beaune en Gastinois, que le
Roy estoit un vrai excommunié, et qu'il n'estoit en la
puissance de tous les papes de l'absoudre.

Le samedi 18, on fist rapport à la cour de deux
cens sept malades de la contagion dans l'hostel-Dieu
de Paris; et que le cancer se mettoit aux plaies des
malades, par l'indisposition de l'air, qui estoit vain et
humide.

Le mardi 21 de ce mois, mourust à Paris M. Riant,
seingneur de Villeray, president en la cour, homme
d'esprit et de sçavoir, et auquel Dieu donna une heureuse fin.

[FEBVRIER.] Le lundi 10 febvrier, le duc de Nemoux et le comte d'Auvergne furent à la foire, où ils
commirent dix mille insolences. Un avocat de Paris y
perdist son chappeau, et si fust bien battu par un des
gens du comte d'Auvergne.

Le jeudi 13, le Roy arriva à Paris, souppa et coucha sur Zamet, et le vendredi envoya dire aux marchans de la foire qu'ils n'eussent à destaler, pour ce
qu'il y vouloit aller le lendemain : comme il fist, et
disna chés Gondi avec madame la marquize, à laquelle
il voulust donner sa foire d'une bague de huict cens
escus, qu'il marchanda pour elle sur le Portugais; mais
il ne l'acheta pas, et se contenta de la donner au petit
Cæsar d'un drageoir d'argent mathematicien où estoient gravés les douze signes du ciel, que lui vendist
un marchand jouailier nommé Du Carnoi. Il marchanda tout plain d'autres besongnes à la foire. Mais
de ce qu'on lui faisoit vingt escus, il en offroit six; et
ne gangnerent gueres les marchans à sa veue.

Le dimanche gras 16 de ce mois, le Roy disna et
souppa sur M. de Sanssi, où on commença la penitence
du jubilé, qui fut publié ce jour au dimanche 2 mars;

et disoit l'on que le Roi l'avoit poursuivi envers Sa
Sainteté.

Le mardi 18, jour de quaresme prenant, on trouva
le placard suivant, semé au Louvre et aux environs.

LES DIX COMMANDEMENS, AU ROY.

Hæretique point ne seras, de fait ni de consentement;
Tous tes pecchez confesseras au Saint Pere devotement;
Les eglises honoreras, les restituant entierement;
Les benefices ne donneras qu'aux gens d'Eglise seulement;
Ta bonne seur convertiras par ton exemple doucement;
Tous les ministres chasseras, et huguenos pareillement;
La femme d'autrui tu rendras, que tu retiens injustement,
Et la tienne tu reprendras, si tu veux vivre saintement;
Justice à un chacun feras, si tu veux vivre longuement;
Grace ou pardon ne donneras contre la mort iniquement.
En ce faisant, te garderas du cousteau de frere Clement.

Le dimanche 23, qui estoit le premier du quaresme,
le Roy fist une masquarade de sorciers, et alla voir les
compagnies de Paris. Il fust sur la presidente Saint André, sur Zamet, et en tout plain d'autres lieus, aiant
tousjours la marquize à son costé, qui le demasquoit et
le baisoit par tout où il entroit. Et ainsi se passa la
nuict, estant huict heures du matin quand Sa Majesté
revinst au Louvre.

En ce mois de febvrier, M. de Silleri Bruslart fust
receu president en la cour de parlement, au lieu de
M. Le Maistre, qui lui vendist ledit estat que le Roy
lui avoit donné seize mille escus.

En ce temps le Roy fist colonnel des Suisses M. de
Sanssi; et aprés ceux de la religion tenants un sinode

à Chasteleraut, y envoia Clermont d'Amboise (1) pour
y assister et presider au nom de Sa Majesté. Dont fust
fait le suivant quatrain par le sieur d'Aubigni, duquel
la rencontre fust trouvée fort à propos.

> Est-ce pas un signe evident
> D'une subversion prochaine,
> Quand Samsi devient capitaine,
> Et que Clermont est president ?

[MARS.] Le samedi premier mars, le Roy assista à
la procession generale qui se fist solennellement à Paris
pour la celebration du jubilé au lendemain. En laquelle
procession le Roy marcha au dessus de M. le legat;
et toutefois ne fist point ledit jubilé, comme on s'attendoit qu'il deust faire, attendu qu'on disoit que c'estoit lui qui l'avoit poursuivi envers le Pape. Ce que lui
estant remontré par M. de Bourges, il lui respondit
court qu'on ne lui en parlast point davantage : car outre
ce qu'il n'y estoit pas bien preparé, il se trouvoit si las
de la procession du jour de devant, qu'il eust aimé autant qu'on l'eust condamné à aller à pied à Romme que
de faire ledit jubilé. Ce qui mescontenta fort M. le legat et beaucoup d'autres.

Ceste nuict, Madame fust fort malade, et y fust le
Roy jusques à minuict.

Le lendemain aprés disner, Sa Majesté la retourna
voir, où il trouva Vaumesnil, qui pour la desennuyer
touchoit le luth, et jouoit dessus le pseaume 78. Les
gens entrés, lors le Roy commença de chanter avec les
autres ; mais madame de Mousseaux, qui estoit prés de

(1) *Clermont d'Amboise :* Charles ou Georges Clermont d'Amboise,
baron de Bussy.

lui, l'engarda de poursuivre, et lui mettant la main sur la bouche le pria de ne plus chanter : ce qu'il fist, et se teust. De quoi indignés quelques uns de la religion, ne se peurent contenir de parler; et eschapperent à quelques uns ces paroles dites si bas qu'elles furent entendues de plusieurs : « Voyés vous ceste vilaine qui veult en- « garder le Roy de chanter les louanges de Dieu? »

Le Roy gangna ceste nuict à M. Lesdiguieres cinq mille escus à trois dés, et à Sanssi un cordon de perles estimé huict mille escus; duquel Sa Majesté se jouant, dit tout haut que c'estoit pour gangner le jubilé.

Le mecredi 5, fust fait le baptesme du fils de M. le connestable (1) aux Enfans Rouges à Paris; lequel le Roy tinst, et le legat le baptisa. Madame la marquize y estoit magnifiquement parée, et tout habillée de vert : la coiffure de laquelle le Roy s'amusoit à controller, et lui dit qu'elle n'avoit pas assés de brillans dans ses cheveux : car elle n'en avoit que douze, et on disoit qu'il lui en falloit quinze.

Le festin magnifique fust fait à l'hostel de Monmorenci, pour lequel tous les cuisiniers de Paris estoient empeschés il y avoit plus de huict jours. Il y avoit deux estourgeons de cent escus. Tous les poissons estoient fort dextrement desguisés en viande de chair, qui estoient monstres marins pour la plupart qu'on avoit fait venir exprés de tous les costés.

Du fruict, il y en avoit pour trois cens cinquante escus; et des poires de bon chrestien tant qu'on en peut recouvrir, à un escu la poire.

Ballets, masquarades, musiques de toutes sortes,

(1) *Du fils de M. le connestable :* Henri II, duc de Montmorency, fils d'Henri, premier du nom, et connétable de France.

pantalomismes, et tout ce qui peult servir d'amorce à la volupté, à laquelle on ne se laissoit aller que trop sans cela, suivirent ces beaux festins, comme volontiers aprés la pansse vient la danse, au fonds de laquelle il sembloit que nous voulussions ensevelir tous nos malheurs. Presages de l'ire de Dieu, qui parust sur nous incontinent aprés : car le mecredi 12 de ce mois, veuille de la mi-quaresme, pendant qu'on s'amusoit à rire, et à baller, arriverent les piteuses nouvelles de la surprise de la ville d'Amiens par l'Espagnol, qui avoit fait des verges de nos ballets pour nous fouetter; de laquelle nouvelle Paris, la cour, la danse et toute la feste fust fort troublée. Et mesme le Roy, duquel la constance et magnanimité ne s'esbranle aisement, estant comme estonné de ce coup, et regardant cependant à Dieu, comme il fait ordinairement plus en l'adversité qu'en la prosperité, dit tout haut ces mots : « Ce coup est du « ciel ! Ces pauvres gens, pour avoir refusé une petite « garnizon que je leur ai voulu bailler, se sont perdus. » Puis songeant un peu, dit : « C'est assés fait le roy de « France ; il est temps de faire le roy de Navarre. » Et se retournant vers sa marquize qui pleuroit, lui dit : « Ma « maistresse, il faut quitter nos armes, et monter à « cheval pour faire une autre guerre. » Comme il fist dés le jour mesme, marchant à la teste des siens et le premier, pour faire paroistre que la peur ne logeoit point en son ame, et ne pouvoit prendre pied en son cœur, lequel il monstra fort resolu en ceste adversité. Ce qui servist de beaucoup au peuple pour l'asseurer, et d'esguillon à toute sa noblesse de bien combattre, et faire ferme sous la conduite d'un si brave et genereux roy; lequel si entre les autres il eust creu le conseil du

duc de Maienne, qui longtemps au paravant lui avoit
donné advis d'aller à Amiens, et laisser là la foire Saint-
Germain et les ballets de Paris, pour ce qu'il avoit eu
advertissement de bon lieu qu'il y avoit entreprise sur
une des principales villes de Picardie, il eust facilement
peu eviter cest inconvenient. Mais Dieu, qui le vouloit humilier et resveiller, et quant et quant chastier
le peuple, qui estoit bien digne de ce fleol, et de
plus grands, ne permist que les bons conseils eussent
lieu.

Madame la marquize, fort effrayée (plus de sa conscience que d'autre chose), fust preste devant le Roy,
et partist une heure avant lui dans sa litiere, ne se sentant asseurée à Paris, ainsi qu'elle disoit, le Roy en
estant sorti.

Aprés le departement de Sa Majesté, on assembla
les chambres au parlement; aussi fist l'on l'hostel de
ville, où il y eust en tous les deux de belles propositions, et point de resolution.

Les predicateurs en leurs sermons ne parlent point
d'Amiens, mais donnent sur les huguenos, lesquels
pour tout cela ne laissent de s'assembler sur Madame,
où le presche publiq se fait, avec renfort de prieres
pour le bon voyage et prosperité du Roy.

Les ligueus se resjouissent, mais à petit bruict, pour
ce qu'on parle d'en chasser.

Les pasquils courent : entre autres, un tresvilain et
scandaleux, où personne n'estoit espargné; lequel le
connestable, auquel on le bailla en guise de requeste
comme il entroit au conseil, fist voir au Roy, avec
une philippique contre Sa Majesté, intitulée *Tableau
en platte peinture de la vie et mœurs de Henri* iv, etc.

Le pasquil contenoit quatre cent soixante quinze vers,
duquel j'ai extrait seulement les suivans. Il commençoit
ainsi :

> Marfore, mon antique ami,
> Ou vous avés tousjours dormi
> Depuis que je partis de Rome
> Pour accompagner ce bon homme,
> Ou vous estes un parfait Normant, etc.

Parlant de Du Perron, evesque d'Evreux, il dit :

> De fait, si le pape Clement
> Eust eu bon advertissement,
> Il n'eust donné la penitence
> Au fils d'un ministre de France,
> Assassin de ses creanciers.
> Au jeu de paume, les papiers
> De lui et de son jeune frere
> Sont encore chés maistre Pierre.
> Le tiers parti et ce pecché
> Lui ont donné son evesché,
> Et des rois la misericorde,
> Au lieu de l'ordre d'une corde.

Puis parlant de Des Portes, abbé de Tiron et Josa-
phat :

> Souvent suer par la verolle.
> Le ladre abbé en tient escolle
> A Josaphat, Vanne et Bonport.

Aprés, parlant de la mort du feu Roy, et du peu de
justice qu'on en fait :

> Si je cheris, si je guerdonne
> Les ligueus, qui ceste couronne
> M'ont acquise au fil du cousteau,
> Le seul coup de ce moineteau
> M'a plus accreu que dix batailles.
> Faire au deffunct des funerailles,

13.

Venger sa mort, bon jour, bon soir;
Justice n'a plus de pouvoir :
La traistre espée a pris la place.

Parlant de madame de Sourdis et de son mari

Ne suis-je pas un grand docteur?
Au moins je ne suis pas menteur,
Car madame la chanceliere
Me feroit fouetter par derriere,
Comme un page par son mari.

Et peu aprés :

Je te voue un enfant de cire,
Lucine, mere des pouppons.

Du connestable :

Mais suis né sous une planette,
Pour n'estre que marionnette.

De Biron et de Balagni :

Robin est un homme tresrare,
S'il n'estoit un peu si barbare.
Sa maistresse l'adoucira,
Et puis l'aage le meurira.
Il a fallu ce capitaine
Pour remettre tout en balaine,
Qui se perd par faute de pain
Qu'on mange au c.. d'une p....,
Par où jamais on n'eust espargne.

Du mareschal de Rets :

Que si je suis un maistre buffle,
Si je ne lorgne que du muffle,
Si je suis un archimenteur,
A l'Estat prevaricateur,
Un traistre mareschal de France,
Qui va par Espagne à Florence.

De Schomberg :

> Si je suis ivrongne allemant,
> Si portugalisé Normant.

De Forget :

> Si je suis souple comme mousse,
> Comme un hibou le nés, les yeux,
> Si je forge des Hebrieux.

De Sanssi :

> Brief, si comme ces gens ici,
> Marfore, je ne suis sans si,
> J'aurai de grandes esperances
> D'entrer au conseil des finances ;
> Que j'y sois seulement un an,
> Vous verrez, au lieu de saffran,
> L'or d'alentour de moi reluire.
> Mon maistre en deussai-je destruire,
> Mes debtes lors j'aquitterai ;
> Nouveaux palais je bastirai ;
> Je marirai ma grande fille
> A un petit manche d'estrille,
> Pour du sel quarante mil escus.
> Larron vault mieux estre que gueus.

Du Roy et de madame la marquize :

> Ha ! vous parlez de vostre Roy !
> —— Non fais, je vous jure ma foy ;
> Par Dieu j'ai l'ame trop reale.
> Je parle de Sardanapàle.
> *Con sempre star in bordello,*
> *Hercole no se fatto immortello*
> Au royaume de Conardize,
> Où pour madame la marquize
> Les grands mons sont mis à Monceaux,
> Et toute la France en morceaux,
> Pour assouvir son putanisme.

De Madame :

> Elle s'est long temps reposée
> Dans la forest d'un coffre à mort.
> S'il n'est pas vrai, l'on lui fait tort, etc.

Il y en avoit bien d'autres dans ledit pasquil, et de grands et de petits, comme ordinairement on y met tout le monde, beaucoup à tort, et d'autres qui y passent sous ce nom de mesdisance, sous laquelle s'y trouve la verité cachée.

La Grange le Roy y estoit entre autres mal accoustré, et y estoit sous le nom du roy Barberousse.

Le lundi 17 mars, furent publiées en la cour de parlement de Paris les lettres de provision du gouvernement de Guienne, octroié par le Roy à M. le prince de Condé.

Ce jour, fut executé à mort, en la place de Greve à Paris, ung pauvre miserable qui se disoit estre Jesuschrist.

Le mardi 18, courust un faux bruict à Paris de la surprise de la ville de Tours.

Depuis le 21 de ce mois de mars jusques au 15 du mois d'avril, les pleuresies furent frequentes à Paris, et mortelles, à cause du froid qu'il faisoit : l'hiver de ceste année se rencontrant au printemps.

Sur le president Nicolai, il en mourust quatre de pleuresies ; et peu après la presidente Nicolai, madamoiselle de Guippeville, et deux autres damoiselles de Paris, toutes quatre de la paroisse Saint Pol, moururent en ce mesme mois, à huict jours l'une de l'autre.

Incontinent après mourust madamoiselle de Monmagni ; Gasteau, auditeur des comptes, un de mes

amis; et Montpelier, commis de Nicolas, qui mourust
d'une apoplexie, laquelle maladie regnoit fort aussi à
Paris.

[AVRIL.] Au commencement de ce mois, les capussins, qu'on disoit estre jesuites desguizés, furent chassés de Rheims, comme complices de plusieurs factions;
et fust en peine maistre Guillaume Rose, evesque de
Senlis, pour avoir defendu à ses curés et prestres de
confesser, avec injonction de renvoyer aux capussins
ceux qui viendroient se presenter à eux pour cest
effect.

Le jeudi 10 avril, ung nommé Charpentier, fils de
feu maistre Jacques Charpentier, lecteur et medecin en
l'Université de Paris, homme estimé docte de son temps,
mais mal famé, grand massacreur, et qui à la Saint
Berthelemi avoit fait tuer ce grand personnage Ra-
mus(1), fust mis sur la roue, en la place de Greve à Paris,
avec un nommé des Loges, courier, lequel en passant
à Saumur avoit esté arresté par M. Du Plessis Mornay,
gouverneur de ladite place, et envoié au Roy avec ses
pacquets, lesquels contenoient des menées estranges
contre le Roy et son Estat. Charpentier ne parla que
generalement et peu, et mourust resolu. Son compagnon au contraire mourust fort irresolu, et parla beaucoup. Tous deux plaingnoient la misere de la France,
et de Paris nommement, où on prist quelques femmes
ligueuses prisonnieres, desquelles les maris estoient
absens, et dont ledit des Loges avoit dit qu'on se don-
nast garde; entre lesquelles estoient la commissaire

(1) *Ramus :* Pierre Ramus, qu'on appelle en français de La Ramée,
a été un des plus fameux professeurs du seizième siècle.

Bazin, et la femme d'un vendeur d'*agnus Dei* prés le
Palais, avec un moine de Saint Germain, qu'on prist
tous par soubçon; et furent peu aprés eslargis, faute
de preuves.

On eust advis ce jour comme Poictiers avoit failli
d'estre surpris; et n'oiioit l'on parler d'autre chose,
depuis les nouvelles d'Amiens, que de nouvelles conjurations et trahisons.

Le samedi 12, veuille de Pasques closes, le Roy arriva à Paris en poste sur les deux heures aprés disner.

Le samedi 19, un gentilhomme de la religion ayant
esté condamné pour volerie à estre decapité, par sentence de Rappin, estant au chastelet entre les mains
du bourreau, fist demander un ministre pour le consoler, et mourir en la religion de laquelle il estoit. Dont
Madame advertie lui envoya Montigni, qui entra au
chastelet, et parla à lui, et l'exhorta en presence de
tout le peuple; et aprés fist les prieres tout hault, ausquelles la plus part se mirent à genoux, escoutans at-
tentivement, et les autres estonnés regardant tout cela
sans en dire autre chose. Cas vraiement estrange, de
dire qu'un ministre à Paris ait osé entrer dans le chastelet pour y exhorter, et faire les prieres publiquement.

Le mardi 22, un quadranier demeurant à Paris dans
Saint Denis de la Chartre, comme il revenoit des
champs en compagnie de sa femme et d'un autre, fust
prés Saint Antoine des Champs frappé du tonnerre, et
fouldroié : tellement qu'il demeura mort sur le champ.
Sa femme, qui estoit tout contre lui, en fust quitte
pour ses chausses et pour ses souliers, qui en furent
bruslés tout net, et sa chair toute havie, sans lui faire

autre mal que la peur, de laquelle elle cuida mourir. Le troisiesme y perdit seulement son baston, que le tonnerre lui arracha des mains.

Ce pauvre quadranier, au recit de tous ses voisins, estoit un bon homme, simple et fort devotieux, ou pour mieux dire superstitieux : car on le trouva enveloppé de force *agnus Dei*, et chiffres qu'on appelle de devotion.

Le mecredi 23, messieurs de la cour, ausquels le Roy demandoit de l'argent, avec la verification de quelques edits bursaux (¹), allerent trouver Sa Majesté, qui estoit au lit. M. le premier president portoit la parole : contre lequel le Roy, pour ne condescendre à ses demandes, entra en colere jusques aux dementis. Il leur dit qu'ils feroient comme ces fols d'Amiens, qui pour lui avoir refusé deux mille escus en avoient baillé un million à l'ennemi. Que de lui il s'en iroit en Flandres se faire donner possible quelque coup de pistolle; et lors ils sçauroient à leurs despens que c'estoit que de perdre un roy.

Au premier president, qui lui dit que Dieu leur avoit baillé la justice en main, de laquelle ils lui estoient responsables, relevant ceste parole lui repartist qu'au contraire c'estoit à lui, qui estoit roy, auquel Dieu l'avoit donnée; et lui à eux. A quoi on dit que le premier president ne repliqua rien, outré comme on presupposa de despit et colere : dont il tumba malade,

(¹) *Quelques edits bursaux :* Pour la création de quelques nouveaux offices, sçavoir : quatre conseillers en chaque cour souveraine, autant de maîtres des comptes, deux trésoriers de France en chaque bureau, deux conseillers en chaque présidial, et deux élus en chaque élection; un tribunal aux trésoriers de l'épargne, etc.

et fust saingné. Ce que le Roy aiant entendu, demanda si avec le sang on lui avoit point tiré sa gloire?

En ce mois, Du Bacquet, advocat du Roy au tresor, beau pere de Charpantier, mourust à Paris, de fascherie d'avoir veu son gendre sur une roue. Et fust ledit Bacquet fort regretté des gens d'honneur, tant pour sa probité que pour sa doctrine.

Moururent aussi en ce mois à Paris Le Meneur, president des comptes, aagé seulement de trente-cinq ans; Favelles, le pere aux escus, qui estoient ses meilleurs amis; et Olier, secretaire du Roy. On disoit que ces deux fournissoient ensemble cent cinquante ans.

[MAY.] Le jeudi 8 may, arriva à Saint Germain en Laye, où estoit le Roy, M. le duc des Deux Ponts, fils aisné du duc de Lorraine, pour baiser les mains à Sa Majesté; et aussi pour le mariage de lui avec Madame, dont on parloit fort à la cour. Sa Majesté l'alla recueillir jusques à la moitié de l'allée du parc, et le mena par la main jusques en la chambre des dames, où estoit Madame, sa seur, laquelle avec le Roy et ledit duc vinst à Paris le samedi 10 de ce mois. Estant arrivée, fist prescher dés le lendemain à huis ouvert dans le Louvre, exprés pour effacer le bruit qui couroit qu'en faisant ce mariage elle changeroit aussi sa religion.

Le lundi 12 de ce mois, on envoia à huict heures du soir un billet à un conseiller de la cour, nommé Riviere, pour une opinion qu'il avoit tenue sur la verification des edits, qu'on fit trouver si mauvaise au Roy (et l'imputoit ledit Riviere au president Seguier), que Sa Majesté tout en colere commanda à Victry, ou le mectre hors de la ville, ou le mener en la Bastille. Mais en fin le Roy fust adouci, et les chambres assemblées refuserent les edits.

Le lundi 19, M. le connestable, M. le chancelier, et M. de Bourges, vinrent à la cour de parlement, ayans esté envoyés du Roy pour y publier les edits. Mais ils n'en peurent venir à bout : qui fust occasion d'y faire venir Sa Majesté en personne le mecredi 21 de ce mois (qui estoit une pauvre entrée pour la premiere, ainsi qu'on disoit). Estant là, il harangua court ; dit que l'opiniastreté de quelques uns et la longueur des autres l'avoient contraint d'y venir, pour faire publier lui-mesme et en sa presence les edits que la necessité du temps et de ses affaires avoient extorqué de lui comme à regret. De fait il les fist publier ; et en sortant, comme il eust advisé tant de jeunes conseillers, qu'il sçavoit estre ceux qui plus opiniastrement s'estoient opposez à ses edits, leur dit tout haut : « Vous « estes encore bien jeunes pour estre ici de mes con- « seillers ; aussi n'estes vous pas sages comme ces « vieux là. »

En ce mois, Sanssi abjura la religion de laquelle il avoit tousjours fait profession ; et fust sa conversion publique et solennelle, faite en la chapelle des Jesuites en la rue Saint Antoine à Paris, où M. le legat lui donna l'absolution, aprés avoir enduré dudit legat, pour penitence de son heresie, quelques coups de houssine. Et pour ce qu'il pleuroit fort (ou selon les autres en faisoit le semblant), le legat dit tout haut : « Voyez « vous ce pauvre gentilhomme qui pleure son erreur, « et a le cœur si gros qu'il ne peult parler ? » Le Roy l'aiant entendu s'en moqua, et dit qu'il ne faloit plus à Sanssi que le turban.

La chambre royale pour la recherche des tresoriers, ou plustost de l'argent qui estoit dans leurs bourses, fut establie dans ce mois. Un nommé Regnard fut serré à la Conciergerie, à l'instigation du connestable, qui avoit ses terres proches de la sienne, disant qu'il ne vouloit pas qu'un regnard mangeast des œufs si souvent prés sa terre. Le tresorier Molan, le plus grand larron de la bande, eust son abolition du chancelier pour de l'argent : ce que La Grange Courtin, maistre des requestes, qui estoit des juges de ladite chambre, homme de bien et non corrompu, remonstra fort vertueusement au chancelier, lui disant que ce n'estoit pas rendre la justice de sauver pour de l'argent les plus gros et les plus coulpables, et punir les petits; et que ce n'estoit pas tenir la balance egale.

Plusieurs souslevemens advinrent en ce mois, à cause des grandes affaires qu'on voyoit que le Roy avoit sur les bras de tous costés. Le comte d'Auvergne (1), que Sa Majesté appelloit l'Enfant prodigue, sortist de la cour mal content. Le vicomte de Tavanes, voulant remuer mesnage pour la Ligue, fut poursuivi de Victri; et ayant esté attrapé fut mis en la Bastille. Finalement le Roy leur pardonna à tous, et furent en fin de compte ses grands cousins et meilleurs amis. Sur quoi on disoit à la cour que le Roy ressembloit aux singes, qui ne faisoient chere qu'à ceux qui les battoient.

M. de Neufville, controlleur de l'audiance de Paris,

(1) *Le comte d'Auvergne :* Il quitta la cour, à la persuasion du duc de Bouillon et d'autres seigneurs de la religion prétendue réformée, qui, ne pouvant se servir des huguenots pour inquiéter le Roi, essayèrent d'y réussir par le moyen de quelques catholiques.

mourust en ce mois en sa maison en la fleur de son
aage, d'une fievre chaude; et estoit un de mes meilleurs amis.

Sur la fin de ce mois, le Roy envoya querir des
principaux de ses cours, et de ceux qu'il sçavoit estre
des plus aisés de sa ville de Paris; et leur demanda de
l'argent d'une façon qu'ils se trouverent bien empeschés de l'esconduire, encores qu'ils en eussent la volonté. Ce pendant il passoit son temps à jouer à la
paume, et estoit d'ordinaire à la Sphere, où madame
la marquize et mesdames de Sourdis et de Sagone se
trouvoient tous les jours pour le regarder jouer; se
faisoit prester de l'argent par madame de Monsseaux,
laquelle il caressoit fort, et baisoit devant tout le
monde. Et ne laissoit pour cela Sa Majesté de veiller
et donner ordre à tout ce qui estoit necessaire au siege
d'Amiens (1) pour le mois suivant; lequel estant venu,
il donna congé au jeu et à l'amour, et y marcha en
personne, faisant office de roy, de capitaine et de
soldat tout ensemble, et plantant par ses genereuses

(1) *Tout ce qui estoit necessaire au siege d'Amiens :* « Les vivres, dit
« Le Grain, n'étoient pas plus chers au camp devant Amiens, qu'en la
« ville de Paris..... On y voyoit les halles du bled, du pain; des fruits
« et herbages; des boucheries et des poissonneries; la Gréve avec ses
« magasins; du vin, du bled, avoine, bois, foin et autres provisions;
« et il n'y avoit point jusques aux cabarets, tavernes et cuisines de Pa-
« ris, qui ne fussent transportées aux tentes de l'armée, marquez de la
« même enseigne qu'ils avoient à Paris. Il y avoit un prix certain sur
« toutes les denrées, lequel prix les fournisseurs ne pouvoient exceder
« en la vente. Les apotiquaires, chirurgiens, le logis des blessez, le
« cimetiere pour les morts, les hôpitaux pour les malades, étoient si bien
« ordonnez, que rien ne manquoit à la nécessité des malades et à leur
« prompt secours, non plus qu'en pleine ville de Paris. En sorte qu'on
« disoit que c'étoit une seconde ville de Paris nouvellement bâtie de-
« vant Amiens. »

actions autant d'espouvante au cœur de ses ennemis, comme en celui des siens d'ardeur et d'emulation de bien faire à son exemple.

[JUIN.] Au commencement de ce mois, la chambre roiale, qui à peine commençoit d'estre erigée, fut aussitost supprimée pour de l'argent, à cause des guerres et affaires du Roy.

Le dimanche 15 juin, l'evesque d'Evreux, qui depuis Pasques preschoit tous les dimanches et festes dans l'eglise Saint Marri à Paris, ou plustost faisoit des leçons de l'insuffisance de l'Escriture sainte sans les traditions de l'Eglise, usa ce jour d'un argument pour le prouver, qui fust plaisamment relevé par un de la religion qui s'y trouva : car il dit qu'en tout le vieil Testament on n'i trouveroit point la resurrection. Sur quoi cestui ci repartist à un catholique qui l'avoit mené à ce beau sermon, et lui demandoit ce qu'il lui en sembloit : qu'il lui sembloit que M. d'Evreux, pour un grand evesque comme il estoit, n'avoit gueres bien estudié son breviaire ni dit ses vigiles, pour ce que dans ses leçons de Job il y eust trouvé de mot à mot la resurrection. Ce qu'aiant esté rapporté à M. d'Evreux, dit que quand il avoit parlé du vieil Testament pour le regard de ce passage, il l'avoit entendu du Penthatheuque. A quoi ceux de la religion repliquoient qu'il se devoit donc mieux expliquer. Et sur les themes de ses propositions, lui envoyerent les vers suivans, picquans et injurieux, pour ce qu'ils disoient que sa religion n'estoit que l'ambition, et qu'il preschoit ordinairement contre eux tout le contraire de ce qu'il sçavoit.

D. PERRONI S.

1. *Aut nulla aut non vera salus in codice sacro,*
   Perro, ais; et te ipso judice teste probas.
Una salus tibi purpureum sperare galerum,
   Consertum spinis tegmen ut ille daret.
Nempe salutarem hunc lituum vittamque bicornem
   Traditio, haud codex tradidit ille tibi.
Non tibi aposcopus est, vere sed episcopus ille,
   Cui sacer est cardo, non macer ordo, scopus.

2. *Qui sacra tradiderat sævis monumenta tyrannis,*
   Religio hunc Sathanæ tradere prisca solet.
Tradere quæ flammis cuperes vel radere ferro,
   Tantum atro, o Perro, rodere dente licet.
Quin ea vel Sathanæ tibi traditione liceret
   Tradere, sed Sathanas quis tibi, quisve Deus?
Crux Christi, cœnum; cœlum tibi regia Papæ;
   Hanc colis, illam horres; hæc Deus, illa Sathan.
Niteris incassum: manet æternumque manebit,
   Et Sathanæ tradet te sacer iste liber.

3. *Nil sacrum, nisi perfectum; perfecta sed esse*
   Perro negat cuncti quæ sacra scripta vocant.
Sic Vaticani vates canit, atque lupinæ
   Tarpeiæ æra vorans, venditat ille lupæ.
O vere diti sacer, et sacrandus Averno,
   Qui sacra qua fœtent, sacraque manca vocat.
Quid nisi sacra fames auri tibi, perdite Perro,
   Sacrum, cui liber hic desiit esse sacer?

En ce mois fust desfait en Bretagne par M. le mareschal de Brissac le capitaine Saint Laurens (1), lieutenant du duc de Mercœur. Ce qui rabbatist beaucoup de l'orgueil dudit duc, qui couchoit gros à ceste heure là, à cause des affaires et empeschemens que le Roy avoit de tous les costés.

(1) *Le capitaine Saint Laurens :* Jean d'Angure, appelé le capitaine Saint-Laurent, lieutenant du duc de Mercœur, fut battu trois fois par les troupes du duc de Brissac, gouverneur de Bretagne.

[JUILLET.] Le dimanche 6, mourust en sa maison à Paris M. Tronson, mon beaufrere, maistre des requestes, attenué d'une longue maladie.

Le lundi 21, arriverent nouvelles à Paris de la mort soudaine et inopinée du mareschal de Mattignon [1] à Bordeaux; lequel estant à table et faisant bonne chere, rendit l'esprit sur la table mesme où il disnoit, s'estant seulement appuyé la teste contre ladite table. Jugement de Dieu qu'il nous faut adorer.

En ce mois, M. de Lesdiguieres desfit heureusement les trouppes du duc de Savoie; et le chevalier Du Pescher estant en garnison à Guise, desfit les garnisons de Cambrai. Nouvelles que le Roy eust fort agreables, et qui le rafraischirent un peu de ses sueurs et veilles continuelles qu'il souffroit devant sa ville d'Amiens, au siege de laquelle on lui tuoit tous les jours de ses meilleurs capitaines et soldats, encores qu'il n'y oubliast rien pour se faire reconnoistre à son ennemi ce qu'il estoit.

En ce mois de juillet, le Roy acheta la duché de Beaufort à madame la marquize de Monsseaux sa maistresse, et de marquize la fist duchesse : qui fust le jeudi 10 de ce mois de juillet. Depuis lequel jour on l'appella la duchesse de Beaufort, que les autres appelloient la duchesse d'Ordure.

Il fist aussi pair de France son petit Cæsar.

Au mesme temps le Roy ayant fait colonnel des Suisses le sieur de Sanssi, et nommé pour president en l'assemblée qui se faisoit de ceux de la religion à Chas-

---

(1) *De Mattignon :* Jacques Goyon, deuxième du nom, seigneur de Matignon, comte de Torigny, prince de Mortagne.

telleraud M. de Clermont d'Amboise ; le seingneur
d'Aubigni , gentilhomme docte , et un des plus beaux
esprits de ce siecle , composa sur ceste metamorphose
le quatrain suivant, qui fust divulgué à la cour et
partout :

> N'estre pas un signe evident
> D'une subversion prochaine ,
> Quand Sanssi devient capitaine ,
> Et que Clermont est president?

[AOUST.] En ce mois d'aoust s'assemblerent à Paris
jusques à cinquante ou soixante femmes de celles qu'on
appelloit devotes, qui couroient par la ville, et se
plaingnoient des presches qu'on faisoit au logis de
Madame , disans que tous les maux que nous avions
en procedoient. Elles furent sur M. le procureur general , puis s'en vinrent au parquet des gens du Roy
au Palais, qui les renvoyerent à M. de Paris, leur
evesque. Aprés cela se transporterent au logis de M. le
premier president, auquel elles firent leurs plaintes, et
lui une response fort à propos : car il leur dit qu'elles
lui envoyassent leurs maris, à fin de leur faire commandement de les tenir enfermées dans leurs maisons,
et qu'elles ne courussent plus les rues comme elles faisoient. Une des principales de ceste bande estoit la
femme du medecin Martin. Entre autres griefs , elles
alleguoient qu'on avoit donné l'aumonne de chair publiquement à la porte de Madame le jour de la Nostre
Dame, qui estoit un vendredi. On les disoit suscitées
par quelques ecclesiastiques, mal contens de ceste liberté de presches que faisoit faire Madame.

Sur la fin de ce mois, vinrent nouvelles de la desfaite de quelques trouppes espagnoles qui estoient parues pour le secours de la ville d'Amiens, qui estoit reduite en tel estat que sans secours son propre poix la faisoit fondre.

Toute l'Europe estoit en peine à qui demeureroit la victoire de ce siege, pour ce que d'icelui dependoit la servitude du François, ou sa liberté.

[SEPTEMBRE.] Le samedi 6 septembre, furent apportées les nouvelles à Paris de la mort d'Arnantel, chef des Hespagnols dans Amiens; et le lendemain celles de la mort de Saint Luc, grand maistre de l'artillerie de France, tué dans le fossé; de la valeur duquel le Roy rendist tesmoingnage de sa propre bouche, disant que ce jour il avoit perdu un tresvaillant et fidele serviteur.

Le lundi 15, l'armée du cardinal d'Austriche parust en armes au secours d'Amiens, composée de quatre mille hommes de pied et de trois à quatre mille chevaux, ayant à main droicte la riviere, à la gauche quatre ou cinq cens chariots, en teste trois canons, et cinq autres pieces; et à la queue l'asseurance de plusieurs bonnes places pour retraicte.

L'exploict qu'elle fist, ce qu'elle devinst, et comme elle fut repoussée de Sa Majesté sans pouvoir donner secours à leurs assiègés, qui virent leur resjouissance s'en aller avec les cendres de leurs feux de joie qu'ils avoient fait, se pourra voir par l'extraict suivant d'un advis tresnotable et veritable, envoyé ici de l'armée par un proche de la personne du Roy à un des premiers de Paris, en dacte du 18 et 19 septembre, contenant au vrai tout ce qui s'y passa depuis le 15, jusques au pourparler d'accord pour la reddition de la place ; lequel , pour n'avoir esté imprimé et veu de peu de personnes, j'ai bien voulu transcrire ici.

« Du 18 septembre, au camp devant Amiens, à huit heures du matin.

« Le cardinal d'Austriche ayant employé tout le commencement du mois de septembre à mettre toute son armée ensemble, arriva enfin à Dourlan vers le 12 dudit mois, et le 13 se rendist à un village nommé Dommar prés de la Somme de deux lieues, où il mettoit le Roy en jalousie d'aller passer ladite riviere en plusieurs endroits fort faciles : qui fut cause que le Roy envoya jusques à trois mille hommes de pied le long d'icelle, pour leur empescher le passage. Le 14, l'armée des ennemis vinst passer le seul ruisseau qui restoit entre eux et nous, et logea auprés de Vignacourt, dont prindrent occasion de retourner joindre le Roy toutes les troupes qu'il avoit separées, veu que l'orage sembloit tourner vers lui.

« Le 15 de bon matin, ils partent, la teste tournée droit à Amiens ; mais arrivés qu'ils en furent à une lieue, ils s'arresterent prés le village de Saint Sauveur, et envoyerent deux mille hommes de pied gagner la riviere là auprés au village d'Ailli, qui ne leur fut nullement disputée, quoiqu'il y eust force gens de pied là, lesquels penserent faire plus de service au Roy, l'allans joindre pour combattre auprés de lui, que de s'opiniastrer à defendre un pas qu'ils ne pouvoient aussi bien garder. Le Roy sur ces entrefaictes faisant contraire jugement, au lieu de recevoir les gens de guerre qui l'alloient trouver, leur fait faire ferme, et fait passer l'eau pour les

14.

renforcer à bon nombre de gens de guerre, de cheval et de pied. Ce que voyans les ennemis, eurent opinion qu'espouvantés, nous nous voulions retirer; et sans marchander partent de la main pour venir à nous, en tel ordre qu'ils faisoient trois bataillons seulement de toute leur infanterie, disposés l'un aprés l'autre, et fermez par les costez de chariots, et par derriere aussi. A la teste marchoit leur cavallerie, laquelle, quoi qu'inferieure à la nostre et en nombre et en valeur, chassa toutefois la nostre à la faveur du canon, qui marchoit avec une si rude façon que plusieurs eussent appellé une fuitte ceste retraicte trop precipitée. Aussi leur artillerie y tirant incessamment fist beaucoup de dommage, et apporta encores plus d'estonnement à tout le reste de nostre armée, qui ne s'estoit à rien moins preparée qu'à un si hardi desseing. Cest effroy s'augmenta encore par les coups de canon, qui desja donnoient à nostre pont de bateaux, prest d'en estre rompu; et par consequent à leur laisser libre le passage de la ville, et à nous oster la communication de nos trouppes qui estoient delà. Ils approcherent en cest ordre si prés de nos retranchemens, qu'ils commencerent à estre salués de nostre artillerie, laquelle leur donna connoissance que nous ne fuions pas, et que nostre infanterie estoit là pour les attendre. Lors s'appaisa leur colere, et s'arresterent court; dont on eust à louer Dieu : car s'ils eussent poussé leur pointe, le meilleur marché que nous en pouvions avoir estoit de voir secourir la ville en nostre presence, et perdre en un jour le labeur de six mois; et peult estre qu'entreprenans davantage, ils eussent tiré quelque grand proufit de nostre desordre. Le Roy apporta tant de prudence et de courage à resister à ce mal, comme aussi les chefs dont il estoit assisté, qu'on soustinst ceste tempeste; et fust preveu pour la nuict à garder tous les avantages dont on se pouvoit prevaloir, afin de ne les laisser passer outre le lendemain. Et furent envoiées nouvelles troupes de là l'eau, pour garder que leur secours n'entrast. Ce qu'elles firent.

« Le 16 de bon matin, le Roy alla lui mesme les reconnoistre, et trouva qu'ils estoient desja en bataille pour desloger, sans toutefois avoir sonné tambours ne trompettes : dont il jugea que s'estant preparé, pourroit naistre quelque occasion pour les fascher. Aussi toute nostre armée fut en bataille à deux mille pas de la leur, et force artillerie dont on commença à les resveiller. Ils retirerent la leur sur une montagne, dont elle nous donnoit le mesme passe temps. Nous passasmes ainsi sept ou huit heures, tandis que tous leurs chariots sortoient de leurs logis pour prendre leur route. Ce pendant ils firent revenir leurs troupes de delà l'eau, non sans desordre au passage, où elles furent tastées par les nostres; puis à nostre veue reprirent le chemin qu'ils estoient venus le jour precedent. Plusieurs croient qu'on les pouvoit combattre ce jour là avec avantage, voire les battre. Le Roy mesme se trouva de cest advis, mais enfin se laissa persuader de ne quitter point le certain pour l'incertain; et puisqu'il obtenoit son desir en empeschant le secours, qui par ceste retraite lui demeuroit indubitablement en proie, qu'il se devoit reserver pour parachever son entreprise. Quelques uns tiennent que la friandise de la conqueste de leur pays (qui estoit une consequence necessaire de la perte de la bataille) devoit estre un assés poingnant aiguillon pour mettre quelque chose au hazard ; les autres estiment que la nouveauté d'une grand part de nos soldats ne nous devoit pas convier à entreprendre plus. On en peut disputer le pour et le contre.

« Leur armée est de quinze mille hommes de pied et trois mille chevaux, la plus part gens d'arriere-ban. Celle du Roy a dés ceste heure plus de vingt mille hommes de pied et quatre mille chevaux, et tous les jours s'augmente, et la plus part bons soldats. On doute à ceste heure s'ils iront attaquer quelque place pour user de diversions, ou s'ils reviendront par quelque autre endroit tenter de mettre leur secours. On est preparé à l'un et à l'autre. Quant à la ville, elle est fort pressée. Nous voyons partout, dedans et de dessus le rempart, leur ravelin, qui est le seul obstacle qui nous reste, et lequel est pour estre pris aujourd'hui ou demain. Nous esperons dans huit ou dix jours en avoir la derniere fin. »

« Du 19 septembre, à dix heures du matin.

« Hier, sur les dix heures du matin, ceux de la ville demanderent de faire sortir deux gentilshommes pour parler à M. le mareschal de Biron. Ils firent certaines propositions, qui tendoient dés lors à capituler. Peu à peu ils vinrent à en parler ouvertement ; il leur fust respondu. L'apresdisnée ils revinrent, et aprés longues disputes furent renvoyés jusques au lendemain, avec leur treufve de douze ou quinze heures. Le matin ils sont revenus, et sont à ceste heure avec le Roy.

« La capitulation se tient pour faite : ils ont six jours pour avertir le cardinal, lequel ne les secourant point par le gain d'une bataille, ils se doivent rendre, bagues et armes sauves. Les ennemis ne sont encore qu'à cinq ou six lieues d'ici. S'ils entreprennent le secours, il se faudra battre pour l'empescher. »

Le jeudi 25 de ce mois, Amiens fust rendu au Roy, qui la reprist, non par ruse, mais par le plus memorable effort, et par la plus grande gloire des armes du monde.

Le marquis de Montenegre en sortist avec sa garnison, qui baisa la botte au Roy, estant à pied, et Sa Majesté à cheval, ayant son sceptre en la main. Et le jour mesme y entra, y laissant M. de Vic pour gouverneur (1), avec une forte garnison.

Les Espagnols dirent en sortant (et non sans propos) qu'ils avoient fait le Roy roi d'Amiens : car avant la prise de la ville par eux, les privileges en estoient rois, et non pas lui.

Le comte de Morette, d'une rodomontade espagnole, ne pouvant faire pis; comme le Roy, monstrant l'endroit où avoit donné le cardinal d'Austriche, eust dit que s'il eust donné aussi bien dans le quartier de sa maistresse comme il avoit fait de l'autre costé, qu'indubitablement il eust gagné la bataille, respondit fierement que son maistre eust aimé mieux perdre cent batailles que d'avoir donné dans un bordeau. A quoi un gentilhomme françois repartist sur le champ, assés à propos et de bonne grace, qu'aussi bien n'i eust il rien fait qui vaille, et que le seul nom de la duchesse lui eust fait peur, comme à un prestre et debile homme qu'il estoit.

(1) *M. de Vic pour gouverneur* : Dominique de Vic, seigneur d'Ermenonville, capitaine aux gardes, puis gouverneur de Saint-Denis, de Calais et d'Amiens, et enfin vice-amiral de France.

Le mardi 30 du mois, y eust arrest de la cour de parlement donné contre les receleurs des rebelles, et adherans à la faction d'Espagne et du duc de Mercœur, qui estoit estonné des quatre pieds, aussi bien que le petit roy d'Amboise, et tant d'autres petits roitelets desquels les royautez expirerent avec la reprise d'Amiens : car leurs Estats n'avoient fondement que sur les ruines de la France, et leurs revenus estoient assignés sur la cuisine d'Hespagne.

[OCTOBRE.] Au commencement d'octobre, fust publié un mandement du Roy pour courir sus à ceux qu'on trouveroit tenir les champs. Belle ordonnance, mais entretenue comme les autres.

Le dimanche 19 octobre, mourust à Paris Marie Molé, ma cousine, aagée de quinze ans ou environ, avec grand regret de son pere, duquel elle estoit unique fille et bien aimée.

En ce mois y eust suspension d'armes, accordée par tout le royaume par les deputés du Roy avec ceux du duc de Mercœur.

Allegresses et feux de joie furent faits par tout en congratulation des victoires du Roy et reprise d'Amiens, avec resjouissance de tout le peuple de la France, lequel peult bien dire qu'aprés Dieu il tient sa delivrance de la main de son Roy.

[NOVEMBRE.] Le mecredi 19 novembre, M. Chartier, mon oncle et mon parrain, conseiller et doyen de la cour, mourust en sa maison à Paris, aagé de quatre-vingt cinq ans, en reputation d'un des plus hommes de bien, et des plus entiers et incorruptibles juges du

Palais : chose fort rare en ce siecle. Aussi fust il dit tout haut au Palais, lorsque la nouvelle y fut apportée, que c'estoit un chartier qui jamais n'avoit versé.

En ce mois, M. Du Plessis Mornay, gouverneur de Saumur, fut traistreusement attaqué d'une querelle d'Alemant à Angers par un nommé Saint Phalle, gentilhomme, qui indignement le bastonna en pleine rue, de telle façon qu'il le laissa sur le pavé pour mort; et pour ce que ledit Du Plessis estoit un des principaux de la religion, qui pour la defense d'icelle escrivoit ordinairement, et faisoit livres et escrits contre les traditions receues en l'Eglise rommaine, mesme contre le purgatoire, on en fist le suivant quatrain, en forme d'allusion sur lui et le baston de Saint Phalle :

Le gouverneur, armé de l'escritoire,
Dans la cité d'Angers sera contraint,
Ayant voulu tollir le purgatoire,
Se prosterner sous le baston d'un saint.

Ce pendant M. Du Plessis Mornay, desirant avoir raison de ce vilain outrage, et y employant tous ses amis, en escrivist aussi au Roy, pour supplier Sa Majesté de lui en faire justice; lequel pour le gratifier lui escrivist la lettre suivante :

« Monsieur Du Plessis, j'ai un extreme desplaisir de l'outrage que vous avez receu, auquel je participe et comme roy et comme vostre ami. Pour le premier je vous en ferai justice, et me la ferai aussi. Si je ne portois que le second tiltre, vous n'en avés nul de qui l'espée fust plus preste à desgainer, ni qui y apportast sa vie plus gaiement que moi. Tenés cela pour constant qu'en effect je vous rendrai office de roy, de maistre et d'ami. Sur ceste verité je finis, priant Dieu vous tenir en sa garde. — De Fontainebleau, ce   novembre.

« Je serai le 16 du prochain à Blois sans faillir, bien resolu d'apprendre le passe pied de Bretagne. »

[DECEMBRE.] En ce mois courust un bruict à Paris et par toute la France de la mort de M. de Besze, qu'on asseuroit estre mort à Geneve bon catholique rommain, aiant au paravant que mourir abjuré et detesté la religion qu'il avoit preschée. Laquelle menterie fut auctorizée des jesuites, qui en publierent un escrit qui commençoit par ces mots : *Geneva hæreseon, mater et sentina, nunc tandem Besza extincto catholizat.* Lequel bruict fist faire un petit traicté à Besze que j'ay entre mes papiers, intitulé *Besza redivivus.* Celui qui donna le premier branle à ce faux bruit fut Du Puy le jesuite, frere de feu M. Du Puy, conseiller de la cour, homme de bien et docte.

On en fist courir autant du ministre de Lespine, decedé en ce mesme temps à Saumur ; auquel, pour ce que l'esprit vacilloit un peu, mesme en preschant, ayant voulu continuer sa charge jusques à la fin, encore que son aage de quatre vingts ans et plus l'en dispensast assés, on voulut faire accroire qu'avant que mourir il avoit changé d'opinion, et à la mort recongneu l'Eglise rommaine pour la vraie. Ce qui estoit faux, mais qu'on eust bien desiré faire passer pour vrai si on eust peu, à cause de la grande doctrine de ce personnage et preud'hommie, confessée mesme par ses adversaires.

Le 21 de ce mois, je receus nouvelles de la mort de M. des Nœuds, mon ancien ami et compagnon, decedé en ce mesme mois à Saumur., aagé de cinquante ans ou environ.

Sur la fin de cest an, fust mis en avant ce sacré mot de *paix*, qui estoit le desir commun de toutes les provinces, la colonne des lois et le repos de la terre; laquelle paix on disoit estre moyennée entre les deux Rois par le Pape, comme pere commung, par l'entremise de son legat.

Et ainsi finist l'an 1597, avec autant de gloire à sa fin, comme le commencement en avoit esté honteux et malheureux à la France. En quoi nous avons à remarquer la grande bonté et providence de Dieu, qui seul des grands maux en sçait tirer les grands biens (1).

(1) Le manuscrit finit ici.

SUPPLÉMENT [1].

[JANVIER 1598.] LE samedi 3 de janvier, le Roy tint chapitre [2] de l'ordre du Saint Esprit dans son cabinet du Louvre; auquel il proposa dix seigneurs pour être reçûs chevaliers le lendemain, et furent vérifiées les preuves de leur noblesse.

Le dimanche 4 de janvier, le Roy, précédé de ses gardes des Suisses et officiers de sa maison, accompagné des princes, des commandeurs, chevaliers et officiers de ses ordres, est allé en pompe et magnificence à l'église des Augustins, dont le chœur étoit superbement orné; et après avoir ouï la messe, chantée par la musique, il a donné l'ordre du Saint Esprit à messieurs Anne de Levis, duc de Ventadour; Jacques Mitte, comte de Miolans; François Faudoas, dit l'Averton, comte de Belin; Bertrand de Baylens, baron de Poyanne; René Rieux, seigneur de Sourdiac; Brandelis de Champagne, marquis de Villaine; Jacques de L'Hôpital, comte de Choisi; Robert de La Vieuville, baron de Rugle; Charles de Matignon, comte de Torigny; et François Juvenel, marquis de Trainel.

Le lendemain, Sa Majesté est retournée à la même

---

[1] Ce supplément, depuis le commencement de l'année 1598 jusqu'à la fin de 1601, est tiré de l'édition de 1736.

[2] *Le Roy tint chapitre :* Quelques historiens prétendent, sans en donner aucune preuve, que le chapitre n'a été tenu que l'année suivante.

église, et a assisté au service et à l'absoute pour les chevaliers défunts.

[FEVRIER.] Le mardi 3 de fevrier, partirent de Paris les sieurs de Pompone de Believre (¹), seigneur de Grignon, premier et le plus ancien conseiller d'Etat ; Nicolas Brulart, seigneur de Sillery, aussi conseiller d'Etat, et président au parlement, pour aller à Vervins y traiter la paix avec les deputez du roy d'Espagne.

Le jeudi 5 de fevrier, le cardinal Alexandre de Medicis, legat en France, ayant été nommé par le pape Clement VIII pour moyenner la paix entre la France et l'Espagne, est parti pour aller à Vervins, accompagné de Gonzague Calatagirone, général des cordeliers.

Le mardi 17 de fevrier, est venu avis que le duc de Savoye avoit repris le fort d'Aiguebelle et la tour Charbonniere, et fait prisonnier le sieur de Crequi, qui avec douze cens hommes alloit donner du secours à Aiguebelle, dont il ignoroit la prise.

Le même jour on apprit que le maréchal de Brissac, ayant recommencé la guerre en Bretagne contre le duc de Mercœur, avoit attaqué et pris la ville et château de Dinan.

Le mercredi 18 de fevrier, le Roy a établi le prince de Conti gouverneur de Paris, et l'a déclaré chef de son conseil ; après quoi il est parti pour se rendre en Bretagne.

[MARS.] Dans le commencement de ce mois, plu-

(¹) *Pompone de Believre* : Il étoit fils de Claude de Bellièvre, premier président au parlement de Grenoble.

sieurs gouverneurs des places de la province de Bretagne, qui avoient suivi le parti du duc de Mayenne et du duc de Mercœur, ayant appris que le Roy s'avançoit avec des troupes, ont été au-devant de Sa Majesté, et ont remis entre ses mains les places qu'ils tenoient pour la Ligue; et l'ont priée très-humblement de les recevoir et reconnoître pour ses très-humbles serviteurs et sujets, et de leur octroyer l'abolition de la prise des armes, et de toutes autres choses qui s'en étoient ensuivies. De ce nombre sont les sieurs Du Plessis de Cosne, qui lui a remis la ville et château de Craon; de Saint Offanges, celui de Rochefort; Villebois, celui de Mirebeau; de Burgeagny, celui d'Arcenis; de Fontenelles, celui de Douernanez; et d'autres ausquels Sa Majesté a accordé une amnistie du passé.

On a encore appris que les contestations élevées à Vervins entre les deputez des deux couronnes, sur la préseance, avoient été terminées par le cardinal legat. Jean-Baptiste Tassis, Jean Richardot et Louis Verreiken, deputez du roy Catholique, prétendoient avoir le premier rang : ce que les François n'ont pas voulu leur accorder. Le legat pour terminer ce differend, sans pourtant le juger, se mit au haut de la table, comme representant le Pape; puis il plaça le nonce françois de Gonzague auprès de lui au côté droit; ensuite il donna le choix aux François de s'asseoir, ou au-dessous du nonce du côté droit, ou vis-à-vis du côté gauche. Les François choisirent le côté gauche, et les Espagnols se mirent au côté droit.

Cette cérémonie a été le sujet de plusieurs discours parmi les politiques : aucuns disent que les Espagnols ont eu le pas d'honneur, parce qu'ils étoient du côté

droit, et assis plus proche du legat ; d'autres au contraire disent que les François ont eu dans cette occasion la preséance, parce que le choix leur a été donné,
et qu'il est naturel que dans cette circonstance ils ont
choisi la place la plus honorable.

Le mercredi 18 de mars, on a appris, par les lettres
de Grenoble, que le sieur de Lesdiguieres avoit pris
par escalade le nouveau fort de Barreaux, situé sur un
côteau près un village de ce nom, auquel le duc de
Savoye a donné le nom de Saint Barthelemi, parce qu'il
fut achevé le jour de la fête de ce saint. Le sieur de
Lesdiguieres, soit qu'il voulût venger la prise du sieur
de Crequy, soit que ce fort incommodât le Dauphiné ;
après s'être instruit de l'état de cette place et de sa garnison , dès la nuit du quatorziéme de mars fit remonter
la riviere par quelques bateaux chargez d'eschelles et de
petards. Le lendemain , qui étoit le dimanche, il se mit
à la tête de trois cens chevaux, et de douze cens hommes de pied ; il partit de grand matin, et se rendit au
village de Lombin, où il se logea, pour ne s'approcher
du fort que la nuit suivante.

Vers les dix heures de la même nuit il arriva audit
fort, et ordonna de planter les échelles : ce qui fut
exécuté par les sieurs de Morges, d'Hercules, d'Auriac,
de Marvieu, soutenus par les sieurs de Montalquiers,
de Saint Bonnet, de Montferrier de Rosans , avec leurs
troupes. En même tems les capitaines Binart et Suge
firent jouer les petards aux deux portes dudit fort,
pendant que le sieur Fanel, avec une partie de l'infanterie, donnoit l'allarme par tous les endroits ; ensorte
que les habitans et la garnison furent si troublez, qu'ils
ne sçavoient par où commencer pour se défendre.

Bref, les assaillans étant montez sur les murailles et sautez sur le terrain, ils se rendirent les maîtres de la place, n'ayant eu que deux ou trois hommes de tuez, et peu de blessez.

Dans cette action ils ont gagné cinq drapeaux qu'ils ont envoyés au Roy, neuf pieces d'artillerie, deux cens quintaux de poudre, une grande provision de plomb et de mèche, et cinq cens charges de bled. Le sieur de Bellegarde, commandant de la place, a été fait prisonnier, et plusieurs autres.

Le samedy 21 de mars, le duc de Mercœur voyant que la plûpart des places de Bretagne s'étoient soumises au Roy, envoya la princesse Marie de Luxembourg sa femme à Angers, où étoit le Roy, pour implorer sa clemence.

Le vendredy 26 de mars, le parlement a vérifié un edit du Roy en faveur du duc de Mercœur (1), portant entre autres l'oubli du passé; que le duc de Mercœur, en remettant entre les mains de Sa Majesté les forces et places qu'il avoit en Bretagne, auroit deux-cens trente six mille écus de dédommagement pour les frais de la guerre, dix-sept mille écus de pension, et une compagnie de cent hommes d'armes.

Le dimanche 28 de mars, le duc de Mercœur s'est rendu à Angers avec un grand équipage, pour y saluer Sa Majesté, qui l'a reçû avec beaucoup de caresses.

Le lendemain, le contrat de mariage entre Cesar Monsieur, âgé seulement de quatre ans, et de Françoise de Lorraine, âgée de six ans, a été passé dans le châ-

(1) *En faveur du duc de Mercœur :* Le Roi n'accorda au duc de Mercœur un édit si favorable, que parce qu'il vouloit marier son fils naturel César, qu'il aimoit beaucoup, avec la fille de ce duc.

teau d'Angers. Le Roy, en vûe de ce mariage, a donné au petit Cesar, son fils naturel, lé duché de Vendôme. Les fiançailles ont été faites le soir du même jour avec grande magnificence ; le cardinal de Joyeuse en a fait la cérémonie.

[AVRIL.] Le jeudi 16 avril, on a eu avis que le Roy avoit enfin accordé aux religionaires l'edit (1) qu'ils poursuivoient depuis long-tems, par lequel il leur est accordé, entre autres choses, de demeurer dans toutes les villes du royaume dans lesquelles ils avoient le libre exercice de leur religion en 1596 et 1597; sinon dans les lieux exprimez dans les edits accordez aux seigneurs de la Ligue.

[MAY.] Le vendredy 15 de may, le prince de Conty, notre gouverneur, a donné pour assuré que le traité de paix fait à Vervins avoit été signé de la part des deputez des deux couronnes le 2 de ce mois; et que le douziéme il avoit été remis entre les mains du legat pour l'envoyer au Pape, avec cette condition que ledit legat ne le rendroit public qu'après que la suspension d'armes seroit expirée. Cette paix a été procurée par le zéle du Pape, qui l'année précédente avoit envoyé le pere Calatagirone, général des cordeliers, en Espagne, en France, en Allemagne, et en d'autres royaumes, sous prétexte de visiter les couvens de son ordre, mais en effet pour pénétrer la disposition des princes catholiques pour la paix; et ayant appris par

(1) *Avoit enfin accordé aux religionaires l'édit* : C'est l'édit de Nantes. Mézeray remarque qu'il fut achevé dans la même ville où trente-neuf ans auparavant avoit été formée l'entreprise d'Amboise.

ce pere que ces princes la desiroient, il ordonna à ses legats d'en faire la premiere ouverture.

Le même jour, le clergé de France a commencé ses assemblées dans la maison episcopale. L'archevêque de Bourges en est le président.

Le dimanche dernier jour de may, le Roy fit écrire à tous les gouverneurs des provinces la lettre suivante :

« Monsieur, il a été accordé, entre mes deputez et ceux du roy d'Espagne et du duc de Savoye, que la paix qui a été conclue entre nous à Vervins le deuxiéme de ce mois seroit publiée le septiéme du prochain : partant, je vous envoye avec la presente mon ordonnance nécessaire pour ce faire, laquelle vous ferez lire et publier à son de trompe et cri public en l'étendue de votre gouvernement, en la forme et solemnité accoutumée en pareil cas. Pareillement vous donnerez ordre que Dieu en soit loué et remercié, comme celui à la seule et divine providence duquel nous devons ce bonheur. Ladite paix étant publiée, vous l'observerez et la ferez observer en l'étendue de votre charge, sans permettre qu'il soit fait chose qui y contrevienne : priant Dieu, monsieur, qu'il vous ait en sa sainte et digne garde. Le dernier jour de may 1598. HENRY; et plus bas, *de Neufville.* »

[JUIN.] Le vendredy 12 de juin, la paix arrêtée à Vervins fut publiée à Paris à la maniere accoutumée.

Le samedy 13, fut faite une procession générale à l'entour de la Cité.

Le lundy 15 de juin, M. le comte de Saint Pol (1) a

(1) *M. le comte de Saint Pol* : François d'Orléans, comte de Saint-

été député par Sa Majesté pour aller au-devant des deputez du roi d'Espagne, et les conduire icy, pour voir jurer solemnellement la paix à notre Roy.

Le jeudy 18, sont arrivez le duc d'Arcot, le comte d'Heremberg, l'amiral d'Arragon, et dom Ludovic de Velase, deputez du roy d'Espagne, accompagnez de quatre-cens gentilshommes, tant espagnols, italiens, que flamands. Ils ont été reçûs à un quart de lieue de Paris par le maréchal de Biron, à la tête d'une troupe de gentilshommes françois superbement vêtus; et il les a conduits à leur logis dans la rue Saint Antoine.

Le vendredy 19 de juin, les deputez du roy d'Espagne sont allez au Louvre faire la reverence à Sa Majesté. Le sieur Richardot, président à Bruxelles, a porté la parole sur l'heureuse reconciliation entre les deux royaumes. Le Roy les a caressez grandement.

Lorsque les deputez retournoient en leur logis, un garçon boulanger, avec un air de mépris, s'écria *aux marannes!* (terme d'injure pour des Espagnols); mais en même tems il fut apprehendé et mis en prison.

Le dimanche 21 de juin, dès les trois heures du matin les gardes françoises se sont saisies de toutes les portes de l'eglise et du cloître de Notre-Dame; et avoit-on deja dressé des échaffaux dans toutes les rues par où Sa Majesté devoit passer pour aller à ladite eglise.

Sur les dix heures, le legat, suivi de plusieurs prelats tant françois qu'italiens, se rendit à la même eglise, et ensuite les deputez d'Espagne accompagnez par le comte de Saint Pol. Tous ces seigneurs étoient richement vêtus : en même tems plusieurs gentilshommes fran-

Paul, étoit le quatriéme fils de Léonore d'Orléans, duc de Longue-ville.

çois, avec des habillemens très-galans, furent prendre leur place.

Sur les onze heures, le Roy partit du Louvre pour aller à Notre-Dame; il étoit accompagné de sept ou huit cens princes, chevaliers, comtes, barons ou seigneurs gentilshommes françois, vêtus plus magnifiquement que les premiers. Ceux qui étoient les plus proches de Sa Majesté étoient le duc de Montpensier, le duc de Nevers, le comte d'Auvergne, le duc de Nemours, le prince de Joinville, le comte de Sommarive, le duc de Mayenne, le duc d'Espernon, le maréchal de Biron, etc., tous avec la tocque de velours et la cappe à l'antique, enrichie de pierreries. Le connétable venoit après, et marchoit seul devant le Roy; puis Sa Majesté en tocque et en cappe, suivi du sieur de Bellegarde, son grand ecuyer; et après lui un grand nombre de seigneurs.

Le Róy, étant arrivé dans le chœur de Notre-Dame, a pris sa place sous un dais qui lui avoit été préparé à main dextre. M. le legat étoit assis sur un siége assez élevé, et avoit autour de lui le cardinal de Gondy, l'evêque de Beauvais, l'evêque de Nantes, l'evêque de Paris, l'evêque d'Avranches, et autres prelats italiens. Le sieur archevêque de Bourges étoit le seul prelat qui fût du côté du Roy en qualité de grand aumônier de France, qui a assisté Sa Majesté dans ses prieres. Un peu au-dessous du legat étoient placez les députez d'Espagne, et après eux les ambassadeurs étrangers. La messe fut chantée en musique, et célébrée avec les mêmes cérémonies qui s'observent à Rome lorsque le Pape celebre la messe : ainsi le legat n'approcha de l'autel que pour l'élévation du corps de Jesus-Christ.

Après la messe, le Roy s'avança le premier vis-à-vis le milieu de l'autel, et le legat s'assit sur un siege tournant le dos à l'autel : alors s'est avancé le chancelier de France, et s'est mis à côté avec le sieur de Villeroy, premier secretaire d'Etat, qui a lû tout haut les articles de la paix. Après cette lecture, Sa Majesté a fait le serment suivant :

« Nous, Henry IV, roy de France et de Navarre, promettons sur nos foy et honneur, et en parole de roy, et jurons sur le très-saint Evangile de Dieu et canon de la messe, pour et par nous touchez, que nous observerons et accomplirons pleinement et réellement, et de bonne foy, tous et chacuns les points et articles portez par le traité de paix, reconciliation et amitié, fait, conclu et arrêté à Vervins le second du mois de may dernier passé ; et ferons le tout entretenir, garder et observer inviolablement de notre part, sans jamais y contrevenir, ni souffrir y être contrevenu en aucune sorte ou maniere que ce soit. En foy et témoignage de quoy nous avons signé ces présentes de notre propre main. »

Le serment étant fait, le Roy a embrassé les ambassadeurs d'Espagne, en leur disant : « Je souhaite au « Roy mon frere une longue vie, pour jouir longue- « ment du fruit de cette paix. »

Après cette cérémonie, qui a été accompagnée de mille et mille *vive le Roy!* le Roy est allé diner à l'evêché, où il a traité le legat et les députez du roy d'Espagne. L'archevêque de Bourges a dit le *Benedicite* et l'*Agimus;* M. de Montpensier a servi à table, comme grand maître; les trompettes ont sonné à chaque changement de service, et lorsque le Roy a bû à la santé du roy d'Espagne : ce qu'il a fait deux fois, au commencement et à la fin du diné. Le soir il y a eu bal au Louvre, où les Espagnols ont eu lieu d'admirer l'artifice et la parure de nos dames.

Le mardy 23 de juin, le prevôt des marchands et les echevins ont fait tirer un superbe feu d'artifice representant par une ceinture d'olives la paix dont on commençoit de jouir ; et au-dessus un amas de lances, de picques, hallebardes, épées, tambours, canons, trompettes, et autres instrumens de guerre, qui ont été consumez par le feu qui sortoit de ces olives. Le portrait du Roy, revêtu de ses habits royaux, avec le sceptre à la main, assis dans une chaise, ayant devant soy les déesses de la Victoire, de la Clemence et de la Paix, avoit été mis sur la porte de la maison de ville, avec ces vers :

En tibi præpetibus felix Victoria pennis,
Quæ volat ; et lætam adducit Clementia Pacem,
Unde salus populis, te rege, Henrico, beatis.

Le dimanche 28 de juin, le Roy ayant érigé la baronie de Biron en duché et pairie, le duc de Biron fit un magnifique festin auquel le Roy a assisté, étant venu exprès de Saint Germain.

[JUILLET.] Le mercredi premier jour de juillet, le maréchal de Biron, depuis peu fait duc et pair de France, est parti pour aller à Bruxelles avec les sieurs de Believre et Brulart, pour être témoins au serment que l'archiduc doit faire le douziéme du même mois dans la grande eglise dudit Bruxelles, pour l'observation de la paix de Vervins.

Le lundi 13 de juillet, l'archevêque de Bourges, président du clergé, a prié les prelats assemblez de vouloir choisir quelqu'un de leur corps pour faire de la part du clergé les remontrances à Sa Majesté, vû que ses indispositions ne lui permettoient pas de le faire. L'assemblée a choisi l'archevêque de Tours (1) pour faire lesdites remontrances.

[AOUST.] Le samedy premier jour d'aoust, le maréchal de Biron, les sieurs de Believre et Brulart, et les gentilshommes de leur suite, sont revenus de Bruxelles, où l'archiduc les a reçûs et traitez magnifiquement, et à leur départ leur a fait à tous de beaux présens. Au maréchal de Biron il a donné deux beaux chevaux, dont l'un est tout noir, et l'autre est naturellement isabelle, blanc et bleu ; deux bassins et un vase d'or, vingt paires de gands d'Espagne, une enseigne, un bouquet d'aigrette de heron, une épée dont la garde et la ceinture sont enrichies de pierreries. Aux sieurs de Believre et Brulart, il a donné une tenture de tapisserie à chacun, estimée quinze-cens écus, et une chaîne du même prix ; et aux gentilshommes de la suite de l'ambassade, à chacun une lame d'épée et une paire de gands d'Espagne.

Le lundi 10 d'aoust, fête de Saint Laurent, M. le duc de Nemours a donné dans l'eglise des Augustins le colier de l'Annonciade, et a fait chevalier de cet ordre messire Gaspard de Geneve, marquis de Rallin, conseiller d'Etat, chambellan, et colonel des gardes du duc de Savoye, et son ambassadeur en France, pour faire

(1) *L'archevêque de Tours :* François de La Guesle, fils de Jean, seigneur de La Guesle, président au parlement de Paris.

comprendre ledit duc dans le traité de paix fait à
Vervins.

Cet ordre de chevalerie a été institué par Amé,
sixieme du nom, comte de Savoye, surnommé *le chevalier verd*, l'an 1355. Le colier de cet ordre est d'or
fait à trois lacs d'amour, esquels sont entrelassez ces
mots : FERT, FERT, FERT, dont chaque lettre donne
son nom latin : F, *fortitudo* ; E, *ejus* ; R, *Rhodum* ;
T, *tenuit* ; qui est à dire : *Sa force a conquêté Rhodes.*
Amé VI institua cet ordre en mémoire et souvenance
d'Amé le Grand, comte de Savoye, son predecesseur,
lequel par sa valeur avoit secouru si bien les chevaliers
de Saint Jean de Jerusalem, qu'ils emporterent et se
rendirent maîtres de l'isle de Rhodes sur les Mahome-
tistes. Cet ordre est appellé de l'Annonciade, à cause
de la medaille d'or qui pend à un chaînon du collier,
et qui represente la sainte Vierge saluée par un
ange.

Le mercredi 12 d'aoust, un bruit courut dans Paris
et aux environs que le Roy, chassant dernierement
dans la forêt de Fontainebleau, auroit entendu dans
la même forêt le jappement de chiens, le cri et les
cors de chasseurs, autres que ceux qui étoient avec lui.
Sur quoi ayant crû que d'autres chassoient aussi, et
qu'ils avoient la hardiesse d'interrompre sa chasse, il
commanda au comte de Soissons de pousser avant,
pour voir quels étoient ces temeraires. Le comte de
Soissons s'étant avancé, a entendu le même bruit de
chasse ; mais il n'a vû autre chose qu'un grand homme
noir, qui dans l'épaisseur des broussailles lui cria :
« M'entendez-vous, ou m'attendez-vous? » et soudain
disparut. Cet évenement faux ou veritable interrompit

la chasse du Roy, qui s'en retourna en son chastel, et donna sujet à mains propos et histoires.

Le jeudi 13 d'aoust, a été registrée et publiée en la cour du parlement une ordonnance du Roy donnée à Monceaux le 4 dudit mois, portant defenses à toutes personnes de porter arquebuses, pistolets, ou autres armes à feu, dans toute l'étendue du royaume, à peine de confiscation desdites armes, et outre celle de deux-cens écus d'amende pour la premiere fois, et de tenir prison jusqu'au payement d'icelle; et à peine de la vie et perte de bien pour la seconde fois, sans esperance de remission.

Le mardi 18 d'aoust, le parlement a donné un arrêt contre le sieur de Tournon, pour n'avoir pas obéi à un autre arrêt de ladite cour du premier d'octobre dernier, portant que ledit sieur de Tournon feroit vuider et sortir, hors des fins et limites de la ville et seigneurie de Tournon, les prêtres et écoliers jesuites; et pour ce ordonne que tous les biens dudit sieur de Tournon seront saisis; pareillement que tous ceux qui auront été instruits ou enseignez aux colleges desdits jesuites ne pourront jouir des privileges des universitez : déclarant nuls et sans valeur les dégrez par eux obtenus, ou qu'ils obtiendront, dans quelque université que ce soit; et ne pourront être pourvûs d'office ne benefice, ne être reçûs avocats en ladite cour.

[SEPTEMBRE.] Le jeudi 3 du mois de septembre, le cardinal Alexandre de Medicis, legat en France depuis deux ans, alla à Fontainebleau pour prendre congé du Roy, qui le reçut avec beaucoup de caresses, le loua de sa prudence, et des soins qu'il avoit pris pour l'avancement de la paix, et le pria d'accepter en sa souvenance un diamant estimé dix mille écus; puis ordonna aux sieurs de Believre et Brulart, et autres seigneurs de la cour, de l'accompagner jusques à Moret.

Le samedi 5 de septembre, le sieur Guillaume Rose, evêque de Senlis, à qui le Roy avoit deja pardonné tout ce qu'il avoit dit et fait contre Sa Majesté durant le tems de la Ligue, fut condamné par arrêt du parlement, au rapport du sieur Hierôme Montholon, de se rendre à la grand'chambre; et là, droit et tête découverte, déclarer que témerairement et inconsiderément, après avoir eu grace du Roy, il s'étoit publiquement glorifié d'avoir signé des premiers le serment de la Ligue, et avoir dit qu'il le feroit encore si l'occasion se présentoit; pareillement de détester le livre de Louis d'Orleans, qu'il avoit loué et approuvé par des notes marginales qu'il y avoit faites, quoique ledit livre contienne plusieurs impietez, soit contre Dieu, soit contre Sa Majesté; pour lesquels faits la cour l'auroit condamné à une amende de cent écus d'or en faveur des pauvres prisonniers, et de ne point prêcher pendant un temps. Mais ledit Rose ayant comparu devant ses commissaires en habits pontificaux, et lui ayant été ordonné de les quitter, il l'auroit audacieusement refusé; lesdits commissaires l'auroient conduit dans la grande chambre, où lecture de l'arrêt lui ayant été faite, il a été ignominieusement deshabillé par un huissier.

Le jeudi 17 de septembre, mourut la niéce de maître Charles de Paris, fort regrettée, à cause de sa beauté et de sa modestie. Son corps a été enterré aux Augustins.

Le jeudi 24 de septembre, on apprit la mort de Philippe II, roy d'Espagne, arrivée le troisiéme du même mois, âgé de soixante douze ans; dont il en avoit regné quarante-deux, et neuf depuis l'abdication de son pere Charles V.

Dimanche 27 septembre, les deputez du clergé sont allez à Meaux, et puis à Monceaux, pour faire leurs remontrances à Sa Majesté par la bouche de François de La Guesle, archevêque de Tours; lequel dans ses doléances a representé grandement l'affliction, la pauvreté et la désolation de l'Eglise de France, qui auparavant étoit brillante, riche et puissante, par le merite et les vertus d'un grand nombre d'ecclesiastiques qui l'honoroient; et que ses malheurs deviendroient tous les jours plus grands, si Sa Majesté n'y apportoit promptement les remedes convenables; qu'il seroit à propos, si elle le trouvoit bon, de recevoir le concile de Trente sous la temperance qu'il lui plairoit, au cas que ses decrets fussent opposans aux libertez, franchises et immunitez du royaume, de purger les benefices d'un grand nombre de pourvûs qui sont ignorans, confidentiaires, mercenaires, gens de néant, sans suffisance et sans probité, et qui n'ont jamais été instruits dans l'Eglise; de ne confier les evêchez et les abbayes qu'à personnes en état d'instruire par la parole et édifier par leurs mœurs; de rendre à l'Eglise le droit de nommer aux benefices; d'abolir le détestable abus des réservations des benefices, lesquelles exposent les prelats à des malheurs trop grands.

Le Roy ayant entendu ces remontrances, a répondu : « Je reconnois que ce que vous avez dit est veritable, « mais je ne suis pas autheur de tous ces maux : ils

« étoient introduits auparavant que je fusse venu. Pen-
« dant la guerre j'ai couru où le feu étoit allumé, pour
« l'étouffer ; maintenant que nous sommes à repos, je
« ferai ce que veut le tems de la paix. Je sçai que la
« religion et la justice sont les colomnes et fondemens
« de ce royaume, qui se conservent sous la pieté ; et
« quand elles n'y seroient point, je les y voudrois éta-
« blir, mais pied à pied, comme je fais en toutes choses.
« Je ferai ensorte, Dieu aidant, que l'Eglise soit aussi-
« bien qu'elle étoit il y a cent ans. Mais il faut par vos
« bons exemples que vous répariez ce que les mauvais
« ont détruit, et que la vigilance recouvre ce que la
« nonchalance a perdu. Vous m'avez exhorté de mon
« devoir : je vous exhorte du vôtre. Faisons bien, vous
« et moi ; allez par un chemin, et moi par l'autre : si
« nous nous rencontrons, ce sera bientôt fait. Mes
« prédecesseurs vous ont donné des paroles avec beau-
« coup d'apparat ; et moi, avec ma jacquette grise, je
« vous donnerai des effets. Je suis gris au dehors, mais
« tout or au-dedans. »

Dans les mois d'octobre, novembre et decembre,
ont été faites plusieurs remontrances, tant au Roy qu'à
son conseil, par le nonce du Pape, par le clergé et par
l'Université de Paris, concernant plusieurs articles de
l'edit donné à Nantes dans le mois d'avril de l'an
passé.

Le nonce a supplié souvent Sa Majesté de faire en
sorte que les hérétiques n'abusassent pas de cet edit, et
que la religion catholique et l'Eglise n'en souffrît aucun détriment.

Le sieur de Berthier, agent du clergé, a pareillement
supplié le Roy 1° que les ministres de la religion pré-

tendue reformée qui sont deçà la Loire n'eussent d'autre liberté, sinon de n'être point recherchez; 2° que le service divin fût rétabli dans les lieux et pays tenus par lesdits prétendus reformez, et que les gens d'Eglise y pussent faire leurs offices sans aucun danger; 3° que les ministres ne prissent plus leurs gages sur le temporel des benefices des ecclesiastiques, dans les villes et places tenues par ceux de ladite religion prétendue reformée, comme il a été auparavant fait à la honte de l'Eglise.

Sa Majesté, par l'avis de son conseil, a accordé audit sieur de Berthier le second et le troisième article; et le premier sera plus amplement examiné, pour aviser ce qui sera plus à propos pour le bien de l'Etat.

La requête du recteur de l'Université, par laquelle il demandoit au conseil de Sa Majesté que les precepteurs, ecoliers, et autres de la religion prétendue reformée, fussent exclus de l'entrée aux colleges de l'Université, ains qu'ils fussent privez de tous privileges, n'a point été jugée. Néanmoins il est défendu par ledit conseil, à tous prétendus reformés qui iroient aux colleges de l'Université, de dogmatiser.

En ce temps a paru une relation du siége de la place de Varadin en Transylvanie, assiegée par les Turcs.

Melchior Reder, gentilhomme silesien, gouverneur du château et de la ville de Varadin, ayant appris qu'Omar Bacha s'approchoit avec une armée de soixante mille hommes, et voyant que la ville n'étoit pas en état de tenir, l'a fait bruler le 26 et le 27 du mois de septembre passé, et a fait transporter tous les vivres et munitions dans le château, et contraint ceux qui pouvoient porter les armes d'y entrer.

Le 30 du même mois, les Turcs sont entrez dans la

ville brulée, et ont pillé tout ce que le feu avoit épargné.

[OCTOBRE.] Les deux jours ensuivans, les Turcs ont saigné et mis à sec les fossez, et ont dressé les batteries : comme aussi le gouverneur Reder a fait prêter serment à tous les soldats du château de ne parler de se rendre, sur peine de la vie; et lui de son côté a juré pareillement de ne les abandonner jamais, ains qu'il les défendroit jusqu'au dernier soupir.

Le 6 d'octobre, ont coupé l'eau du moulin qui alloit dans les retranchemens que le gouverneur avoit fait faire au-dedans du rempart du château; et par ce moyen ils ont miné le palais Kiralivan. La garde destinée pour conserver ce palais a été mise à mort par ordre du gouverneur, pour n'avoir pas fait son devoir dans cette occasion.

Le 7 d'octobre, les assiegez ont chassé les Turcs de cette partie du retranchement, et remporté tous les instrumens des pionniers; mais sur le soir du même jour les Turcs sont revenus en plus grand nombre, et ont continué de miner ledit palais.

Le 8 d'octobre, les Turcs ont commencé de miner le fort de la Theuche, malgré les eaux dont il est environné, et les dards et les fleches que les chrétiens tirent continuellement sur eux.

Le 11 d'octobre, les ennemis, par le moyen de baquets, ont pénétré dans le retranchement du fort du Bois, et ont surpris vingt-cinq Hongrois endormis de lassitude; après quoi ils ont attaqué ledit fort. Mais leurs propres mines venant à jouer, plusieurs d'entre eux ont été tuez et enterrez, et les autres ont été contraints de se retirer.

Le 17 d'octobre, les ennemis ont aggrandi leurs mines du fort de Theuche, mis le feu audit fort, emporté l'esperon et deux courtines, et s'y sont placez. En même tems un autre corps de Turcs ayant attaqué le fort du Bois, a été vigoureusement repoussé avec perte de huit enseignes, et a été contraint de sonner la retraite. On ne sçait pas encore le nombre des Turcs qui ont péri dans cette attaque. Kiral George, capitaine dudit fort, a été dangereusement blessé; une femme s'est montrée si courageuse dans cette occasion, qu'elle a soutenu long-tems le cimeterre à la main le choc des Infidéles, et n'a voulu se retirer que lorsqu'elle s'est sentie dangereusement blessée.

Le 18 d'octobre, les Turcs ont attaqué pour une troisiéme fois le même fort; mais ils ont été repoussez avec perte. Cependant le gouverneur Reder voyant que ses soldats diminuoient par tant d'attaques, en a donné avis à l'archiduc Maximilian d'Autriche, afin qu'il envoye du secours, et fasse lever le siége.

Le 20 d'octobre, les Turcs ont attaqué vigoureusement les chrétiens, par une brêche de vingt-huit ou trente toises que leurs mines avoient faite au fort de Theuche; les assiegez les ont repoussez, avec une perte considerable de part et d'autre.

Le 21 d'octobre, une mine des assiegeans ayant renversé une grande partie dudit fort, les Turcs se sont avancez dans le dessein de s'en rendre maîtres; mais en même tems le feu ayant pris aux poudres par la négligence d'un canonier chrétien, le fort a été embrasé de toutes parts : ce qui a suspendu pendant quelque tems l'ardeur des Turcs. Deux heures après ils se sont lancez dans le fort, où, après avoir combattu au milieu des flâmes et des brasiers, ils ont été repoussez par les chrétiens.

Le 24 d'octobre, les assiegeans ont été repoussez avec une perte considerable.

Le 25 d'octobre, la riviere Cereze, qui passe par ledit fort, s'est debordée; et étant entrée dans les retranchemens des Turcs, et ayant emporté toutes leurs munitions, les a divisez et jettez dans une grande confusion; mais le petit nombre des assiegez ne leur a pas permis de profiter de cette confusion, et de les poursuivre.

Le 26, les Turcs ont donné un assaut au même fort, mais sans beaucoup de succès, après lequel ils ont fait jouer leurs mines, qui ont fait un grand dégat; et portant des poudres pour de nouvelles mines, un ingenieur des assiegez, très-habile pour les feux artificiels, a jetté sur leurs poudres trois pots à feu, dont un a mis le feu à toutes leurs poudres, et a fracassé un grand nombre des assiegeans. Il est vrai que le fort a été ébranlé, mais sans danger.

Cependant les Infidéles n'ont pas osé entreprendre d'autres attaques; et après s'être reposez quelques jours dans leur camp, ils ont levé le siége le 23 du mois de novembre, et ont pris la route de Bude, laissant la victoire aux chrétiens.

Dans le mois d'octobre, le Roy étant à Monceaux, fut incommodé d'une retention d'urine, accompagnée d'une fiévre et de défaillance de cœur : ce qui a donné lieu de craindre; mais il a été guéri heureusément.

Le samedi 19 decembre, fut enterrée dans l'église des Augustins la veuve de feu M. Basoche.

Le mardi 22 de decembre, le duc de Bar, prince de

Lorraine, accompagné de son frere le comte de Vaudemont, et d'autres grands seigneurs lorrains, avec
trois cens gentilshommes fort proprement vêtus, est
arrivé à Paris. Le Roy, qui l'a rencontré en chassant à
demie-lieue de la ville, lui a fait l'honneur d'entrer
avec lui par la porte de Saint-Denys, et l'a mené au
Louvre, où il a soupé avec Sa Majesté, et avec madame
Catherine sa sœur. Après le souper, il y a eu un grand
ballet et plusieurs divertissemens, qui continuerent pendant plusieurs jours.

[JANVIER 1599.] Au commencement de cette année,
furent reprises les disputes de religion entre le sieur
Duval et plusieurs docteurs de Sorbonne, d'une part;
et le sieur Tilene, et autres ministres de la religion prétendue reformée, d'autre part. Et ce à l'occasion de
madame Catherine, sœur unique du Roy, deja promise
en mariage au prince de Lorraine, duc de Bar (1),
marquis du Pont, laquelle avoit desiré de se faire instruire de la religion catholique, auparavant la célébra-
tion dudit mariage. Ces docteurs et ministres ont dis-
puté plusieurs fois en présence de ladite dame, mais
sans fruit, à cause que les docteurs de Sorbonne s'étant
servis des expressions et des subtilitez scholastiques,
dans lesquelles ladite dame n'a rien compris, les ministres l'ont facilement persuadée de demeurer dans sa
religion. Néanmoins le Roy, qui desire que Madame, sa
sœur, entre dans la religion catholique, a differé cette
instruction à un autre temps.

(1) *Duc de Bar* : Henri, duc de Lorraine et de Bar, surnommé le
Bon, fils de Charles II, duc de Lorraine et de Bar, et de Claude de
France, seconde fille de Henri II.

47.   16

Le mercredy 3 de janvier, on apprit la mort de Pierre d'Espinac, archevêque de Lyon, arrivée le 9 : prélat fort estimé par son éloquence, par son habileté, par ses différens emplois, et surtout par ses intrigues durant l'assemblée du parlement de l'Union, dont il étoit l'ame.

Le dimanche 31 de janvier, a été célébré le mariage de Madame, sœur unique du Roy, avec le duc de Bar, prince de Lorraine, dans le cabinet du Roy, par l'archevêque de Rouen, frere naturel (1) de Sa Majesté. Le Roy s'étant apperçû que Madame, sa sœur, vouloit être mariée par un ministre de sa religion, et qu'au contraire le duc de Bar vouloit que ce fût par un archevêque catholique, pour lever la difficulté a fait venir dans son cabinet les deux contractans, et l'archevêque de Rouen, auquel il a ordonné de les épouser en sa présence, disant que son cabinet étoit un lieu sacré, et que sa présence valoit toute autre solemnité.

Cette princesse est âgée de quarante ans : elle est duchesse d'Albret, comtesse d'Armagnac et de Rhodez, vicomtesse de Limoges. Il y a plusieurs grands princes qui ont desiré l'avoir pour épouse ; mais la difference de religion, ou la politique de l'Etat, les en ont privez. Dès son enfance, Henry II, roy de France, et Antoine I, roy de Navarre, l'avoient destinée pour François Monsieur, qui fut depuis duc d'Alençon et comte de Flandres. Henry III, à son retour de Pologne, l'auroit épousée, sans les obstacles que Catherine de Medicis sa

(1) *L'archevêque de Rouen, frere naturel :* Charles de Bourbon, fils naturel d'Antoine de Bourbon, roi de Navarre, fut évêque de Comminges, puis de Lectoure ; en 1594, Henri IV le nomma archevêque de Rouen.

mere fit naître pour l'en dissuader. Le duc de Lorraine, pere du duc de Bar, la fit demander, de même que le prince de Condé; et Charles, duc de Savoye, qui envoya pour cette fin un agent en 1583. Trois ans après, Jacques, roy d'Ecosse, employa la reine d'Angleterre pour l'obtenir, avec promesse qu'elle seroit reine d'Angleterre elle-même après sa mort. Pendant le dernier siege de Rouen, le prince d'Anhalt la demanda en personne, aussi bien que le comte de Soissons et le duc de Montpensier.

[FEVRIER.] Le mardy neuviéme de fevrier, on eut avis que la reine Marguerite avoit enfin consenti d'examiner la nullité ou la validité de son mariage par un acte fait à Usson en Auvergne, par lequel elle constitue pour ses procureurs les sieurs Martin Langlois, maître des requêtes, et Edouard Molé, conseiller du parlement.

Le jeudy 25 de fevrier, l'edit que le Roy avoit donné à Nantes, le 13 d'avril de l'année derniere, en faveur des religionnaires, fut verifié en parlement, malgré toutes les difficultez que le clergé, l'Université et le parlement même avoient proposées contre ledit edit. Le Roy, qui croit que cet edit est nécessaire pour la paix et la tranquillité du royaume, s'est servi de son autorité, ordonnant à son parlement de l'enregistrer et de le faire publier sans autre delay.

Quelque tems auparavant, le parlement ayant envoyé des deputez pour faire de très humbles remontrances à Sa Majesté sur ledit edit; le Roy, après avoir ouï leur harangue, leur a repondu : « Vous me voyez « en mon cabinet, où je viens vous parler, non point

16.

« en habit royal, ni avec l'épée et la cappe, comme
« mes prédecesseurs, ni comme un prince qui vient re-
« cevoir des ambassadeurs : mais vêtu comme un pere
« de famille, en pourpoint, pour parler familierement
« à ses enfans. Ce que j'ai à vous dire est que je vous
« prie de verifier l'edit que j'ai accordé à ceux de la reli-
« gion : ce que j'en ai fait est pour le bien de la paix ;
« je l'ai faite au-dehors, je veux la faire au-dedans de
« mon royaume. Vous me devez obéir, quand il n'y au-
« roit autre consideration que de ma qualité et de l'obli-
« gation que m'ont tous mes sujets, et principalement
« vous de mon parlement. J'ai remis les uns en leurs
« maisons, dont ils étoient éloignez, et les autres en la
« foy qu'ils n'avoient plus. Si l'obéissance étoit dûe à
« mes prédecesseurs, elle est dûe avec plus de devotion
« à moi qui ai rétabli l'Etat. Dieu m'a choisi pour me
« mettre au royaume qui est mien par succession et par
« acquisition : les gens de mon parlement ne seroient
« plus en leurs sieges sans moi; ceux qui empêchent
« que mon edit ne passe veulent la guerre : je la décla-
« rerai demain à ceux de la religion, mais je ne la ferai
« pas : je les y envoyerai.

   « J'ai fait l'edit, je veux qu'il s'observe. Ma volonté
« devroit servir de raison : on ne la demande jamais
« au prince en un Etat obéissant. Je suis roy mainte-
« nant, je vous parle en roy : je veux être obéi. »

[MARS.] Le mardy 8 de mars, Henry, duc de Joyeuse,
a repris l'habit des capucins, et est rentré dans cet ordre, qu'il avoit quitté en 1592 pour prendre le commandement des troupes ligueuses, après la mort du duc
de Joyeuse, noyé dans la riviere du Tarn. Cette nouvelle

a surpris d'admiration les grands et les petits, qui courent au couvent des Capucins, pour voir sous un habit de penitence un seigneur qui brilloit dans la cour au milieu des plaisirs et de la volupté : le Roy même a été le visiter dans sa cellule. Auparavant de se faire capucin, il étoit connu sous le nom de comte de Bouchage, et favori d'Henry III. Il s'étoit marié à Catherine de Nogaret, sœur du duc d'Epernon ; de ce mariage il a eu Henriette, fille unique, qui a été mariée depuis peu à Henry de Bourbon, duc de Montpensier.

On attribue cette retraite à divers motifs : aucuns disent qu'il n'a pas pû résister plus long-tems aux lettres que le Pape lui a écrites et fait écrire, pour le faire rentrer dans l'état qu'il avoit pris volontairement ; d'autres la donnent aux larmes et aux exhortations fréquentes de madame sa mere : quelques-uns enfin disent que cette résolution est l'effet de quelque mécontentement de la cour, et d'une raillerie que le Roy lui dit en dinant un jour avec lui, où, en parlant de diverses conditions et états des personnes qu'on voit dans le monde, il en connoissoit quatre fort singulieres : sçavoir, un pécheur converti, un ligueur repenti, un capucin diverti, et un huguenot perverti. Sa Majesté parloit alors de soi-même, du duc de Mayenne, du duc de Joyeuse et du duc de Lesdiguieres.

Le mercredy 17 de mars, mourut subitement Gaspard, comte de Schomberg, près la porte Saint-Antoine, revenant de Conflans, où il avoit diné avec Sa Majesté dans la maison de Villeroy. Les chirurgiens qui l'ont ouvert ont trouvé que le pericarde du côté gauche de son cœur étoit devenu osseux, et empêchoit la respiration.

Le mardy 30 de mars, notre evêque, sollicité par différentes personnes d'examiner la nommée Marthe Brossier, arrivée depuis quelques jours à Paris, laquelle on dit être possedée de trois demons, a fait assembler dans l'abbaye de Sainte Genevieve plusieurs docteurs, tant en théologie qu'en medecine; où se sont trouvez les sieurs Marius et autres docteurs en théologie, les sieurs Michel Mareschot, Nicolas Ellain, Jean Altain, Jean Riolane, Louis Duret, docteurs de la Faculté de medecine de Paris; en présence desquels ladite Marthe a fait des sauts, des contorsions, des convulsions, des tons de voix extraordinaires. Mais ayant été interrogée par le sieur Marius en grec, et par le sieur Mareschot en latin, elle a répondu ne pouvoir répondre, n'étant pas en lieu propre pour cela. A cette reponse, Mareschot et plusieurs autres ont dit qu'elle n'étoit point demoniaque.

Le lendemain vendredy et 31 de mars, elle fut amenée dans une chapelle de l'eglise de Sainte Genevieve, où, après des convulsions pareilles à celles du jour précédent, les docteurs en medecine Ellain et Duret lui enfoncerent une aiguille entre le pouce et l'index de la main droite : ce qu'elle souffrit sans donner aucune marque de douleur. Ce qui ayant été rapporté au sieur de Gondy, il demanda aux medecins leurs avis : lesquels ont repondu qu'ils convoqueroient le lendemain leurs collegues, pour lui donner un avis plus certain.

[AVRIL.] Le jeudy premier jour d'avril, une foule de gens s'est rendue à Sainte Genevieve, sur le bruit qu'on devoit examiner si Marthe Brossier étoit possédée ou non. Les docteurs en théologie et en medecine étant arrivez, le pere Seraphin, capucin, a commencé l'exorcisme ; et prononçant ces paroles : *Et homo factus est*, Marthe a tiré sa langue, a fait des contorsions extraordinaires, et s'est traînée d'une maniere surprenante depuis l'autel jusqu'à la porte de la chapelle, avec une célérité si surprenante qu'elle a étonné les assistans. Alors le pere Seraphin a dit tout haut : « S'il « y a quelqu'un qui en doute, qu'il essaye au peril de « sa vie d'arrêter ce demon. » Sur le champ Mareschot se leva ; et mettant sa main sur la tête de Marthe, la presse, et retient tous les mouvemens de son corps. Marthe n'ayant pas la force de s'émouvoir, a dit que l'esprit s'étoit retiré : ce que le pere Seraphin a confirmé. A quoi Mareschot a ajouté : « J'ai donc chassé « le demon ! »

Mareschot ayant fait semblant de se retirer, Marth retombe dans ses convulsions extraordinaires. Il rentre, la prend, et la contraint sans beaucoup de peine d'arrêter tous ses mouvemens. Le pere Seraphin lui commande de se lever ; mais Mareschot, qui la tenoit contre terre, lui repondoit en raillant que ce demon n'avoit point des pieds pour se tenir droit. Les docteurs Altain et Riolane, qui ont vû cela, ont assuré que tout ce que Marthe faisoit étoit naturel ; que cependant, conformement au sentiment du docteur Fernel, qui a écrit sçavamment de la possession, il seroit bon, avant que d'en porter le dernier jugement, de l'examiner pendant trois mois.

Le samedy 3 d'avril, ont été appellez nouveaux médecins pour assister à l'exorcisme de Marthe, fait par le pere Seraphin, et son compagnon le pere Benoît, anglois de nation ; et en leur presence elle a fait les mêmes mouvemens et contorsions. De plus, ayant été interrogée en grec et en anglois, elle a justement répondu, et convaincu les nouveaux medecins qu'elle étoit réellement possédée.

Le même jour, les susdits medecins, avec les peres Seraphin et Benoît, ont fait en présence du sieur evêque de Paris, et de Foullon, abbé de Sainte Genevieve, une declaration dans laquelle ils attestent que Marthe Brossier est véritablement demoniaque. A laquelle attestation ils ont ajouté plusieurs raisons, et le témoignage dudit abbé de Sainte Genevieve, qui assure que ladite Marthe étant tenue un jour par six hommes des plus robustes, elle s'étoit malgré eux élevée en l'air quatre pieds au-dessus de leurs têtes.

Le lundy de la semaine sainte 5 du mois d'avril, la duchesse de Beaufort, maîtresse du Roy, de qui elle est grosse, a quitté Fontainebleau, et est venue à Paris dans la maison de Zamet, où l'on dit qu'elle doit faire ses couches et passer les fêtes de Pâques. L'on ajoute qu'en prenant congé du Roy elle lui a recommandé ses enfans.

Le jeudy saint 8 d'avril, après avoir bien diné, elle est allée entendre les Tenebres au petit Saint Antoine. A son retour, en promenant dans le jardin dudit Zamet, elle a été prise d'une grande apoplexie qui lui a ôté la connoissance. Etant revenue un peu à elle-même une heure après, elle s'est fait porter chez la dame de Sourdis, sa parente, dans le cloître de Saint Germain l'Auxerrois, où elle a eu de nouveaux accès plus grands que le premier. Les medecins et les chirurgiens n'ont pas osé lui faire des remedes, à cause de sa grossesse.

Le samedy 10 d'avril, elle est morte environ les

sept heures du matin, après de grands syncopes, et des efforts si violens que sa bouche fut tournée sur la nuque du col; et est devenue si hydeuse qu'on ne peut la regarder qu'avec peine. Son corps a été ouvert, et son enfant trouvé mort.

Le même jour, le Roy étant parti de Fontainebleau pour la venir voir, apprit la nouvelle de sa mort à Ville-Juif; et s'en est retourné aussi-tôt, ne pouvant cacher la douleur que cet accident lui cause.

Le lundy 12 d'avril, les corps de la duchesse de Beaufort et de son enfant furent enterrez dans l'église de Saint Germain l'Auxerrois.

Cette mort a donné occasion à plusieurs écrits en vers et en prose, aussi-bien qu'à plusieurs propos dans les conversations de la cour et de la ville, attribuans cette mort, les uns à la crainte de n'être jamais la femme legitime du Roy, les autres à des potions suspectes. Elle laisse trois enfans : Cesar Monsieur, duc de Vendôme; Alexandre Monsieur [1], et une fille.

Le mardy 13 d'avril, le Roy, averti des assemblées tumultueuses qui se faisoient à l'occasion de ladite Marthe Brossier, et de diverses contestations que les habitans de Paris avoient entre eux à cette occasion, les uns soutenant qu'elle étoit possedée, et les autres soutenant le contraire : pour prevenir les haines et les divers partis qui pourroient arriver, a mandé à son procureur général du parlement de défendre ces sortes d'assemblées, et les exorcismes qu'on avoit commencez.

[1] *Alexandre Monsieur :* Ce prince, né à Nantes en 1598, fut légitimé l'année suivante, et reçu chevalier de Malte en 1604. Louis XIII lui donna l'abbaye de Marmoutier l'an 1610, et le fit grand prieur de France et général des galères de Malte.

Sur ce, le parlement a ordonné que Marthe Brossier seroit mise entre les mains de Pierre Lugoli, lieutenant criminel, et de François Villamont, qui l'ont conduite en prison pour y être examinée par les sieurs Riviere, André Laurens, Pierre Lafite, doyen de la Faculté de medecine, et plusieurs autres de la même Faculté, afin de porter un jugement tel que de droit.

Cette ordonnance a fait soulever les ecclésiastiques, qui disent que les demoniaques ne sont pas de la jurisdiction temporelle; et que c'est uniquement à l'Eglise de connoître des possedez, et de les delivrer quand elle les a connus. Les prêcheurs dans leurs sermons, sur ce fondement, déclament contre le parlement.

Le dimanche de Quasimodo 18 d'avril, le sieur André Duval, docteur de Sorbonne, prêchant dans l'église de Saint Benoît, a insinué dans son sermon que d'empêcher d'exorciser les demoniaques, c'étoit priver les infidéles et les hérétiques d'un miracle que les exorcismes operent ordinairement en chassant les demons des corps des possedez : ce qui ne peut être fait que par les ministres de la veritable Eglise.

Le même jour, le pere Archange Dupuis, capucin, a prêché dans le même ton dans l'église de son couvent.

Le mardy 20 d'avril, furent assignez l'un et l'autre prêcheur (1) de comparoître au parlement. André Duval a obéi, il a avoué en partie le fait; et après avoir

_____

(1) *L'un et l'autre prêcheur :* Le docteur Duval et le père Archange Dupuy, capucin, n'étoient point les seuls qui à l'occasion de Marthe Brossier, et sous prétexte de soutenir la jurisdiction ecclésiastique, se déclaroient indirectement contre l'édit de Nantes et même contre le Roy, disposant le peuple à une sédition. Le Roi, dans sa réponse aux remontrances du parlement, s'exprime ainsi : « Je sçai, dit-il, que

été convaincu de sa faute par le procureur général, et avoir été reprimandé par le premier président, il a été renvoyé, avec ordre de parler dans la suite en tous ses sermons modestement et honorablement du Roy et du parlement.

Le lendemain, le pere Archange n'ayant pas comparu à la cour, et ayant incivilement répondu à l'huissier, fut cité une seconde fois : mais il avoit disparu. L'huissier laissa au frere Alphonse, portier du couvent, l'exploit; auquel ayant mal répondu, lui donna pour réponse une déclaration faite par le pere Jean Brulart, provincial des capucins, et souscrite du pere Benoît, definiteur du même ordre. Dans cette declaration ils disent que par la bulle *In cœnà Domini* il leur est défendu, sous peine d'interdit, de répondre devant aucun juge royal.

« l'on a fait des brigues au parlement; que l'on a suscité des prédica-
« teurs séditieux ; mais je donnerai bien ordre à ces gens-là, et ne
« m'en attendrai pas à vous. On les a châtiez autrefois avec beaucoup
« de sévérité, pour avoir prêché moins séditieusement qu'ils ne font :
« c'est le chemin qu'on a pris pour faire des barricades, et venir par
« degrés au parricide du feu Roy. Je couperai les racines de toutes ces
« factions, et ferai accourir tous ceux qui les fomenteront. J'ai sauté
« sur des murailles de ville : je sauterai bien sur des barricades. On
« ne me doit point alleguer la religion catholique, ni le respect du
« Saint Siége ; je sçai le devoir que je dois, l'un comme roy très-chré-
« tien, et l'honneur du nom que je porte ; et l'autre, comme premier
« fils de l'Eglise. Ceux qui pensent être bien avec le Pape s'abusent :
« j'y suis mieux qu'eux. Quand je l'entreprendrai, je vous ferai tous
« déclarer hérétiques, pour ne pas m'obéir...... Les prédicateurs don-
« nent des paroles en doctrine, plus pour instruire que pour détruire
« la sédition : on n'en dit mot. Ces fautes qui me regardent ne sont
« point relevées ; j'empêcherai pourtant que ces tonnerres n'emmenent
« point d'orage, que leurs prédictions seront vaines. Je ne veux point
« user de leurs remédes, qui, pour être hors de saison, empireroient
« le mal. » (Le Grain.)

Le mardy 27 d'avril, les peres Archange, Brulart, Benoît, et le frere Alphonse, capucins, furent assignez de comparoître en personnes en parlement le 4 du mois prochain, sous de plus grandes peines.

[MAY.] Pendant les premiers jours du mois de may ont été faites des recherches dans tous les cabarets et hôtelleries de Paris, en consequence d'une lettre écrite au Roy par un capucin de Milan, appellé pere Honorio ; dans laquelle Sa Majesté fut avertie d'un attentat sur sa personne par un méchant garnement parti de Milan pour ce faire, dit-on ; et que ce miserable a été trouvé et mis en prison.

Le mardy 4 de may, les quatre susdits capucins se rendirent au parlement : ausquels fut faite une très-severe reprimande sur leur désobeissance, et sur leur confiance affectée en la bulle *In cœna Domini*, laquelle ils sçavent bien n'avoir jamais été promulguée dans le royaume. Puis il leur fut lû un arrêt de la cour, par lequel il leur est défendu de prêcher de six mois ; ordonne que la declaration souscrite par les peres Brulart et Benoît sera dechirée en leur présence ; que ledit arrêt sera lû dans le couvent des Capucins en présence de tous les freres pour ce assemblez, en présence des sieurs Guillaume Bernard et Jean Viviers, conseillers, et commissaires pour l'exécution dudit arrêt. Ce qui a été fait le même jour.

[JUIN.] Le lundy 7 de juin, plusieurs lettres de Grenoble portent que le deuxiéme de ce mois s'étoit fait un deuxiéme combat singulier entre dom Philippin, bâtard de Savoye, et Charles, sire de Crequy, sur le rivage du Rhosne, du côté de Savoye; dans lequel dom Philippin a été tué. Le premier combat fut fait quelques années ci-devant devant les portes de Grenoble, où dom Philippin avoit appellé le sieur de Crequy, et dans lequel dom Philippin ayant été blessé et jetté par terre, demanda la vie, qui lui fut accordée par le sieur de Crequy. L'origine de ce premier combat fut une écharpe autrefois donnée par une dame à dom Philippin, que Crequy avoit eûe dans la prise d'un fort, et qu'il portoit quelquefois : laquelle il avoit refusé de rendre. Cette affaire en fût sans doute demeurée-là, si on n'avoit pas rapporté au duc de Savoye que Crequy s'étoit vanté dans quelques compagnies qu'il avoit eu du sang de Savoye : ce qui obligea ce duc de mander à Philippin qu'il ne le vouloit point voir s'il ne reparoit son honneur, et la honte d'avoir demandé à Crequy la vie. Cette menace a été la cause de ce second combat, et de la mort de dom Philippin.

Le mercredy 23 du mois de juin, le parlement ayant appris par le sieur Lugoly, et par les medecins qui avoient examiné pendant près de quarante jours ladite Marthe Brossier, qu'elle n'avoit point donné ni eux reconnu aucun signe de possession, ains au contraire que tout ce qu'on avoit vû auparavant en elle d'extraordinaire étoit naturel, et fait pour attirer de plus grandes aumônes, a donné un arrêt qui ordonne à Nicolas Rapin, lieutenant de robe courte, de conduire ladite Marthe Brossier, Sylvine et Marie ses sœurs, et Jacques Brossier leur pere, à Romorantin, lieu de leur domicile, pour y demeurer sous la garde de sondit pere, avec défense de la laisser sortir dudit lieu sans la permission du juge, auquel il est aussi ordonné d'y tenir les mains, et d'en donner avis tous les quinze jours à la cour.

[AOUST.] Le dimanche premier jour d'aoust, on reçut la nouvelle de la mort de Philippe Hurault de Chiverny, chancelier de France, arrivée le vingt-neuviéme du mois passé dans sa maison de Chiverny, âgé de soixante-treize ans. Il avoit accompagné en Pologne Henry de France, duc d'Anjou; et fut fait chancelier des ordres du Roy en 1578. On dit de lui que les traverses de là fortune et l'envie de ses ennemis l'ont rendu laborieux, judicieux, constant dans les afflictions, modéré dans les prosperitez, et facile à pardonner.

Le lundy 2 d'aoust, Pomponne de Bellievre fut mis en sa place. Les services qu'il a rendus à l'Etat sous les regnes de Charles IX, dans son ambassade vers les Grisons et les Suisses; de Henry III, dans son ambassade en Angleterre vers la reine Elisabeth; et sous ce présent regne dans les conferences de Suresne et dans le traité de Vervins, lui ont procuré la premiere charge de l'Etat.

Le jeudy 5 d'aoust, fut faite une procession générale à Notre-Dame, à cause d'une grande secheresse; et fut descendue et portée la chasse de sainte Genevieve.

En ce tems, Antoinette d'Orléans de Longueville, veuve de Charles de Gondy, marquis de Belle-Isle, partit de Bretagne et se rendit à petit bruit à Tolose, sous le prétexte d'un procès qu'elle avoit en ce parlement : mais veritablement pour se rendre religieuse dans le couvent des Feuillantines nouvellement établi dans cette ville, lequel se distingue par la ferveur de devotion et de mortification. Elle fut rencontrée dans son voyage par l'evêque de Bayonne, qui d'abord la prit pour une simple damoiselle; mais dans la suite il reconnut non-seulement sa qualité, mais encore son dessein, quoiqu'elle eût pris toutes les mesures pour le lui cacher. Il en donna incontinent avis au sieur de Saint Geory, premier président de Tolose, aussi-bien qu'à messieurs ses freres et beaufreres. Mais ni les défenses que fit ledit président aux Feuillantines de recevoir dans leur cloître cette princesse, ni les sollicitations, ni les prieres, ni les menaces de ses parens, ne purent la retenir, ni l'empêcher d'entrer dans ce monastere, où elle est un exemple de penitence et de devotion, après avoir été à la cour un objet d'admiration par sa beauté et par son esprit.

[SEPTEMBRE.] On montre depuis quelques jours, dans une maison près de Saint Eustache, un homme nommé François Trouillac, âgé de trente-cinq ans, qui a une corne sur la tête qui se recourbe en dedans, et reutreroit dans le crane si de tems en tems on ne la coupoit. Il dit qu'en naissant il n'avoit pas cette corne, et qu'elle n'a commencé de paroître qu'à l'âge de sept ou huit ans; et que la honte de cette difformité l'avoit obligé de quitter son village, et de se cacher dans les forêts du Mayne, où il travailloit aux charbonnieres pour y gagner sa vie.

Jean de Beaumanoir, marquis de Lavardin, gouverneur du Mayne, chassant un jour dans ses forêts, passa auprès de ces charbonnieres. Les paysans qui travailloient au charbon prirent la fuite au bruit des chasseurs. Le marquis de Lavardin croyant que c'étoient des voleurs, les fit poursuivre; on les arrête, et on les conduit devant le marquis. Un de ses valets ayant remarqué qu'un de ces pauvres paysans n'avoit pas ôté son bonnet de sa tête, s'approche de lui, prend son bonnet, et le jette par terre en le menaçant; mais ayant apperçû cette corne sur sa tête, le marquis de Lavardin le fit conduire dans son château, et quelques jours après l'envoya au Roy, qui, après l'avoir fait voir à toute la cour, l'a donné à un de ses valets d'écurie pour gagner de l'argent, en le montrant au peuple. Cet homme a le devant de la tête chauve, la barbe rousse et par floccons : comme aussi les cheveux du derriere de sa tête ressemblent parfaitement à un satyre.

Le samedy 7 de septembre, le parlement a enregistré les lettres patentes accordées par le Roy le deuxiéme du mois dernier au sieur Pomponne de Bellievre, pour la charge de chancelier.

[OCTOBRE.] Le lundy 9 d'octobre, le parlement a député le sieur de La Guesle procureur général, et autres, pour joindre leurs prieres et remontrances à celles que les princes et les seigneurs du conseil du Roy avoient faites plusieurs fois à Sa Majesté depuis la mort de la duchesse de Beaufort, tendantes à ce qu'il lui plût se marier à quelque princesse digne de la moitié de son lit, afin de donner à la France un legitime successeur à sa couronne, et prevenir les calamités passées : l'assurant que son mariage avec la reine Marguerite étoit nul, à cause de sa parenté, et que la sterilité qu'on voit en cette reine étoit un autre motif pour la dissolution de ce prétendu mariage. Sur quoi il a cité l'exemple de Charlemagne, qui pour cette raison quitta Theodore et épousa Ildegarde.

En ce mois le duc de Mercœur [1] alla en Hongrie, avec la permission du Roy, pour commander l'armée des Chrétiens contre les Infidéles.

[NOVEMBRE.] Le mercredy 3 de novembre, sur les requêtes du Roy et de la reine Marguerite [2] envoyées au Pape, par lesquelles l'un et l'autre avoient supplié Sa Sainteté qu'attendu la parenté qui étoit entre eux au troisiéme degré, il lui plût déclarer leur mariage nul; le Pape a envoyé à l'un et à l'autre un bref, dans lequel il nomme trois commissaires : sçavoir, le cardinal de Joyeuse; Gaspard, evêque de Modene, son nonce en France; et Horace Montan, archevêque d'Arles, pour examiner cette affaire.

Le vendredy 5 de novembre, le Roy, par un courier extraordinaire, a envoyé des lettres de remerciement aux cardinaux qui avoient assisté à la congregation tenue à l'occasion de son dit mariage; et prie ses ambassadeurs, le cardinal d'Ossat et le sieur de Sillery, d'en remercier Sa Sainteté.

Le mercredy 10 de novembre, les trois susdits commissaires, après plusieurs conferences tenuës sur cette grande affaire dans la maison d'Henry de Gondy, evêque de Paris, ont jugé et prononcé ledit mariage nul dès le commencement, à cause de la parenté dans un degré prohibé; que la duchesse Marguerite de Valois avoit été forcée par le roi Charles IX son frere, et par

---

(1) *Le duc de Mercœur* : Ce prince, dit d'Aubigné, fut un grand capitaine, d'un grand malheur dans les guerres qu'il eut contre les Espagnols, mais très heureux dans celles qu'il fit contre les Turcs. — (2) *Et de la reine Marguerite* : Pendant la vie de la duchesse de Beaufort, cette princesse n'avoit jamais voulu consentir à la dissolution de son mariage.

la Reine sa mere; et qu'elle n'avoit apporté autre consentement que la parole, et non le cœur, laissant à l'un et à l'autre la liberté de se marier à qui bon leur semblera.

Le lendemain le Roy envoya le comte de Beaumont (1) en Auvergne, pour donner avis à la reine Marguerite de ce jugement; et l'assura par lettre que quoique leur mariage fût dissous pour le bien de la France, son desir étoit toutefois de l'aimer, non-seulement comme son frere de nom, mais en lui faisant dorenavant connoître les effets de sa bonne affection.

Vers la fin de ce mois, Claude de La Trimouille prêta serment en parlement, et fut reçû pair de France.

[DECEMBRE.] Le mercredy 14 du mois de decembre, Charles-Emanuel, duc de Savoye, arriva à Fontainebleau vers les huit heures du matin, ainsi que le Roy sortoit de la messe, avec tous les princes et seigneurs de la cour vêtus d'écarlate, prêts de monter à cheval pour aller au-devant de lui. Le Roy ayant sçû que ce prince devoit partir de Chambery le premier de ce mois, envoya ses ordres à Lyon, à Orléans, et à toutes les villes par où il devoit passer, de le recevoir comme si c'étoit lui-même.

Philibert de La Guiche, gouverneur de Lyon, alla au-devant de lui avec la noblesse de son gouvernement, et l'accompagna par-tout pendant qu'il demeura dans cette ville. Balthazar de Villars, president au presidial et prevôt des marchands, le reçut à la porte de la ville avec tous les officiers municipaux, et lui dit qu'il avoit

(1) *Le comte de Beaumont :* Charles Du Plessis Liancourt, comte de Beaumont, premier écuyer.

commandement de Sa Majesté de lui rendre les mêmes honneurs qu'à elle-même. Il fut conduit à l'archevêché, qu'on avoit préparé pour son logis; et les seigneurs de sa suite furent logés dans les maisons les plus proches. Une heure après, le corps de ville fut le visiter, et lui offrir ce qui peut se trouver de beaux fruits; et il fut traité et défrayé avec toute sa suite pendant qu'il y demeura.

Le lendemain, le duc de Savoye ayant fait demander au doyen de l'eglise de Lyon la place de chanoine d'honneur, que le duc Emanuel son pere avoit eue en passant autrefois à Lyon, comme comte de Villars et souverain du pays de Bresse, les chanoines se sont excusés de lui rendre cet honneur, attendu que ne tenant pas ladite comté de Villars, il n'en pouvoit pas prétendre les droits. Ce refus fut la cause qu'il n'entra pas dans l'église de Saint Jean; ains il fut entendre la messe dans l'église des Celestins, fondée par ses predecesseurs.

Après avoir resté trois jours à Lyon, il en partit le jeudi 9 decembre, et se rendit en poste à Roüanne; de-là il descendit par batteaux à Orléans, et risqua de se perdre vers le port de Gien. A Orléans, il fut reçû par son cousin le duc de Nemours que le Roy y avoit envoyé, et fut visité et harangué par tous les corps de la ville. Sur son chemin d'Orléans à Fontainebleau, il fut rencontré premierement par le maréchal de Biron, et deux lieuës après par le duc de Montpensier, suivi d'une grande noblesse.

Le jeudi 13, il arriva vers les quatre heures après midi à Pluviers, où s'étant un peu reposé il se leva lorsqu'il sçut que sa suite étoit endormie, et partit

17.

secretement avant que ses gens fussent éveillés. Mais
n'ayant pas trouvé des chevaux prêts à la premiere
poste, La Varenne, qui avoit ordre du Roy de venir
devant l'avertir, eut le temps de porter au Roy la nouvelle de son arrivée.

Il demeura six jours à Fontainebleau, au milieu des
jeux, des bals, des divertissemens de la chasse. On remarqua pendant tous ces divertissemens que le duc,
toutes les fois qu'on lui parloit de rendre le marquisat
de Saluces, répondoit dans Fontainebleau comme s'il
eût été en la citadelle de Turin, et disoit tout haut qu'il
ne consentiroit jamais à cette restitution.

Le mardy 21 de decembre, le Roy avec toute sa
cour mena le duc de Savoye à Paris. Il lui avoit fait
preparer un appartement dans le Louvre; mais il en
remercia le Roy, et fut loger en la maison du duc de
Nevers, près le couvent des Augustins.

Le lundy 27, fête de Saint Jean l'évangeliste, le duc
de Savoye fut à l'église des Augustins, y entendit la
messe, et fit ses dévotions : après lesquelles, accompagné des gens de sa cour, il retourna à la maison du
duc de Nevers; et là fut remarqué que le seigneur
Jacob introduisit dans le cabinet du duc de Savoye le
sieur Lafin (1), confident du duc de Nemours, où il
demeura avec lui l'espace d'un demi quart d'heure.

(1) *Le sieur Lafin :* Jacques de Lanode, sieur de Lafin, gentilhomme
bourguignon, étoit, dit de Thou, sans foi et sans honneur, déjà reconnu pour semer la discorde et entretenir les factions dans le royaume. Il s'étoit autrefois mêlé des affaires du duc d'Alençon : il avoit
donné des avis au roi Henri III contre le duc de Guise. Depuis, il
avoit négocié avec les ministres du roy d'Espagne et du duc de Savoie
durant le siége d'Amiens; et par ce moyen il avoit contracté une
grande familiarité avec le duc de Biron.

Ce même jour vint la nouvelle de la défaite d'André Battory, cardinal, par le palatin de Valachie, près de Cigno, arrivée le mois dernier. Il perdit dans ce combat toute son armée, composée de vingt-cinq mille combattans. Son oncle Issuan Battory fut pris, et lui-même fut contraint de fuir dans les montagnes, où il a été tué par des Valachins, lesquels lui ont coupé la tête, et l'ont présentée au palatin, portée sur le bout d'une lance. Ce palatin, plus humain que ses sujets, a fait retirer son corps, qu'il a trouvé mutilé du petit doigt de la main droite, où il portoit un anneau de grand prix ; et l'a fait honorablement ensevelir dans un beau sepulchre par lui même construit jadis pour un sien frere.

En ce mois ont paru divers écrits contre le livre du sieur Philippe Mornay, seigneur du Plessis-Marly, gouverneur de Saumur, intendant de la maison et couronne de Navarre, intitulé *Institution de la sainte Eucharistie ;* dans lequel il veut prouver, par le témoignage des peres, que la sainte Eucharistie avoit été, dans le commencement, la cêne qui se fait et est enseignée en divers lieux de la France, d'Allemagne, Angleterre, Ecosse, Suede, et autres royaumes séparés de l'obéissance du Pape. Ces écrits accusent de mauvaise foi ledit Philippe Mornay, en ce qu'il a falsifié et mutilé un très-grand nombre des passages des anciens peres et théologiens, pour prouver son opinion.

[JANVIER 1600.] Le samedy premier jour de l'an, le duc de Savoye a fait de grands présens à toute la cour, et principalement aux dames. Il a donné au Roi deux grands bassins et deux vases de cristal, d'un travail fort fin et grandement estimé ; et le Roy le même jour lui a envoyé une enseigne de diamans, au milieu de laquelle il y en a un transparent qui découvre le portrait de Sa Majesté. Henriette de Balzac d'Entragues, qui tient auprès du Roy la place de Gabrielle d'Estrées, a reçû de ce duc un magnifique present, consistant en perles, diamans, et autres pierres précieuses. Mais le duc de Biron a refusé les beaux chevaux qu'il lui a présentés (1).

Le dimanche 2 de janvier, le Roy mena le duc de Savoye à Saint Germain, pour voir ce magnifique château, et les belles maisons qui sont à l'entour.

Le lundy 17 janvier, le Roy et le duc de Savoye, entre huit et neuf heures du matin, sont montés par batteau du Louvre jusqu'au jardin du premier president, d'où ils sont allés à la loge de la chambre dorée du Palais, pour voir le parlement et entendre plaider. Le sieur de Harlai, premier president, qui avoit été averti de l'honneur que ces deux princes devoient faire à la cour, fit appeller pour l'audiance la fameuse affaire de Jean Prost, assassiné, practicien qui avoit été tué au mois de fevrier de l'année derniere, et duquel assassinat Henry Bellanger son hôte avoit été accusé par la mere dudit Jean Prost sur des présomptions,

---

(1) *Les beaux chevaux qu'il lui a présentés :* « Il y eut alors, dit d'Aubigné, des gens assez avisés pour interpréter ce refus affecté à une « correspondance bien cachée ; et je me souviens, continue cet historien, qu'un jour que les conditions de l'affaire du marquisat de Sa-« luces furent mises sur le tapis, le chancelier de Bellievre voulant « l'adoucir, le maréchal de Biron s'échauffa à déclamer, en disant du « mal du duc de Savoye au-delà de ce que requéroit la modestie. « Ce que M. le chancelier reçut avec soupçon. »

mis à la question; et n'ayant rien avoué, fut sorti des prisons sous caution, à la charge de se representer en justice lorsque la cour l'ordonnera.

Quelques jours après, deux voleurs furent condamnés à être pendus : l'un desquels, appellé Jean Bazana, confessa par testament, à l'heure de l'execution, qu'ils avoient assassiné ledit Jean Prost, et qu'on trouveroit son corps dans les privés de leur logis. Ce qui ayant été vérifié par ordre de la cour, Henry Bellanger et sa femme presenterent requête à la cour, demandant que la mere de Jean Prost soit condamnée en une réparation convenable, et en ses dommages et interêts.

Cette affaire a été merveilleusement bien traitée par les sieurs maîtres Anne Robert pour Henry Bellanger, sa femme et sa chambriere; Antoine Arnaud pour la mere de Jean Prost, et Louis Servin pour le procureur général, dont les conclusions ont été que la cour ne devoit avoir aucun égard aux requêtes des uns et des autres, mais de mettre en liberté Bellanger, sa femme et sa chambriere; les déclarer innocens du crime d'assassinat, sans pourtant leur adjuger aucune réparation, dépens, dommages ni interêts contre la mere de Jean Prost, n'étant pas coupable de calomnie. Le premier président a prononcé l'arrêt conformément à ces conclusions. Après le jugement de ce procès, Achille de Harlay, accompagné des presidens et des plus anciens conseillers de la cour, a été prendre le Roy et le duc de Savoye, et les a conduits dans une salle du Palais, dans laquelle ils ont diné.

Le même jour, le Roy accorda au duc de Savoye la vie pour une femme trouvée en adultere avec son domestique, lequel avoit été déja pendu; la femme l'eût aussi été, lorsqu'elle s'est trouvée grosse. Le Roy, après avoir entendu les remontrances faites sur ce sujet par ses gens du Roy, qui craignoient les conséquences de cette grace, pour faire plaisir au duc commua la peine de mort naturelle que cette femme méritoit, à une mort civile, et à une prison perpetuelle, dans laquelle elle seroit nourrie par son mari.

Le lundy 24 de janvier, les seigneurs nommés de la part du Roy et du duc de Savoye, pour examiner l'affaire du marquisat de Saluces, se sont assemblés dans la maison du sieur Henry de Montmorency : sçavoir, de la part du Roy, messieurs le connétable, le chancelier de France, le maréchal de Biron, le marquis de Rosny, et le sieur de Villeroy; et de la part du duc de Savoye, le chancelier Bely, le marquis de Lullins, le comte de Moret, les sieurs de Jacob et des Alimes. Le pere Bonaventure Calatagirone, cordelier, et patriarche de Constantinople, deputé du Pape, doit assister dans toutes leurs conférences en qualité de mediateur.

Hier, les deputés du duc de Savoye proposerent que le Roy finît la protection qu'il donnoit à la ville de Genêve. Cette proposition a soulevé les deputés françois. Le duc de Savoye ayant connu qu'elle souffroit des difficultés, a prié le patriarche de Constantinople de vouloir la soutenir : ce qu'il a refusé, n'ayant pas des instructions du Pape sur cet article. Le nonce, à qui il s'est ensuite adressé, en a parlé au Roy, qui lui a répondu : « Le duc de Savoye a usurpé mon mar- « quisat de Saluces : il n'y a rien qui l'excuse de me le « rendre. Je ne tiens rien du sien, je ne lui dois rien « rendre : je n'empêcherai point qu'il ait raison de

« Genêve, s'il peut l'avoir autrement que par les armes ;
« mais je ne puis l'abandonner, après lui avoir promis,
« par parole de roy, ma protection. »

[FEVRIER.] Pendant les premiers jours de ce mois,
on continua les assemblées dans la maison du connétable sur les affaires du marquisat de Saluces, dans lesquelles les députés du duc de Savoye ont fait plusieurs
nouvelles propositions : savoir, de faire un échange
pour la restitution; enfin que le Roy donnât l'investiture de ce marquisat pour un des enfans du duc de
Savoye. A quoi les deputés du Roy ayant répondu que
Sa Majesté ne vouloit point d'échange, mais une restitution pure et simple du marquisat, le duc s'est plaint
qu'on le traitoit avec trop de rigueur, et a formé le
dessein de se retirer clandestinement, sans dire adieu
au Roy.

Un bruit a couru que la honte d'avoir fait un voyage
inutile, ou la crainte d'être arrêté (1), l'avoient porté à
cette extrêmité. Ce qui étant venu à la connoissance
du Roy, il lui a fait dire, pour le rassurer, qu'il avoit
crû qu'en venant en France son intention étoit de le
satisfaire sur le marquisat de Saluces, et qu'il a eu dès
le commencement beaucoup de plaisir de le voir ; mais

(1) *La crainte d'être arrêté :* D'Aubigné rapporte qu'on conseilla au
Roi de retenir le duc de Savoie, et que le Roi répondit qu'il tenoit
de sa naissance, et qu'il avoit appris de ceux qui l'avoient nourri, que
l'observation de la foy étoit plus utile que tout le profit que la perfidie pouvoit donner. « Je suivrai, ajouta Henri IV, l'exemple du roy
« François mon prédécesseur, qui pouvoit retenir Charles V. Si le duc
« de Savoye a violé sa parole, je ne serois point innocent en l'imi-
« tant. Un roy use bien de la perfidie de ses ennemis, lorsqu'il la fait
« servir de lustre à sa foy. »

aujourd'hui voyant qu'il ne propose rien de juste, il est fâché de voir qu'il faille se separer sans rien conclure. Au reste, il veut qu'il sçache que les rois de France n'ont jamais demandé leur droit par finesse ou par tromperie, mais par une guerre ouverte; que François 1 avoit observé religieusement le droit d'hospitalité à l'égard de Charles v, et que pour lui il en agira de même à son égard; et comme il a été fort libre de venir en France, il pourra avec la même facilité se retirer.

Le jeudy 10 de fevrier, le Roy, pour diminuer autant qu'il a pû le sujet de mécontentement que le duc faisoit paroître d'être venu en France, de l'avis de son conseil a envoyé au duc de Savoye Sebastien Zamet, qui lui a proposé de sa part la restitution ou l'échange, lui accordant trois mois pour choisir l'un ou l'autre. Le sieur Zamet par ses discours a non-seulement calmé ses plaintes, ains il l'a porté d'accepter l'échange, et de mettre par écrit les principaux articles sur lesquels le traité doit être fait.

Le lundy 27 février, le traité entre le Roy et le duc de Savoye a été signé de part et d'autre à l'occasion du marquisat de Saluces : lequel porte en substance que le duc retiendra le marquisat; qu'en échange il laissera au Roy la Bresse, la ville et citadelle de Bourg, Barcelonette avec son vicariat, le Val d'Esture, ceux de Perouse et de Pignerolles; et qu'il aura trois mois pour se resoudre à la restitution ou à l'échange.

[MARS.] Le samedy 4 de mars, le duc de Savoye a pris congé du Roy; et comme plusieurs de sa suite avoient pris le devant, on crut qu'il partiroit aussi;

mais le grand nombre de curieux de tout âge et de tout état qui s'étoient rendus devant l'hôtel de Nevers pour voir partir ce prince sont retournez chez eux, sans avoir contenté leur curiosité. On a dit que le Roy et ce duc ne pouvoient se separer, tant ils s'aiment depuis le traité.

Le mardy 7 de mars, le duc de Savoye, qui depuis le 4 retenoit la cour bottée pour l'accompagner, est parti environ les dix heures du matin. Le Roy, avec un grand nombre de seigneurs de sa cour, l'a conduit jusques au pont de Charenton, et lui a donné le sieur de Pralin et le baron de Lux pour le conduire jusques hors du royaume, avec commandement aux gouverneurs des villes de Champagne et Bourgogne, où il passera, de le recevoir comme Sa Majesté.

Le vendredy 10 de mars, le parlement a enregistré des lettres patentes de la cour, par lesquelles Sa Majesté a créé Henry de Lorraine pair de France, et duc d'Eguillon dans l'Agennois; avec cette clause que les mâles venant à manquer, la terre d'Eguillon et les autres à icelle annexées passeront aux legitimes heritiers, sans le titre de duché-pairie.

Le même jour, le Roy est parti pour aller à Fontainebleau.

Le lundy 13 de mars, les sieurs de Sainte Marie du Mont et du Pont Courlay furent trouver le sieur Du Plessis-Mornay, à l'occasion d'un extrait fait et signé par le docteur Cahier, contenant plusieurs passages qu'il avoit tirez du livre dudit Du Plessis, lesquels passages il montroit être constamment falsifiez; et lui remontrerént qu'il étoit de son honneur et de la cause qu'il défendoit d'y répondre; que le public étoit sur-

pris qu'il eût laissé passer sans rien dire les écrits de
Bulenger, de Dupuy, official de Bazas; de Fronto Le
Duc, de l'évêque d'Evreux, et d'autres, qui tous l'accusoient de mauvaise foy : entre autres ledit Cahier,
qui s'offre de montrer et de verifier faux en sa presence, et de telles personnes qu'il voudra, les passages
qu'il a extraits dudit livre. A quoi le sieur Du Plessis
a répondu qu'il ne lui convenoit pas d'entrer en dispute
avec des moines, des jésuites, ou autres gens pédans
ou revoltez.

Le vendredy 17 mars, le sieur de Sainte Marie du
Mont (1) ayant rencontré le sieur Du Plessis dans le
logis de madame la princesse d'Orange, le pressa de
nouveau de vouloir, pour la gloire de la religion reformée qu'ils suivoient, et pour la consolation de leurs
freres, prendre un moyen pour effacer de l'esprit du
public la croyance où il étoit que son livre de l'Institution de l'Eucharistie n'étoit qu'un assemblage de passages des peres faussement alléguez, tronquez, ou inutiles ; que s'il avoit peine d'entrer en conference avec
des personnes qui n'étoient pas de sa qualité, il y a
parmi ceux qui attaquent son livre l'evêque d'Evreux,
qui publie que dans ledit livre il montrera qu'il y a
cinq cens énormes faussetez, de compte fait et sans hy-
perbole. Cet evêque est de qualité, et vous ne devez
pas refuser de conferer avec lui : autrement vous avouez
tout ce qu'on dit de votre livre. De Mornay, piqué de

(1) *Le sieur de Sainte Marie du Mont :* L'auteur de la vie de Du Plessis-Mornay prétend que ce seigneur avoit été gagné par les promesses
du Roi, et que d'ailleurs il étoit près d'être retranché de l'Eglise réformée, par le scandale de sa vie.

cette représentation, a promis à son ami de défendre son honneur et son livre.

Deux jours après a paru un écrit signé du sieur de Mornay, par lequel il défie en général tous ceux qui l'accusoient d'avoir allegué faux dans son livre, et les incite de se joindre avec lui, et de sous-signer une requête pour supplier le Roy de donner des commissaires pour verifier de page en page, et de ligne en ligne, les passages de son livre.

Le lendemain, le sieur de Sainte Marie du Mont a envoyé une copie dudit écrit au sieur Du Perron, evêque d'Evreux, alors à son evêché.

Le lundy 27 de mars, on a reçû la réponse que l'evêque d'Evreux a faite au défi du sieur Du Plessis : elle est en datte du 25 du même mois, dont une copie a été envoyée au sieur Du Plessis, par laquelle il accepte qu'en la presence du Roy, et de telle compagnie de personnes capables qu'il plaira à Sa Majesté ordonner, montrer audit sieur Du Plessis que dans son livre contre la messe il y a cinq cens passages faussement alleguez, mutilez, inutiles, ou falsifiez. Et partant il déclare à mondit sieur Du Plessis qu'il donne son consentement à la requête qu'il desire presenter au Roy; laquelle par avance il proteste vouloir signer, voire de son propre sang. Avec cette réponse, ledit sieur evêque a envoyé au Roy une lettre pour le supplier de permettre cette conference.

Replique imprimée du sieur Du Plessis, en reponse de celle de l'evêque d'Evreux; cette replique, en forme de requête, a été presentée à Sa Majesté par M. le maréchal de Bouillon. Le sieur Du Plessis supplie le Roy de nommer des commissaires pour examiner son livre;

il temoigne être bien aise que l'evêque d'Evreux se soit presenté pour combattre contre lui, et promet de faire connoître au public ce que Du Perron sçaura faire.

Cette dispute fait l'entretien de tout Paris; dans les chaires, dans les ecoles, chez les grands et chez les petits, on ne parle que de cet appel. Les uns, qui ont admiré l'éloquence et la pureté du style du livre de Du Plessis, souhaitent que les témoignages des peres qu'il cite soient fidéles; d'autres assurent qu'un homme de ce caractere est exempt d'imposer, voire de suspicion; quelques-uns, qu'il n'est pas surprenant que dans un si grand nombre de passages citez dans le livre de l'*Institution de l'Eucharistie,* on n'en trouve peut-être quelques-uns mal citez ou alleguez : cependant on ne doit point en conclure que ce livre soit mauvais. Plusieurs, qui sçavent que les occupations du sieur Du Plessis ne lui permettent point d'avoir examiné par lui-même tous les passages citez dans son livre, croyent veritablement qu'il y en a un grand nombre de défectueux, et qu'il a tort d'avoir fait le défi auparavant de les avoir revûs lui-même; et en ce cas blâment les ministres et autres qui lui ont fourni ces passages : que la mauvaise foi doit tomber sur eux, et non sur lui.

[AVRIL.] Le dimanche 2 du mois d'avril, sur les requêtes et instances du sieur evêque d'Evreux et du sieur Du Plessis, le Roy leur a accordé la conference qu'ils lui ont demandée, et a commis M. le chancelier pour ouir le sieur Du Plessis, et pour en donner avis à l'evêque d'Evreux, afin qu'il se rende à Paris le plutôt qu'il pourra.

Le vendredy 7 d'avril, le sieur Davy Du Perron,

evêque d'Evreux, est arrivé à Paris. Son arrivée a augmenté les propos sur ce défi ; chacun desire que son parti soit victorieux : plusieurs font des paris et des gageures.

Le lundy 10 d'avril, le Roy a choisi des commissaires de l'une et de l'autre religion pour assister à cette conference. Les catholiques sont : messieurs de Thou, president en la cour du parlement ; de Pitou, avocat en la même cour ; Le Fevre, precepteur de M. le prince de Condé. Les calvinistes sont : M. le président de Calignon, chancelier de Navarre ; le sieur de Casaubon, lecteur de Sa Majesté : tous personnages illustres par leur doctrine, et par leur candeur et pureté de mœurs.

Le mercredy 12 d'avril, M. l'evêque de Modene, nonce du Pape, ayant appris le choix que Sa Majesté avoit fait desdits commissaires, lui a remontré qu'il n'appartient qu'à l'autorité ecclesiastique de deputer des commissaires, soit pour juges ou examinateurs des matieres de religion ; et qu'il est à craindre que dans cette conference on n'y traite des questions déja resolues par le concile de Trente, et par plusieurs déterminations des papes ; et a supplié Sa Majesté de vouloir suspendre, voire de donner ses ordres, pour empêcher ladite conference. A quoi le Roy lui a répondu que les commissaires qu'il avoit nommez n'étoient point pour être juges des matieres de religion, ains pour être spectateurs et temoins de la verité de cette conference, et pour examiner si les passages citez dans le livre de Du Plessis sont bien ou mal alleguez, et pour lever les difficultez qui pourroient naître en la version des mots, et voir si les passages sont couchez dans ce livre tels qu'ils sont dans leurs auteurs, sans entrer dans le fond d'aucune question théologique. Cette reponse a satisfait le nonce.

Le vendredi 14 d'avril, le sieur Du Plessis a fait demander à l'evêque d'Evreux les moyens de faux qu'il a contre son livre, afin qu'il se prepare pour y répondre. Pour réponse, il lui a fait dire que ce qu'il demandoit exigeoit un trop long temps, et que la discussion ennuyeroit Sa Majesté et les commissaires. Cependant il offre de remettre entre les mains des commissaires une liste de cinq cens faux passages, qu'il prétend être falsifiez : ce qu'il prouvera par les livres d'où ils sont tirez.

Le samedy 22 d'avril, le Roy manda à l'evêque d'Evreux, au chancelier, au sieur Du Plessis et autres, de se trouver dans la semaine suivante à Fontainebleau, pour commencer la conference.

Le vendredy 27 d'avril, M. le chancelier et l'evêque d'Evreux se sont rendus à Fontainebleau.

Le lendemain le sieur Du Plessis s'y est aussi rendu, et à son arrivée il s'est excusé auprès de Sa Majesté de ce qu'il n'avoit point apporté de livres, n'ayant point reçû cet ordre de M. le chancelier.

Le samedy 29 d'avril, le sieur Du Plessis présenta une requête au Roy, portant que le sieur evêque d'Evreux avoit publié un écrit par lequel il offroit de lui montrer en présence de Sa Majesté cinq cens faussetez, de compte fait, contenues dans sondit livre; de plus, qu'il n'y avoit aucun passage qui ne fût mutilé, ou inutilement allegué. Partant, il supplie très-humblement Sa Majesté de donner charge aux commissaires d'examiner par ordre tous les passages de son livre, afin que ceux qui ne seront point impugnez soient tenus pour verifiez. En outre, que le sieur evêque d'Evreux lui baille, par écrit signé de sa main, les cinq cens passages prétendus faux. Cette requête fut à l'instant communiquée à l'evêque d'Evreux, avec ordre de la part du Roy de répondre sur le champ.

L'evêque d'Evreux ayant lû cette requête, a répondu : 1° que le sieur Du Plessis, en demandant que tous les passages de son livre fussent examinez l'un après l'autre, demandoit ce qui lui avoit déja été refusé, à cause d'un examen trop long qui fatigueroit Sa Majesté, ne refusant pas pourtant de le faire dans la suite, si ledit sieur Du Plessis vouloit promettre de rester pendant six mois de pied ferme, tems qu'il faut pour cet examen ; 2° qu'il ne s'étoit point engagé, par la premiere requête, d'examiner tous les passages de peu de consequence ou inutiles qui sont dans le livre : mais seulement un certain nombre de ceux que le sieur Du Plessis choisiroit lui-même, offrant de montrer la fausseté ou l'inutilité des autres, et de donner au Roy la liste de cinq cens passages signés de sa main ; de laquelle il en tirera chaque jour cinquante, pour être examinez en presence de Sa Majesté et du sieur Du Plessis.

Le dimanche 30 d'avril, M. le chancelier, par ordre du Roy, fit entendre au sieur Du Plessis la justice de la réponse du sieur evêque d'Evreux ; et que le Roy ne partiroit pas de Fontainebleau que le défi ne fût terminé, et les cinq cens passages vérifiez, quand même cet examen exigeroit deux mois et demi.

Le sieur Du Plessis, frappé de cet arrêt, est allé trouver le Roy, auquel il a humblement représenté la douleur qu'il ressentoit que Sa Majesté eût crû qu'il eût usé de fausseté dans son livre ; qu'il tâcheroit de lui faire voir la droiture de ses intentions et la verité qu'il soutient, si Sa Majesté n'avoit d'autre desir que de la connoître : mais qu'ayant reconnu la grande affection qu'elle avoit à faire réussir cette affaire au contentement de l'evêque d'Evreux, et que par l'artifice dudit sieur evêque le nonce et même le Pape s'y intéressoient, il voyoit bien qu'elle réussiroit à l'avantage de l'Eglise romaine : ayant le malheur d'avoir son juge intéressé dans cette cause, son Roy et son maître pour partie. Néanmoins s'agissant de la défense de la vérité et de l'honneur de Dieu, il supplioit très-humblement Sa Majesté de lui pardonner, s'il prenoit les moyens de se défendre.

[MAY.] Le lundy premier jour de may, en exécution des ordres du Roy, M. le chancelier fit venir dans son logis l'evêque d'Evreux et le sieur Du Plessis ; il introduisit le premier dans sa chambre, et le second en sa galerie ; il demanda à l'evêque d'Evreux s'il seroit fâché de parler au sieur Du Plessis, lequel a répondu qu'il lui parleroit avec plaisir, et que ce seroit un moyen de s'accorder aisément. Mais le sieur Du Plessis a répondu à une pareille demande qu'il ne vouloit aucunement parler audit sieur evêque : tellement que le bruit en courut que le sieur Du Plessis vouloit se retirer à Paris, et qu'il n'y auroit point de conference.

Le mardy 2 de may, auquel jour les commissaires arriverent à Fontainebleau, le sieur Du Plessis présenta une autre requête peu differente de la précédente, laquelle fut communiquée sur le champ à l'evêque d'Evreux, lequel en presence de M. le chancelier, de M. de

Rosni et de messieurs les commissaires, a supplié très-humblement Sa Majesté d'avoir agréable qu'il demeurât dans les termes de ses premieres réponses, réiterant néanmoins les offres qu'il avoit deja faites. Alors le Roy a commandé audit sieur evêque de se retirer, et puis il a dit à son chancelier qu'il prît les avis de messieurs de Rosni, du président de Thou et des autres commissaires; lesquels unanimement ont dit que l'evêque d'Evreux s'étoit mis à la raison, et que le sieur Du Plessis ne le pouvoit refuser; et que puis qu'il offroit d'entrer chaque jour en conference par cinquante articles à la fois, et qu'il les proposeroit tous écrits avant que de commencer, on ne pouvoit dire que ce fût seulement pour effleurer quelques passages de son livre.

Le lendemain 3 de may, cet arrêt a été signifié au sieur Du Plessis par M. le chancelier, qui l'avoit envoyé querir, et alla au même lieu et en présence des mêmes assistans qui avoient donné le jour précédent leurs avis : sçavoir, messieurs de Rosni, le président de Thou, l'avocat Pithou, le sieur Martin, lecteur et médecin du Roy, qui a tenu la place du sieur Le Fevre, absent; le sieur de Fresnescanaye en la place du sieur président de Calignon, et le sieur Casaubon. A cet arrêt, M. le chancelier a ajouté qu'il ne pouvoit refuser les offres que l'evêque d'Evreux lui faisoit; et au cas qu'il le refusât, il l'assuroit que le Roy étoit resolu de faire examiner son livre en son absence.

Le sieur Du Plessis ayant pour une seconde fois répondu qu'il ne pouvoit pas accepter les offres de l'evêque d'Evreux, et qu'il aimoit mieux que son livre fût condamné en son absence qu'en sa presence : cette

18.

réponse ayant été rapportée au Roy par M. le chancelier, Sa Majesté a ordonné qu'on passeroit outre, et qu'après midy on commenceroit l'examen dudit livre.

Cette nouvelle s'est repandue en même tems dans la cour, que cette conference a rendue très-nombreuse; le sieur evêque d'Evreux en parut le plus fâché, se voyant obligé de combattre contre un absent, et prévoyant que son examen n'apporteroit aucun fruit, d'autant que le sieur Du Plessis ne paroissant pas dans la conference, aucun protestant n'y assisteroit pas. D'un autre côté, plusieurs personnes de la religion prétendue alloient et revenoient chez le Roy et les princes : les uns pour empêcher cet examen, et les autres pour rapprocher les deux athletes. Ce qui a fait changer le Roy d'avis, et a remis la partie au lendemain à sept heures du matin.

L'après-dinée, les sieurs de Castelnau et de Chambret ayant rencontré l'evêque d'Evreux revenant de la chambre du Roy, lui ont temoigné leur peine sur le refus du sieur Du Plessis; et l'un d'eux ayant avancé que s'il lui eût baillé une demie-douzaine des passages pour s'y preparer, peut-être auroit-il accepté la conference; et en cas d'un nouveau refus il auroit fermé la bouche à beaucoup de gens. A quoi l'evêque d'Evreux leur a repliqué qu'il envoyeroit volontiers à M. Du Plessis cinquante passages, s'ils vouloient l'assurer qu'il voulût se trouver demain à la conference. Sur quoi ils ont repondu n'en sçavoir rien.

Dans le même tems, M. le grand, qui avoit ouï l'offre que l'evêque d'Evreux faisoit au sieur Du Plessis, est allé en faire le recit au Roy, qui sur l'heure a envoyé querir l'evêque d'Evreux; et après avoir été assuré de la vérité de cette offre par la bouche dudit evêque, il a commandé aux sieurs de Castelnau et de Chambret d'aller sçavoir du sieur Du Plessis si, au cas que l'evêque d'Evreux lui envoyât tout presentement soixante passages, il s'obligeroit de comparoître demain pour en faire l'examen.

Les sieurs de Castelnau et de Chambret se sont transportez chez ledit sieur Du Plessis, environ huit heures et demie du soir; et après plusieurs debats qui ont duré plus de deux heures, le sieur de Chambret est revenu trouver le Roy, auprès duquel étoit le sieur evêque d'Evreux; et lui a dit que le sieur Du Plessis acceptoit l'offre de soixante passages, à condition que le sieur evêque d'Evreux lui envoyeroit les livres dont ils ont été tirez; et qu'il les eût pendant deux heures, et qu'il se trouveroit demain prêt pour les défendre.

Sur cette réponse, le Roy a commandé à l'evêque d'Evreux d'aller promptement faire la liste desdits soixante passages, et de les lui envoyer avec les livres. Environ les onze heures de nuit, le sieur Du Perron, frere dudit evêque, a porté au Roy soixante un passages, que Sa Majesté a envoyés avec les livres au sieur Du Plessis par le sieur de Sallettes.

Le jeudi 4 de may, l'evêque d'Evreux, vers les six heures du matin, a envoyé querir ses livres, et les a fait porter dans le logis du Roy, pour s'en servir en cas de besoin pendant la conference.

A huit heures, le sieur Du Plessis est venu trouver Sa Majesté, et en lui rendant la liste lui a dit : « Sire, des « soixante passages que le sieur d'Evreux m'a envoyez, « je n'ai eu le loisir d'en vérifier que dix-neuf. De ceux-

« là, je veux perdre l'honneur ou la vie s'il s'en trouve
« un seul faux; je ferai aujourd'hui paroître à Votre
« Majesté que je suis autre qu'elle n'estime. »

Sur cette promesse, le Roy alla lui-même joindre
l'evêque d'Evreux, qui par son ordre l'attendoit dans
la galerie, en compagnie de messieurs le chancelier, de
Rosny, et des deputez, à qui il dit : « M. d'Evreux,
« le sieur Du Plessis n'a eû le loisir de vérifier que dix-
« neuf passages des soixante que je lui ai envoyez, dont
« voici le rôle marqué par le sieur Du Plessis. Avisez
« sur ce que vous avez à faire. »

A quoi ledit sieur evêque, après avoir représenté
très-humblement que le sieur Du Plessis n'avoit pas
exécuté les conditions convenues, néanmoins, pour lui
ôter tout prétexte de reculer la conference ou de la
rompre, il acceptoit l'examen sur les dix-neuf passages
choisis par le sieur Du Plessis, à condition qu'il se
tiendra prêt au premier jour pour l'examen des autres.
Après cette réponse, le Roy a assigné la conference à
une heure après midi, dans la salle du conseil.

Au milieu de cette salle, il y avoit une table assez
longue, au bout de laquelle le Roy s'est assis, à sa droite
l'evêque d'Evreux, et à sa gauche le sieur Du Plessis;
à l'autre bout se sont mis les deux secretaires nommez
pour cet effet par le Roy : sçavoir, les sieurs Pasquier
et Vassaut, pour ledit sieur evêque; et le sieur Des-
bordes-Mercier, pour le sieur Du Plessis. Plus haut, à
main droite du Roy, se sont assis M. le chancelier et
messieurs les commissaires; derrière Sa Majesté ont été
mis les prelats : sçavoir, l'archevêque de Lyon, les
evêques de Nevers, de Beauvais et de Castres; et à
main gauche les quatre secretaires d'Etat; et derrière

les conferans, de chaque côté, les princes de Vaudemont, de Nemours, de Mercœur, de Mayenne, de Nevers, d'Elbeuf, d'Eguillon, de Joinville; les officiers de la couronne, les conseillers d'Etat, et autres seigneurs de qualité de l'une et l'autre religion. Les autres spectateurs, au nombre de plus de deux cens, parmi lesquels il y avoit plusieurs ministres et docteurs catholiques, seculiers et reguliers, étoient tout-à-fait derriere, un peu plus éloignez de la table.

Après les discours, faits assez brievement par M. le chancelier, l'evêque d'Evreux, et le sieur Du Plessis en dernier; après avoir protesté que l'évenement de la presente conference ne pouvoit pas préjudicier à la doctrine des eglises reformées de France, il a mis sur la table le livre en question, imprimé in-quarto, à La Rochelle, par Hierôme Hautain; avec les dix-neuf passages qu'il avoit choisis, entre soixante que le sieur evêque d'Evreux lui avoit envoyez la veille.

Le premier article qui fut examiné est un passage d'Escot sur la transsubstantiation, sur lequel il ne fut rien prononcé, bien que l'evêque d'Evreux soutînt que le sieur Du Plessis avoit pris l'objection pour la solution.

Le deuxiéme, de Durandus; sur lequel M. le chancelier a prononcé que le sieur Du Plessis avoit pris l'objection pour la solution.

Le troisiéme, de saint Chrysostome; sur lequel M. le chancelier a dit que le sieur Du Plessis avoit omis des mots essentiels.

Le quatriéme, du même saint; sur lequel il a été prononcé de même que sur le précédent. Pendant qu'on examinoit ce passage, un jeune ministre, bien avant dans la presse, se fit faire place avec un peu d'émotion, et vint dire aux commissaires que la négation n'étoit pas dans le grec. Casaubon, qui lisoit dans le grec le même passage, la lui montra sur le champ; et alors ce jeune ministre se retira tête baissée. Le Roy, le voyant retiré tout confus, demanda ce que c'étoit. Le sieur de Vitry lui répondit que c'étoit un carabin qui avoit voulu tirer son coup de pistolet, et puis faire sa retraite.

Le cinquiéme, de saint Hierôme; sur lequel M. le chancelier a prononcé que ce passage n'étoit point entier.

Le sixiéme, de saint Cyrille, sur l'adoration de la croix; et il a été dit que ce passage ne se trouvoit pas dans saint Cyrille.

Le septiéme, des textes du code, sur le même sujet; sur lequel il a été prononcé qu'il étoit véritablement de Crinitus, mais que Crinitus s'étoit abusé.

Le huitiéme, de saint Bernard, que l'evêque d'Evreux dit être un composé de plusieurs autres textes du même pere, mais differens les uns des autres; sur lequel M. le chancelier a prononcé qu'il eût été bon que le sieur Du Plessis les eût séparez par un *etc.*

Le neuviéme, de Théodoret sur les images, dans lequel le sieur Du Plessis confondoit les images avec les idoles; sur lequel il a été prononcé que ce passage se devoit entendre des images des chrétiens, et non pas idoles des payens. Etant deja sept heures, la conference a fini, et le Roy en a remis la continuation au lendemain.

Le vendredi 5 de may, le sieur de La Riviere étant allé voir le sieur Du Plessis, l'a trouvé avec de grands vomissemens, et tremblemens de membres ; dont il est allé avertir le Roy, qui lui a commandé d'en instruire M. le chancelier et les commissaires, afin de suspendre la conference. Après diné, Sa Majesté a envoyé visiter le sieur Du Plessis, afin de sçavoir s'il seroit en état de se trouver au lieu de l'assemblée, pour continuer l'examen de son livre. Le président Canaye a été aussi le visiter, et a tâché de lui donner courage, et de ne pas abandonner un ouvrage commencé ; mais le sieur Du Plessis, à cause de son incommodité, n'a rien promis ; et dès le soir du même jour Sa Majesté a licencié messieurs les commissaires.

Le dimanche 7 de may, on eut avis que, le 25 du mois dernier, le contrat de mariage entre le Roy et la princesse Marie de Medicis, fille de François, grand duc de Toscane, et de Jeanne, archiduchesse d'Autriche et reine de Hongrie, avoit été passé au palais de Pity, en presence de Charles-Antoine Putéi, archevêque de Pise, et du duc de Braciano ; que sa constitution est de six-cens mille écus, avec bagues et joyaux ; qu'après que ce contrat a été signé, le *Te Deum* fut chanté dans le palais de Pity, et à l'eglise de l'Annonciade de Florence ; que le même jour la princesse Marie, déclarée reine de France, avoit diné publiquement, assise à table sous un dais, à laquelle son oncle étoit assis plus bas qu'elle ; que le duc de Braciano lui avoit baillé à laver les mains ; et le sieur de Sillery, ambassadeur de France, la serviette. On dit que cette nouvelle a été apportée par le sieur d'Alincourt, qui arriva hier à Fontainebleau, et a donné à Sa Majesté, de la part de la grande duchesse, le portrait de la nouvelle reine, enrichi de pierreries et de diamans.

Le lundy 8 de may, le sieur Du Plessis est revenu à Paris pour prendre soin de sa santé, sans avoir salué le Roy ni M. le chancelier, quoiqu'il l'eût promis à ce dernier.

Le vendredy 12 de may, le Roy est parti de Fontainebleau, et est revenu à Paris.

Le lundy 15 de may, une femme nommée Nicole Mignon a été conduite en prison par le prevôt de l'hôtel. On dit qu'elle est sorciére, et soupçonnée d'avoir cherché occasion d'empoisonner le Roy.

Le 16 et les jours suivans, il a été fort parlé de travailler à la promulgation du concile de Trente, et de rappeller les jesuites dans Paris, lesquels en ont été chassez par arrêt du parlement. Mais parce que le Roy ne sçavoit pas encore s'il auroit la paix ou la guerre avec le duc de Savoye, ces deux affaires ont été renvoyées à un autre tems opportun; et cela contre les avis de M. le chancelier et de M. de Villeroy, qui pressoient grandement la consommation de ces deux grandes affaires.

Le mercredy 24 de may, le sieur Brulart de Sillery est parti pour aller à Chambery, pour sommer, de la part du Roy, le duc de Savoye pour l'exécution du dernier traité fait à Paris, concernant l'option de restituer le marquisat de Saluces, ou l'échange qui lui fut proposé.

[JUIN.] Le vendredy 2 du mois de juin, la nommée Nicole Mignon a été brulée vive en la place de Gréve. Elle étoit femme d'un cuisinier, et depuis quelque tems elle avoit travaillé de faire placer son mari dans la cuisine du Roy, pour prendre de-là occasion d'avoir l'en-

trée de cette cuisine, et empoisonner quelques mets
destinez pour le Roy. Mais après avoir travaillé inutilement, elle s'adressa au comte de Soissons, grand-
maître de France; et ayant trouvé un jour l'occasion
de lui parler, elle lui dit qu'il étoit en lui d'être le plus
grand prince du monde. Le comte, étonné de cette
proposition, et voulant sçavoir en particulier les moyens
que cette femme lui proposeroit, lui dit de revenir une
autre fois. Cependant ledit comte fut en avertir le
Roy, et requit Sa Majesté de lui donner un homme de
confiance, qu'il placeroit dans son cabinet pendant
que la Nicole Mignon lui parleroit dans sa chambre.
Le Roy ordonna au sieur de Lomenie de faire ce que
le comte lui diroit. Cette femme étant revenue voir le
comte de Soissons, il la fit monter dans sa chambre,
et lui demanda par quels moyens elle le vouloit rendre
le plus grand prince du monde. Elle lui dit qu'en em-
poisonnant le Roy il seroit le maître de choisir ce qu'il
voudroit, et que c'étoit pour cela qu'elle cherchoit
quelqu'un qui voulût introduire son mary dans la cuisine du Roy. Après qu'elle eut achevé de parler, le
comte de Soissons la fit mettre entre les mains du pré-
vôt de l'hôtel, où elle fut interrogée et mise à la question; et après plusieurs variations le sieur de Lomenie
lui ayant été presenté, et après avoir ouï de sa bouche tout ce qu'elle avoit dit au comte de Soissons, elle
avoua son crime, qu'elle vient d'expier par le feu.

Le lundy 5 de juin, est parti pour la Savoye le marquis de Roucas, pour porter à son maître la derniere
réponse du Roy sur la moderation du dernier traité de
Paris, que le duc de Savoye demandoit; avec ordre de
dire à son maître que ce qu'il demandoit n'étoit pas

raisonnable : mais qu'il devoit exécuter ce qu'il avoit
promis à Paris, et par ses propres lettres depuis son
depart.

En ce mois ont paru plusieurs écrits sur la conference du quatriéme du mois dernier, tenue à Fontainebleau à l'occasion du livre du sieur Du Plessis. On
y trouva une plainte amere de la préference que Sa
Majesté donnoit à l'evêque d'Evreux ; d'une lettre
écrite par le Roy (1) au duc d'Epernon le lendemain
de la conference, dans laquelle on lit : « Mon ami, le
« diocése d'Evreux a vaincu celui de Saumur. » Lettre
qui a été rendue publique, et prônée dans quelques
paroisses, laquelle on peut appeler une étincelle de
feu. Quant au sieur Du Plessis, il le compare à une
mouche qu'on a pris pour un éléphant ; mais cette
illusion passera, puisque des neuf passages examinez
dans cette conference on n'a pas trouvé aucune fausseté ni à juger, ni jugée. Cependant on ne doit point
douter que les cinquante passages proposez par le sieur
evêque d'Evreux ne lui fussent les plus favorables,
puisqu'il les avoit mis à la tête de la bataille.

Un autre imprimé, en réponse de ce premier, dit
qu'à la verité les neuf passages examinez dans cette

(1) *D'une lettre écrite par le Roi :* « Mon ami, écrivoit le Roi, le dio-
« cese d'Evreux a gagné celui de Saumur ; et la douceur dont on y a
« procédé a ôté l'occasion, à quelque huguenot que ce soit, de dire
« que rien y ayt eu force que la vérité. Le porteur y étoit, qui vous
« contera comme j'y ai fait merveilles. Certes c'est un des grands
« coups, pour l'Eglise de Dieu, qui se soit fait il y a longtems. Sui-
« vant ces erres, nous ramenerons plus des separez de l'Eglise en un
« an, que par une autre en cinquante. Il a ouï les discours d'un cha-
« cun, qui seroient longs à discourir par écrit ; et vous dira la façon
« que je suis d'avis que mes serviteurs tiennent pour tirer fruit de

conference peuvent être regardez comme une mouche, parce que le sieur Du Plessis se retira; mais s'il étoit demeuré, cette mouche seroit devenue un éléphant des plus grands, vû la quantité et la qualité des faussetez de son livre, qui eussent grossi si monstrueusement qu'à peine on eût pû l'exprimer par le mot d'éléphant, mais bien l'exprimer par un autre animal beaucoup plus gros.

Le mercredy 28 de juin, un courier envoyé par le sieur de Lesdiguieres a porté la nouvelle que le duc de Savoye ne paroissoit pas être dans l'intention de restituer le marquisat de Saluces; que pour cet effet il avoit envoyé vers le Pape, et vers plusieurs princes et republiques d'Italie, leur faire entendre qu'il avoit été forcé au traité de Paris. Sur ce, Sa Majesté a écrit au duc qu'elle partoit pour Lyon, où elle attendroit l'effet de ses promesses; après quoi il penseroit aux moyens de les faire effectuer, et que c'étoit le dernier avis qu'il auroit de sa part.

En ce mois, le Roy est parti pour aller à Moulins, et de-là à Lyon, pour attendre la derniere réponse du duc de Savoye sur l'affaire du marquisat de Saluces.

[JUILLET.] Au commencement de ce mois, la marquise de Verneuil est accouchée d'un enfant mort. Elle avoit sollicité par plusieurs lettres le Roy de revenir à Paris pour être present à ses couches, croyant que si

« cette œuvre. Bon soir, mon ami; sachant que vous en aurez du
« plaisir, vous êtes le seul à qui je l'ai mandé.
« Ce sixiéme may, à Fontainebleau. *Signé* HENRY. »
Et au-dessous : « A mon cousin le duc d'Espernon. »

en sa presence elle faisoit un garçon, le Roy l'épouse-roit. Dans cette esperance, la foudre est tombée dans la chambre de cette marquise : dont elle a été si ef-frayée que son enfant en est mort.

Le vendredy 21 de juillet, on a reçû avis de Lyon que le Roy y étoit arrivé le neuviéme du même mois ; que le même soir de son arrivée, la femme du gouver-neur, dans la maison duquel il étoit logé, avoit accou-ché d'une fille que Sa Majesté avoit voulu tenir sur les fonts, et l'a nommée Henriette ; que le samedy quin-ziéme du même mois, l'archevêque de Tarantaise, les marquis de Lullins et de Roncas, ambassadeurs du duc de Savoye, y étoient arrivez, et avoient assuré le Roy que le duc leur maître étoit prêt de rendre le marqui-sat de Saluces ; mais qu'il le supplioit d'en accorder l'investiture à l'un de ses enfans. A quoi le Roy avoit répondu que le duc leur maître ne lui donnoit pas oc-casion de lui accorder cette liberalité ; qu'il étoit mal content des difficultés qu'il faisoit tous les jours sur leur accord ; que s'il ne le vouloit point exécuter de ce jour jusqu'au sixiéme du mois d'août prochain, il de-voit se préparer à se bien défendre ; que le marquis de Roncas étoit allé en diligence porter cette réponse à son maître, et étoit revenu incontinent assurer Sa Ma-jesté que le duc de Savoye ne desiroit que la paix, et avoit ordre de traiter de quelle maniere se devoit faire cette restitution. Le Roy avoit reçû agréablement cette réponse, et avoit nommé les sieurs de Sillery et Jeanin pour traiter avec les ambassadeurs de Savoye, avec lesquels ils avoient accordé les principaux articles de la restitution du marquisat de Saluces : mais ceux ci s'ex-cuserent de le signer, qu'auparavant leur maître les eût vûs. Sur quoi le marquis de Roncas repartit pour les porter au duc de Savoye.

[aoust.] Extrait de quelques lettres de Lyon, sur les affaires du marquisat de Saluces.

Le lundy 7 d'août, le Roy apprit que le duc de Savoye avoit refusé les dernieres conditions acceptées par ses propres ambassadeurs; il donna ordre au maréchal de Biron d'assembler les troupes qu'il commandoit en Bourgogne, et de les faire avancer : comme aussi au sieur de Lesdiguieres d'assembler celles qui étoient en Dauphiné.

Le vendredy 11 d'août, fut publiée la déclaration de guerre contre le duc de Savoye, dans laquelle le Roy informe le public qu'il est contraint d'employer ses armes pour avoir raison du marquisat de Saluces, que ledit duc a pris et usurpé sur la couronne de France en tems de paix, du vivant de feu Henri III, prédecesseur de Sa Majesté : déclarant à tous ceux qu'il appartiendra avoir recours à ce reméde, à grand regret et contre son cœur, pour le singulier desir qu'il avoit de regner en paix, et vivre en bonne amitié avec ses voisins, etc.

Le même jour il commanda au maréchal de Biron d'aller attaquer Bourg en Bresse, et de commencer la guerre; et lui-même est parti le même jour de Lyon, pour se rendre à Grenoble.

Le dimanche 13 d'août, le maréchal de Biron surprit la ville de Bourg en Bresse par le moyen de deux petards, qui lui ouvrirent deux portes de la ville. Ses troupes y étant entrées, ont contraint la garnison de se retirer dans la citadelle, dans laquelle il la tient bloquée.

Le mardy 15 d'août, fête de l'Assomption de la Vierge, le Roy fit ses devotions dans la grande eglise de Grenoble, et a touché plusieurs malades.

Le soir du même jour, Calatagironne, patriarche de Constantinople, arriva à Grenoble, parla au Roy à la sortie des vêpres, et le pria de vouloir s'en tenir au traité de Paris. A quoi le Roy lui répondit que le duc n'ayant pas voulu effectuer les promesses qu'il avoit signées à Paris, il n'étoit plus obligé de les observer; qu'il ne desiroit rien tant que la paix, pourvù qu'on lui rendît le sien. Le patriarche ajouta qu'il voulût du moins consentir à une cessation d'armes. « Cela ne se « peut, repliqua le Roy; je ne veux plus être le sujet « de ses mocqueries. Je sçais qu'il attend un grand se- « cours d'Espagne : je dois le prevenir. »

Le lendemain, le Roy permit aux officiers du parlement de Grenoble qui voudroient se retirer, d'aller où ils voudroient; et mit d'autres à leurs places, et nomma Pierre Lubert, maître des requêtes, pour rendre la justice.

Le jeudy 17 d'août, les sieurs de Lesdiguieres et de Crequy son gendre ont surpris la ville de Montmelian, et obligé la garnison de s'enfermer dans le château. Le Roy étant entré dans la ville, donna ordre au sieur de Grillon d'aller s'emparer des fauxbourgs de Chambery, capitale de Savoye.

Le dimanche 20 d'août, la ville et les fauxbourgs de Chambery se sont rendus au Roy.

Le mercredy 23 d'août, le Roy est entré dans Chambery, et a accordé à la garnison du château d'en sortir l'enseigne déployée, tambours battans et bagues sauves, si elle n'étoit secourue dans huit jours.

Le vendredy 26 d'août, le Roy est parti de Chambery, et arrivé le lendemain sur le midy à Conflans, où il trouva que le sieur de Lesdiguieres avoit déja abbattu par le canon un pavillon, et fait une grande ouverture à la courtine. A l'arrivée du Roy, l'artillerie a doublé ses coups : ensorte qu'après avoir tiré cinquante coups de canon, les assiegez ont demandé de capituler. Le Roy leur a accordé la vie sauve, et par grace leur a fait rendre leurs armes et leur bagage, à condition qu'ils ne porteront point les armes de douze jours ; et s'est contenté des drapeaux.

Vers la fin de ce mois, a paru une relation de l'horrible entreprise de deux freres de la maison de Gowry contre le roy d'Ecosse, qui ont voulu par la mort de ce roy venger celle de leur pere, exécuté pour crime de léze-majesté.

Le cinquiéme jour du mois d'août de cette année, Jacques, roy d'Ecosse, étant sorti de son château de Falkland pour aller à la chasse du cerf, fort peu accompagné selon sa coutume, n'ayant avec lui que deux seigneurs de sa cour, le duc de Lenox et le comte de Mar ; dans le moment qu'il sortoit de son palais, Alexandre Ruthuen, puîné du comte de Gowry, vint le trouver ; et le tirant à part, lui dit qu'il desiroit lui communiquer un grand secret qu'il n'osoit communiquer à son frere aîné, ni à autre qu'à Sa Majesté. Le Roy l'écouta courtoisement ; et alors le jeune comte de Gowry lui dit et l'assura que Dieu avoit mis en ses mains le moyen de subvenir aux nécessitez où Sa Majesté étoit engagée, ayant de bonheur rencontré un homme inconnu qui sçavoit un grand trésor, et qu'il l'avoit renfermé et lié dans une chambre, au logis de son frere aîné, dans la ville de Perth, distante de cinq lieues de-là ; et qu'il ne craignoit rien tant que ce secret vînt à la connoissance de son frere, d'autant qu'il pourroit s'emparer de l'homme et du trésor : suppliant très humblement le Roy ne reveler cette affaire à personne quelconque, et qu'il voulût quitter la chasse, et renvoyer sa compagnie, sinon deux ou trois de ses domestiques, pour en toute diligence marcher en ladite ville.

Le Roy crut d'abord que ce jeune homme étoit aliéné de son sens, et qu'il lui contoit quelque imagination ; mais voyant qu'il parloit de jugement rassis, et juroit être vrai ce qu'il lui avoit dit, il lui promit qu'après avoir chassé une ou deux heures il prendroit le chemin de Perth, avant que retourner en son palais.

Sur les dix heures du matin, le Roy remit la chasse au lendemain ; en même tems le jeune comte de Gowry revint trouver Sa Majesté, lui témoignant une grande peine qu'elle eût tant tardé ; et sans lui donner le loisir d'attendre ses gens, il lui persuada de prendre le chemin de Perth. Le Roi n'avoit alors ni épée ni dague, mais seulement sa trompe au col, qu'il portoit pour la chasse.

Dans cet état il s'achemine vers Perth avec le jeune comte. Cependant les seigneurs de Lenox et de Mar s'appercevant que le Roy avoit quitté la chasse, ébaïs de cette résolution à eux inconnuë, courent après lui sans attendre leurs serviteurs, qui étoient égarés dans les bois ; quelques autres à la file prirent le même chemin : ensorte qu'arrivant à Perth, le Roy n'avoit que quatorze ou quinze seigneurs, qui mirent pied à terre avec lui. Pendant tout le chemin le jeune comte se tint toujours auprès du Roy, et ne communiqua à personne le sujet de ce voyage; sinon au duc de Lenox, auquel il dit à l'oreille qu'il alloit voir un grand trésor, et qu'il eût à se tenir auprès de lui quand il le verroit.

Pendant ce voyage les serviteurs du Roy s'apperçurent que le visage du jeune comte étoit troublé; le Roy commença d'entrer dans quelque soupçon. Mais les faveurs qu'il avoit faites à ce jeune comte et à son frere dissiperent entierement ses soupçons. Lorsqu'il fut près de la porte de la ville, l'aîné comte de Gowry vint au-devant, accompagné de quarante ou cinquante gentilshommes, s'excusant sur ce qu'il avoit ignoré qu'il dût venir ce jour-là; et après plusieurs reverences le conduisit en son logis, où après quelques discours indifferens on lui servit un fort petit dîner.

Sur la fin du dîner, Jean l'aîné, comte de Gowry, pour mieux jouer la tragedie convia à dîner les seigneurs de Lenox et de Mar, mais dans une autre salle, laissant le Roy seulement accompagné des gens du comte et de son frere Alexandre; lequel voyant l'occasion d'executer sa conspiration, dit au Roy qu'il étoit bon qu'il allât voir le trésor et l'homme qui le gardoit: à quoi il s'accorda aisément. Le jeune comte conduisit le Roy par une belle gallerie; de-là le conduisit dans une chambre dont il ferma la porte, puis dans une seconde et troisiéme chambre, dont il ferma aussi les portes. Là ayant ouvert un cabinet, sortit un homme armé. « Voilà, dit Alexandre au Roi, le trésor que j'a- « vois promis vous montrer. » Et enfonçant audacieusement son chapeau dans la tête, lui porte le poignard à la gorge, en lui disant : « Te souviens-tu du meurtre

19.

« de mon pere ? Ta conscience t'accuse maintenant de
« son sang innocent ; c'est à cette heure que j'en auray
« vengeance. Tu mourras. »

Le Roy, bien étonné, lui dit doucement : « De quoi
« vous servira mon sang ? et que gagnerez-vous par
« ma mort ? J'ai des enfans pour heritiers : mon peuple
« ruinera vous et votre maison de fond en comble,
« et votre memoire sera pour toujours en abomina-
« tion. Quant à Guillaume votre pere, il mourut par
« voye de justice, convaincu de crime de leze-majesté,
« lorsque j'étois encore mineur ; et toutes ses terres et
« seigneuries qui me furent acquises et confisquées pour
« crime, étant devenu majeur je les ai remises ès mains
« de votre frere, et rendu votre maison plus illustre.
« Il vaut mieux oublier tout ce qui s'est passé : je vous
« promets en foy et honneur de roy de ne m'en sou-
« venir jamais. »

Ces paroles, la presence d'André Hendern, qui étoit
l'homme qui devoit servir de bourreau, et qui cependant avoit empêché Alexandre de tuer le Roy, ou le
respect que la majesté des rois imprime ordinairement
aux sujets, rendirent comme immobile le jeune comte.
Il tire son chapeau, entre dans son devoir, et promet au
Roy de le renvoyer sain et sauf, pourvû qu'il ne crie
pas, et qu'il attende qu'il aille querir son frere Jean
pour lui parler. Envain le Roy lui représente qu'il n'a
rien à faire avec son frere, et que la promesse qu'il
vient de lui faire lui est inutile pendant qu'il le retient
honteusement en prison : Alexandre lui promet encore
la vie, pourvû qu'il demeure en repos jusques à son retour ; mais auparavant d'aller parler à son frere, il recommande à André Hendern de garder étroitement le Roy.

Pendant que le jeune comte alloit parler à son frere, le Roy pria son garde d'ouvrir la fenêtre ; et s'il voyoit quelque gentilhomme de sa suite, de lui ordonner de venir. Ensuite il lui demanda s'il avoit quelque part dans cette conspiration. Hendern lui répondit qu'il n'y avoit aucune part : ce que Sa Majesté avoit pû connoître par les exhortations qu'il avoit faites à Alexandre de ne le pas tuer. Dans le même tems le jeune comte envoye un homme à son frere, qui dînoit avec les ducs de Lenox et de Mar, pour leur dire que le Roy étoit sorti de la maison par la petite porte de derriere pour s'en retourner. Ce que ces deux seigneurs ayant entendu, ils coururent prendre leurs chevaux pour suivre le Roy. Mais le portier, qui ignoroit le dessein de son maître, et qui n'avoit point vû sortir le Roy, les assura que le Roy étoit encore dedans

Dans ces entrefaites, Alexandre tire à part son frere, et lui dit ce qui s'étoit passé, et que le Roi étoit en vie. « Quoi ! il est encore en vie, lui répond son frere en « colere ? » A ces paroles, Alexandre s'anime d'une nouvelle fureur, et retourne vers le Roy, et lui dit qu'il falloit qu'il mourût ; et pour cet effet sortit de sa poche un cordon de soye pour lui lier les bras (croyant que dans ce parricide il devoit observer les formes du droit). Mais le Roy, conservant dans ce danger son courage, lui dit : « Traître, tu mentiras, et ne me lie- « ras point les bras. Je suis né et j'ai vécu en prince « libre, et je mourrai en liberté de corps et d'esprit. » Et voyant que Gowry mettoit la main à l'épée, il l'em- poigna de telle sorte qu'il ne la pût dégainer, et d'une autre main le prit au gosier, et le contraignit de de- meurer coy : ensorte qu'après un debat entre le Roy

et Gowry le Roy ayant eu le dessus, s'approcha de la
fenêtre à demi ouverte ; et ayant apperçû les ducs de
Lenox et de Mar qui attendoient leurs chevaux, il cria
à l'assassin !

Ces deux seigneurs ayant entendu le cry du Roy,
accoururent vîtement au même endroit par où Sa Majesté avoit monté à la chambre ; mais trouvant les portes
fermées, ils s'empresserent de faire apporter des mar-
teaux pour les rompre. En même-tems Jean Gowry,
qui attendoit la fin de la conjuration, faisant semblant de n'en sçavoir rien, s'étoit armé pour punir le
coupable, lorsque Thomas Areskin, un des serviteurs
du Roy, qui avoit entendu la voix de son maître, se
jetta sur Jean Gowry, le mit sous ses pieds, et l'auroit
tué si quelques serviteurs du comte ne fussent venus
à son secours.

Pendant que cette tragedie se passoit dans la cour
du logis, le Roy après beaucoup de débats avoit renversé par terre Alexandre, et lui tenoit le pied sur le
ventre, lorsqu'un gentilhomme appellé Ramesay, qui
avoit été un de ses pages, se ressouvenant qu'il y avoit
un autre escalier pour monter à la chambre du Roy,
courut le trouver ; et voyant que le Roy tenoit à terre
son adversaire, lui donna un coup de couteau dans le
ventre. Ramesay fut suivi d'Areskin et de Hugues His ;
et étant arrivés dans la chambre ils donnerent plusieurs coups à Alexandre, et le jetterent par l'escalier.

En même-tems le comte Jean Gowry entre dans
la chambre, armé de pied en cap, portant deux épées
en ses mains, accompagné de sept ou huit satellites,
jurant qu'ils passeroient au fil de l'épée tous ceux qu'ils
trouveroient. Le Roy le voyant, encouragea sa petite

troupe; le combat recommença, et Ramesay donna un coup d'épée à travers du corps de Jean Gowry, dont il mourut sur la place; et chassa les satellites, dont plusieurs furent blessés.

Les seigneurs de Lenox et de Mar ayant employé plus de demie-heure à forcer les portes, arriverent enfin à la chambre du Roy, croyant le trouver mort; ils furent saisis de joye, le voyant hors de peril, et les corps des deux Gowry percés de plusieurs coups.

Le Roy se mit à terre à deux genoux, et remercia Dieu, qui par sa grace l'avoit délivré d'un si imminent danger.

Le bruit de la mort de ces deux freres s'étant répandu bien-tôt après dans la ville sans qu'on en sçût le sujet, une grande multitude de peuple accourut de tous les quartiers, et environna la maison de toutes parts, et faisoit craindre une sédition. Le Roy pour la prévenir parut à la fenêtre, et faisant signe de la main appaisa le tumulte; il appella à haute voix le magistrat de la ville, auquel après lui avoir exposé le fait il bailla en garde et la maison et les corps de ces miserables parricides, jusques à tant qu'il en fût ordonné par la justice.

[SEPTEMBRE.] Le dimanche 10 de septembre, fut faite une procession génerale à Notre Dame pour la prospérité des armes du Roy, pour la conservation de sa personne, et pour l'acheminement de son mariage avec la serenissime princesse Marie de Medicis, niece du grand duc de Florence.

Le lundy 18 de septembre, les reglemens faits par Renaud de Beaune, archevêque de Bourges, grand au-

mônier du Roy, pour la reformation des abus qui s'é-
toient glissés dans l'Université de Paris pendant les
dernieres guerres, et qui avoient été vérifiés en parlement, ont été lûs et reçûs dans une assemblée de l'Université tenuë ce jourd'hui dans le couvent des Mathurins, à laquelle ont assisté, de la part du parlement,
Jacques-Auguste de Thou, président; Lazare, Coque-
lier, et Edouard Molé, conseillers en la même cour;
Marc Gigor, recteur de l'Université; René Benoît,
nommé à l'evêché de Troyes, doyen de la Faculté de
théologie; les doyens des autres Facultés, les procureurs
des nations, et un grand nombre de docteurs. Le président de Thou étoit assis sur un siege plus élevé que
les autres.

Un de ces reglemens porte qu'attendu que la Faculté
de théologie a été par le passé l'origine de grands
maux, il est statué que tous les etrangers qui étudie-
ront dans cette Faculté jureront, avant d'être admis à
aucun grade, qu'ils se soumettent aux loix du royaume,
d'obéir au Roy et à ses magistrats, et de ne jamais rien
entreprendre contre la France; que s'il arrive le contraire, le syndic, le président et le candidat seront
chassés de la Faculté.

Le dimanche 24 de septembre, fut chanté un *Te
Deum* pour rendre graces à Dieu de la reddition du
fort de Charbonnieres dans la Morienne. Le Roy envoya les drapeaux qui furent trouvés dans la place à
Lyon, à madame la marquise de Verneuil, qui les fit
exposer en la grande eglise de Saint Jean.

Le mercredy 27 de septembre, on a reçu avis que
le Roy, étant à Grenoble, avoit trouvé dans sa chambre
un billet qui l'avertissoit que Chazeul et Dubourg,

deux gentilshommes lyonnois, cherchoient l'occasion
d'attenter sur sa personne. Le Roy ayant lû ce billet,
et appris que plusieurs autres semblables avoient été
trouvés dans les appartemens, reconnut que l'envie
avoit inventé cette calomnie contre ces deux gentilshommes. Il appela sur le moment Chazeul, qui étoit
alors à sa suite; lui montra le billet, et l'assura en
même-tems que ce billet ne lui donnoit pas le moindre
soupçon ni défiance de sa fidélité. Dubourg, qui étoit
à Lyon, ayant appris cette nouvelle, suspendit la levée
de son regiment, et se rendit en poste auprès du Roy,
nonobstant que Sa Majesté lui eût fait écrire qu'il ne
doutoit pas de sa fidélité. Il se présenta au Roy à la fin
de son dîner, qui dès lors qu'il le vit lui demanda
pourquoi il étoit venu? « Sire, répondit Dubourg, le
« bruit court à Lyon que j'ai voulu tuer Sa Majesté : je
« viens lui apporter ma tête. — Non, repartit le Roy,
« je n'ai pas crû ni ne croirai jamais les avis que les
« envieux me donnent. Retournez à Lyon, achevez
« votre regiment, amenez le en diligence ; c'est la plus
« grande punition que vous puissiez donner à des en-
« nemis inconnus : car il n'y a plus grand tourment
« pour un ennemi envieux que de bien faire. »

[OCTOBRE.] Par une relation imprimée du mariage
de Marie de Medicis notre nouvelle reine, on a appris
que, le vingtiéme du mois dernier, le sieur de Bellegarde, grand ecuyer de France, étoit arrivé à Livourne, portant de la part du Roy la procuration au
grand duc de Florence, afin d'épouser au nom de Sa
Majesté la reine Marie de Medicis. Il étoit accompagné
de quarante gentilshommes françois.

Le 27, il entra dans la ville de Florence avec ces quarante gentilshommes, ausquels se joignirent Antoine de Medicis, et un grand nombre de chevaliers florentins qui l'étoient allé recevoir dans la place qui est devant le palais de Pisy. Il rencontra le grand duc de Florence, auquel il notifia en peu de paroles le sujet de son arrivée. Le soir du même jour, il fit la reverence à la Reine, et lui presenta les lettres de Sa Majesté.

Le 29, il presenta au grand duc la procuration que le Roy lui envoyoit.

Le lundy 2 du mois d'octobre, le duc de Mantoue arriva aussi à Florence, pour assister au mariage de la Reine sa belle-sœur.

Le mardy 3, l'ambassadeur de Venise s'y rendit aussi.

Le mercredy 4, le cardinal Aldobrandin, neveu et legat de Sa Sainteté, qui devoit donner la bénédiction nuptiale, fit son entrée dans Florence. Le grand duc alla le recevoir à la porte de la ville : il y entra à cheval, sous un poële porté par huit jeunes gentilshommes florentins, précédé de tous les corps ecclesiastiques et seculiers, et suivi de seize prelats, et de cinquante gentilshommes portans des hallebardes. Lorsqu'il fut arrivé près de l'eglise, il descendit de cheval, et se mettant à genoux baisa la paix qui lui fut presentée; puis il entra dans l'eglise, où ayant fait sa priere il alla au palais ducal.

Le même jour après le souper, le legat, en presence du grand duc, des ducs de Mantoue et Bracciano, des princes Jean et Antoine de Medicis, du sieur de Bellegarde, ambassadeur de France, representa à la

Reine le grand contentement que le Pape avoit de ce mariage. Sur quoi la Reine, émue de joye, remercia très-poliment et très-majestueusement Sa Sainteté.

Le jeudy 5 d'octobre, le legat dit la messe; et après l'Evangile il s'assit sous un poële de drap d'or rehaussé de trois dégrez, disposé du côté droit de l'autel, où étant assis, le sieur de Bellegarde fut prendre la Reine qui étoit sous un autre poële avec le grand duc, et la conduisit à la main droite du legat, et le grand duc à la gauche; puis le grand duc presenta la procuration qu'il avoit pour épouser au nom du Roy la Reine. Cette procuration fut lue par deux prelats, et ensuite celle que le legat avoit du Pape pour cet office. Cela fait, les épousailles furent célébrées au bruit du canon. Après la messe on baptisa un fils du grand duc, que les ambassadeurs de la republique de Venise porterent au nom d'icelle.

Le soir du même jour, il y eut au palais un bal magnifique, qui fut suivi d'un souper exquis et superbe. La Reine avoit à son côté droit le legat du Pape, le duc de Mantoue, et le grand duc de Florence; et à son côté gauche, les duchesses de Mantoue, de Toscane et de Bracciano. Le sieur de Virginio Ursini, duc de Bracciano, servit d'ecuyer; et don Jean, frere du grand duc, d'echanson.

Les vendredy, samedy et dimanche suivans furent employez en chasses, joûtes, courses de bagues, courses de chevaux, et autres divertissemens.

Le lundy 9 d'octobre, il fut joué une comedie en cinq actes, dont les représentations, les machines et l'exécution coûterent soixante mille écus.

Le lendemain, le cardinal Aldobrandin partit pour se rendre à Chambery.

Le vendredy 13 d'octobre, la Reine, accompagnée de la grande duchesse de Florence, de la duchesse de Mantoue sa sœur, de dom Antonio son frere, du duc de Bracciano, et du sieur de Bellegarde, grand ecuyer, partit pour venir en France.

Le mardy 17, elle arriva à Livourne, où on lui fit une entrée magnifique.

Le lendemain, elle s'embarqua dans la galere générale du grand duc, une des plus belles et des plus riches qui ayent encore paru sur mer. Elle étoit suivie de cinq galeres du Pape, de cinq galeres de Malthe, et de six du grand duc son oncle.

Le 19, elle arriva au port d'Esperies, où les ambassadeurs de la seigneurie de Gennes la vinrent saluer, et lui offrir leurs galeres.

Le même jour elle arriva à Portofino, où elle fut contrainte de sejourner quelques jours, à cause du mauvais tems. Lesdits ambassadeurs la presserent de prendre terre, et d'aller à la ville voisine pour mettre en sureté sa personne contre la tempête, qui étonnoit les mariniers. Elle le refusa toujours, répondant que le Roy ne l'avoit point commandé.

Le samedy 28 d'octobre, elle partit de Portofino, arriva à Savonne; le lendemain à Antibe, puis à Sainte Marie.

Le lundy 30 d'octobre, elle arriva à Toulon, où elle prit terre, et sejourna deux jours.

[NOVEMBRE.] Le vendredy 3 de novembre, la Reine arriva à Marseille vers les cinq heures du soir. On avoit

dressé une gallerie depuis le port jusqu'au palais, où
elle devoit loger. En sortant de sa galere, elle monta
sur cette gallerie, où M. le chancelier la reçût, et lui
dit les ordres qu'il avoit du Roy. Les consuls de la ville,
accompagnez de la bourgeoisie, lui presenterent à genoux deux clefs d'or de la ville, enchaînées du même
métail; puis elle fut conduite sous un dais fort riche
au palais, ayant autour d'elle les cardinaux de Joyeuse,
de Gondy, de Givry et de Sourdis, avec plusieurs
evêques. Le connetable, qui la conduisoit, marchoit
devant elle; et après elle madame la chanceliere, et
autres grandes dames.

Le samedy 4 de novembre, M. le chancelier, messieurs du conseil, les maîtres des requêtes, et les premiers officiers de la chancelerie, se sont rendus à la
grande sale du logis de la Reine. Un moment après Sa
Majesté y est entrée, conduite par M. le connetable;
madame la grande duchesse, par M. de Guise; madame la duchesse de Mantoue, par M. le grand. La
cour du parlement de Provence s'y étant aussi rendue
pour faire la reverence à la Reine, M. Du Vair, premier président de cette cour, lui a fait cette belle harangue qui est entre les mains du public. Le même
jour elle reçut de la part du Roy un riche et superbe
carosse.

Le dimanche 5 de novembre, les principales dames
de la ville eurent l'honneur d'entrer dans sa chambre
à son lever, et d'assister à sa messe, qui fut célébrée
dans une chapelle préparée près la grande salle royale.
C'est peut-être la premiere fois que la Reine a vû une
cour si superbe.

Le jeudy 16 dudit, madame la grande duchesse sa

tante, madame la duchesse de Mantoue sa sœur, prirent congé de la Reine pour retourner à Florence, sur les mêmes galeres qui les avoient portées en France.

Le même jour, la Reine partit pour aller à Aix, où elle arriva vers les quatre heures du soir.

Le dimanche 19, elle fit son entrée à Avignon, accompagnée de deux mille cavaliers qui avoient été au-devant d'elle. Cette ville s'est distinguée par la pompe des arcs de triomphe, et des théatres élevez en certaine distance dans les rues par où la Reine passa, ornez magnifiquement, et chargez de devises et d'emblêmes à la louange du Roy, de la Reine et de la France. Elle fut haranguée de la part du clergé par François Suarés, dans laquelle harangue lui ayant souhaité un dauphin avant l'an revolu, la Reine lui répondit : *Pregate Iddio accio me faccia questa grazia.*

Le lundy 20 de novembre, les corps de la ville d'Avignon lui firent un present de cent cinquante medailles d'or, sur lesquelles étoient sculptées d'un côté l'image de la Reine, et au revers la ville d'Avignon; et en d'autres, l'image du Roy.

Le mardy 21 de novembre, la Reine avec sa sœur se rendit à la grande salle du palais de Rouvre, pour entendre un concert auquel le legat d'Avignon l'avoit invitée. Ce concert fut suivi d'un bal; et à la fin du bal, lorsqu'un chacun pensoit de se retirer, on fut surpris de voir tomber en un même instant toutes les tapisseries de cette salle, qui découvrirent une magnifique collation dressée sur trois tables autour de la salle, couvertes de toutes sortes d'animaux, de fruits, de poissons, et de statues des déesses et des empereurs en sucre, qui après la collation furent données aux dames.

Au commencement de ce mois mourut madame la duchesse d'Aiguillon. Son corps, après avoir demeuré quelques jours en depôt dans l'eglise des Augustins, fut transporté le sixiéme du même mois à la ville de Soissons, pour y être enterré.

Le jeudi 29 de novembre, on eut avis que le cardinal Aldobrandin, envoyé par le Pape pour moyenner la paix, avoit passé à Montmelian; qu'à son arrivée dans cette citadelle, qui avoit déja capitulé, le duc d'Epernon l'avoit reçû au milieu du pont, au bruit de toute l'artillerie. De Montmelian il étoit allé à Chambery, accompagné des ducs de Soissons, de Montpensier, d'Aiguillon, et d'autres princes et seigneurs; qu'à son approche de Chambery, les evêques d'Evreux et de Bayonne (1) étoient sortis de la ville en habits pontificaux pour le recevoir; mais que le legat en ayant été averti, avoit envoyé promptemènt au-devant de ces deux prélats, pour les prier et puis leur ordonner de quitter ces habits pontificaux, qui sont des marques de jurisdiction : ne pouvant permettre qu'il y eût auprès de lui (qui étoit envoyé avec pleine puissance de la part du Pape) d'autre qui portât les marques de jurisdiction, parce qu'en la présence d'un legat toute jurisdiction episcopale cesse.

Les deux evêques répondirent à l'envoyé du legat que le droit qu'il demandoit étoit peut-être en vigueur en Italie; mais qu'en terre de France, où ils étoient depuis les conquêtes de leur roy, ils ne pouvoient obéir sans donner atteinte à la dignité de l'episcopat, et être blâmés de leurs confreres; qu'ils ne tenoient point cette

(1) *Les evêques d'Evreux et de Bayonne :* Jacques Davi Du Perron et Bertrand Deschaux.

jurisdiction du Pape, mais de Jesus-Christ; et qu'ainsi ils ne pouvoient ni ne vouloient, même en présence du prélat, renoncer à ce droit divin.

Pour prevenir les fâcheuses suites de cette contestation, on chercha un moyen pour accorder le legat avec les evêques; et il fut arrêté que les evêques ne paroîtroient pas en public à la presence du legat en habits pontificaux, et qu'ils iroient lui rendre visite de même. Mais cet accommodement a plutôt confirmé l'autorité du legat, que conservé le droit des evêques de France.

Le samedy 25 du même mois, le legat eut sa premiere audience du Roy dans le couvent des Capucins de Chambery. Il lui proposa la paix, et puis une treve. A quoi le Roy répondit que les conjonctures presentes ne lui permettoient pas d'y penser, son conseil n'étant pas auprès de lui; qu'il n'auroit pas pensé à la guerre, si le duc de Savoye avoit tenu le traité de Paris en lui rendant le marquisat de Saluces.

[DECEMBRE.] Le samedy 2 de decembre, la Reine arriva à un des fauxbourgs de Lyon appellé la Guillotiere, où elle coucha.

Le lendemain dimanche 3, elle se rendit à Lamothe, où elle entendit la messe, et y dina. Après le diner, tous les corps de ville s'y rendirent, et haranguerent Sa Majesté; ausquels M. le chancelier répondit pour la Reine : après quoi elle entra dans la ville. Les rues par où elle passa étoient tendues de belles tapisseries; on trouvoit de tems en tems des arcs triomphaux, des théatres, avec des devises à la gloire de la maison de Medicis. Elle fut à la grande eglise, où M. de Believre, archevêque de Lyon, la harangua; et fut chanté le *Te Deum* par une excellente musique.

Le lundy 4 de decembre, le prevôt des marchands, accompagné des echevins et des officiers de la ville, firent present à la Reine de plusieurs vases d'or et d'argent.

Le samedy 9, le Roy, qu'on n'attendoit que le lendemain, arriva sur les huit heures du soir; la Reine en avoit été avertie par M. le chancelier. Alors la Reine étoit à son souper; et le Roy la voulant voir et considerer à table sans être connu, entra dans la salle, qui étoit fort pleine, tant des gentilshommes servans que de plusieurs autres. Mais il n'y eut pas mis le pied, qu'il fut reconnu de ceux qui étoient plus près de la porte; lesquels s'étant retirez pour le laisser passer, le Roy se retira à l'instant, sans entrer plus avant.

La Reine s'étant aperçûe de ce mouvement, n'en donna aucun signe; mais elle cessa de manger, et poussa les plats en arriere à mesure qu'on la servoit.

Après le souper, elle se retira en sa chambre, où le Roy se rendit bientôt après. M. le grand, qui marchoit devant Sa Majesté, frappa si fort à la porte que la Reine ne douta point que ce ne fût le Roy, et s'avança en même tems que M. le grand entra suivi de Sa Majesté, aux pieds de laquelle la Reine se jetta. Le Roy la releva et l'embrassa, la caressa, s'entretint avec elle en particulier près d'une demie-heure; après laquelle il s'en alla souper.

Pendant le souper, le Roy fit avertir madame de Nemours qu'elle dît à la Reine qu'il étoit venu sans lit, esperant qu'elle lui feroit part du sien. La Reine répondit à madame de Nemours qu'elle assurât le Roy

47. 20

qu'elle n'étoit venue que pour complaire et obéir aux volontez de Sa Majesté, comme sa très-humble servante. Sur cela, le Roy se fit déshabiller, et entra dans la chambre de la Reine.

Le dimanche 10 de decembre, Leurs Majestés furent visiter l'abbaye d'Aisnay, où elles ouïrent les vêpres.

Le mercredy 13, jour de la naissance du Roy, Sa Majesté donna une fête à toute sa cour.

Le samedy 16 de decembre, arriva à Lyon le cardinal Aldobrandin, qui avoit resté à Chambery, et que le Roy avoit invité à ses nopces, non qu'il fût nécessaire, mais pour faire part au public de cette rejouissance.

La ville de Lyon a fait une magnifique entrée à ce cardinal, qui a été harangué par le sieur Baillóny, prevôt des marchands.

Le dimanche 17 de decembre, le Roy et la Reine, magnifiquement habillez, accompagnez d'une cour brillante et de toute la noblesse, se rendirent après le diner à l'eglise de Saint Jean, où le legat les attendoit, assisté des cardinaux de Joyeuse, de Gondy, de Givry, et de tous les prelats qui étoient dans Lyon; où ils reçurent la bénédiction du legat et la confirmation de leur mariage. En cette solemnité, il fut jetté aux peuples un grand nombre de pieces d'or et d'argent.

Le lundy 18, le Roy partit de Lyon (1) pour se ren-

(1) *Le Roy partit de Lyon :* Le Roi témoignoit être fort content de son mariage avec Marie de Médicis; mais il ne changea point ses sentimens pour madame de Verneuil. Après lui avoir dépêché plusieurs courriers, il partit avant la Reine pour aller trouver sa maîtresse, et demeura quelques jours avec elle, afin de la disposer à bien vivre avec la Reine.

dre à Paris ; et quelques jours après la Reine doit le suivre à petites journées.

[JANVIER 1601.] Le mercredy 17 de janvier, après plusieurs contestations entre les envoyez de Savoye et de France, fut signé à Lyon le traité de paix, et chanté pour cette occasion le *Te Deum* dans l'eglise de Saint Jean, en presence du legat. Par ce traité, le duc de Savoye délaisse au Roy, 1° le pays de Bresse, y compris Bourg, avec les munitions et artilleries ; Baugé, Varromay, et généralement tout ce qui dépend de ladite seigneurie jusques à la riviere du Rhône, icelle comprise ; 2° le bailliage de Gex et autres ; 3° le Roy, de son côté, cede audit duc le marquisat de Saluces avec ses dépendances. 4° A été promis reciproquement de se charger des dons, récompenses et assignations faites par eux, ou par leurs prédécesseurs, sur les terres qu'ils cedent.

[FEVRIER.] Le mercredy 9 de fevrier, la Reine arriva à Paris. Le Roy ne voulut point que les bourgeois fissent des dépenses en cette occasion, vû celles qu'ils avoient faites par le passé. Elle fut descendre dans le logis de Jerôme de Gondy (1), premier gentilhomme d'honneur de Sa Majesté, où les princesses et les principales dames (2) de la cour et de la ville furent la visiter.

(1) *De Jerôme de Gondy :* On croit qu'il faut lire Albert de Gondy. — (2) *Les princesses et les principales dames :* La marquise de Verneuil fut au nombre des dames qui dans cette occasion allèrent saluer la Reine. Sauval a écrit que le Roi lui-même la présenta à cette princesse. Un autre historien prétend que ce fut la duchesse de Nemours

Le lundy 2 de fevrier, la Reine changea de logis, et fut demeurer dans la maison de Sebastien Zamet (1).

Le mardy 13 de fevrier, Maximilian de Bethune, marquis de Rosni, prêta serment devant la cour du parlement pour la charge de grand-maître d'artillerie, que le Roy lui avoit donnée pour les services qu'il a rendus dans la derniere guerre.

Le jeudy 15, la Reine fut loger au Louvre.

Deux jours après, le Roy conduisit la Reine à Fontainebleau et à Saint Germain, pour lui faire voir la magnificence de ces maisons vraiment royales.

Le jeudi 28 de fevrier, la cour étant à Saint Germain, reçut avis du jugement et exécution du comte d'Essex, auquel la reine d'Angleterre avoit fait trancher la tête. Ce comte avoit été le favori de la reine Elisabeth, et un de ceux qui étoient le plus dans ses bonnes graces. Il a été accusé de plusieurs felonies, entre autres 1° d'avoir eu des propos secrets, et déliberé avec ses confidens lequel seroit plus expédient, pour l'avenement de ses desseins, ou de se saisir de la tour et de se rendre maître de la ville, ou d'aller trouver la Reine; 2° d'avoir désobéi aux ordres de la Reine, et retenu prisonniers les commissaires qu'elle avoit envoyez; 3° d'avoir induit le peuple de la ville de Lon-

qui eut ordre d'aller la prendre chez elle, et de la présenter à la Reine; il ajoute que cette duchesse voulut s'en excuser, disant que c'étoit le véritable moyen de lui ôter toute créance auprès de sa maîtresse : mais que le Roi voulut être obéi. La Reine la reçut fort froidement; la marquise, naturellement hardie, ne se déconcerta point, et sut si bien s'y prendre qu'elle finit par obliger la princesse à lui parler.

(1) Il y a erreur dans la date que l'on donne à cet article. L'auteur a dit dans l'article précédent que la Reine n'étoit arrivée à Paris que le 9.

dres à sédition et soulevement; 4° d'avoir empêché par faits violens la publication du decret du conseil fait contre lui; 5° d'avoir voulu surprendre et forcer en armes une des portes de la ville.

L'exécution de son jugement fut suspenduë pendant quelques jours, dans l'esperance que le comte d'Essex s'humilieroit, et demanderoit grace à la Reine, laquelle étoit disposée de la lui accorder. Ses amis l'exhorterent et le presserent d'avoir recours à la clemence de la Reine; mais il le refusa constamment, disant qu'un innocent n'a que faire de demander grace, et que le généreux ne doit pas s'éloigner de la mort quand elle se présente. Il tint à ses amis de pareils discours jusqu'à ce qu'il fût sur l'échafaut, qui fut dressé dans la cour de la Tour de Londres, où il parut avec la même fierté qu'il avoit eûe à la tête des armées. On dit qu'ayant jetté les yeux sur les assistans, il reconnut un trompette françois, auquel il dit d'une voix ferme : « Mon ami, « dis au roy de France que tu m'as trouvé en un lieu « indigne de me souvenir de Sa Majesté; mais c'est « avec le même courage dont je lui ai fait service. »

[MARS.] Le samedy 3 de mars, le Roy et la Reine s'acheminerent à Orleans pour y gagner le jubilé (1) de l'année sainte, que le Pape avoit accordé à cette ville pour tous les François qui visiteroient l'eglise de Sainte Croix. Le Roy donna des moyens pour rebâtir cette

(1) *Pour y gagner le jubilé :* De Thou remarque que, pendant le jubilé, ceux qui avoient été approuvés pour confesser reconnurent que le crime le plus commun dans ce temps-là étoit le faux témoignage, ayant trouvé plus de dix mille personnes qui étoient tombées dans ce péché.

eglise, que les fureurs des guerres civiles avoient abbatue et ruinée; et posa la première pierre de ce noûveau bâtiment. A l'exemple de Leurs Majestés, un grand nombre de princes et de princesses, seigneurs et dames de la cour, se rendirent à Orleans pour y faire leurs devotions.

En ce mois arriva à Paris, de la part de Mahomet, empereur des Turcs, le nommé Barthelemy de Cuœur, natif de Marseille, chrêtien renié, medecin de Sa Hautesse, et son envoyé, sans pourtant avoir ni la suite ni le titre d'ambassadeur. Il présenta au Roy un cimeterre et un poignard dont les gardes et les fourreaux étoient d'or, garnis de rubis, avec un pennache de plumes de heron, dont le tuyau étoit couvert de turquoises et autres pierres précieuses. Entr'autres choses que cet envoyé demanda au Roy, fut de rappeller le duc de Mercœur de la Hongrie, qui étoit général des troupes de l'Empereur. Le Roy lui demanda pourquoi les Turcs craignoient tant ce duc? « C'est, répondit-il, « qu'entre les propheties que les Turcs croyent, il y « en a une qui porte que l'épée des François chassera « les Turcs de l'Europe, et renversera leur empire; et « que depuis que le duc de Mercœur combattoit contre « les Turcs, tous les bachas l'apprehendoient. » Le Roy lui dit alors que le duc de Mercœur étoit à la vérité son sujet, mais qu'il étoit prince du sang de la maison de Lorraine, qui n'appartient pas à la couronne de France; et que les troupes qu'il a en Hongrie n'ont pas été levées en France, mais en Lorraine, et qu'il ne fait la guerre que comme vassal de l'Empire; et qu'étant chrêtien, il ne peut point empêcher qu'il serve l'Empereur.

[AVRIL.] Le jeudi 19 d'avril, mourut Marie de Bourbon (1), veuve du duc de Longueville. Une fiévre maligne a fini ses jours dans un âge fort avancé.

[MAY.] Le samedy 12 de may, on a eu avis qu'une femme dans la paroisse de Cudos, près la ville de Bazas en Guyenne, ayant le troisiéme de ce mois, fête de l'Invention de sainte Croix, couvert son levain et sa pâte d'un linceul, apperçut, en la découvrant pour la mettre au four, du sang sur sa pâte et sur son linceul. Elle appella ses voisins et voisines, qui virent ce sang. Le vicaire de la paroisse se rendit dans la maison de cette femme, qui vit la même chose; il en donna avis à son evêque, et lui porta ensuite une piéce de cette pâte où le sang paroissoit. L'evêque la fit voir aux principaux de la ville, et envoya son archiprêtre pour en faire une exacte inquisition. Le lieutenant de Bazas en a fait un procès verbal, qui a été donné au public, et dont il a envoyé ici plusieurs copies. Ce prodige occupe aujourd'hui les curieux philosophes et théologiens : les uns prétendent que la cause de ce sang est naturelle, et les autres surnaturelle.

Vers la fin de ce mois a été donnée au public la traduction françoise de deux lettres latines. La premiere de M. Isaac Casaubon, écrite au synode de Gergeau, dans laquelle il détruit le bruit qui avoit couru qu'il avoit suivi l'exemple du sieur de Canaye, qui avoit abjuré la religion protestante : assurant le synode qu'il n'est pas si malheureusement instruit en la reli-

---

(1) *Marie de Bourbon :* Elle étoit fille unique de François de Bourbon, comte de Saint-Paul; et veuve de Léonor d'Orléans, duc de Longueville.

gion, qu'à faute de connoître la vérité il se laisse emporter à chaque vent de doctrine.

La seconde est une réponse du synode à cette même lettre, dans laquelle, après plusieurs paroles dures contre le changement du sieur Canaye, il ajoute cette exclamation : « O lui miserable, qui a racheté par la « perte d'une solide félicité la masquée félicité de ce « monde! qui périra ensuite et en sa vie et en sa vûe, « sinon que finalement par recipiscence il reconnoisse « qu'il n'a pas avec la raison perdu le sens, mais plu- « tôt sans raison est devenu fol. Dieu par sa misericorde « veuille avoir pitié de lui, et lui doint la grace de si « bien pleurer ce qu'il a commis, qu'il ne commette « plus chose qu'il faille pleurer! »

[JUIN.] Le vendredy premier jour de juin, on apprit que le faux ou le véritable dom Sebastien (car on ne sçait encore qu'en croire), perdu ou non en Afrique en 1578, dans une bataille contre les Maures, et dont on a tant parlé l'année précédente et en icelle-ci, a été mis aux galeres par ordre du vice-roy de Naples. Cet homme dit être le fils de dom Philippe, roy de Portugal, et de la reine Catherine, et neveu de dom Antonio, cardinal; qu'il avoit entrepris la défense de Meclay Hamet contre la volonté de son pere, de sa mere, de son oncle, de tous ses parens, et de tout son conseil : mais qu'ayant été touché des jugemens de Dieu à la vûe de la mort de tant de chrétiens que son imprudence avoit causée, il avoit abandonné les troupes et son etat pour aller faire pénitence dans des lieux inconnus, dans lesquels il avoit cherché la mort, par l'abstinence et la maceration de son corps. A quoi n'ayant pas réussi depuis plusieurs années, il croyoit que Dieu demandoit de lui qu'il fît connoître ce qu'il est, et qu'il rentrât dans son etat.

Pour cet effet il se rend à Venise : il s'adresse à la republique, il lui donne des preuves de sa naissance et de sa qualité, par les circonstances des ambassadeurs qu'elle lui avoit envoyés autrefois, et par le détail des affaires les plus secrettes que cette republique avoit eues avec lui lorsqu'il étoit sur le trône. Les procurateurs du senat qui l'avoient ouï trouvent, par l'examen qu'ils en font, que cet homme dit vrai ; et dès lors les uns croyent qu'il est le vrai dom Sebastien, et d'autres au contraire que c'est un imposteur, un magicien. L'ambassadeur d'Espagne, averti de cet évenement, va au senat, et soutient au nom de son maître que dom Sebastien est mort, que le royaume de Portugal en a fait les funerailles ; que son corps après la bataille fut reconnu parmi les morts, et porté dans la ville de Sapté, et ensuite acheté par le roy d'Espagne cent mille écus : et qu'ainsi cet homme est un imposteur ; et demande qu'on l'arrête dans les prisons de la Seigneurie.

Sur la requête de l'ambassadeur d'Espagne, la republique de Venise l'a fait mettre dans une prison appelée du Jardin, où il est depuis quelques mois. Les Portugais, après plusieurs examens, soutiennent qu'il est le vrai dom Sebastien : ils sollicitent plusieurs cours souveraines pour lui faire rendre la liberté, et pour le remettre sur le trône. Ils ont donné au public plusieurs écrits en sa faveur ; entre autres Joseph Taxera, portugais, religieux de Saint Dominique, qui a fait plusieurs voyages en Baviere, en Angleterre, à Venise, à

Rome, où il a semé ses écrits ; et enfin à Paris, où il a fait imprimer un recueil de prophéties reçûes par les Portugais, qui ont annoncé tout ce qui est arrivé à leur dom Sebastien. Mais les Castillans s'en mocquent, et soutiennent que c'est un imposteur. Le tems nous apprendra ce qui en est.

Le lundy 11 de juin, mourut en son hôtel de Grenelle madame Françoise d'Orléans [1]. Elle avoit épousé en premieres nôces le prince de Condé, et en secondes nôces le prince de Conty ; de ce mariage est né Charles, comte de Soissons. Les pompes funebres de cette princesse ont été faites en l'abbaye de Saint Germain des Prés.

Le dimanche 24 de juin, mourut Henriette de Cleves [2], veuve de Louis Gonzague, duc de Nevers, âgée d'environ soixante années.

[JUILLET.] Le mercredy 4 de juillet, mourut à Moulins Louise de Lorraine [3], reine douairiere de France, veuve du feu roi Henry III. Depuis l'assassinat de son mary, elle avoit passé quelques années de sa viduité à Chenonceaux ; mais le Roy à present regnant lui ayant donné le douaire qu'avoit la reine Elizabeth, veuve de Charles IX, elle passa le reste de ses jours à Moulins, où elle vient d'être attaquée d'une subite hydropisie et suffocation, qui l'a enlevée de ce monde.

[1] *Françoise d'Orléans* : Elle étoit fille de François d'Orléans, marquis de Rotelin, et de Jacqueline de Roban. — [2] *Henriette de Cleves:* Elle étoit fille de François de Clèves, premier du nom, et de Marguerite de Bourbon-Vendôme, tante de Henri IV. Elle fut héritière de François de Clèves, deuxième du nom, duc de Nevers et de Rethelois. — [3] *Louise de Lorraine :* Cette reine étoit fille aînée de Nicolas de

Avant sa mort elle a ordonné de faire un monastere de capucines à Bourges, et d'être enterrée avec le Roy son mary.

Depuis le commencement de ce mois, le siege de la ville d'Ostende fait le sujet ordinaire des conversations. Cette ville, qui a été plusieurs fois attaquée sans avoir été prise, est actuellement assiegée par l'archiduc Albert; le prince a envoyé, le cinquiéme de ce mois, le comte Frederic de Berghe, son maréchal de camp, qui l'a investie du côté de l'Orient avec cinq regimens.

Le lendemain, Augustin Mixin, gouverneur d'Anvers, y arriva avec autant de troupes, pour l'attaquer du côté des forts d'Albert et d'Isabelle. Mais ce dernier a été contraint de se retirer vers les Dunes, après avoir perdu plus de cinq cens hommes dans trois ou quatre jours.

Le 10 et le 11 de ce mois, l'armée des Espagnols, consistant en quatorze mille hommes, a commencé de dresser ses batteries. Cette place est défenduë par le chevalier Vaer, anglois de nation, et le colonel Vestembrouk, qui sont entrés dans Ostende le 15 de ce mois, avec trente-quatre enseignes angloises ou vallones.

[AOUST.] Le vendredy 3 d'août, le commerce fut interdit entre la France et l'Espagne, à peine de punition corporelle et confiscation des marchandises aux contrevenans. La cause de cette interdiction fut la nouvelle du mauvais traitement fait en Espagne à l'encontre du neveu du sieur de Rochepot, ambassadeur

Lorraine, duc de Mercœur, comte de Vaudemont, et de la marquise d'Egmont, sa première femme.

du Roy en cette cour. Ce jeune seigneur s'étant allé baigner avec quelques gentilshommes françois, certains Espagnols s'arrêterent pour les regarder, et leur dirent ensuite maintes moqueries, ausquelles les François avoient répondu sur le même ton; surquoi les Espagnols prenant les habits des François les jetterent dans l'eau. Ceux-ci sortent de l'eau, prennent leurs épées, et se jettent sur ces Espagnols, dont aucuns furent tués, les autres blessés, et d'autres poursuivis dans leur fuite. Les parens de ceux qui avoient été tués ou blessés en demanderent justice au roy d'Espagne, qui ordonna sur l'heure à ses officiers de la rendre. Ces officiers, oubliant que le nom d'un ambassadeur et son logis sont respectables, forcerent les portes, tirerent avec violence le neveu de l'ambassadeur et quelques gentilshommes françois, et les traînerent en prison. Surquoi notre Roy a rappellé son ambassadeur, et rompu tout commerce avec l'Espagne. Dieu veuille en prévenir les funestes suites, qui sont à craindre!

Le lundy 6 d'août, fut publié un edit du Roy portant création d'une nouvelle chambre, appellée chambre royale, pour la recherche des malversations des financiers. Cette chambre doit être composée de divers juges pris des cours souveraines : sçavoir, d'un président du parlement, de deux maîtres des requêtes de son hôtel, de deux conseillers du parlement, d'un président de la chambre des comptes, de quatre maîtres des comptes, d'un président et de trois conseillers de la cour des aydes, d'un des avocats généraux, et d'un des substituts du parlement. Les pauvres approuvent cette chambre, mais les riches la craignent.

Le jeudy 9 d'août, les seigneurs Dorato et Delphino, ambassadeurs de la république de Venise, arrivés depuis peu à Paris, partirent pour se rendre à Fontainebleau, où est la Reine, à cause de sa grossesse. Le marquis de Rosni les y a conduits de la part du Roy. .

Le dimanche 12 d'août, le Roy partit pour se rendre à Calais, accompagné de toute sa cour.

Le samedy 19 d'août, on reçut la nouvelle que la grande duchesse de Florence avoit fait partir, le 11 de ce mois, un de ses gentilshommes pour conduire un berceau magnifique, désirant qu'il pût servir bientôt pour un beau dauphin de France.

Quelques jours après on a eu avis que le Roy avoit donné audience au comte de Sore, envoyé de l'archiduc ; à milord Egmont, envoyé de la reine d'Angleterre, qui lui a demandé de la part de sa maîtresse une entrevûe entre Douvres et Calais. Le Roy de son côté a dépêché vers l'archiduc le duc d'Eguillon, pour l'assurer que son voyage n'étoit point pour empêcher le siége d'Ostende, mais pour conserver la paix, pourvû qu'on lui fît raison de l'insulte faite en Espagne à son ambassadeur. Il a aussi envoyé en Angleterre le maréchal de Biron pour assurer la reine Elisabeth de son amitié, et lui faire ses excuses sur l'entrevûe qu'elle lui demandoit. Ce maréchal est accompagné de cent cinquante gentilshommes. On dit que le comte d'Auvergne y est allé aussi, mais incognito.

Les nouvelles du siege d'ostende portent que, le cinquiéme de ce mois, l'archiduc avoit étendu la tranchée jusques aux autres du côté d'occident ; que les assiegés avoient reçu de Zelande six pieces de canon, dont quatre avoient été pointées contre la tranchée de l'archiduc.

Le 6, dom Carni, colonel espagnol, s'étoit approché de la vieille ville jusqu'à soixante toises près, dans l'intention d'y entrer après que le reflux se seroit retiré; mais que le chevalier Vaer l'avoit prévenu par six cens mousquetaires qu'il avoit placés pour l'en empêcher, et pour couvrir la vieille ville toutes et quantes fois qu'on voudroit la surprendre; que la garnison avoit été renforcée de huit cens soldats, qui étoient entrés dans la ville la nuit du même jour.

Le 8, le feu a pris au camp de l'archiduc, au quartier d'Orient, par l'imprudence d'une femme.

Le 9 et le 10, l'archiduc a fait battre vigoureusement une digue; mais les assiégés ont trouvé le moyen de la percer, pour la faire noyer par la mer.

Le 14, les assiégés ont travaillé à mettre à couvert les navires, pour les garantir contre les coups des ennemis.

Le 16, une marée de pleine lune a noyé toutes les tranchées, et emporté tous les gabions de l'archiduc jusques au bord de la mer.

Le lendemain, une autre marée a fort endommagé le quartier d'Occident.

Pendant ces deux jours les assiegeans ont tiré un grand nombre de fleches, esquelles étoient attachées des lettres écrites, au nom d'un Anglois fugitif de la ville, aux Anglois de la garnison, pour les induire à revolte.

Le lendemain, la garnison a été renforcée de mille Anglois; et l'armée espagnole de trois regimens italiens de la garnison de Bergue.

Le 20, les assiegeans ont étendu la tranchée jusques à six pieds près de la demie-lune; mais les assiegés ayant fait une ouverture entre cette demie-lune et le ravelin, la mer a détruit cette demie-lune.

Le 23, sont arrivés cinquante navires qui ont porté un renfort de deux regimens du comte Ernest de Nassau, et vingt compagnies de diverses nations, dont il y en a huit françoises, conduites par le sieur de Chastillon.

Depuis le commencement du siege jusqu'à ce jour, il a été tiré plus de trois cens cinquante mille coups de canon de part et d'autre.

[SEPTEMBRE.] Le jeudi 27 septembre, fête des saints Cosme et Damien, à dix heures et demie du soir, neuf mois quatorze jours après la consommation du mariage du Roy et de la Reine, après vingt-deux heures et un quart de douleurs d'enfantement, la Reine étant à Fontainebleau, a donné un dauphin à la France. Le Roy, qui étoit dans la chambre avec les princes du sang, à qui on l'a présenté, lui a donné sa bénédiction à l'instant; et lui mettant son épée en la main, lui a dit : « La puisse-tu, mon fils, employer à la gloire de « Dieu, à la défense de la couronne et du peuple! » Cette naissance a réjoui tous les François, et a donné occasion à divers ouvrages d'esprit, comme odes, épigrammes, anagrammes, et autres pieces en vers et en prose. Le distique suivant a été trouvé singulier :

Luce Jovis prima qua sol sub lance refulgit,
Nata salus regno est, justitiæque caput.

Le lendemain on a appris la naissance de l'infante d'Espagne, arrivée le 22 du même mois. Ce qui donna occasion d'augurer que cette princesse sera un jour reine de France.

Comme aussi on a appris que dans le même mois il y avoit eu en ces divers endroits de l'Europe de grands tremblemens de terre ; d'où les speculatifs concluent que puisque le ciel a fait naître ce prince d'un pere qui a fait trembler l'Europe par son courage et ses exploits, il fera aussi trembler toutes les nations de la terre sous sa domination.

La ville d'Ostende se défend avec la même vigueur. Le 8 de ce mois, un gentilhomme du camp, qui a trouvé le moyen d'entrer dans la ville, a rapporté que dom Garris, général de l'armée espagnole, avoit été frappé à la tête; et que l'armée de l'archiduc étoit composée de trois mille chevaux et douze mille fantassins.

Le 10, le sieur de Chastillon (1) a été tué d'un coup de canon.

Le 23, le colonel Vestembrouk a eu le même sort.

Plusieurs seigneurs de diverses nations se sont rendus à Ostende, et d'autres au camp de l'archiduc, pour être témoins de la bravoure des assiegeans et des assiegés ; entre autres le duc de Holsarie, frere du roy de Dannemarck; le comte de Hohenloop, le duc de Nortumberlant, le sieur de Kessel, anglois ; et plusieurs autres ducs et seigneurs françois, espagnols et italiens.

[OCTOBRE.] Le lundy premier jour d'octobre, le jubilé pour l'année sainte commença à Paris, et dura le reste de l'année. L'ouverture s'en fit par une procession générale à Notre Dame.

Le vendredy 12 d'octobre, le Roy déclara aux car-

(1) *Le sieur de Chastillon :* Henri, comte de Coligny, fils de François de Coligny, seigneur de Châtillon. Il fut tué à la fleur de son âge.

dinaux, prelats, commandeurs et officiers de ses ordres, qui étoient près de sa personne, qu'il vouloit
donner au Dauphin la croix et le ruban bleu. Ce qu'il
fit, en les mettant lui-même au col de ce prince.

On voit ici la relation de ce qui s'est passé à Londres,
à la reception du maréchal de Biron par la reine Elisabeth. Le même jour que le maréchal arriva en Angleterre, il trouva les principaux seigneurs de la cour de
la Reine qui l'attendoient, et qui le conduisirent à son
logis.

Deux jours après il fut conduit à l'audience par cent
cinquante gentilshommes anglois, qui l'avoient été
querir en son logis. Le maréchal se rendit au palais,
précédé de cent cinquante gentilshommes françois,
conduits chacun par un gentilhomme anglois. La salle
dans laquelle il eut audience étoit parée des plus pré-
cieux meubles de la couronne.

La Reine étoit assise dans une chaise élevée de trois
marches; à ses côtés il y en avoit deux autres, avec
deux carreaux de velours, mais plus basses, préparées
pour l'ambassadeur. Devant qu'arriver à cette salle, il
falloit passer par trois autres salles superbement parées.
Dans la première étoient les dames du pays, dans la
seconde les filles de la Reine, et dans la troisiéme les
vieilles. -

La Reine assise sur son trône, aussi-tôt qu'elle
eût vû le maréchal de Biron, qu'elle reconnut sur le
portrait qu'on lui en avoit fait, dit tout haut : « Hé,
« M. de Biron, comment avez-vous pris la peine de
« venir voir une pauvre vieille en laquelle il n'y a plus
« rien qui vive que l'affection qu'elle porte au Roy, et
« le jugement qu'elle a fort entier à reconnoître ses

« bons serviteurs, et à estimer les cavaliers de votre
« sorte ? »

Le maréchal de Biron lui ayant fait une profonde
reverence, elle se leva de sa chaise et l'embrassa, ayant
descendu d'un pied sur la seconde marche, ainsi que
le maréchal avoit monté un des siens sur la premiere.
Après cet embrassement, le maréchal lui dit les ordres
qu'il avoit du Roy, et lui representa le regret que Sa
Majesté Très-Chrétienne avoit d'être venu si près d'elle,
sans pouvoir avoir eu le bien de la voir; puis il lui
donna ses lettres, lesquelles elle bailla au sieur Cecile
son premier secretaire, qui les lût à haute voix. Après
cette lecture, la Reine dit au maréchal qu'elle remercioit le Roy de son souvenir, et fit un grand discours
sur ses vertus.

Pendant ce discours le maréchal fut toujours debout;
et la Reine s'en étant apperçûe, elle reconnut qu'il ne
vouloit point s'asseoir dans une des chaises basses,
pour ne pas préjudicier à la grandeur de son maître.
La chaleur qu'il faisoit lui donna occasion de se lever
de son trône, et de prendre le maréchal par la main,
et de le mener près d'une fenêtre, comme pour y prendre l'air; où, après quelques propos, le maréchal lui
présenta tous les gentilshommes qui l'avoient accompagné, et lui firent l'un après l'autre la reverence :
ausquels la Reine dit à chacun quelque trait de remarque de leur maison.

Le comte d'Auvergne, qui croyoit être inconnu, fut
d'abord reconnu par la Reine, qui lui fit la faveur,
pendant son séjour, de le faire entrer dans son cabinet
pendant qu'elle s'habilloit. La même faveur fut accordée au maréchal de Biron et au marquis de Crequi,

auquel elle dit que si la France eût fait naître deux Lesdiguieres, elle en eût demandé un au Roy son frere.

Pendant le séjour que le maréchal de Biron fit à Londres, ce ne furent que divertissemens, chasse, bals et assemblées de plaisir. Un jour que la Reine parloit au maréchal de Biron, appuyés tous les deux sur une fenêtre dont on voyoit la tour de Londres, elle lui montra un grand nombre de têtes fichées sur cette tour, entre autres celle du comte d'Essex, que le maréchal avoit fort bien connu; et lui fit un discours sur la justice que l'on faisoit des rebelles en Angleterre.

Le lundi 15 d'octobre, le maréchal de Biron, qui étoit parti de Londres le troisiéme du même mois, arriva à Fontainebleau, pour rendre compte au Roy de son voyage. Sa Majesté lui montra le Dauphin que le ciel venoit de lui donner; et après plusieurs propos sur la naissance de ce prince, le maréchal assura Sa Majesté de l'estime de la reine d'Angleterre, qui le remercioit de la visite qu'il lui avoit fait faire : mais qu'elle auroit souhaité qu'étant si proches l'un de l'autre, et n'ayant entre eux qu'un trajet de six heures, elle auroit estimé sa présence et sa vûe la plus grande felicité de sa vie. Parmi les présens que la reine d'Angleterre a donnés au maréchal de Biron, il y a une enseigne d'environ la valeur de trois mille écus, et quatre hacquenées d'une vîtesse si grande qu'elles font trente ou quarante milles d'une traitte.

Le samedy 27 d'octobre, trente jours après la naissance de notre Dauphin, ce prince fit sa premiere entrée à Paris. La pompe fut d'un berceau que la grande duchesse de Florence lui avoit envoyé, dans lequel

21.

étoit le jeune Dauphin, porté dans une litiere ouverte, dans laquelle étoit la dame de Montglas, et sa nourrice. Le prevôt des marchands et les echevins lui furent au-devant assez loin, hors la porte Saint Marcel. La gouvernante répondit à la harangue qu'ils lui firent. Il fut descendre au logis de Zamet, et deux jours après on le porta à Saint Germain en Laye; et afin que le peuple pût le voir aisément en passant par la ville, la nourrice le tenoit à la mamelle. Tout le peuple lui a souhaité mille biens, et une longue vie.

Le siege d'Ostende continuë toujours. Le dernier jour du mois dernier, un débordement d'eaux endommagea grandement la ville, et plus encore les tranchées des assiegeans, dans lesquelles furent noyés force soldats de l'archiduc.

Le 17 du mois d'octobre, les Espagnols assaillirent une tranchée que les assiegés avoient feint de quitter pour y laisser entrer les assiegeans. Mais ils en furent soudainement chassés, avec une grande perte; comme aussi voulant brûler un pont, les assiegés se saisirent de la barque qui portoit l'artifice, et firent un grand butin sur les Espagnols.

[NOVEMBRE.] Par les nouvelles d'Ostende arrivées dans ce mois, on a appris que le samedy 3, les assiegés avoient fait une sortie, mais sans effet. Le même jour on arresta plusieurs personnes soupçonnées de trahison.

Le mardy 6, le feu prit au camp de l'archiduc, et fit un dommage de quinze cens mille florins, qui ont été récompensés par un présent que les Flamands lui ont fait de cent mille écus.

Jusques à ce jour l'archiduc a perdu quatre lieutenans généraux, huit capitaines espagnols, neuf walons, dix italiens, plusieurs allemands et flamands, et un grand nombre de soldats.

[DECEMBRE.] Le dimanche 2 de decembre, le Roy prêta le serment pour la paix concluë avec le duc de Savoye. La cérémonie a été faite dans l'eglise des Celestins, en présence du marquis de Rullins, commis et député par le duc de Savoye; des princes de Condé et de Soissons, du cardinal de Gondy; des ducs de Guise, de Nevers, d'Aiguillon; du chancelier de France, du grand ecuyer, et de plusieurs autres ducs, comtes, marquis et gentilshommes de la cour, avec les sieurs Nicolas de La Neuville et Pierre Forget, chevaliers, et conseillers d'Etat. L'archevêque d'Aix tenant le livre des Evangiles, le Roy a dit :

« Henry, par la grace de Dieu roy très-chrétien de
« France et de Navarre, promettons sur nos foy et
« honneur, et parole de roy, et jurons sur les saints
« Evangiles de Dieu et canons de la messe, pour ce
« par nous touchez, que nous observerons et accom-
« plirons pleinement et réalement, et de bonne foy,
« tous et chacuns les points et articles portés par le
« traité et accord conclu à Lyon le 17 janvier passé;
« en consequence de celui qui a été passé à Vervins le
« 2 mai 1598, entre nos deputés et ceux de très-excel-
« lent prince Charles-Emmanuel, duc de Savoye, notre
« très-cher frere; et ferons le tout inviolablement gar-
« der et observer de notre part, sans y jamais contre-
« venir ni souffrir y être contrevenu en aucune sorte et
« maniere que ce soit. En foy et témoignage de quoi

« nous avons signé ces présentes de notre propre main ,
« et à icelles fait mettre et apposer notre scel en l'eglise
« des Celestins de Paris, le deuxiéme jour de decembre
« l'an de grace 1601. »

Le jeudy treiziéme de decembre, le Roy fit le festin
de sa naissance dans la maison de Zamet. A ce festin
ont assisté la Reine, les princes, princesses, seigneurs,
dames de la cour, et les ambassadeurs des princes
etrangers. Madame la duchesse de Bar, sœur de Sa
Majesté, et le duc de Bar son mari, y assistèrent
aussi.

Le lundy 17 de decembre, la duchesse de Bar est
retournée en Lorraine, laissant les théologiens catholiques mal-contens de son opinion (1), et les ministres
fort satisfaits de sa constance en leur religion; et le
Roi l'a accompagnée jusques au lieu où elle doit
coucher.

Le jeudy 27 de decembre, mourut la princesse de
Conty, allant au Mans pour y conclure le mariage de
sa fille avec le prince Charles, comte de Soissons. Dans
ce voyage elle fut attaquée de la petite verolle, dans
un âge très-avancé et dans une saison très-froide : ce
qui n'est point ordinaire.

Par les nouvelles d'Ostende arrivées dans ce mois,
on a appris que le samedy 3 les assiegés avoient fait

(1) *Mal-contens de son opinion :* Avant le départ de la duchesse de
Bar , le Roi voulut encore tâcher de lui faire quitter la religion prétendue réformée ; il appela plusieurs prélats et théologiens, pour disputer avec les ministres qu'elle avoit aussi fait venir ; mais elle se montra ferme dans sa croyance, et déclara, les larmes aux yeux , que si
sa religion étoit préjudiciable aux Etats du duc de Lorraine, elle étoit
prête à s'en retourner en Béarn.

une sortie, mais sans effet. Le même jour on arrêta plusieurs personnes soupçonnées de trahison.

On mande de Flandres, que le 4 de ce mois, l'archiduc avoit fait attaquer la tranchée devant Ostende, et qu'il avoit été repoussé avec perte ; que le lendemain la garnison avoit reçû de Zelande cinquante mille florins pour payer les ouvriers qui travaillent au nouveau port.

Le 15, le chevalier Vaer avoit demandé une suspension d'armes pour quelques jours, paroissant déterminé à vouloir capituler : ce qui lui avoit été accordé. Mais ayant reçû du secours le 22 et le 23, il n'a plus parlé de capituler.

[MARS.] Le vendredy 8 mars 1602 [1], arriverent les nouvelles à Paris de la mort du duc de Mercœur, decedé d'une fiévre en l'âge de quarante-trois ans, à Nuremberg, ville protestante d'Allemagne, où toutefois, contre les us et coutumes de la ville, on lui a permis, ayant égard à sa qualité, maison et religion, d'envoyer querir une hostie [2] consacrée à trois lieuës de-là (pourvû qu'on ne sonnât la clochette en la portant), avec laquelle son aumônier le communia.

Le samedy 16, une jeune damoiselle nommée la Scipion, âgée de vingt-un ans, demeurante à Paris près le logis de la Reine, ayant été surprise par son mari couchée avec un nommé La Brune, secretaire du

[1] Cette partie supplémentaire, qui commence au mois de mars 1602, et finit au mois de juin 1606, est tirée de l'édition de 1732.
[2] *D'envoyer querir une hostie :* Le magistrat de Nuremberg ne voulut pas permettre que l'aumônier dît la messe devant le duc de Mercœur pour consacrer une hostie.

duc d'Aiguillon, fut avec ledit La Brune tuée et assassinée par lui. Elle avoit été ce jour au sermon de l'adultere, qu'on avoit prêché à Saint Germain ; et au sortir fut reconduite par ledit La Brune jusqu'en son logis, où allant ne tinrent autres propos que de risée du prédicateur et de son evangile. Ce qui est digne d'être noté.

Les bons compagnons en semerent le dixain suivant, où ils en ont enfilé demie douzaine des principaux et plus apparens cocus de ce siecle.

> Dames qui aimez l'eschiquier,
> Dieu vous gard en toute maniere
> Des grands pardons de Villequier,
> Et des lacs de soye d'Humiere ;
> Des dévotions de Fargi,
> Du rhume de la Cheverni,
> Des coups d'épée de Prevost
> Sur la tête des Yvetost,
> Du prompt retour de Scipion,
> Traitre, cruel et sans pardon.

Le mercredy 20 de ce mois, mourut à Paris, au logis du feu chancelier de Chiverni, M. de Sourdis, chevalier des deux ordres, et gouverneur de Chartres pour Sa Majesté ; la vie duquel a assez parlé(1), sans en parler davantage.

Le mercredy 27, mourut à Paris mademoiselle Garrault d'une pleuresie : laquelle maladie regnoit fort en ce temps, et dangereusement pour ceux qui s'en trouvoient atteints.

_____

(1) *La vie duquel a assez parlé :* François d'Escoubleau, seigneur de Jouy, de Launay, marquis de Sourdis, etc., avoit épousé Isabelle Babou, dame d'Alluye, fille de Jean Babou, seigneur de La Bourdaisière, tante de Gabrielle d'Estrées.

Le samedy 30, mourut à Paris M. Mestral, secretaire du Roy, d'une maladie de poulmon.

En ce même temps mourut à Paris d'une pleuresie un de mes amis nommé Cuvilliers, advocat en la cour, grand catholique, mais superstitieux; au demeurant homme de bien et grand aumônier, vrai protecteur et pere des pauvres, à la sollicitation desquels il est mort, pour s'être trop échauffé à cette poursuite, cuidant échauffer la charité des plus refroidis; en ce vraiment heureux d'avoir perdu la vie, pour la sauver aux pauvres membres de Jesus-Christ.

Ce samedy 30 de ce mois, on remarqua une chose prodigieuse à Paris d'un homme enragé, qui s'y promenant mordoit tous ceux et celles qu'il pouvoit attraper. Alla au Marché-Neuf, où il fit fuir tout le monde, et quitter aux harangeres leur marée et leur poisson; de là passa à la place Maubert, où entr'autres actes étranges mit avec ses deux mains un grand chien en pieces, et l'étrangla, encore qu'il le mordît; puis ayant avisé un âne, se rua dessus, et avec ses dents lui arracha la queuë.

[AVRIL.] Le vendredy oré 5 de ce mois, un solliciteur de procès du pays du Maine et d'Anjou, étant à confesse à Saint-Severin, rendit l'esprit aux pieds de son confesseur, qui le conta à un de mes amis comme chose prodigieuse, n'étant possible de voir une mort plus soudaine: car il mourut dans l'eglise, et y fut enterré.

Le mercredy 10 de ce mois, mourut à Paris, en sa maison et en la fleur de son âge, d'une pleuresie, messire Pierre Seguier [1], president en la grand'chambre, fort regretté au Palais et par-tout, comme bon juge, fort accessible et officieux à ses amis.

M. Le Camus [2], sieur de Lambeville, president au grand conseil, succeda en sa place par argent: duquel il ne manqua point, pour avoir épousé une fille fort riche d'un taneur de Meulan, dont on disoit que venoit son principal avancement; et aussi qu'il étoit homme fort courtisan, accort et avisé. Devant lui s'étoit fait recevoir en la place du président de Verdun [3], qui s'en alloit premier président à Toulouse, M. Molé [4], conseiller en la grand'chambre, personnage honoré de toute cette compagnie pour sa probité et doctrine, et duquel le Roy avoit fort bonne opinion, Sa Majesté l'ayant preferé à tous autres en la nomination dudit état.

Le vendredy 12 de ce mois, messire Albert de Gondi, duc de Retz, pair et maréchal de France, deceda à Paris en son hôtel du fauxbourg Saint Honoré, chargé d'ans et de biens, mais attenué d'une étrange et cruelle maladie, qui étoit un chancre, qui le consuma et rongea miserablement avec grandes et extrêmes douleurs.

Ainsi finit ses jours le dernier des conseillers d'Etat et auteurs de la journée Saint Barthelemi: en ce seulement heureux, que la longueur de la maladie l'amena

[1] *Pierre Seguier :* Pierre Seguier, deuxième fils de Pierre Seguier, second président au parlement de Paris. — [2] *M. Le Camus :* Antoine Le Camus, fils de Martin Le Camus, conseiller au parlement de Paris. — [3] *Du président de Verdun :* Nicolas de Verdun fut un des plus grands magistrats de son temps. — [4] *M. Molé :* Edouard Molé, fils de Nicolas Molé, conseiller au parlement de Paris.

à repentance et confession de ses fautes et pechez (ainsi qu'on disoit), qui est la fin qu'on doit desirer à tout homme chrétien. Miroir cependant de la justice de Dieu, et encore plus de sa misericorde.

Le samedy 27, fut fait le service du duc de Mercœur dans la grande eglise de Notre-Dame à Paris, avec les pompes et solemnitez accoutumées; où M. François de Salles, soi disant evêque de Geneve (1), prononça l'oraison funèbre avec grand apparat, et le louangea hautement et magnifiquement.

[MAY.] En ce mois de may, le Palais de Paris fut en grand trouble, et l'exercice de la justice interrompu par le remuement des avocats (2), desquels la cour vou-

(1) *Soi disant evêque de Geneve* : Il fut nommé coadjuteur de l'évêque Granier, qui siégeoit à Annecy, et non pas à Genève. Il ne fut sacré évêque que sous le titre d'évêque de Nicopolis. — (2) *Le remuement des avocats* : Sur une plainte rendue contre quelques avocats qui avoient demandé quinze cents écus pour plaider une seule cause, la cour, par ordre du Roi, leur avoit enjoint de donner quittance de tout l'argent qu'on leur remettroit, et de recevoir les pièces des parties par inventaires, conformément à l'article 161 des ordonnances de Blois. Les avocats présentèrent une requête dans laquelle ils disoient que l'ordonnance de Blois, sur laquelle l'arrêt étoit fondé, avoit été trouvée si absurde, qu'elle n'avoit jamais été exécutée. Cette requête donna lieu à un second arrêt, par lequel il fut ordonné que les avocats qui ne voudroient pas remplir leurs fonctions conformément à l'arrêt, en feroient la déclaration au greffe. Les vieux avocats furent d'avis d'obéir au premier arrêt; mais les jeunes furent d'une opinion contraire : ils allèrent au greffe, au nombre de trois cents sept, signer la renonciation de leur office : ce qui causa une grande émotion dans la ville. Les gens du Roy, qui en secret favorisoient les avocats, en écrivirent à Sa Majesté, lui représentant la cessation des plaidoiries comme étant beaucoup plus pernicieuse à l'État qu'elle ne l'étoit en effet.

Le Roi ayant lu cette lettre en présence de plusieurs seigneurs, Sigongne lui dit : « Sire, je ne m'en étonne pas : car voilà des gens qui

332 SUPPLÉMENT DES MÉMOIRES JOURNAUX.

loit taxer les salaires et les rolles, et les astraindre de mettre au pied de leurs ecritures ce qu'ils auroient reçu des parties : tellement que tous ensemble (excepté fort peu), d'une commune voix et conjuré consentement, signerent au Palais de ne faire plus aucun exercice de leurs Etats, jusqu'à ce qu'autrement il leur eût été pourvu. La cour enfin prévoyant le mal qui en adviendroit s'il continuoit plus longuement, les pauvres parties étant comme desesperées, et crians. justice après eux, modera le tout selon sa prudence accoutumée,

« montrent bien ne sçavoir à quoi s'occuper de bon, puisqu'ils se « tourmentent tant en s'alembiquant ainsi l'esprit pour des choses fri- « voles et de néant. Vous diriez, à les ouïr criailler, que l'Etat s'en « va perdu, s'il manque de clabauderies affinées et de ruses pédan- « tesques : comme si le royaume du temps des grands rois Méronée, « Clovis, Clotaire, Charles-Martel, et vos autres prédécesseurs, pen- « dant le regne desquels les royaumes ne se servoient point ni de pro- « cureurs ni d'avocats, n'étoient point aussi florissans qu'ils peuvent « être aujourd'hui, que nous sommes mangez de cette vermine. Il n'y « a ni laboureur, ni même manœuvre, qui ne soit plus utile dans un « pays que cette fourmiliere de gens qui s'enrichissent de nos folies, « et des ruses qu'ils inventent pour pervertir la vérité, le droit et la « raison. Mais si on ne veut point se passer d'eux, que l'on leur or- « donne de continuer leur vacation ordinaire dans huit jours, sous les « conditions portées par la cour ; et à faute de ce faire, qu'ils ayent à « se remettre tous au trafic et à l'agriculture d'où ils sont sortis, ou de « s'en aller, avec un mousquet sur le col, servir en Hollande contre « les ennemis de l'Etat : car alors on les verra courir pour reprendre « ces magnifiques chaperons, comme la vermine vers un tas de fro- « ment. » Ce discours fit rire le Roi, qui ne parut point le désapprou- ver ; mais les suites de la conspiration de Biron, et d'autres affaires importantes, lui firent perdre de vue les réglemens qu'on proposoit pour les procureurs et les avocats : on se contenta de faire expédier des lettres patentes en confirmation de l'arrêt de la cour ; on déchar- gea les avocats de la déclaration qu'ils avoient faite, et on leur enjoi- gnit de continuer l'exercice de leur charge.

sous le bon plaisir de Sa Majesté, qui étoit empêchée à de plus grands remuemens et plus dangereux que ceux-là : dont bien leur en prit.

Le commun des avocats tenoit, pour principal auteur et conseiller de ce nouveau reglement, M. de Villiers Seguier (1), president en la grand'chambre, revenu nouvellement de son ambassade de Venise; contre lequel on publia le quatrain suivant, que les avocats étant de loisir avoient, comme ils disoient, trouvé dans les centuries de Nostradamus.

> Un gondolier, dans le royal pourpris,
> D'infanterie amena l'escarmouche.
> Plume en drapeau, la langue mise à prix,
> Grisons vaincus, patrons ont pris la mouche.

M. Isaac Arnauld, jeune avocat au parlement, mais le premier de son âge, en conçut un tel dépit, qu'en disant adieu au Palais, où il avoit toutefois ja acquis beaucoup de réputation et d'honneur, coupa sa robe (2), et en quitta tout-à-fait la profession et le métier.

[JUIN.] Au commencement de ce mois, le Roy étant venu en grande compagnie en Poitou, dépescha à diverses fois en Bourgogne le président Jeannin vers le maréchal de Biron, pour l'attirer en cour, à raison des menées et intelligences que long-temps auparavant il avoit tracées avec le roi d'Espagne et duc de Savoye, qui, pour le mieux surprendre et retenir, lui avoit fait

***

(1) *M. de Villiers, Seguier :* Antoine Seguier, sieur de Villiers, troisième fils de Pierre Seguier. — (2) *Coupa sa robe :* Isaac Arnauld, fils d'Isaac Arnauld, intendant des finances, et neveu du fameux avocat Antoine Arnauld.

parler de son mariage avec l'une des filles dudit duc.

Le mercredy 12 de ce mois, après beaucoup de remises, le maréchal arriva finalement à Fontainebleau, fort peu accompagné.

Le jeudy 13, environ sur la minuit, M. de Vitri, capitaine des gardes, se transporta avec quelques douzaines de ses soldats et archers dans la chambre du maréchal; et par commandement du Roy lui ôta son épée, et à l'instant le constitua prisonnier de par Sa Majesté, quelque résistance de paroles qu'il pût faire au contraire.

En même temps le seigneur de Pralins, aussi capitaine des gardes, ôta l'épée au comte d'Auvergne et l'arrêta prisonnier, par commandement de Sa Majesté.

Le samedy 15, entre six et sept heures du soir, le seigneur maréchal et le comte d'Auvergne, conduits par une compagnie du régiment des Gardes, furent amenez par eau à Paris, et le même jour serrez et mis prisonniers à la Bastille.

Le lundi 17, messieurs de Harlay et Blancmesnil, presidens, furent avec messieurs de Fleuri et Thurin, comme les plus anciens conseillers de la grand'chambre, deputez commissaires pour ouir et interroger le maréchal, et vacquer à l'instruction de son procès, et de tous ceux qui s'en trouveroient coupables, sans exception de personnes, de quelque dignité, qualité, condition et autorité qu'ils pussent être.

[JUILLET.] Le samedy 6 juillet, la cour de parlement assigna les pairs de France qui étoient en cour près Sa Majesté, au jeudy ensuivant, pour assister à la confection du procès du maréchal de Biron.

Le jeudy ensuivant, les pairs ne comparurent point ; et les fallut adjourner sur défaut, quoique Sa Majesté leur eût commandé de s'y trouver, et qu'elle fût venuë exprès de Fontainebleau à Paris, afin de leur ôter tout sujet d'excuse. Nonobstant cela, tous ensemble s'excuserent sur ce que la cour ne les avoit point appellés au jugement du duc d'Aumale, et chacun en particulier forgea aussi ses excuses : l'un se disant son allié et ami. Les autres alléguoient quelques querelles qui étoient passées entr'eux ; autres mettoient en avant leur indisposition.

Le samedy 13 de ce mois, arriva à Paris le seigneur de Lafin, fort bien accompagné, et qui marchoit ordinairement par les ruës avec quinze ou vingt hommes à cheval, ayant tous les pistolets à l'arçon de la selle, et l'épée en la main : ce qui lui avoit été octroyé par Sa Majesté pour les avis qu'il avoit eus que les parens et amis du maréchal le menaçoient, et que quelques uns d'entre eux avoient juré de le tuer là où ils le rencontreroient.

Le lundi 15 du mois, le seigneur de Lafin fut confronté au maréchal, qui lui dit pouilles ; mais pour toutes ses menaces et injures ne put empêcher que ledit Lafin ne lui maintînt hardiment et resolûment toutes les choses qu'il avoit dites à Sa Majesté, touchant ses conspirations et menées avec l'Espagnol et le Savoyard contre l'etat et couronne de France.

Le mercredi 17, M. de La Force, assisté des seigneurs de Saint Blancart, du comte de Roussi, de Château-Neuf, de Thermes, de ses enfans, et autres parens et alliez du maréchal, allerent supplier le Roy de lui donner la vie ; où étant Sa Majesté à Saint Maur des

Fossez en une gallerie du château, assisté de quelques seigneurs, après les avoir ouïs fort paisiblement leur fit réponse que ledit maréchal, après tant de bienfaits reçus de lui, ayant si miserablement attenté à sa vie et à son etat, c'eût été plûtôt cruauté que clemence de lui sauver la vie.

Le mardy 23, M. le chancelier, assisté de messieurs de Mesle et Pontcarré, conseillers d'Etat, et de six maîtres des requêtes, vint sur les six heures du matin au Palais, et lui vinrent au-devant, de la part de la cour, jusques au parquet des huissiers, deux des plus anciens conseillers d'icelle : et peu après toutes les chambres assemblées, on commença à voir le procès du maréchal, après que M. le chancelier eut par une petite harangue fait entendre à cette compagnie le sujet de leur convocation.

M. de Fleuri, le plus ancien des conseillers, et rapporteur du procès, presenta une requête au nom de madame la maréchale de Biron, requerant du conseil pour son fils, attendant qu'étant homme de guerre il étoit peu versé en telles affaires. Les gens du Roy ayant été ouïs là-dessus, requirent qu'on n'y eût point égard, attendu la qualité du délit si énorme; et qu'il plût à la cour proceder au jugement, attendu que le procès étoit en état. Surquoi ayant ladite cour ordonné conformément aux conclusions de messieurs les gens du Roy, l'on y travailla dès ce matin jusques à dix heures et demie.

Le mercredi 24, M. le chancelier vint au Palais à six heures du matin; et étant entré en la grand'chambre, fit continuer à voir les pieces contenuës au procès; et furent lues ce matin quantité de lettres écrites au

seigneur de Lafin par ledit maréchal de Biron, par
lesquelles il lui donnoit avis de tout ce qui se passoit
en l'armée du Roy qui étoit en Savoye; et de diverses autres choses. La cour se leva ce matin après
dix heures.

Le jeudy 25, à cause qu'il étoit fête, on ne travailla point au procès.

Le vendredy 26, M. le chancelier se trouva devant
six heures au Palais, et précisément à six heures, quoique plusieurs conseillers fussent absens; fit continuer
la lecture du procès, où on employa toute la matinée,
principalement à lire son interrogatoire, qui contenoit
plus d'une main de papier; et par icelui nioit la plus
grande partie de ce que les témoins avoient déposé
contre lui. Et en ce qu'il approuvoit leur déposition,
soutenoit que le Roy lui avoit tout pardonné à Lyon,
et qu'il ne se trouveroit chargé d'aucune chose depuis
ce pardon là, sans lequel il se confessoit digne de mort,
suppliant la cour d'y avoir égard; ensemble aux services que feu son pere et lui avoient fait à cet etat et
couronne.

Le samedy 27 du mois, le maréchal fut amené entre
les cinq et six heures du matin au Palais, conduit par
le seigneur de Montigni, gouverneur de Paris, dans un
bateau couvert de tapisserie, dans lequel y avoit douze
ou quinze soldats; et étoit ledit bateau suivi d'un autre
tout rempli de soldats de la garde du corps et de ceux
du chevalier du guet, outre lesquels y en avoit encore
d'autres sur les quays, qui accompagnoient à pied lesdits bateaux.

On fit descendre le maréchal dans l'isle du Palais,
et entra par la porte du jardin de M. le premier presi-

dent, d'où il fut conduit par les chambres des enquêtes dans la grand'chambre devant messieurs de la cour, où il se trouva au commencement étonné. Mais ayant repris cœur, il répondit assurément à toutes les demandes de M. le chancelier, qui après l'avoir fait approcher et seoir près de lui sur une basse et petite sellette, fut plus de deux grosses heures devant messieurs.

Sur les neuf heures on le fit reconduire à la Bastille, tout ainsi qu'on l'avoit amené; et est à noter que ce jour-là avoient été de bon matin posez des corps de garde et sentinelles à toutes les avenuës du Palais, de peur d'émotion, et de trop grande foule de peuple à le voir passer; et outre cela, environ trente ou quarante Suisses qu'on avoit commis au Palais pour s'y promener.

Le lundy 29, M. le chancelier se rendit au Palais à six heures du matin; et là, toutes les chambres assemblées, on vacqua aux opinions jusques à deux heures après midi, qui toutes, conformement aux conclusions de messieurs les gens du Roy, furent à la mort. Ainsi par arrêt solemnel fut le maréchal condamné par cent vingt-sept juges à être décapité en Greve, comme atteint et convaincu d'avoir attenté à la personne du Roy, et entrepris contre son etat; tous ses biens confisquez, sa pairie réunie à la couronne, et dégradé de tous honneurs et dignitez.

Le mardy 30, y eut en Greve, en la ruë Saint Antoine, et vers la Bastille, une incroyable multitude de peuple qui s'étoit transporté devant midi en ces lieux, croyant que l'execution du maréchal dût être ce jour là; et qui n'en partit que bien tard au soir, voyant bien qu'elle étoit sursise à un autre jour.

Le mercredy dernier jour de ce mois, le Roy adressa ses patentes à la cour, par lesquelles il déclaroit qu'aux instances et prieres des parens du sieur de Biron, pour l'amitié qu'il lui avoit autrefois portée, et pour plusieurs autres grandes considerations, son plaisir étoit qu'il fût executé dans la Bastille, quoique l'arrêt portât qu'il le seroit dans la place de Greve : voulant par ce moyen l'exempter de l'infamie d'un spectacle public.

Or quoique la cour eût envie de faire là-dessus des remontrances à Sa Majesté, si est-ce que considerant que son arrêt n'étoit sinon changé en la forme et non en la substance, puisqu'il falloit qu'il mourût, enterina les lettres, après avoir ouï les gens du Roy là-dessus, qui remontrerent que cette exécution privée n'étoit pas sans exemple, attendu que le maréchal de Nesle avoit été autrefois décapité en sa maison ; joint que s'ils envoyoient devers le Roy, l'exécution ne se pourroit faire de trois ou quatre jours, et que bien souvent en telles matieres *nocuit differre paratis*.

Sur laquelle résolution ce même jour dernier du mois, sur les onze heures du matin, monseigneur le chancelier, M. le premier president, accompagnez de messieurs les lieutenans civil et criminel du châtelet, du prevôt des marchands et des quatre echevins de la ville, du prevôt Rapin et d'aucuns des siens, du chevalier du guet et de quelques-uns de sa compagnie, de Voisin greffier de la cour de parlement, de six huissiers d'icelui, de quelques sergens et plusieurs autres, entrerent en la Bastille, où les sieurs Magnan, curé de Saint Nicolas des Champs, predicateur du Roy, et Garnier son confesseur, étoient déja pour exhorter le sieur de Biron à penser à sa conscience, et le faire ré-

22.

soudre à la mort. A quoi il ne vouloit aucunement entendre, ne se pouvant persuader que ce fût à bon escient, comme il se remarque par le progrès ci-dessous.

Cette compagnie entrée en la chambre où étoit ledit sieur maréchal, le trouva occupé à conferer trois ou quatre almanachs, considerant la lune, le jour, les signes, et autres choses appartenantes à la judiciaire.

Monseigneur le chancelier s'adressant à lui, après l'avoir salué lui demanda l'ordre du Roy, lequel il lui bailla, le tirant de la poche de ses chausses, après en avoir fait refus du commencement; puis on décousit la croix du Saint Esprit de dessus son manteau; et se firent les autres cérémonies appartenantes à la dégradation d'un maréchal de France, en pareil cas de crime capital de leze-majesté.

Cela fait, ledit sieur chancelier dit audit sieur de Biron qu'ils étoient en outre là venus pour lui prononcer l'arrêt de mort donné contre lui à la requête du procureur-général du Roy, et le faire exécuter; lequel arrêt ledit sieur de Biron ouiroit presentement. Lors le greffier criminel lui dit : « Monsieur, mettez-vous en « état, c'est-à-dire à genoux ; » et quant et quant fit la lecture dudit arrêt; et comme il fut à ces mots : « Pour « avoir conspiré contre la personne du Roy et de son « Etat, » ledit sieur de Biron dit : « Il n'est pas vrai. » Et à ces mots, *Condamné d'avoir la tête tranchée en la place de Greve sur un échaffaut, qui à cet effet y sera mis :* « En Greve, dit-il? Voilà une belle récom- « pense de mes services, de mourir ignominieusement « devant le monde? » Sur quoi M. le chancelier pre- « nant la parole, lui dit : « Monsieur, le Roy vous a

« octroyé la grace que vous ⬤ lui avez fait demander par
« vos parens de ne point mourir publiquement ; et par-
« tant l'exécution de votre arrêt se fera en ce lieu de
« la Bastille. — Est-ce la grace qu'il me fait, dit-il ? Ha,
« ingrat, méconnoissant, sans pitié, sans misericorde,
« qui n'eurent oncques de lieu en lui ! Car si quelque-
« fois il semble en avoir usé, c'a été plûtôt par crainte
« qu'autrement. » Et ensuite profera plusieurs autres
choses indignes d'une belle ame et de tout homme généreux, comme celles-ci entr'autres : « Et pourquoi
« n'use-t-il point de pardon envers moi, vû qu'il le fait
« à beaucoup d'autres qui l'ont beaucoup plus offensé
« que je n'ai fait ? » Et en cet endroit nomma M. d'Espernon, disant : « Combien de fois l'a-t-il desservi et
« trahi ? » Nomma aussi M. de Mayenne ; ajoûta que la
reine d'Angleterre eût pardonné au comte d'Essex s'il
l'eût voulu demander. « Et pourquoi non à moi, qui le
« demande si humblement, sans mettre en ligne de
« compte les services de feu mon pere et les miens, et
« mes playes, qui le demandent assez d'elles-mêmes ? »
Et quand ce vint à l'endroit dudit arrêt, qui porte :
Tous ses biens acquis et confisquez au Roy, etc.,
M. le chancelier lui dit que Sa Majesté avoit donné
sa confiscation à ses parens, excepté la duché de Biron, annexée à la couronne. Surquoi il répondit, parlant de Sadite Majesté : « Il a regardé à peu de chose,
« tant sa haine est grande contre moi. Et quoi ! on me
« fait donc mourir sur la déposition d'un sorcier, et le
« plus grand nigromancien du monde, qui s'est servi
« à la malheure de mon ambition, m'ayant souvent
« fait voir le diable en particulier ; et même parlant par
« une image et figure de cire, qui auroit bien articule-

« ment prononcé ces mo●● *Rex impie, peribis ; et si-*
« *cut cera liquescit, morieris.* »

En après il se déborda en injures contre M. le
chancelier, l'appellant homme injuste, sans foi, sans
loi ; statue, image plâtrée, grand nez, qui l'avoit seul
condamné à la mort iniquement, sans aucune raison,
étant innocent et nullement coupable. Que pour le tort
qu'il lui avoit fait, il l'adjournoit à comparoir devant
Dieu dans l'an et jour. Cependant il marchoit à grands
pas par la chambre, ayant le visage extrêmement con-
turbé et affreux, et répéta souvent : *Ha, minimè,
minimè !* Ce qui fut entendu de celui auquel il s'étoit
confessé étant encore en Bourgogne. Puis parlant du
Roy et de soi-même, il dit : « Hé bien, je mourrai, et
« n'aurai point de grace ; si n'a-t-il pas tout sçû mon
« secret, et ne le sçaura jamais de par moi. » Et nonobstant qu'il fût continuellement exhorté, par ceux qui
étoient là pour cet effet, de prier Dieu et penser à sa
conscience, ausquels il répondoit que c'étoit chose
qu'il avoit faite ; si est-ce que des vehemences et paroles inconsiderées dites ci-dessus, et autres que j'ob-
mets, il vint à parler de ses affaires, des biens qu'il avoit,
de ce qui lui étoit dû, et de ce qu'il devoit ; qu'il devoit
trente mille écus, et en avoit pour les payer cinquante
mille au château de Dijon ; que le Roy disposeroit du
reste. Qu'il laissoit une fille grosse de son fait : à l'enfant de laquelle il donnoit une maison qu'il avoit de n'a
gueres acquise près de Dijon, et six mille écus.

Puis il demanda s'il y avoit là personne de M. de
Rosni ; et s'étant presenté un sien secretaire, il lui dit :
« Dites à M. de Rosni que j'ai toujours été son bon ami
« et serviteur, et que je meurs tel ; que ceux qui lui ont

« fait entendre le contraire, et que j'avois eu dessein de
« le tuer, l'ont trompé : au contraire j'ai toujours eu
« desir de le servir. Je lui recommande mes deux freres :
« ensorte que le petit soit donné à monseigneur le Dau-
« phin pour le servir, et que tous mes autres parens lui
« soient aussi pour recommandés ; je desire qu'il leur
« donne avis de ne venir de quelque temps à la cour. »
Il tira de son doigt une bague, qu'il bailla audit secretaire pour la porter à la comtesse de Roussi sa sœur,
et la prier de la porter toute sa vie pour l'amour de
lui ; en donna une autre au capitaine de la Bastille là
present.

Comme cet homme étoit ainsi attentif aux choses
de ce monde, hors de temps et de lieu, l'executeur entra dedans la chambre, et dit que l'heure se passoit,
et qu'il falloit aller ; auquel ledit sieur de Biron répondit qu'on l'en devoit avertir. « Allons, allons, dit-il. »
Descendant la montée, il y rencontra le lieutenant
civil, auquel il dit : « M. le lieutenant, vous avez de
« très-méchants hôtes : si vous ne prenez garde à vous,
« ils vous perdront ; » entendant parler des seigneurs
de Lafin, et du vidame de Chartres son neveu. »

Comme il fut près de l'echaffaut, ceux qui étoient
là pour voir ce spectacle, qui étoient environ soixante-
dix, ayant fait quelque bruit à son arrivée, il dit : « Que
« font-là tant de maraux et de gueux ? Qui les a mis là ?
« et quel bruit font-ils ? » Et toutefois la verité est qu'il
n'y avoit là que d'honnêtes gens. Puis il monta sur
ledit echaffaut, suivi des docteurs Magnan et Garnier,
d'un valet de la garderobe du Roy qui lui avoit été
baillé pour le servir à la prison, et de l'executeur ; lequel voulant mettre la main sur ledit sieur de Biron,

il lui dit qu'il se retirât arriere de lui, et se donnât bien garde de lui toucher d'autre chose que de l'épée; qu'il lui dît seulement ce qu'il avoit à faire. Lors il dépouilla son pourpoint, et le donna audit valet de la garderobe.

Après, le bourreau lui presenta un mouchoir blanc pour le bander; mais il prit le sien, lequel s'étant trouvé trop court, il demanda celui de l'executeur; et s'en étant bandé et mis à genoux, il se leva et débanda aussi tôt, s'écriant: « N'y a-t-il point de misericorde « pour moi? » Et dit derechef au bourreau qu'il se retirât de lui, qu'il ne l'irritât point et ne le mît au desespoir, s'il ne vouloit qu'il l'étranglât, et plus de la moitié de ceux qui étoient là presens; desquels plusieurs eussent voulu être hors, voyant cet homme non lié parler de cette façon. De là un peu il se remit à genoux, et se rebanda; et tout incontinent se releva sur pied, disant vouloir encore voir le ciel, puisqu'il avoit si tôt à ne le plus voir jamais, et qu'il n'y avoit point de pardon pour lui. Pour la troisiéme fois il se remit à genoux et se banda; et comme il portoit la main pour lever encore une fois le bandeau, le bourreau fit son coup, au même instant qu'il lui disoit qu'il ne lui trancheroit point qu'il n'eût dit son *in manus*.

Si le bourreau n'eût usé de cette ruse, ce miserable et irrésolu homme s'alloit encore lever; et de fait il eut deux doigts offensés de l'espée du bourreau, comme il portoit la main pour se débander pour la troisieme fois. La tête tomba à terre, d'où elle fut ramassée et mise dans un linceuil blanc avec le corps, qui le soir même fut enterré à Saint Paul. Sur lequel lieu on sema le suivant quatrain:

Biron aimoit tant les gensdarmes,
Qu'avant qu'on eût coupé son col
Il donna son corps à Saint Pol,
Lequel avoit cheri les armes.

Telle fut la fin de Charles de Gontaut, sieur de Biron, duc et pair, et maréchal de France. Ce seigneur étoit de moyenne taille, noir de visage, assez gras, et qui ayant les yeux enfoncez avoit un mauvais regard; auquel la Reine même, dès qu'elle l'eût vû premierement à Lyon et bien regardé, le jugea traître, et le dit. Au surplus grand guerrier, plus vaillant que son épée, hazardeux jusques au bout; en ses entreprises heureux, conduites toutefois plus par témérité que par prudence; cupide de vaine gloire, ambitieux demesurément, fier et hautain, avec une superbe intolerable, qui lui causa enfin ruine et malheur, selon la parole de Dieu : *Que Dieu résiste aux orgueilleux, et donne grace aux humbles.* Quant à la religion, catholique à dessein, et si peu chrêtien qu'il se fioit plus au diable qu'à Dieu, l'invoquant, et communiquant avec ce mauvais esprit par le moyen des sorciers et des nigromanciens, qui enfin le tromperent et reduisirent au pauvre état où chacun l'a vû mourir : salaire ordinaire que le diable donne à ses serviteurs, étant meurtrier dès le commencement du monde et menteur, et rendant tels tous ceux qui adhérent à lui afin de les perdre. Sur quoi l'histoire suivante très-véritable, et à moi témoignée par un homme de bien et d'honneur, est remarquable pour montrer comme le diable se mocque de ceux qui lui prêtent l'oreille, comme il fit de ce pauvre seigneur en cette façon.

M. de Biron, pendant les grands desseins qu'il avoit

en la tête, s'étant un jour retiré seul en un jardin exprès pour communiquer avec un magicien qu'il y fit
venir, qui étoit un des plus grands du métier (car il
parloit fort souvent au diable, et avoit communication privée avec le malin esprit), s'étant enquis de lui
de sa bonne fortune, sur laquelle il étoit fort irrésolu,
et de ce qui lui adviendroit ; le magicien lui montra
un grand arbre plein de feuilles, et lui dit qu'il arrêtât
sa vûe sur celle qu'il voudroit, et que sans doute elle
tomberoit incontinent derriere lui : ce qui avint. Lors
M. de Biron lui en ayant demandé la signification, il
lui dit qu'étant en la fleur de ses prosperitez, il gardât
de tomber comme cette feuille, et qu'un qui étoit de
Dijon ne lui en donnât le coup par derriere, et ne le
tuât : ce que M. de Biron ayant entendu, s'en mocqua
et n'en fit autrement compte, disant qu'il connoissoit
fort bien tous ceux de Dijon ; qu'il se garderoit fort bien
de cestui-là ; et que s'il ne lui avenoit mal que de cette
part, qu'il n'en auroit point. Cependant on dit que le
bourreau qui lui donna le coup par derriere, et lui
trancha la tête, étoit de Dijon.

En ce mois, un procureur de la cour nommé Du-
maine, de la paroisse Saint André des Arcs, mourut
à Paris en sa maison, en la religion catholique et romaine, encore que de longtems il fît profession publique de la contraire.

[AOUST.] En ce mois, les devis ordinaires et entre-
tiens des compagnies de Paris n'étoient que de la mort
du maréchal de Biron : chacun en discourant selon sa
passion, les uns en louant l'exécution, les autres la
blâmant. Plusieurs bons catholiques espagnols alloient

tous les jours à Saint Paul lui donner de l'eau benite, et lui faisoient dire force messes. La comtesse de La Guiche (¹) en donna dix écus à cet effet, le vicomte Sardin autant ; lesquels tous deux furent tansez du Roy, qui leur dit qu'il étoit défendu de ce faire à un traitre et criminel de léze-majesté : comme aussi le Roy souvent et tout haut, même en jouant à la paume, voulant affirmer une vérité, disoit, afin que tout le monde l'entendît : « Cela est aussi vrai qu'il est vrai que « Biron étoit traître. »

Ce néanmoins quelque reste de cette racaille de Ligue ne laisserent, au désavantage de Sa Majesté, d'en écrire et discourir en sa faveur, condamnans cette exécution comme du tout injuste et mechante. Même en détestation d'icelle furent publiez et semez par tout les vers suivans faits contre le seigneur de Rosni, qui en la personne du valet attaquoient le maître :

> Si pour avoir trop de courage
> On a bien fait mourir Biron,
> Rosni, crois que le même orage
> Peut bien tomber sur un larron :
> Car déja le peuple en babille,
> Et vous appelle, ce dit-on,
> Lui cardinal de la Bastille,
> Et toi prelat de Montfaucon.
> Mais que troupes bien dissemblables
> Iront visiter vos tombeaux !
> Car il a des gens honorables,
> Et tu n'auras que des corbeaux,
> Desquels ta charogne mangée
> Sera marque aux âges suivans

(¹) *La comtesse de La Guiche* : Antoinette, fille de Guy de Daillon, comte de Lude, et femme de Philibert, seigneur de La Guiche et de Chaumont.

De ton insolence enragée
Sur les morts et sur les vivans.

Il y eut plusieurs autres vers et epitaphes en sa faveur, divulguez et semez à Paris et par tout, desquels j'en pense avoir la plupart entre mes papiers, comme il y en eut aussi beaucoup contre lui; entre lesquels j'ai choisi les suivans, comme mieux faits, ce me semble, et plus à propos en peu de paroles.

1. Biron servant son prince entre mille gendarmes,
   Vieillard, d'un coup de piece eut le chef emporté.
   Son fils, un second Mars, voulant tourner ses armes,
   En l'avril de ses ans se voit décapité.
   L'un est digne d'honneur, l'autre est digne de larmes;
   Et tous deux des grandeurs montrent la vanité.

2. Passant, qu'il ne te prenne envie
   De sçavoir de Biron le sort :
   Car ceux qui auront sçû sa vie
   Ne s'étonneront de sa mort.

3. L'an six cent et deux, en juillet,
   On vit le grand Biron défaire,
   Non pour le mal qu'il avoit fait,
   Mais pour celui qu'il vouloit faire.

[SEPTEMBRE.] Le lundy et mardy 9 et 10 septembre, et autres jours suivans, messieurs de la cour du parlement reçurent commandement du Roy de ne se point séparer, quoique ce fût le tems des vacations, qu'ils n'eussent vérifié l'edit du surhaussement des monnoyes, où après que la cour eût travaillé toute la semaine, elle fit refus de le vérifier, et envoya pour cet effet vers Sa Majesté les présidens de Thou et Seguier, lui remontrer les inconvenïens qui en proviendroient ; lesquelles remontrances Sa Majesté ne reçut point bien : ains après les avoir bien et vivement rembarrez, sans les vouloir ouïr davantage leur dit que son plaisir étoit qu'il fût verifié : qu'ils n'y faillissent donc pas, et qu'on n'en parlât plus.

Le samedy 14 de ce mois, Jean Passerat (1), professeur du Roy en l'Université de Paris, âgé de près de quatre-vingts ans, homme docte et des plus déliez esprits de ce siécle, bon philosophe et grand poëte, mourut à Paris, ayant langui longtems, et perdu la vûe avant que mourir, de trop étudier, et aussi (disent aucuns) de trop boire : vice naturel à ceux qui excellent en l'art de poësie, comme faisoit ce bon homme, duquel la sepulture est aux Jacobins.

Ce jour, le lieutenant Rapin, par commandement du Roy, porta à messieurs du grand-conseil les charges et informations du procès qu'il avoit instruit contre Fontenelles, gentilhomme breton, avec commission spéciale audit conseil pour lui faire et parfaire son procès.

Le vendredy 20, fut, par arrêt de la chambre royale, pendu et étranglé, en la basse cour du Palais, Jonsseaume, receveur général de Tours, pour avoir volé les deniers de sa recepte, et s'être avec iceux enfui à Turin en Piedmont, où il fut pris et ramené en France.

Le samedy 21, fut l'edit des monnoyes trompeté et publié par tous les carrefours de Paris, après avoir été verifié, comme à regret, par la cour de parlement, en ayant été fort pressée et importunée de Sa Majesté.

---

(1) *Jean Passerat* : Il étoit né à Troyes, et avoit succédé à Pierre Ramus *comme professeur d'éloquence. Il cultiva la poésie : on a de lui plusieurs épigrammes latines. Ses vers, qu'on lit encore avec plaisir, manquent cependant de chaleur.*

Le mercredy 25, vinrent les nouvelles assurées de la prise de Grave par le comte Maurice, le 19 de ce mois, au bout de deux mois justement qu'il l'avoit assiegée.

Le vendredy 27, Fontenelles (1), après avoir été appliqué à la question ordinaire et extraordinaire, fut par arrêt du grand-conseil rompu vif sur la roue en la place Saint Jean en Greve, où il languit environ six quarts-d'heure, pour avoir convenu avec l'Espagnol de lui livrer quelques places en Bretagne, et être un de ses pensionnaires. Son lieutenant, Calabrois de nation, fut pendu et étranglé pour avoir été le porteur de ses paquets en Espagne, quoiqu'il dît à l'échelle qu'il n'en avoit jamais sçu le contenu, et ne sçavoit ni lire ni écrire. Quant à Fontenelles, c'étoit un beau gentilhomme breton, vaillant et adroit, cousin germain du maréchal de Lavardin; mais vicieux et méchant extrêmement, qui avoit commis une infinité de voleries et méchancetez, assassinats et autres actes desesperez, entre lesquels on conte les deux suivans, bien verifiez, dignes de mille rouës et gibets.

Une honnête damoiselle de laquelle pendant les troubles il avoit pris le mari prisonnier, étant allée par devers lui pour composer de la rançon de son mari, après qu'elle l'eût payée il fit aussi-tôt pendre et étrangler son pauvre mari; et au lieu même fit violer cette pauvre damoiselle par ses soldats.

Une autre fois ayant pris deux hommes prisonniers, il en fit mourir un de faim, et l'autre de trop manger,

(1) *Fontenelles :* Il s'appeloit Guy Eder de Beaumanoir de Lavardin; mais, par considération pour sa famille, dans tous les actes de son procès il fut simplement qualifié de baron de Fontenelles.

pour essayer par plaisir, disoit-il, lequel des deux mourroit le plûtôt; et autres actes de barbarie, et execrables.

Le jour de cette exécution, un mien neveu qui venoit d'Orléans me conta qu'il avoit parlé à un honnête homme venant de Tours; lequel, deux ou trois jours avant qu'en partir, avoit vû exécuter un voleur qui étant au supplice avoit déchargé sa conscience d'un des tours des plus subtils de ce métier, qui étoit qu'étant trois voleurs ensemble qui avoient volé cinq cens écus à un homme, ne sçachant comme partir ces cinq cens écus, s'étoit avisé, pour les avoir lui seul, de dire à son compagnon à l'oreille qu'il tuât l'autre, et qu'ils les partiroient ensemble. Ce que l'autre ayant fait à l'instant, sans qu'il y pensât le dépêcha et le tua; et par ainsi lui demeurerent les cinq cens écus, et les eut tout seul, sans être en peine d'autre partage.

Le dimanche 29 de ce mois, fut baptisé à Ablon le fils de M. de Rosny, duquel fut compere avec madame la princesse d'Orange M. de Saint Germain, qui faisoit ici les affaires de ceux de la religion.

Mourut en ce même temps, en sa maison à Paris, M. Hennequin, sieur du Peré, secretaire du Roy, qu'on disoit approcher de cent ans : homme de bien, grand aumônier, et duquel Dieu benit la vie et la mort, comme d'un vrai israëlite auquel il n'y avoit point de dol.

M. de Chermeaux, president des comptes et prevôt des marchands, mourut en ce mois en sa maison à Paris : homme fort gras et replet, et nouvellement marié : ce qui ne lui allongea pas ses jours, au dire d'un chacun. On remarqua qu'en cette année le recteur de l'Université étoit mort recteur, et le prevôt des marchands prevôt des marchands : ce qu'on n'a jamais gueres vû avenir, et le tenoit-on pour chose rare.

[OCTOBRE.] Le mercredy deuxieme jour de ce mois, le comte d'Auvergne (1) fut tiré de la Bastille et mis en liberté, lui ayant le Roy donné et l'honneur et la vie, après un avertissement de l'état miserable auquel il s'étoit precipité, de la lourde faute qu'il avoit perpetrée ; et une exhortation de prendre garde à soi pour l'avenir. Sur laquelle délivrance, qui ne plaisoit pas à beaucoup, fut publié à Paris et à la cour le sixain suivant :

> O grand Dieu, quelle iniquité !
> Deux prisonniers ont merité
> La peine d'un même supplice :
> L'un, qui a toujours combattu,
> Meurt redouté pour sa vertu ;
> L'autre vit pour l'amour du vice.

L'administrateur de l'evêché de Strasbourg, de la maison de Brandebourg, étant ces jours arrivé à Paris pour quelques affaires touchant son evêché, fut festoyé par le Roy au logis du sieur de Gondi.

Le jeudy 10, le lantgrave Maurice de Hesse, venant de voyager par toutes les provinces de France, arriva à Paris, et fut par commandement du Roy logé près du Louvre chez M. de Montglat, premier maître d'hôtel, et là traité et festoyé magnifiquement par Sa Majesté.

En ce même jour, vinrent nouvelles assurées de

(1) *Le comte d'Auvergne :* Charles de Valois, comte d'Auvergne, et depuis duc d'Angoulême, fils naturel du roi Charles IX, et frère utérin de la marquise de Verneuil.

Calais de la défaite de six galeres de Spinola par les Hollandois et Anglois, qui les attendoient il y avoit ja long-temps sur cette côte. Trois furent enfoncées en la mer, les autres échouées; et y eut près de deux mille hommes perdus, outre la chiourme et les munitions.

Le lundy 14 de ce mois, sur les quatre heures après midi, arriverent par la porte Saint Antoine les députez des cantons des Suisses et de leurs associez, en nombre d'environ deux cens chevaux, lesquels venoient renouveller l'alliance qu'ils ont avec la couronne de France. Ils avoient dîné à Conflans au logis de M. de Villeroy, où ledit seigneur les avoit traités magnifiquement, et recréez d'une musique singuliere et excellente.

Le duc de Montbazon avec le seigneur de Montigni, accompagné de plusieurs gentilshommes à cheval, et messieurs les echevins de Paris, le chevalier du guet avec ses archers, et plusieurs autres personnes, allerent au-devant d'eux environ une lieuë. Ils furent par toute cette troupe conduits jusqu'en leurs logis, qui étoient en la ruë Quinquempoix, où, logez par fourriers, ils furent tous les jours magnifiquement traitez et entierement défrayez par le Roy.

Le mercredy 16 de ce mois, sur les deux heures après midi, les Suisses vinrent au Louvre bien accompagnez, faire la reverence à Sa Majesté.

L'ordre observé en cette cérémonie fut tel:

La grande salle du Louvre étoit garnie de deux rangs d'Ecossois en haye, et chaque degré de l'escalier du Louvre étoit semblablement garni de deux rangs d'archers en forme de haye; et tout le dehors jusques vers la ruē Saint Honoré, des compagnies du regiment des Gardes.

Le duc d'Aiguillon, accompagné d'une belle troupe de gentilshommes, alla querir lesdits Suisses jusques à leurs logis, où ils s'étoient retirez après avoir dîné chez M. le chancelier; et les amena jusqu'à la porte du Louvre, où ils furent reçus par M. de Montpensier qui les y attendoit fort bien accompagné, et les conduisit jusqu'à la montée du grand escalier. M. de Montpensier les ayant menez jusques-là, M. le comte de Soissons se présenta pour les y recevoir, et les mena jusqu'en l'anti-chambre du Roy, où étoit M. le prince de Condé, qui les conduisit au Roy séant en une chaire: la majesté duquel étoit magnifiquement et somptueusement habillée, et plus qu'on ne l'avoit jamais vûe; ayant une aigrette toute de diamans à son chapeau, qui étoit blanche et noire, de prix inestimable, avec l'écharpe de même, toute couverte de diamans.

Les voyant entrer, Sa Majesté se leva et leur ôta le chapeau, puis se rassit; et s'étant couvert ils lui vinrent faire la reverence, lui baiserent une main, que Sa Majesté tenoit tout au long de sa cuisse; et de l'autre les embrassa les uns après les autres, la leur mettant sur l'épaule.

Sagher, avoyer de Berne, porta la parole pour tous les autres; et après avoir fait sa harangue en son langage, M. de Vic l'interpreta au Roy, qui leur fit par lui-même une brieve et très-jolie réponse, dont ils se montrerent aises et contens à merveilles, attribuans à une très-grande faveur tant de caresses et privautez, dont Sa Majesté usa en leur endroit.

La plûpart desdits Suisses étoient fort en point,

tous habillez de veloux, portant chaînes d'or au col.
Au surplus, beaux hommes, forts, et qui avoient
bonne trogne, et les faces cramoisies. Sur quoi il y
en eut un qui, les voyant entrer avec si bon minois et
visage dans la chambre du Roy, fit par plaisir sur
l'heure le quatrain suivant :

> Voyant passer ces gens étranges,
> Au teint vermeil et aux gros culs,
> Je pensois voir maints dieux Bacchus
> Qui viennent de faire vendanges.

Le jeudy 17 de ce mois, ils se transportèrent tous à
Saint Germain pour y saluer M. le Dauphin, qui les y
festoya fort magnifiquement.

Les jours suivans ils furent aussi festoyez par M. le
comte de Soissons, messieurs de la ville, et autres prélats et seigneurs. Il n'y eut que le cardinal de Gondi
qui s'en excusa, sur le mécontentement qu'en pourroit
concevoir Sa Sainteté si elle le sçavoit, pour ce que
beaucoup d'entr'eux étoient hérétiques. Ce que le Roy
ayant entendu, s'en mocqua.

Le samedy 19, furent tendues en l'église de Notre-
Dame les belles tapisseries de Saint Merry, et ce dedans
la nef de tous les deux côtez. Le chœur fut aussi tendu
de riches tapisseries de soye, toutes relevées d'or et
d'argent, avec quantité de tapis velus de Turquie pour
mettre sous les pieds, et d'autres fleurdelisez qu'on mit
sur tous les sieges.

On dressa à droite et à gauche deux échaffaux pour
la musique, et deux grandes galleries en théâtre de tous
les deux côtez pour les seigneurs et dames; et à l'entrée
du chœur un petit théâtre de la hauteur d'un pied, où
sous un riche dais étoit posée la chaire du Roy, et un

23.

petit pulpitre au-devant, pour poser son breviaire tandis qu'on chanteroit la messe.

Toute cette nuit y eut des archers qui coucherent dans l'eglise, pour empêcher la foule du peuple d'y entrer.

Le dimanche matin 20 d'octobre, entre huit et neuf heures, le Roy, accompagné de messeigneurs les princes de Condé, de Conti, de Soissons, de Montpensier, de messieurs le connétable, d'Aiguillon, de Sommerive, de Joinville, de Montbazon, et autres grands seigneurs et gentilshommes en bon nombre, monté dessus un barbe bien et richement harnaché, s'en vint avec le tambour battant en l'eglise Notre-Dame, où s'étant mis en sa chaire, la Reine et messieurs les princes à sa main droite, et les Suisses à sa gauche, y eut une très-bonne et excellente musique de voix, d'orgues, luths et violes, qui dura un bon quart d'heure.

Le Roy cependant voyant que les Suisses protestans de la religion n'étoient point encore venus, appella messeigneurs les princes de Condé et de Conti, et leur commanda de les aller querir. Ce qu'ils firent tout aussitôt, pendant lequel temps la musique n'eut point de relâche.

Au bout d'un quart-d'heure ou environ, messieurs les princes amenerent lesdits Suisses, qui s'allerent asseoir au-dessus des autres vers le grand autel, selon la dignité et ordre de leurs cantons.

Un peu de temps après, l'evêque de Valence (¹) voulant commencer à dire la messe, lesdits Suisses pro-

---

(¹) *L'evêque de Valence :* Pierre André de Gelas de Leberon.

testans sortirent l'un après l'autre hors du chœur, après avoir fait une profonde réverence à Sa Majesté, passans devant sa chaire; et se retirerent au haut du pulpitre, où étoient M. le lantgrave de Hessen Maurice, avec l'administrateur de l'evêché de Strasbourg, et plusieurs autres de la religion, qui toujours demeurerent couverts jusques à ce que la messe fût entierement dite. Les Suisses catholiques romains ne bougerent de leurs places, et y assistèrent avec apparence de beaucoup de dévotion. Icelle finie, les protestans descendirent du pulpitre, et vinrent se remettre en leurs premieres places.

Le Roy, environné de messieurs de Vitri et Praslin, capitaines des gardes, ayant chacun d'eux à l'un de ses côtés; et de M. de Bellievre, chancelier de France; de M. de Vic, son ambassadeur en Suisse; de messieurs de Sillery et de Villeroy; fit venir devant Sa Majesté l'evêque de Valence avec les Evangiles : de l'autre côté y avoit un secretaire des Suisses, avec les contrats en parchemin que Sa Majesté a avec eux. Alors tous les Suisses s'étant levez et venus au nombre de quarante-cinq, chacun en son rang, devant Sa Majesté, l'avoyer de Berne, nommé Sagher, fit une longue harangue à Sa Majesté qui étoit couverte, et lui la tête toujours nuë; laquelle Sa Majesté, qui étoit debout, ayant entendue et se l'étant fait interpreter par son truchement, leur fit une belle et courte réponse, qu'elle commanda audit truchement de leur exposer. Cela fait, M. le chancelier leur fit une longue harangue qui leur fut aussi interpretée; et sur l'heure tantôt trois à trois, ores deux à deux, mettant la main dessus les Evangiles, jurerent solemnellement l'alliance convenue et contenue en leurs

contrats, et se retirerent les premiers en leurs sieges,
pour faire place aux autres.

Quand tous eurent fait le serment, ils ravinrent tous
ensemble en corps sous le poisle de Sa Majesté, qui,
mettant aussi la main sur les Evangiles, fit le serment
fort joyeusement, au grand contentement de tous les
gens de bien, tant Suisses qu'autres regnicoles et etrangers affectionnez à la France.

Après toutes ces solemnitez, la musique, les orgues
et les instrumens sonnerent un fort long-temps; et oyoit-
on en même-temps les canons de M. de Rosni qui ton-
noient de l'Arcenal.

Entre une et deux heures après midi, le Roy s'en
alla à l'evêché accompagné des Suisses, lesquels il festoya très-magnifiquement. Sa Majesté dîna en une
chambre avec la Reine, et les Suisses en la grande salle.
Monseigneur le prince de Condé se mit au haut bout,
puis M. le comte de Soissons, M. de Montpensier;
après suivoient le connétable, d'Aiguillon, Joinville,
le comte d'Auvergne, de Sommerive, de Montbazon,
de Vicq, ayant chacun un Suisse vis-à-vis d'eux de
l'autre côté de la table, selon leur ordre et dignité. Il
y eut force tambours, fiffres, et instrumens de musique, qui sonnerent pour réjouir la compagnie; et fut
largement bu à la santé du Roy, après à celle de la
Reine, tiercement à celle de M. le Dauphin, puis à
celle de l'alliance à ce qu'elle durât à jamais; à l'heureux accouchement de la Reine, et de suite à plusieurs
autres.

Après que Sa Majesté eut dîné, elle vint dans cette
grande salle fort bien accompagnée; et se faisant apporter un verre de vin, but à tous ses comperes, les-

quels en même-temps lui firent tous raison ; et voulut aussi que les cardinaux de Gondi et de Joyeuse bussent semblablement. Quoi fait, Sa Majesté se retira pour les laisser achever leur dîner. La Reine y vint aussi jusques à la porte, et les regarda long-temps s'escarmoucher à coups de verres.

En la salle basse y avoit aussi une grande table couverte pour les serviteurs des Suisses, qui triompherent de boire et manger. Il y en avoit un entre lesdits Suisses qu'on disoit qu'il portoit son ventre en écharpe, et buvoit demi-muid de vin par jour.

Il y en avoit un autre que l'on appelloit le colonel Hay, qui avoit près de cent ans, marchoit tout courbé, habillé en pantalon ; auquel le Roy prenoit plaisir d'en faire compter, pource qu'il se disoit du regne du roy Louis XII, et s'être trouvé à la journée de Pavie, où le roy François I avoit été pris.

Sur les six heures du soir, messieurs les Suisses (1) ayant été à table jusqu'à cinq heures seulement, se retirerent en leurs logis tout doucement, bien contens, saouls, et traitez ; et lors on ouït encore ronfler l'artillerie à l'Arcenal.

En ce mois et le mardy 15 d'icelui, on eut les nouvelles à Paris de la mort de Junius et de Tercaltius, décedez en la ville de Leyden en Hollande, tous deux grands personnages et doctes ; mais principalement Junius, duquel les écrits rendent suffisant témoignage de sa doctrine. Peu auparavant étoit mort audit Leyden

_____

(1) *Messieurs les Suisses :* On remarqua que les ambassadeurs suisses mirent un genou à terre lorsque le Roi leur donna sa main à baiser. La Reine ne leur ayant pas présenté la main, ils ne se baissèrent point pour lui baiser la robe.

un nommé Acchius, plus grand homme d'Etat que théologien, encore qu'audit pays il fût tenu pour un des premiers et principaux docteurs de leurs eglises.

Par avis de Leyden du même jour, on sçût que la peste y étoit grande : qu'on faisoit état de cent personnes toutes les semaines qui en mouroient ; à Amsterdam encore plus, et en la plûpart des lieux et villes de la Hollande.

En ce mois, Hebert, secretaire de M. le maréchal de Biron, et qui sçavoit tous les secrets de son maître, homme fort accort et avisé, ayant été pris prisonnier, après avoir bien babillé eut finalement son abolition du Roy, qui le vouloit faire pendre, comme il l'avoit bien gagné : Sa Majesté s'étant depuis souventes fois repentie (ainsi qu'on dit) de ne l'avoir fait, pour s'être montré fort ingrat du bénéfice et de la grace de son maître.

M. Thiellement, secretaire du Roy, homme dispos et en la fleur de son âge, bien famé et renommé, et auquel un procès qu'il avoit avança les jours, mourut à Paris en ce mois, et le samedy 13 d'icelui.

Au même temps moururent Le Sellier, maître des comptes, après avoir été taillé, combien qu'il fût encore jeune ; et Jumeauville, qui avoit été echevin, après avoir été pareillement taillé, combien qu'il fût vieux, et âgé de soixante-huit ans. Ainsi moururent à Paris de la taille un jeune et un vieux.

[NOVEMBRE.] Le lundy 4 de ce mois, fut enterré à Paris un procureur au châtelet, nommé Mesnard, homme de bien (chose rare en un procureur), et qui ne prenoit rien des parties qu'il connoissoit pour pauvres.

Le mardy 5, fut mise en terre à Paris madame la presidente Tambonneau.

Le samedy 9 de ce mois, sur les neuf heures du matin, un prevôt des maréchaux amena prisonnier en la Bastille de Paris le seigneur de Montbarrot, gentilhomme breton, gouverneur de la ville de Rennes. On disoit qu'il avoit été chargé à la mort par Fontenelles son cousin, et que le maréchal de Brissac, qui s'étoit saisi de sa personne par commandement du Roy, lui étoit ennemi. Chacun de ceux qui le connoissoient plaignoient sa fortune, et ne se pouvoient persuader qu'il fût autre que bon serviteur du Roy, ni qu'il lui fût jamais tombé en la pensée de conspirer contre son Etat comme on l'en accusoit, vû les preuves qu'il en avoit toujours données au contraire.

Le vendredy 22 de ce mois, la Reine accoucha à Fontainebleau d'une fille. A quoi elle ne s'attendoit pas, pour ce que sœur Ange, qui étoit une dévote que le Pape lui avoit envoyée, et qui lui avoit prédit qu'elle seroit reine de France, l'avoit assurée du contraire, et qu'elle auroit trois fils : tellement qu'elle en pleura fort et ferme, et l'appellant *ragasche*, ne s'en pouvoit contenter. Le Roy, encore qu'il eût bien desiré le contraire autant et plus qu'elle, ne laissa néanmoins de la consoler et reconforter fort bien, mais plaisamment, lui disant que si elle n'eût été de ce sexe, elle n'eût jamais été reine de France; et qu'au surplus ils n'avoient point faute de moyens, Dieu merci, pour la pourvoir; et que beaucoup d'autres demeureroient là, si la leur demeuroit.

Ce jour, Dubreuil (¹), peintre de Sa Majesté, singu-

(¹) *Dubreuil* : Raymond Dubreuil, un des habiles peintres de son

lier en son art, et qui avoit fait et devisé tous ces beaux tableaux de Saint Germain; en revenant dudit Saint Germain à Paris sur un cheval qui étoit retif, et alloit fort dur, fut à son retour surpris d'un renversement de boyaux que les médecins appellent un *miserere*, qui en moins de vingt-quatre heures l'envoya en l'autre monde.

Le samedy 23 de ce mois, fut mise en terre à Paris mademoiselle Saint Germain, femme du maître des comptes Saint Germain, âgée de quarante ans. Elle mourut pulmonique, laquelle maladie on disoit avoir gagnée à penser et solliciter M. Parent, malade de la pierre.

Le dimanche 24 de ce mois de novembre, advint une chose plaisante, mais véritable, en l'eglise de Verrieres, qui est un village à trois lieues de Paris; à sçavoir du sire Becquet, marchand de drap demeurant en la rue Saint-Jacques près la Cloche noire, homme riche et aisé, mais au surplus d'esprit foible, et superstitieux jusques à l'idolâtrie. Cet homme étant dans l'eglise bien tard, à genoux devant une image Notre-Dame qui est derriere l'autel, ayant dix chandelles attachées aux dix doigts de la main, un des prêtres l'ayant averti de sortir de l'eglise parce qu'il étoit fort tard, n'en voulant rien faire, s'avisa d'une ruse pour l'en chasser: qui fut de prendre un linge blanc duquel il se masqua le visage, et en cette façon se vient présenter à cet homme, lequel étant en extase de devotion commença à s'écrier : « Ah, douce vierge Marie ! bonne Notre-

temps. Il fut chargé de peindre plusieurs tableaux à fresque à Fontainebleau ; il fit avec Funel la petite galerie du Louvre, qui fut brûlée en 1660.

« Dame. » Et cependant tout effrayé sortit vitement, criant à tous ces bonnes gens que la bonne vierge Marie lui étoit apparuë. Ce que voyant ce pauvre peuple, et commençant déja à crier miracle, comme étant de legere croyance en telles affaires, fut retenu par le prêtre, qui leur ayant dit ce qui en étoit, fit tourner le miracle et l'apparition de la Vierge en risée.

Trois mois auparavant ou environ, en la paroisse Saint Severin à Paris, de laquelle il étoit, étant entré en contestation contre un prêtre qui lui demandoit l'argent de trois messes qu'il avoit dites pour lui, et soutenant contre ledit prêtre qu'il n'y en avoit que deux, en étant venus devant l'official, qui n'en adjugea que deux au prêtre, et que la tierce demeureroit à son profit, ledit prêtre s'en voulant venger, et sachant qu'en cette chapelle Notre-Dame, où il faisoit dire ordinairement ses messes, y avoit un petit crucifix de cuivre qu'il baisoit toujours sept ou huit fois avant qu'ouïr ses messes; ayant sçû l'heure qu'il y devoit venir, prit ce crucifix, et le chauffa si fort et si chaud qu'il n'y eût bouche si froide qui n'en eût été échaudée. Puis l'ayant remis en sa place, ce bon homme étant venu pour baiser comme de coutume son petit Dieu qu'il appelloit, s'échauda tellement, qu'il commença à crier : « Ah, « mon petit Dieu, que tu es chaud ! » Et se contentant de lui avoir donné un baiser, ne voulut point retourner aux autres. Exemples qui nous apprennent combien vaine et ridicule est la superstition.

Le mardy 26 de ce mois, un hôtelier de cette ville coupa la bourse à un gentilhomme dans la grand'chambre; lequel ayant été représenté devant M. le premier président, après qu'il l'eût confessé et dit que c'étoit la premiere fois qu'il lui étoit advenu, fut envoyé prisonnier nonobstant les conclusions des gens du Roy, qui avoient conclu à la fleur de lys et aux galeres perpetuelles.

Bonnefoy, procureur en parlement, auquel ce nom de Bonnefoy convenoit bien, pour ce qu'on le tenoit au Palais et par tout pour homme de bien, mourut en ce tems à Paris.

En ce mois on faisoit à Paris un conte plaisant du Roy, et digne de remarque; lequel le seigneur de Vitry, qui en pouvoit parler, assura à un de mes amis pour véritable. Il étoit tel :

Sa Majesté, chassant vers Grosbois, se déroba de sa compagnie comme il fait souvent, et vint seul à Creteil, qui est à une lieue par de-là le pont de Charenton, où étant arrivé sur l'heure du dîner, affamé (comme on dit communément) comme un chasseur, vint à l'hôtellerie, où ayant trouvé l'hôtesse lui demanda s'il n'y avoit rien pour dîner? Elle répondit que non, et qu'il étoit venu trop tard. Mais à l'instant avisant une brochée de rost, demanda pour qui donc étoit ce rost-là? L'hôtesse lui dit que c'étoit pour des messieurs qui étoient en haut, et qu'elle pensoit que ce fussent des procureurs. Le Roy alors (qu'elle ne prenoit que pour un bien simple gentilhomme, parce qu'il étoit seul) la pria de leur aller dire qu'il y avoit un honnête gentilhomme qui venoit d'arriver, qui étoit las et avoit faim; qu'il les prioit de lui donner un morceau de leur rost pour de l'argent; ou qu'ils l'accommodassent du bout de leur table, et qu'il payeroit son écot. Ce qu'ils lui refuserent tout à plat, disans que pour le regard de leur rost il n'y en avoit pas trop pour eux; et quant

à diner avec eux, ils avoient des affaires ensemble, et
étoient bien aises d'être seuls. Le Roy ayant entendu
cette réponse, demanda à l'hôtesse quelque garçon
pour envoyer là auprès lui querir compagnie ; et lui
ayant donné une piéce d'argent, l'envoya au sieur de
Vitry, qu'il lui désigna par un autre nom, et par une
autre grande casaque rouge qu'il portoit ; et qu'étant
là, il lui dît qu'il vînt incontinent trouver le maître du
Grand Cornet. Ce que le garçon ayant fait, et le sieur
de Vitry ayant connu par son langage que c'étoit le
Roy, s'en vint incontinent trouver Sa Majesté, accompagné de huit ou dix autres ; lequel ayant conté audit
Vitry sa desconvenue et la vilainie de ces procureurs,
lui enchargea par même moyen de s'aller saisir d'eux,
et qu'il les menât à Grosbois ; et qu'étant là il ne faillît
de les très-bien fouetter et étriller, pour leur apprendre
une autre fois à être plus courtois à l'endroit des
gentilshommes. Ce que ledit sieur de Vitry exécuta fort
bien et promptement, nonobstant toutes les raisons,
prieres, supplications, remontrances et contredits de
messieurs les procureurs.

En ce mois, M. le maréchal de Bouillon, fort pressé
et importuné du Roy de venir en cour, et voir Sa Majesté pour se justifier, l'assurant qu'il y seroit le bien
venu, et qu'il n'en recevroit que toute faveur et contentement, ne s'y osant fier, s'excusa par lettres très-
humbles qu'il en écrivit à Sa Majesté, et à beaucoup
de princes et seigneurs tant étrangers qu'autres, même
aux eglises : desquelles lettres j'ai les copies, qui se
voyoient à la cour et à Paris, et par tout. Sur quoi on
disoit qu'il pratiquoit le dire de Marot : qu'en telles

affaires il valoit mieux s'excuser d'absence, qu'être
brulé en sa présence (1).

[DÉCEMBRE.] Le dimanche premier de ce mois, le
Roy (2), qui étoit à Paris, bailla le prince de Joinville
en garde à M. de Guise son frere, sans la priere et sollicitation duquel Sa Majesté l'eût envoyé à la Bastille,
comme le tenant complice des menées et conjuration
du feu maréchal de Biron; et dit au prince de Joinville qu'il en remerciât hardiment son frere, lequel
il aimoit. Deux jours après, M. le chancelier l'inter-
rogea, et disoit-on que son ingenue et franche confession l'avoit sauvé d'une prison : comme aussi M. de
Rosni avoit donné avis audit prince pour l'éviter de
parler françois.

On avoit fait entendre au Roy que, le vendredy de
devant, ledit prince avoit été à l'hôtel Saint Denys voir
M. de Saint-Denys son frere; et que là étoit l'ambassadeur d'Espagne, auquel il avoit parlé et communiqué. Mais on trouva que cet ambassadeur étoit un livre
dans lequel il s'étoit amusé à lire presque toute l'après-
dînée, et que l'avis qu'on avoit donné à Sa Majesté
étoit un avis d'envie et de calomnie.

Le mercredy 11 de ce mois, furent pendus et étran-
glez en la place Maubert à Paris, pour la fausse mon-
noye, trois clercs volontaires qu'on appelle, et qui
étoient du tablier et bureau des débauchez du Palais.
Ils furent pendus devant la porte d'un boulanger, où

(1) Voyez la Notice qui précède les Mémoires du duc de Bouillon,
tome 35, première série. — (2) *Le prince de Joinville :* Claude de Lorraine, prince de Joinville, depuis duc de Chevreuse.

ils travailloient à ce beau métier, et où ils avoient été surpris forgeans des ducatons. L'un étoit de Lyon, l'autre de Mascon, et le tiers de Carleu, tous proches voisins.

Le dimanche 15 de ce mois, s'éleverent à Paris des vents merveilleusement grands et impétueux, qui causerent ruines, et abbatirent force cheminées, entr'autres la mienne, de dessous laquelle on venoit de retirer deux de mes petits enfans, qui par ce moyen (c'est-à-dire par une singuliere providence de Dieu) furent sauvez et garantis de ce peril.

Le vendredy 20, le fils du feu president Seguier, qu'on nommoit de Soret, fut reçû conseiller en la cour, nonobstant son âge et le meurtre qu'il avoit commis à Bourges, qui eût rendu un autre incapable du tout de cette dignité. Il répondit à messieurs avec une grande assurance : ce qui occasionna un des conseillers qui assistoit à son examen de dire qu'il étoit assuré comme un meurtrier.

Sur la fin de ce mois, l'entreprise sur Geneve faillie (1) par le duc de Savoye, malheureuse pour lui et pour ses entrepreneurs, reveilla les esprits et plaintes des François contre Son Altesse et les Espagnols. On en fit rouler plusieurs discours sur la presse, contenans les particularitez de tout ce qui s'y passa, avec le juste loyer des traîtres et conspirateurs, sur lesquels le juste jugement de Dieu ne faut jamais de tomber.

En ce mois moururent à Paris la femme de Camus, avocat au grand conseil, âgée de vingt-quatre ans seu-

(1) *L'entreprise sur Geneve faillie* : Le duc de Savoie avoit essayé de s'emparer par surprise de la ville de Genève, qui étoit sous la protection de Henri iv.

lement; mademoiselle Petit, en la fleur de son âge; et mademoiselle Vouzé, fort âgée. Mourut aussi en sa maison à Paris, le dernier jour de cet an, M. de Maspairrot, maître des requêtes, bon serviteur du Roy, comme plusieurs autres, par l'abolition de leur parti de la Ligue.

Ce jour dernier de l'an 1602, je reçus nouvelles de la mort de ma niece de Foras en Champagne, la veille de Noël dernier; et mourut jeune et en la fleur de son âge, d'une fievre ardente et continue : mort ordinaire de celles de la maison des Baillons, dont elle étoit.

Cette année 1602 fut si sterile de fruit, principalement de poires et de pommes, que les poires de bonchrétien se vendoient un écu la piece; et en fut fait present au Roy d'un cent qui coûta cent écus. Les pommes aussi qu'on achetoit pour la bouche de Sa Majesté coûtoient d'ordinaire au prix de quarante sols la piece.

[JANVIER 1603.] Au commencement de cette année, un secretaire du Roy, nommé La Planche, fut contraint de se défaire de son état, pour avoir fait sceller au logis d'un maître des requêtes nommé Durant, dit Villegagnon, trois mille lettres de métiers, qui valent de taxe au sceau trente sols piece.

Le mardy 7 de ce mois, le Roy prit medecine, pour être tombé de son cheval étant à la chasse, et s'être un peu blessé.

Le mardy 21, madame de Verneuil accoucha d'une fille à Paris, dans le logis de la Reine, qu'on appelle à cette heure l'hôtel de Madame.

Le vendredy 24, mourut à Paris ma cousine d'Aubray, âgée de dix-neuf ans seulement, d'une tablette que lui avoit donné pour ses pâles couleurs un apotiquaire du duc de Mayenne; laquelle l'ayant mise pour un temps hors de son esprit, en étant revenue et guerie par M. Le Febvre, medecin, enfin la force de la drogue fut maîtresse de la nature, et lui fit faire échange de cette miserable vie à une meilleure.

Le dimanche 26, un carme fit profession de la religion, et jetta son froc aux orties à Ablon.

Ce jour, furent emprisonnez trois soldats des gardes du Roy, qui s'y étoient mis nouvellement, en intention, disoit-on, de tuer Sa Majesté, comme aussi leur accusation le portoit. Mais elle fut verifiée fausse par la propre bouche du Roy, qui les ayant ouïs les déchargea entierement, et les renvoya absous, disans que leurs charges étoient les ennemis qu'ils avoient.

Le mardy 28, un jeune avocat au parlement, nommé Le Queus, âgé de vingt-huit à vingt-neuf ans seulement, mourut à Paris d'une pleuresie, et fut regretté de tous ceux qui l'avoient connu et ouï, pour ce qu'il étoit estimé pour son âge un des premiers du Palais, et un des plus beaux esprits et déliez du barreau : car il n'y avoit que quinze jours qu'il avoit plaidé une cause où il s'étoit fait admirer d'un chacun.

[FEVRIER.] Le lundy 3 de ce mois, un docteur en théologie demeurant au college des Chollets à Paris, en revenant de Saint Denis tomba mort devant Saint Ladre. Il faisoit un froid extrême, et avoit commencé la gêlée très-âpre la nuit du samedy premier du mois; et ce tout à l'improviste, et sans qu'on s'en doutât en sorte que ce fût : car encore le jour de devant il faisoit

un temps vain et chaud comme en été. Dura cette gelée huit jours seulement, et jusques au dimanche 9 de
ce mois, qu'elle tourna à un degel plein de brouillards
fort mal sains, et qui causerent force maladies.

Le dimanche gras 19 de ce mois, le Roy, tout habillé de satin blanc, courut la bague aux Thuilleries,
et l'emporta par deux fois; et les autres seulement une,
ne courant point qu'il ne lui donnât atteinte.

Ce jour, mourut à Paris madame d'Interville; et
huit ou dix jours après une jeune damoiselle nommée
Falaize, femme de M. Falaize, auditeur des comptes.

Le dimanche 16, ne se trouverent étant au prêche à
Ablon, à cause du mauvais temps qu'il faisoit, que
trente personnes seulement, dont encore le ministre,
qui étoit Dumoulin, faisoit le trentiéme.

Le jeudy 20, le Roy partit de Paris pour s'en aller
à Mets, où la Reine le suivit.

Ce jour, courut un bruit faux à Paris de la mort de
Madame en Lorraine; et disoit-on que le Roy sortant
de Paris en avoit rencontré le courier.

Le dimanche 23, le fils de M. Du Couldrai,
conseiller en la cour, qui étoit de la religion, fut
baptisé à Paris au faubourg Saint Germain; auquel
baptême assisterent jusques à cent personnes, Sa Majesté leur ayant permis de s'assembler pour cet effet jusques à vingt ou vingt-cinq personnes seulement, sur la
plainte et le rapport qu'on lui avoit fait que plusieurs
enfans qu'on portoit baptiser à Ablon mouroient sans
baptême, à cause du long et mauvais chemin.

Le mardy 25, mourut à Paris d'une pleuresie madame la maréchale de Rets (1), âgée de cinquante-huit

_____

(1) *Madame la maréchale de Rets :* Claude-Catherine de Clermont,

ans : dame de beaucoup de graces, et d'un bel esprit ;
de laquelle toutefois le Roy en gaussant dit qu'il avoit
manqué, à la fin de ses jours, d'avoir par son testament
donné à son médecin et à son avocat, l'un qui l'avoit
fait mourir, et l'autre qui ruineroit sa maison par
procès.

Cette dame fit une belle fin, et mourut bonne chrétienne et repentante. On la disoit ennemie de ceux de
la religion, pour les actes de dévotion qu'elle faisoit
ordinairement, où elle paroissoit plus catholique su-
perstitieuse qu'autrement. Et toutefois, quinze jours
avant que mourir, elle dit à un grand seigneur de
la religion, qui lui en parloit, que quelques dévotions
qu'elle fît, elle le pouvoit assurer d'une chose : qu'elle
ne croyoit être sauvée que par le sang d'un Jesus-Christ ;
et qu'elle ne prioit ni ne demandoit rien à Dieu qu'au
nom d'icelui, ni n'avoit recours à aucune intercession
de vierge, saint ou sainte quelconque ; ains embrassoit
seulement, et se reposoit sur le merite de la mort et
passion qu'il avoit enduré pour elle.

Celui qui me l'a conté, homme de bien et veritable,
m'a assuré le tenir de la propre bouche de ce seigneur,
auquel ladite dame l'avoit dit.

En ce temps y eut un honnête homme de marchand,
de la paroisse Saint Severin à Paris, qui fut assommé

baronne de Retz, dame de Dampierre, fille de Claude de Clermont,
seigneur de Dampierre, et veuve de Jean d'Annebeaut, baron de
Retz. Elle avoit épousé en secondes noces Albert de Gondy, duc de
Retz, fait maréchal de France en 1580. Lorsque les ambassadeurs
polonais étoient venus en France après l'élection du duc d'Anjou,
elle avoit servi d'interprète à Leurs Majestés, et s'étoit entretenue avec
ces ambassadeurs en langue latine ; elle parloit grec, et composoit en
prose et en vers.

24.

sous sa cheminée des platras qui tomberent, et ainsi finit ses jours.

Le vendredy dernier de ce mois, M. le prince alla voir en son logis un avocat et conseiller du tresor, nommé Edelin, qui lui donnoit quelquefois des nouvelletés de ce temps, où il se plaisoit; et de ses poësies, ausquelles toutes fois il avoit le bruit de ne gueres entendre.

M. Viette [1], maître des requêtes, homme de grand esprit et jugement, et des plus doctes mathematiciens de ce siecle, mourut en ce mois à Paris, ayant, selon le bruit commun, vingt mille écus au chevet de son lit. Il passoit l'âge de soixante ans.

En ce mois, et le lundy 3 d'icelui, advint au Louvre qu'un gentilhomme étant venu en cour pour se mettre de la compagnie de monseigneur le Dauphin, heurta le Roy sans y penser, comme Sa Majesté passoit vîte et fort peu accompagné sous la porte du Louvre, près du jeu de paume, où on ne voit gueres clair. Ce qui le fit méconnoître au gentilhomme, lequel à l'instant fut pris et mis entre les mains des gardes, qui le menerent à Sa Majesté, devant laquelle il se trouva si éperdu qu'il en perdit toute parole et contenance, jusques à ce qu'un gentilhomme nommé Saint Geran, que le Roy connoissoit, assura Sa Majesté de la prud'-hommie et fidelité du gentilhomme, qu'il connoissoit fort bien; le pria de lui pardonner cette faute, qui lui étoit advenue par mégarde. Et l'ayant mené au Roy, le cœur et la parole lui étant revenus, demanda lui-même

_____

[1] *M. Viette :* François Viette, né à Fontenay en Poitou, fut maître des requêtes de la reine Marguerite.

son pardon, qui lui fut octroyé avec reprimande par Sa Majesté.

[MARS.] Le samedy premier de ce mois, le service de la maréchale de Rets fut fait à l'Ave-Maria. Cospean fit l'oraison funebre.

Ce jour, furent rouez en Greve, tout vifs, trois hommes, dont y en avoit deux d'Argentan, et un de cette ville qui étoit un aide-maçon, qui avoient volé et tué un pauvre marchand de toile en la vallée de Saint Cloud. Il n'avoit que trente écus sur lui; et quant à ses toiles, ils les amenerent à Paris, et en furent découverts miraculeusement par le marchand même, auquel ils s'adresserent pour en avoir argent, qui étoit celui qui les avoit vendues au défunt le jour de devant.

Le mardy 4, mourut à Paris Jean Rabel, peintre, un des premiers en l'art de pourtraicture, et qui avoit un bel esprit.

Ce jour, advint qu'un gentilhomme qui faisoit nourrir un sien enfant en la vallée de Montmoranci, étant parti de Paris exprès pour l'aller voir, le trouva par grand malheur étendu mort sur une table où on l'ensevelissoit, ayant été étouffé la nuit. Ce pauvre gentilhomme, outré d'une juste douleur, ayant rencontré le nourricier, s'étant mis à crier après lui; l'autre, impatient d'injures, ayant répondu au gentilhomme un peu bien haut; le gentilhomme, transporté d'une juste passion et colere, ayant tiré son épée, tua le nourricier sur la place : dont étant mis en justice fut absolu du meurtre, et en passa quasi pour rien, attendu la passion de l'un et l'indiscretion de l'autre, cause de sa mort et de son malheur.

Le vendredy 7 de ce mois, un nommé Le Vasseur, secretaire du Roy, et commis de M. de Fresne, mourut à Paris tout soudain. Huit jours devant, un sergent proche de là ayant bien soupé avec un sien ami étoit mort si soudain, qu'il n'avoit eu le loisir de se mettre au lit.

Ce même jour, mourut à Paris un mien ami nommé Nyon, eslu de Saumur, secretaire de M. Du Plessis-Mornay, âgé de soixante ans; et fut enterré au cimetiere Saint Pere, à la mode de ceux de la religion, de laquelle il étoit.

Le dimanche 9 de ce mois, mourut à Paris d'une pleuresie (laquelle maladie y regnoit fort et dangereusement) M. de Fresneau, le plus jeune des freres de feue ma femme; et pour ce qu'il manioit les affaires de M. le cardinal de Sourdis, duquel il étoit fort aimé, madame de Sourdis sa mere, qui étoit en procès contre ledit cardinal son fils, envoya un laquais comme il se mouroit, sçavoir s'il n'étoit point encore mort : le laquais disant tout haut que madame eût voulu avoir donné cent écus aux pauvres, et qu'il eût ja été enterré, tant elle avoit peur qu'il en rechappât.

Le lundy 10, mourut à Paris madame de Belin (1), et en même temps madame de Larchan (2), veuve du capitaine des gardes, qui étoit fort âgée.

---

(1) *Madame de Belin :* Renée d'Averton, dame de Belin et d'Averton, veuve de Jacques d'Humières, marquis d'Ancre, avoit épousé en secondes noces François de Faudoas, gouverneur de Paris, etc. L'auteur de la Satyre Ménippée la fait marcher, dans la prétendue procession de la Ligue, après madame la lieutenante de l'Etat, avec la femme du procureur Bussy-Leclerc. —— (2) *Madame de Larchan :* Diane de Vivonne, dame d'Ardelay, fille d'André de Vivonne, seigneur de La

Le mardy 18, arriverent nouvelles à Paris du changement fait à Mets par le Roy, et comme Sa Majesté avoit établi Montigni gouverneur de la ville et de la citadelle, et lui avoit donné d'Arquien pour son lieutenant en ladite citadelle, ayant fait mettre dehors les Sobolles (1).

Le vendredy saint 28 de ce mois, mademoiselle de Monmagni tomba malade d'un miseréré, et mourut le propre jour de Pâques, auquel il faisoit aussi chaud qu'à la Saint-Jean.

En ce mois, au village de Fontenay près Paris, la femme d'un aide à maçon accoucha de trois enfans.

L'avocat d'Orléans relegué à Bruxelles pour la Ligue, et les beaux livres qu'il avoit fait contre le Roy en sa faveur, pauvre pensionnaire d'Espagne à six vingt écus tous les ans, ayant trouvé moyen de faire sa paix par l'entremise de messieurs le president Jeanin et de Villeroy, qu'il appelloit ses peres, revint à Paris sur la fin de ce mois, où tout miserable qu'il étoit, chargé de femme et d'enfans qu'il avoit bien de la peine à nourrir, portoit la tête haute comme de coutume, bravoit et babilloit (2) à Paris avec autant d'audace et présomption qu'il avoit jamais fait.

Chataigneraye, sénéchal du Poitou, etc. Elle avoit épousé Nicolas de Gremonville, seigneur de Larchan.

(1) *Les Sobolles* : Sobolle commandoit à Metz comme lieutenant du Roi. Le peuple, fatigué de ses exactions, l'ayant assiégé dans la citadelle, il accusa les principaux bourgeois d'avoir voulu livrer la ville aux Espagnols. De pareilles dissensions pouvoient compromettre le sort d'une des places les plus importantes du royaume : Henri IV se rendit sur les lieux, fit sortir Sobolle, établit un autre commandant, et tout rentra dans l'ordre. — (2) *Bravoit et babilloit* : Il fut à peine arrivé, que ses discours séditieux le firent jeter dans un cachot. Mal-

La constitution de cette saison fut si maligne, que les pleuresies frequentes et dangereuses qui couroient à Paris et en emportoient beaucoup, se tournerent sur la fin du mois en de pires encore, à sçavoir en des morts si soudaines et étranges, que les medecins, par leurs confessions propres, n'y entendoient du tout rien; tellement qu'ils furent sur les termes (comme je l'ai ouï confirmer à un d'entre eux) de demander permission à la justice de pouvoir faire ouvrir à leurs dépens les corps de ceux qui mouroient de cette façon, pour en servir au public et à eux, afin de découvrir les causes de leur mort, et y remedier selon leur art.

Un tailleur d'habits nommé Morée, demeurant en la rue de la Serpente à Paris, me conta à ce propos que sur la fin de ce mois un apotiquaire et sa femme demeurant à La Ferté sous Jouarre étoient morts d'une mort si subite (et toutefois naturelle), qu'ils avoient été trouvez tous deux morts dans leur lit à même heure et à même jour; et qui est plus émerveillable, que le même jour étoit morte la chambriere du logis et trois petits enfans, qui pleuroient la mort de leur pere et mere : accident très-rare et remarquable.

gré ses lettres de rappel, on voulut lui faire son procès comme ancien ligueur. Le Roi ayant ordonné qu'on le mît en liberté, on lui remontra que pendant plusieurs années Louis d'Orléans, non content d'avoir horriblement calomnié Sa Majesté, la reine de Navarre sa mère, et tout ce que ce prince avoit de fidèles serviteurs, avoit encore fait tous ses efforts pour lui faire perdre la couronne et même la vie. « N'importe, dit le Roy; il est revenu en France sous la foi de mon « passeport : je ne veux point qu'il ait de mal, d'autant plus qu'on ne « devroit pas vouloir plus de mal à lui et à ses semblables, qu'à des « furieux quand ils frappent, qu'à des insensez quand ils se prome- « nent tous nuds. »

Le dernier de ce mois, je reçus avis, par lettres d'un mien ami dattées du 18 de ce mois, de la plaisante farce (1) jouée à Bordeaux entre le cardinal de Sourdis et les ecclesiastiques dudit lieu.

[AVRIL.] Le mardy premier de ce mois, derniere fête de Pâques, le cordelier portugais qui avoit prêché le carême à Saint Jacques de la Boucherie y prêcha le purgatoire ce jour, où une partie de la paroisse d'Ablon se trouva. Entre autres passages et autorités qu'il alleggua pour le prouver, il cita un passage de Luther, qu'il lut tout haut en chaire dans un tome des œuvres dudit Luther, que M. l'abbé de Tiron lui avoit prêté. Deux ou trois jours devant, il en avoit prêché où M. de Rosni s'étoit trouvé, qui dit qu'il n'avoit rien ouï de lui sur cet article que choses fort communes et vulgaires : ce qui ayant été rapporté audit cordelier, il dit qu'il en prêcheroit encore le mardy ; mais qu'il leur en donneroit un tel coup, que jamais ils n'en gueriroient : lequel coup toutefois ceux d'Ablon ne trouverent tant mauvais et mortel qu'il l'avoit crié.

Le mercredy, vendredy et samedy 2, 4 et 5 de ce mois, il tonna la nuit et éclaira bien fort à Paris : ce que j'ai remarqué étant si frequent comme prodigieux en cette saison.

Le vendredy 4 de ce mois, un fourbisseur demeurant à Paris rue Saint Honoré vis-à-vis de la rue de l'Austruche, mourut soudainement. Sa femme mourut le lendemain, qui étoit le samedy ; et la garde le jour d'après, qui étoit le dimanche : chose rare et notable.

(1) *La plaisante farce* : On trouvera les détails de cette affaire à l'année 1607 (5 janvier).

Le mardy 8 de ce mois, M. Du Plom me montra des lettres que lui avoit écrites un sien ami de Bordeaux en datte du 26 du mois passé, qui contenoient les avis suivans :

Que le Roy avoit mandé à M. le maréchal (1), sur le bruit que les jesuites faisoient courir qu'ils avoient permission de Sa Majesté d'ouvrir leur college, qu'il s'assurât qu'il n'en étoit rien ; que sa volonté y étoit toute contraire ; qu'il n'en avoit parlé un seul mot à leur jurat ; et qu'il le fît entendre à sa cour, aux jurats et habitans de la ville, aux jesuites, et nommément à leur pere Camus, qui en avoit semé le bruit par toute la province.

Que ledit seigneur maréchal avoit envoyé prisonniers au Château-Trompette un prêtre et un gentilhomme, pour avoir conspiré de tuer Sa Majesté avec une arbaleste qui avoit un pan de long, laquelle il avoit envoyé au Roy ; et qu'il y en avoit encore un autre de Bearn qu'on cherchoit.

Que si ceux de Geneve et les Suisses s'aheurtoient vivement (comme le bruit en étoit) contre leur loyal ou déloyal ennemi, ils lui feroient un mauvais parti.

Qu'il étoit venu avis à Bordeaux de quatre grands navires espagnols perdus vers Bayonne avec leurs hommes, qui s'en alloient vers Irlande ou la Flandres ; et qu'à la rade de Saint Sebastien en avoient été brûlés sept ou huit.

---

(1) *M. le maréchal :* Alphonse d'Ornano. Il étoit fils du fameux Sampietro Bastelica, seigneur d'Ornano, général des Corses. Alphonse, après la mort de son père et de Vannina sa mère, que son mari tua de sa propre main, vint en France, et s'attacha successivement au service des rois Charles ix, Henri iii et Henri iv.

Ce jour, le maître de la Hure, qui est un cabaret en la rue de la Huchette à Paris, s'en étant allé au Palais après avoir bien dejeuné, étant de retour en sa maison, comme il se pensoit mettre à table pour dîner, lui prit un mal de cœur qui l'envoya en l'autre monde, s'étant mis en une chaise, où il eut à peine loisir de s'asseoir qu'il n'eût rendu l'esprit.

En ce temps moururent à Paris mademoiselle La Proutiere et la generale Le Febvre.

Le mercredy 19 de ce mois, sur le soir, l'ambassadeur d'Angleterre reçut nouvelles de la mort de la Reine à Richemont, une de ses maisons de plaisir qui est à sept ou huit milles de Londres; et que six heures après, suivant sa derniere intention et volonté, Jacques VI, roy d'Ecosse, avoit été audit lieu de Richemont declaré et proclamé roy d'Angleterre, le lendemain à Londres, et consécutivement par toutes les villes et places du royaume.

Ladite dame mourut le jeudy 3 de ce mois, selon notre calcul, qui suivons la reformation du calendrier gregorien; mais selon le leur le lundy 24 mars, veille de l'Annonciation Notre-Dame. Elle étoit née la veille de la Nativité Notre-Dame, 7 septembre 1533, et par ainsi morte au soixante-dixieme an de son âge. De la façon de sa mort on tient l'avis suivant, envoyé de Londres en datte du 25 mars à un grand de la cour, le plus véritable et certain, quoique l'on l'ait voulu taxer de supposition.

Dès le 17 mars, le peuple et les grands furent disposez à nommer le roy d'Ecosse après la mort de la Reine.

Le 18, ceux du conseil donnerent ordre que tous les ports d'Angleterre fussent fermés.

Le 24, sur les trois heures du matin, la reine d'Angleterre rendit l'esprit fort doucement, après avoir perdu la parole deux jours auparavant, sans avoir enduré fievre aucune ni douleurs pendant sa maladie, ni perdu en façon quelconque de son sens et entendement, qu'elle a eu toujours bon jusques à la fin.

Au même temps le roy d'Ecosse a été proclamé roy d'Angleterre à Richemont, où étoit la cour; et ce matin l'a été à Londres par le herault d'armes à cheval, accompagné de tous les seigneurs du conseil, archevêques, evêques, comtes, barons et gentilshommes, qui s'y sont trouvez en nombre de trois cents. Le seigneur Cecile a lû devant le peuple la prononciation.

L'opinion commune des medecins de la Reine, et de ceux qui l'ont assistée et servie privement en sa chambre, est que sa maladie procedoit d'une tristesse qu'elle a toujours tenue fort secrete; et fondent leur jugement sur ce qu'il n'est jamais apparu en elle aucun signe mortel hors celui de l'âge, ayant toujours eu le poulx sain et la vûe bonne. Joint, disent-ils, qu'en tout le cours de sa maladie elle n'a jamais voulu user de remede quelconque qu'on lui ait proposé, nonobstant les prieres et menaces d'une mort certaine, qu'on lui proposoit si elle ne se vouloit autrement aider : comme si elle eût pris cette resolution de longue main de vouloir mourir, ennuyée de sa vie par quelque occasion secrette, qu'on a voulu dire être la mort du comte d'Essex.

Quoi qu'il en soit, la verité est qu'aussi-tôt qu'elle se sentit atteinte du mal, elle ne le sella point, ains dit tout haut qu'elle vouloit mourir, et le desiroit.

Elle n'a fait aucun testament (1), et ne s'est mise au

(1) *Elle n'a fait aucun testament :* L'auteur de la Vie de la reine Eli-

lit que trois jours avant sa mort, ayant demeuré plus de quinze jours assise sur des coussinets, toujours vêtue, ayant les yeux fichez en terre, sans vouloir voir ni parler à personne.

L'archevêque de Cantorbie et l'evêque de Londres avec son aumônier n'ont pas laissé de l'assister à sa fin, où elle a témoigné beaucoup de signes de dévotion et de reconnoissance envers Dieu.

Il y a trois choses, dit le Roy, que le monde ne veut croire, et toutefois elles sont vraies et bien certaines : que la reine d'Angleterre est morte fille; que l'archiduc est un grand capitaine; et que le roy de France est fort bon catholique.

Le samedy 12 de ce mois, l'avocat d'Orléans fut pris prisonnier à cinq heures du matin, et envoyé à la Conciergerie, où il fut du commencement enfermé en un cabinet; puis étant tiré de-là, on le mit en une chambre, à la charge qu'il ne pourroit parler ni communiquer avec personne.

Cet homme étoit fort présomptueux et libre en pa-

sabeth rapporte qu'après sa mort les grands du royaume, tant ecclésiastiques que séculiers, le conseil royal et celui de la ville de Londres, s'assemblèrent dans la salle du parlement avec tous les pairs du royaume et tous les membres du parlement que l'on put trouver; que Robert Cecile, premier secrétaire d'Etat, lut devant eux le testament de la Reine, qui avoit été scellé de trois cachets; et que dans le premier article l'on trouva la clause suivante : Quant à la succession à la couronne, que Sa Majesté nommoit, pour son légitime successeur et héritier, Jacques VI, roi d'Ecosse, comme étant descendu de Marguerite, fille d'Henri VII, sœur d'Henri VIII, tous deux rois d'Angleterre; laquelle Marguerite avoit épousé Jacques IV, son aïeul. Le même historien remarque qu'après la lecture de ce testament tous les partis des divers prétendans à la couronne se dissipèrent, et qu'on ne trouva pas d'opposition à l'exécution de la volonté de la Reine.

roles, qui parloit à Paris comme à Bruxelles : ce qui lui
causa le malheur et envie; et disoit-on que le mépris
qu'il avoit montré envers M. le premier president,
qu'il avoit dédaigné d'aller voir, lui portoit beaucoup
de préjudice; joint ses livres du Catholique anglois et
Banquet d'Arete, où Sa Majesté étoit cruellement deni-
grée, et déchirée par toutes sortes d'injures et calomnies les plus atroces qui se puissent excogiter.

Le mercredy 16 de ce mois, le Roy arriva de son
voyage de Mets à Fontainebleau, où aussitôt qu'il fut
arrivé il commanda qu'on eût à mettre l'avocat d'Orléans hors de prison à pur et à plain; et qu'il vouloit,
nonobstant tout ce qu'il avoit fait et écrit, qu'il jouît
du pardon et de la grace qu'il lui avoit faite.

Mais quand on eut remontré à Sa Majesté comme
en son livre du Catholique anglois il avoit parlé de la
feue Reine sa mere, l'appellant p..... et louve, qui s'en
chargeoit partout où elle pouvoit; il se retracta un
peu, et dit qu'il vouloit à la verité que son pardon eût
lieu; mais n'entendoit pourtant faire si bon marché de
l'honneur de feue la Reine sa mere. M. de Rosni dit
qu'il y avoit dix ans qu'il devoit être pendu.

Le samedy 19, le Roy arriva à Paris à l'improviste,
et sans qu'on l'y attendît : M. le chancelier ayant ja envoyé son bagage à Essonne, et lui étant prêt de partir
pour aller trouver Sa Majesté à Fontainebleau, laquelle
arriva ce matin à Paris en poste, et aussi-tôt alla voir
madame de Verneuil, avec laquelle il fut depuis neuf
heures jusques à une heure après midi. De là s'en alla
dîner sur M. le grand, et coucher avec la Reine à
l'hôtel de Gondi.

Le dimanche 20, le Roy alla au sermon du cordelier portugais qui prêchoit à Saint Germain de l'Auxerrois; et au sortir du sermon, qui commença à trois heures, monta à cheval avec la Reine pour aller à Saint Germain en Laye voir M. le Dauphin.

Le vendredy 25 de ce mois, mourut à Paris dans Saint Jean de Latran l'archevêque de Glasco, ambassadeur d'Ecosse, âgé de quatre-vingt-trois ans, d'un cors qui lui vint au bout du pied, auquel la gangrenne se mit, qui le consuma fort cruellement et le fit mourir avec grandes douleurs, nonobstant tous les remedes que les medecins et chirurgiens y purent apporter.

Quand il eut reçû les nouvelles de l'élection du roy d'Ecosse, il en fit faire à Saint Jean de Latran les feux de joye, plus par ceremonie (ainsi qu'on disoit) qu'autrement : car il étoit reputé pour un bon ligueur et grand Castillan.

Le lundy 28 de ce mois, il y eut un jeune gentilhomme, âgé seulement de dix-neuf ans, qui fut executé en la place de Greve à Paris, chargé de plusieurs vols et assassinats, et beaucoup d'autres actes méchans et étranges pour la jeunesse qui étoit en lui : entre autres d'avoir tué de sang froid un pauvre fourbisseur qui lui demandoit quelque argent qu'il lui devoit. Il avoit une casaque de page quand il fut executé, encore qu'il ne le fût pas, mais bien avoit accoutumé de la porter à la chasse quand il y alloit.

Le bourreau eut bien de la peine à faire son coup, pour ce qu'il ne vouloit point mourir; et serroit sa tête si fort contre son col, qu'il fallut la lui couper à deux fois : autrement il n'en fût jamais venu à bout.

Le mardy 29 de ce mois, l'evêque de Glasco fut en-

terré à Saint Jean de Latran, où il fut porté à visage
découvert, selon la coutume des evêques.

Le mercredy dernier de ce mois, furent executez
en la place de Greve à Paris La Grange-Santerre, gentilhomme de grand lieu, un des plus vaillans et déter-
minez de ce siecle : homme au surplus de grand jugement, doctrine et discours, mais insigne voleur ; et
avec lui un sien serviteur, qui confessa à la mort s'être
trouvé au meurtre du mari de la dame Antoine, pendue à Paris avec son ruffien l'an 1599, en mars.

M. de Vitri avoit fait requête au Roy pour ledit La
Grange-Santerre, à ce qu'il plût à Sa Majesté lui donner sa grace : ce qu'elle lui auroit accordé, à la charge
qu'on trouvât que ledit La Grange n'auroit point volé
sur les grands chemins (lequel de sa vie n'avoit fait
autre chose) ; autrement il vouloit absolument que
justice en fût faite. Il mourut fort resolu ; et lui demanda le lieutenant criminel s'il vouloit avoir un ministre ou un prêtre : auquel il fit réponse que cela lui
étoit indifferent. Sur quoi on lui fit venir un prêtre,
qu'il écouta fort paisiblement et avec grande atten-
tion, montrant de grands signes de repentance et conversion à Dieu.

Quand on vint à l'executer, il ne voulut jamais être
bandé, et dit au bourreau qu'il ne se donnât point de
peine, et qu'il lui feroit beau jeu : comme il fit.

On a remarqué de lui et de sa maison une chose notable : c'est que son grand pere avoit été executé pour
volerie, son pere en prison pour le même crime, de
laquelle étant sorti par amis, c'est-à-dire par compere
et commere, mourut incontinent après ; et le fils en
une place de Greve pour la même occasion.

En ce mois mourut à Amboise la mere du president Forget, qu'on disoit âgée de quatre vingt treize ans, et portoit le chapperon de drap.

[MAY.] Le vendredy 2 de ce mois, les deux freres de La Grange-Santerre furent decapitez en Greve avec un nommé La Riviere, et un autre qui fut pendu : tous grands voleurs, mais principalement La Riviere, qui étoit un gentilhomme du pays du Gastinois, qui se faisoit appeller le baron Du Plat : vrai athéiste, et scelerat jusques au bout. Il y en eut aussi un de la même faction condamné aux galeres.

Le samedy 3 de ce mois, madame la presidente de Morsan, dame sage, humble et vertueuse, mourut à Paris, âgée de soixante-dix-neuf ans moins trois mois.

Ce jour, fut pendue en Greve une garce qui avoit jetté son enfant dans le feu aussi-tôt qu'elle en eut été delivrée.

Le lundy 5 de ce mois, premier jour des Rogations, la procession Saint Eustache étant venuë aux Augustins, il y eut un coupeur de bourse qui tua un jeune garçon fils des deux Anges de la rue Saint Denys, pour avoir averti une honnête dame de se donner garde de celui-ci qu'il ne lui coupât sa bourse, ayant apperçu qu'il la marchandoit; et lui donna un coup de coûteau dans le ventre, qu'on appelle aujourd'hui le coup du jacobin.

La nuit du 12 de ce mois, une femme devote, nommée madame Fremi, concierge de l'hôtel de Sens, venant de pelerinage de Notre-Dame de Lorette, se levant de son lit, s'alla noyer et précipiter en la riviere.

Le lundy 19 de ce mois, le Roy étant à Fontainebleau, tomba malade d'une retention d'urine, avec la
fiévre. Ce qu'il apprehenda si fort que voyant que le
vomissement qu'il avoit accoutumé d'avoir ne l'avoit
en rien allegé, dit qu'il se sentoit fort foible, et crai-
gnit que Dieu voulût disposer de lui; et partant vouloit donner ordre à sa conscience et à ses affaires. Se
fit apporter le pourtrait de son Dauphin, et le regardant dit tout haut ces mots : « Ha! pauvre petit, que
« tu auras à souffrir s'il faut que ton pere ait mal! »

Ces paroles du Roy non accoutumées, avec une si
vive appréhension contre son naturel dont on le vit
saisi, étonnerent beaucoup de gens, et donnerent peine
aux medecins, même à son premier medecin, qui étoit
La Riviere, qui s'y trouva fort empêché, à cause même
d'un chirurgien qu'il avoit donné à Sa Majesté, qui
en étoit entré en quelque soupçon et défiance, pour ce
qu'on lui avoit dit qu'il étoit Espagnol, et avoit fait
son apprentissage en Espagne : ce que La Riviere confessa ; mais que pour avoir fait son apprentissage en
Espagne, il n'en étoit pas moins bon François, étant
natif de Murat en Auvergne, très expert en son art, et
qui avoit toujours été bon serviteur du Roy : dont La
Riviere assura Sa Majesté.

Le samedy 24, les medecins s'étant assemblez pour
la maladie du Roy, et pour lui prescrire à l'avenir un
régime de vivre, leur conclusion fut en ces termes :
*Abstineat à quavis muliere, etiam Regina. Sin mi-
nus, periculum est ne, ante tres menses elapsos, vi-
tam cum morte commutet.*

Le mardy 27, fut pris prisonnier à Paris un fol qui
assuroit que, dans le mardy d'après 3 juin, la ville de

Paris devoit perir et abimer, partie par le feu qui tomberoit du ciel, partie par maladies étranges et morts subites qui surviendroient. Ce nouveau astrologue fut trouvé alteré de l'entendement, dont bien lui en prit.

Le mercredy 28, fut mis en terre le prieur de l'abbaye Saint Victor de Paris, homme fort estimé et aimé, à cause de sa grande prud'hommie et doctrine ; à l'enterrement duquel assisterent M. le premier president avec le president Blancmesnil, et un grand nombre de messieurs de la cour, et autres gens de qualité.

Ce jour, vinrent à Paris les nouvelles du bon portement et convalescence du Roy, qui le lendemain devoit toucher les malades à Fontainebleau. Ce qui rejouit fort le peuple.

En ce mois le Roy ayant eu avis qu'un certain homme natif devers Perpignan avoit acheté une maison près Fontainebleau, où se faisoient quelques assemblées et menées contre Sa Majesté, fit à l'impourvû investir la maison avec le maître d'icelle, auquel on trouva entre autres choses force lettres en chiffres.

En ce même mois, et le vendredy 16 d'icelui, surveille de la Pentecôte, on prit prisonnier à Paris par soupçon plusieurs personnes (la plûpart étrangeres) desquelles on se défioit ; dont on en relâcha beaucoup, aux premieres nouvelles du bon portement du Roy.

Le trésorier Arnauld, commis de M. de Rosni, jeune homme de bon esprit et grande esperance, fort aimé de son maître, âgé de vingt-neuf ans seulement moins neuf jours, mourut en ce mois à Paris, et le 21 d'icelui, comme il étoit sur le point d'accompagner son maître en Angleterre, où le Roy l'envoyoit, ayant ja dressé pour cet effet une partie de son équipage. Il fut

25.

enterré le jour même, à dix heures du soir, au cimetière Saint Pere, où il fut porté depuis sa maison près l'Arsenal par quatre crocheteurs, dont l'un étoit le nourricier de ma petite Magdelon, demeurant au faux-bourg Saint Germain. Il y avoit un poisle de velours sur le corps, lequel fut accompagné de cinquante chevaux. On disoit qu'il avoit fait une belle et heureuse fin.

Le jour de devant, étoit mort en cette ville le trésorier Erouard, frere du medecin du Dauphin.

En même tems moururent à Paris mesdames Bariot, Moussi et Turquant, et un neveu du procureur Pinetel, lequel on trouva mort dans une chaise comme on pensoit l'éveiller pour souper. Mort soudaine et prodigieuse.

Le samedy dernier de ce mois, on donna un petit discours nouveau et nouvellement imprimé du ministre Dumoulin contre le purgatoire, intitulé *Eaux de Siloë pour éteindre le feu du purgatoire, contre les raisons d'un cordelier portugais qui a prêché le purgatoire, le carême dernier, à Saint Jacques de la Boucherie.*

Ce même jour on me fit voir *les Pléiades* du seigneur de Chavigny, beaunois, nouvellement imprimées à Lyon, in-8°; par lesquelles l'auteur promet à notre Roy (et pour tout cela ne tirera rien de son escarcelle) l'entiere monarchie du monde, de laquelle Sa Majesté est bien digne; et desirerois avec tous les bons François qu'il la tînt déjà entre ses mains, tant j'ai peur qu'elle lui échape.

Ledit jour, un mien ami me communiqua une lettre qu'on lui avoit écrite de Bourdeaux, qui contenoit les avis suivans, dattée du 17 de ce mois de may :

« Ces jours passez, les jesuites ont tenu une assemblée en leur college, et ont fait entendre que c'étoit pour élire un provincial. Mais ils étoient plus qu'il n'y en a en toute la France de découverts, et pour faire un provincial il n'en falloit d'étrangers : car les catholiques mêmes disoient qu'ils étoient plus de quinze cents, et qu'il y en avoit qu'on avoit découvert avoir de grandes chausses de couleur, et de grandes fraizes : qui fait penser que c'étoient Espagnols deguisez. On ne peut sçavoir ce qu'ils y ont traité, si ce n'est de leurs confederez : encore y a-t'il apparence qu'ils n'en auront appris que choses legeres, tant ils sont cauts et advisez en leurs affaires. Les anciens piliers en sçavent les effets, mais non le commun de la societé.

« Il y a en cette ville un prêtre et un gentilhomme prisonniers dès longtems, pour avoir voulu assassiner le Roy, qui de fait a mandé à cette cour qu'elle eût à leur faire leur procès : à quoi on vacque. J'eusse bien desiré que vous les eussiez vû à Paris, pour l'opinion qu'on a qu'en les tirant bien on tireroit d'eux avis d'importance, avec une découverte de mêlée non petite de gens de cette conjuration. Ce qui ne se peut si bien exécuter ici comme en votre ville : car il n'y a que trop de mauvais esprits en cette Gascogne, et même de la noblesse, qui n'a peu de pouvoir en ces quartiers, laquelle pour la plupart envoye ses enfans aux Jesuites ; et je vous laisse à penser quel fruit on peut tirer de telles ecoles !

« Il y a longtems que nous n'avons point de nouvelles de la guerre de Suede. S'ils sont divisez en Turquie, comme on dit, l'Empereur aura beau jeu. Mais les conseils de Rome et d'Espagne tendent plus à la ruine de la France qu'à celle du Turc : le tout par charité catholique. Si Genéve est contrainte de faire la paix avec le Savoyard, comme on dit, cela ne sera gueres bon, et l'alliance des Suisses ne servira de beaucoup.

« Du 17 may 1603. »

Ce samedy dernier du mois, on descendit à Paris la chasse sainte Geneviéve pour avoir de la pluye, et bien à point : car outre ce qu'il y avoit longtems qu'il n'avoit plû, la lune tournoit le lendemain, qui amene volontiers mutation de tems. Toutefois le tems demeura toujours au sec, sans apparence d'eau.

On suborna aussi un pauvre diable condamné aux galeres ; lequel étant enchaîné comme les autres, on lui ôta exprès les fers des pieds, à la charge qu'il diroit par tout (comme il fit) qu'en invoquant madame sainte Geneviéve ils lui étoient tombez des pieds. Mais la fourbe, découverte enfin par sa confession propre, tourna en risée, de ce qu'on vouloit faire un miracle d'une chose qui est toute ordinaire et naturelle, et à laquelle madame sainte Geneviéve n'avoit pensé.

[JUIN.] Le dimanche premier de ce mois, le pere Cotton, jesuite (1), grand théologien, mais encore plus

---

(1) *Le pere Cotton, jesuite* : Pierre Cotton avoit été reçu jésuite en 1585, après avoir perfectionné ses études à Milan et à Rome. Il fut envoyé à Lyon, où il commença à prêcher. Il connut à Grenoble M. de Lesdiguières, qui lui donna sa confiance, et qui parla de lui au

grand courtisan, prêcha devant le Roy du saint sacrement, où il renouvella l'opinion du pape Innocent,
que la souris mange le vrai corps de Dieu. Au reste, il
refuta si modestement les opinions de ceux de la religion sur cet article, que chacun en étoit étonné. « Nos
« adversaires, disoit-il, quant à la religion, et non pas
« autrement. » Appella Calvin monsieur, qui étoit le
premier (ainsi qu'on disoit) de sa profession qui l'avoit
tant honoré. Au sortir du sermon, Sa Majesté demanda
à M. de Rosni, qui s'y étoit trouvé, ce qu'il lui en
sembloit ; lequel fit réponse que ce n'étoit que babil
de tout son sermon.

Le vendredy 6, le Roy revint à Paris de Fontainebleau, où il avoit été contraint pour sa maladie de s'arrêter, et y passer la fête de Pentecôte, contre ce qu'il
avoit proposé.

Le lendemain 7 de ce mois, la cour de parlement
alla saluer Sa Majesté, et la congratuler de sa bonne
santé et convalescence. Il dit à messieurs les présidens
qu'il avoit vû l'heure qu'il pensoit qu'ils dussent être
les tuteurs du Dauphin son fils ; mais qu'il esperoit qu'il
seroit le leur.

Ce jour, M. de Rosni partit pour faire son voyage
d'Angleterre.

Le dimanche 8 de ce mois, le Roy alla à la messe à
Notre-Dame, afin que chacun l'y vît ; et la Reine l'a-
près dînée tint dans l'eglise de Saint Sulpice au faux-

Roi comme d'un grand prédicateur et d'un homme fort savant. Il
eut ordre de se rendre à Paris. Ses prédications répondirent à l'idée
qu'on en avoit donnée au Roi, qui le choisit pour être son confesseur.
Après la mort d'Henri IV, il fut aussi pendant quelque temps confesseur de Louis XIII.

bourg Saint Germain, avec M. le comte de Soissons, l'enfant de mademoiselle Eléonore, sa favorite.

Le mercredy 18, le Roy, qui étoit allé à Saint Germain le mardy 10 de ce mois, revint à Paris, dina sur Zamet, et revint coucher au Louvre.

Le vendredy 20 de ce mois, le Roy passa du quay des Augustins au Louvre par-dessus le Pont-Neuf (1), qui n'étoit pas encore trop assuré, et où il y avoit peu de personnes qui s'y hazardassent. Quelques-uns, pour en faire l'essai, s'étoient rompus le col et tombez dans la riviere : ce que l'on remontra à Sa Majesté, laquelle fit réponse (ainsi qu'on dit) qu'il n'y avoit pas un de tous ceux-là qui fût roy comme lui.

Ce jour, un de mes amis me communiqua une lettre qu'il venoit de recevoir de Leyden de M. de Lescale, dattée du 15 de ce mois, responsive à celles qu'il lui avoit écrites de cette ville, et à une bagatelle de notre M. Cayet qu'il lui avoit envoyée, qu'on crioit par cette ville et devant le Palais : qui étoit une traduction de l'hebreu, faite par ledit Cayet, du jugement sanguinaire de la synagogue des juifs contre Notre Seigneur Jesus-Christ. De laquelle lettre, pour contenir quelques particularitez notables de ce tems, j'ai fait l'extrait suivant :

« Monsieur, j'ai reçû il y a quelques jours la vôtre du 11 avril, avec un gros pacquet; et avant hier une

_____

(1) *Par-dessus le Pont-Neuf :* Le Pont-Neuf avoit été commencé en 1578 par Henri III, qui en avoit posé la première pierre. Les travaux furent peu avancés sous son règne, et abandonnés après sa mort. Henri IV, étant paisible possesseur de la couronne, les fit reprendre; et avant qu'ils fussent achevés il voulut, malgré les remontrances de la cour, traverser le nouveau pont pour aller au Louvre.

autre du 23 may, avec le discours du fol Cayet, qui ne sçait ce qu'il dit, non plus que ce qu'il fait. Je ne sçai d'où il a tiré cette fable; quelqu'un lui a prêté celle-là : car les romanistes se mocquent fort de lui. Je vous remercie de la confession de l'Augustin, dont j'ai reçû un grand contentement; il s'en rangera bien d'autres! Je vous prie de sçavoir celui qui a fait cette remontrance au Roy sur le rétablissement des jesuites, que vous m'avez envoyée. Si je ne me trompe, il est de nos quartiers de Garonne. Il ne se faut point ébahir si les jesuites sont rétablis, et voilà d'Orléans restitué; il ne reste plus que Bussi Le Clerc. Et certes il est assez paitri des humeurs des François, pour en esperer un pareil changement que celui que d'Orléans a experimenté en son endroit. Somme toute, il ne faut que mal faire en France pour avoir du bien; mais faire du bien pour avoir du bien, je crois qu'il y a longtems que la coutume en est perdue. Qui a jamais vû un siécle si corrompu, changemens si inopinez, aveuglemens si incroyables? Il n'y a remede. *Omne in præcipiti vitium stetit.* Et croyez que l'on ne passera point sans enfanter quelque monstre; tout y est disposé : le ciel, la terre, les humeurs des hommes, semblent y apporter tout ce qu'il s'y peut, etc. »

Le lundy 23 de ce mois, le prevôt des marchands mit le feu au feu de Saint Jean en Greve, au-dessus duquel il y avoit peinte une Ambition qui décoloit un homme étant à genoux, lequel représentoit le feu maréchal de Biron : et ce de l'invention du prevôt des marchands, qu'on tenoit toutefois avoir été un de ceux qui avoient été des plus marris et mal contens de cette exécution. Aussi le Roy l'ayant entendu, s'en mocqua.

Le mercredy 25, les nouvelles qui couroient à Paris et par tout de la mort du capucin Joyeuse, décédé, ainsi qu'on disoit, à Angers, où la mortalité étoit grande, et où le lieutenant général même étoit mort de la peste, furent vérifiées fausses par des lettres que lui-même écrivit ce jour au cardinal de Joyeuse son frere; et envoya madame la présidente de Thou aux Capucins leur dire cette bonne nouvelle, afin qu'ils en remerciassent Dieu.

En ce mois, les docteurs Duval et Cayet publierent pour la probation du purgatoire contre les Eaux de Siloé, du ministre Du Moulin, deux écrits, l'un intitulé *Feu d'Helie*, qui étoit de notre maître Duval; et l'autre intitulé *la Fournaise ardente*, de notre maître Cayet, laquelle, soit qu'elle fût trop échauffée ou autrement, fût rejettée de messieurs nos maîtres, comme infectée d'hérésie, prônée par les curez du commandement de l'evêque de Paris, qui la censura : laquelle censure ceux de la religion ayant recouverte, firent imprimer en un placard par P. Lebret, qu'on appelloit l'imprimeur d'Ablon, où il en porta quantité, dont il eut bonne depêche, et les vendoit et crioit à l'entrée du prêche, comme font les contreporteurs de Paris leurs bagatelles et denrées aux avenues du Palais.

En ce mois mourut le maréchal de Balagny, fils d'un evêque que chacun a reconnu en France pour un très grand et docte prelat. Son épitaphe lui a été dressée dès long-tems, comprise en ces vers :

> Cy gist Balagny sans couronne,
> Bien que son pere l'ait porté.
> L'Espagnol dans Cambray lui donne,

Pour mieux honorer sa personne,.
Le titre de prince avorté.

M. Servin, avocat du Roy, reçut en ce tems les nouvelles de la mort de son fils, décédé de peste à Londres, où il n'étoit nouvelles que des débordemens etranges et insolences des François, principalement à l'endroit des femmes et des filles. De quoi le roy d'Angleterre, ainsi qu'on disoit, étoit fort mal content; et sans le respect de la France, ne fussent demeurez sans punition et châtiment exemplaire.

[JUILLET.] Le samedy 12 de ce mois, M. de Rosni étant de retour de son voyage d'Angleterre, vint saluer Sa Majesté à Villiers Cottcrets.

Le dimanche 13, un cordelier du couvent de cette ville, nommé Boucher, fort ignorant, et pour lequel il fallut que le ministre Couet parlât, jetta son froc aux orties à Ablon, et fit profession de la religion.

Le mardy 15, M. de Rosni arriva à Paris. Son voyage, envié des grands, comme sa fortune pareillement des grands et des petits, le jetterent plus avant en querelle avec M. le comte de Soissons, qui lui en vouloit dès longtems pour quelques propos que ledit comte maintenoit avoir été tenus par ledit sieur de Rosni à son désavantage; lesquels il vouloit que ledit de Rosni, qui nioit tout, avouât avoir dit, comme le sachant bien, et n'ayant faute de temoins irreprochables qui le lui soutiendroient.

Cette querelle troubla la cour, et empêcha le Roy, à cause de la qualité, rang et humeur du comte, que Sa Majesté connoissoit; aimant d'autre côté Rosni, qu'il ne vouloit perdre, comme le jugeant utile à son service.

Le samedy 19 de ce mois, M. l'avocat du Roy Servin fit faire un service brave et solemnel à feu son fils dans l'eglise Saint André des Arcs sa paroisse, plus par ostentation qu'autrement. *Hoc faciunt stulti* (disoit-on), *quos gloria vexat inanis.*

Au surplus, il n'y avoit personne qui eut connu son fils, qui ne dît que Dieu avoit fait une grande grace au père de l'avoir délivré d'un enfant si malin et si pervers que cetui-là. Seulement s'étonnoit on comme il se pouvoit faire que la peste eût trouvé à mordre sur une si grande peste que celle là.

Le dimanche 20, il y eut un juif baptisé à Ablon, qui étoit âgé de trente-cinq ans ou environ.

Ce jour, un page ayant été mordu d'un chien enragé à Paris, s'étant acheminé pour aller à la mer (qu'on tient être le souverain reméde en ces maladies-là), passant par un bois, ayant été égratigné par les ronces et épines qui lui firent venir du sang; aussi tôt que ce pauvre page l'eut vû, et ayant été averti qu'ayant vû de son sang il deviendroit tout aussitôt enragé (ce qu'on tient pour chose vraye et infaillible), pria ceux qui l'accompagnoient de l'étouffer, le plus doucement qu'ils pourroient : ce que les autres exécuterent en pleurant, et avec grand regret. Chose pitoyable à ouïr, et encore plus à voir.

En ce mois de juillet qui fut frais, de tant que le mois de juin avoit été chaud et d'une temperature maligne et inconstante, moururent à Paris deux medecins : l'un nommé Sosson, et l'autre Haschette, qui mourut d'un flux de ventre, auquel Dieu donna une chrêtienne et heureuse fin.

[AOUST.] Le lundy 4 de ce mois, le Roy reçut avis de Calais, par M. de Vicq, que tous les ports d'Angleterre étoient bouchez, et les avenues du pays fermées : ce qui faisoit penser qu'il y avoit du remuement. Dont toutefois l'ambassadeur n'avoit aucunes nouvelles, sinon de fausses et controuvées qu'on fit courir à Paris et par tout ; à sçavoir que le roy d'Angleterre avoit été blessé à l'épaule par deux Wallons, comme il étoit à la chasse au parc ; et que le jour même y avoit une entreprise sur la personne du roy de France, et sur celle du comte Maurice. Et plusieurs autres balivernes et menteries semblables qui se disoient entre le peuple, et qu'on tâchoit lui persuader ; lesquels bruits continuerent pendant trois ou quatre jours, jusques à ce que les passages étant ouverts, Sa Majesté et l'ambassadeur eurent nouvelles de quelques mylords pris prisonniers par soupçon de quelque conjuration et mauvais dessein qu'on présuma qu'ils avoient contre l'Etat et la personne du Roy.

Le mardy 5, madame la duchesse de Bar, sœur du Roy, arriva de Lorraine à Paris, où dès le lendemain fit prêcher publiquement et à huis ouverts en son hôtel près les Filles repenties, combien que le bruit fût partout que le Roy ne le vouloit point, et qu'il l'avoit expressement défendu. Ce fait, elle partit l'après-dinée pour aller trouver le Roy son frere à St.-Germain en Laye.

Le jeudy 7, M. de Rohan fut reçû pair de France, et en fit serment à la cour, où il vint fort accompagné de noblesse, principalement de celle de sa religion. M. Bouthillier fut son avocat.

Le samedy 9 de ce mois, Du Carroy et son fils, avec P. Lebret, furent mis hors prison, où ils étoient detenus pour avoir imprimé à Paris la confession du roy d'Angleterre (1); d'où ils n'eussent jamais été élargis que pour être pendus, sans l'aveu et intercession de l'ambassadeur : tant cette confession, qui appelloit la messe abominable, étoit décriée et en horreur envers le peuple.

Le dimanche 10, Madame, à la priere du Roy son frere, assista au sermon du pere Cotton, jesuite, qu'il fit ce jour à Saint Germain en Laye à onze heures du matin; et prêcha l'evangile du Samaritain, où interprêtant ce surplus dont il est fait mention audit passage, dit que c'étoit le trésor des indulgences du Pape, et les œuvres de supererogation qu'il en tiroit. Ce que Madame fit confuter l'après-dinée même par son ministre Du Moulin, auquel elle enchargea de prêcher cette même evangile. Ce qu'il fit.

Le jeudi 14 de ce mois, veille de Notre-Dame, sur les cinq heures du soir, un petit garçon âgé de quatre ans seulement, fils d'un cordonnier de Paris demeurant en la rue de la Harpe, à l'enseigne de la Lanterne, vis-à-vis de la boutique de la Barbe d'or, se tua d'un poignard, lequel ayant trouvé nud, s'en pensant jouer comme font ordinairement les enfans, tomba dessus en courant, et s'en transperça si bien qu'à l'heure même il tomba tout roide mort, et rendit son ame à Dieu. Accident qui apprend aux peres et meres à ne laisser manier tels bâtons à leurs enfans.

---

(1) *La confession du roy d'Angleterre* : L'élévation de Jacques VI, roi d'Ecosse, sur le trône d'Angleterre, après la mort de la reine Elisabeth, donna de grandes espérances aux catholiques anglais. Ils lui présentèrent une requête. Le Roi, pour toute réponse, fit publier à Londres une profession de foi, dans laquelle il traitoit le Pape d'ante-Christ, etc.

En ce tems, la querelle de monseigneur le comte de Soissons et de M. de Rosni prenant pied et s'allumant de jour en jour au lieu de s'éteindre, chacun en discourant selon sa passion et fantaisie, fut publié un discours à la cour écrit à la main, qui contenoit les causes et procedures : qu'on tenoit pour bien certain et véritable, d'autant que celui qui l'avoit fait étoit un des principaux entremetteurs de l'accord ; duquel je tirai à cette occasion la copie suivante, extraite de l'original :

« *Discours au vrai du differend advenu entre monseigneur le comte de Soissons et le sieur de Rosni, ès mois d'août et autres précédens de la présente année 1603.*

« Le samedy 5 août, messieurs le chancelier et de Silleri étant venus trouver M. le comte de Soissons de la part du Roy, mondit sieur le chancelier lui dit que Sa Majesté avoit appris qu'il se plaignoit de quelques propos qu'avoit tenus M. de Rosni, et qu'elle desiroit qu'il s'accommodât avec lui en recevant satisfaction. A quoi ledit sieur comte auroit répondu qu'il supplioit le Roy de ne le point presser ; que quand il avoit vû ledit sieur de Rosni il n'avoit pas seulement sillé l'œil : qu'il se garderoit bien de faire chose qui dût déplaire à Sa Majesté.

« Le samedy suivant, messieurs le chancelier et de Silleri vinrent derechef trouver M. le comte de Soissons à onze heures du matin, de la part du Roy. M. le chancelier lui dit que la volonté de Sa Majesté étoit qu'il reçût satisfaction de M. de Rosni en ce qu'il le pourroit avoir offensé. Et après un long discours des raisons pour lesquelles Sa Majesté ne pouvant condamner ledit sieur de Rosni sans voir premierement les accusations d'offense contre lui, elle étoit tenue de le prendre en sa protection : ce qu'elle faisoit, et le lui déclaroit.

« A cela M. le comte de Soissons répondit qu'il étoit bien malheureux, en ce que bien qu'il n'eût montré audit sieur de Rosni qui l'avoit offensé aucun signe de ressentiment, néanmoins qu'il apparoissoit par eux qu'il plaisoit au Roy prendre l'offenseur et non l'offensé en sa protection ; que pour cette cause il aimoit mieux s'absenter.

« Et depuis mondit sieur le comte de Soissons pria encore messieurs le comte de Saint Pol et duc de Montbazon de faire entendre au Roy la cause de son départ, et le regret qu'il en avoit. Le supplioit très-humblement lui pardonner, s'il usoit de cette voie de prendre congé par eux pour ne l'irriter ; et en quelque part qu'il fût, il n'oublieroit le très-humble service qu'il lui devoit. Et là-dessus il partit.

« Mondit sieur comte de Soissons étant arrivé à Paris, messieurs le comte de Saint Pol et duc de Montbazon y arriverent aussi-tôt ; et l'étant venus trouver en son logis, lui firent entendre trois choses :

« La premiere, que l'intention du Roy n'étoit point de lui témoigner aucune mauvaise volonté, sur ce que messieurs le chancelier et Silleri lui avoient fait entendre que Sa Majesté prenoit ledit sieur de Rosni sous sa protection, ains pour empêcher qu'il n'entreprît sur la personne dudit sieur de Rosni.

« La seconde, qu'il offenseroit entierement le Roy

de partir de cette ville ; et que cela porteroit préjudice à ses affaires.

« La troisiéme, que ledit sieur de Rosni lui rendroit toutes les soumissions et satisfactions en ce qu'il l'avoit offensé.

« A la premiere de ces propositions, M. le comte de Soissons fit réponse qu'il n'estimoit point avoir donné aucun sujet de cette méfiance.

« A la seconde, qu'il n'eut jamais dessein de le desservir ; et que y allant de son service, cela l'arrêteroit plus court que si on l'eût lié de cent chaînes.

« A la troisiéme, que, pour satisfaire au desir du Roy, il remettoit audit sieur de Rosni toutes sortes de satisfactions qui lui étoient offertes, ne demandant autre chose de lui, sinon qu'il confessât en presence du Roy, de la Reine, de messieurs les princes, et de messieurs de son conseil, les offenses qu'il sçait bien lui avoir faites, lesquelles sont telles comme il s'ensuit :

« Comme le sieur de Rosni étoit en son cabinet, quelqu'un des siens lui étant venu dire que madame la marquise de Verneuil vouloit parler à lui, il répondit : « Il n'y a que trop de maîtresses et parens du Roy ; « s'il y en avoit moins, tout s'en porteroit mieux. » Après, étant arrivé en la chambre, il dit assez haut que le Roy étoit trop importuné de mauvaises affaires, comme par le comte de Soissons. Il fut repliqué que ledit sieur comte ayant cet honneur d'être proche parent du Roy et nécessiteux, Sa Majesté étoit obligée de lui subvenir. Lors ledit sieur de Rosni demanda et répéta plusieurs fois pourquoi le Roy y étoit obligé ? « Quelles obligations ? Je le voudrois bien connoître et « apprendre. »

47. 26

« Ledit sieur de Rosni dit encore qu'anciennement on ne donnoit aux enfans de France que cent mille livres de pension, et que ledit sieur comte en avoit bien davantage. Et comme l'on lui repartit derechef qu'il étoit proche parent du Roy, il répondit en ces termes : « Parent! il n'y a parens du Roy que ceux « qu'il lui plaît. »

« En plus, ledit sieur de Rosni a dit que le bien que le Roy avoit fait à cedit sieur comte n'étoit pour services qu'il lui en eût fait, ni qu'il en esperât à l'avenir : qu'il étoit un mauvais ménager, et que le Roy et lui n'étoient obligez à relever son mauvais menage : ce qui étoit cause qu'on ne pouvoit avoir paix avec lui.

« Autrefois ledit sieur de Rosni avoit dit que lui ayant été cause que le Roy se vouloit servir de M. le comte en ses affaires et finances, et en avoir porté lui-même la parole à Sa Majesté, que ledit sieur comte l'avoit refusé, l'accusant par-là de mauvaise volonté envers le Roy et envers le public, contre la verité de la réponse que Sa Majesté sçait que ledit sieur de Rosni lui rendit sur cette proposition en la petite gallerie de Fontainebleau.

« Ledit sieur de Rosni dit aussi qu'il avoit avis d'Italie, d'Angleterre, d'Espagne et autres endroits, que M. le comte de Soissons avoit traversé le mariage du Roy; et que ne faisant pas le voyage de Lyon avec Sa Majesté, étoit montrer qu'il ne desiroit pas ledit mariage. Il dit encore qu'il n'alloit plus voir M. le comte de Soissons, parce qu'il ne ressemble pas au chien qui mord la pierre qu'on lui jette : mais qu'il s'adressoit au bras. A cause de quoi ledit sieur de Rosni dit qu'étant serviteur du Roy, il avoit été contraint d'en avertir Sa Majesté.

« Le lundy, messieurs le comte de Saint Pol et duc de Montbazon ont apporté de la part du Roy un écrit contenant quelques propos de satisfaction en ces mots :

« Monsieur, j'ai sçû les trois choses que l'on vous a rapportées que j'avois dit de vous. Je vous supplie très-humblement croire que je n'ai jamais tenu tel langage, le reconnoissant si faux que si j'avois ouï quelqu'un le dire, comme votre serviteur je me couperois la gorge avec lui pour l'en faire dédire ; et tiens pour très-méchants non-seulement ceux qui l'ont dit, mais tous ceux qui en auroient la pensée, et qui par telles fausses inventions seroient si oubliez de vouloir mettre les princes de votre qualité mal avec le Roy. Et si je sçavois celui qui m'a prété cette charité pour me rendre haï de vous par une si injurieuse et fausse calomnie, il me couteroit la vie, ou j'aurois la sienne, et lui ferois avouer et connoître à tout le monde sa méchante menterie. »

« A cela M. le comte répondit qu'il n'est en sa puissance, non plus que d'aucun autre homme que ce soit, de forcer son esprit à ne connoître ce que certainement il sçait et connoît.

« Qu'il seroit indigne de l'honneur qu'il a d'être proche parent comme il est d'un si grand et courageux roy, s'il n'avoit du ressentiment des méchancetez et calomnies inventées contre lui, et des injures qu'il sçait qu'on lui a faites de gayeté de cœur : lesquelles tendent à la ruine de son honneur et de sa vie.

« Et que pour verifier les susdites calomnies du sieur

26.

de Rosni, il y a des preuves qui en cas de deni lui seront maintenues par la voie des armes. Et demeurant d'accord des faits, Sa Majesté jugera sur le tout, s'il lui plaît, ce qu'elle verra être raisonnable. »

« *Lettre du Roy à monseigneur le comte de Soissons.*

« Mon cousin, j'ai vû l'écrit que m'avez envoyé par les comte de Saint Paul, maréchal de Brissac, et comte de La Rochepot, et les langages que l'on vous a rapportez avoir été tenus de vous par M. de Rosni, desquels vous vous plaignez; et l'offre que vous faites de prouver qu'ils ont été dits par lui. Mais je n'ai jugé à propos d'entrer en telles preuves, tant pour ce que je ne revoque en doute que le rapport ne vous ait été fait, que pour avoir été bien assûré que M. de Rosni n'a jamais eu intention de dire chose qui vous pût offenser, étant votre serviteur comme il est; et desire que les choses s'adoucissent, et se terminent avec la satisfaction qui vous est dûe. Je vous prie de recevoir de M. de Rosni celle qu'il offre de vous faire, et en demeurer satisfait. »

« *Lettre de M. de Rosni à monseigneur le comte de Soissons.*

« Monsieur, j'ai sçû les langages que l'on vous a rapportez que j'avois tenus de vous. Je vous supplie très-humblement croire que jamais je n'ai eu volonté de dire chose qui vous pût offenser, et que pour mourir je ne voudrois me tant oublier. Que si bien j'ai dit quelques propos qui vous ayent pu offenser en la formé qu'ils vous ont été rapportez de moi par ceux qui, les ayant ouïs, ont fait jugement contre mon intention, je vous supplie très-humblement de me les pardonner, et me tenir pour votre très-humble serviteur. »

Le samedy 16 de ce mois, le Roy partit de Paris pour aller en Normandie. M. de Rosni devoit traiter Leurs Majestez à Rosni.

Passant Sa Majesté vers Mantes, il rencontra des vivandiers, lesquels il vouloit faire emprisonner ; et bien leur prit qu'à l'heure ne se trouverent point d'archers près sa personne. La cause étoit qu'ils alloient enlever toutes les poulles d'Inde des villages sans payer, donnans à entendre que c'étoit pour la Reine. Dont on avoit fait plainte au Roy ; lequel avoit répondu que la Reine n'avoit point faute de pourvoyeurs, et que c'étoient des larrons qu'il falloit châtier.

Le dimanche 17, il fit tout du long du jour un grand orage et tonnerre à Paris, entremêlé d'éclairs si drus, qu'on eût dit que tout se devoit resoudre en feu ; et tomba ledit tonnerre à Saint Victor, aux fauxbourgs St. Germain, St. Honoré et St. Marceau, où toutefois, par la permission de Dieu, il fit plus de peur que de mal.

A Rosni, où le Roy et la Reine avec leur suite arriverent ce jour, survint, à raison de la grande tempête, un tel ravage d'eau et si impetueux, qu'on eut peine à en sauver Leurs Majestez. Le diner de M. de Rosni à veau l'eau troubla toute la fête ; et lui dit le Roy en riant que le ciel et la terre s'étoient bandez contre lui, et qu'il prît garde hardiment à soi.

Le jeudy 21, fut mis en terre, en l'eglise Saint Eustache à Paris, le bon homme Dufour (1), conseiller en

(1) *Le bon homme Dufour* : On prétendoit que les raisons de celui qui crioit le plus fort lui paroissoient ordinairement les meilleures.

la grand'chambre, âgé de quatre-vingts ans et plus. Il avoit fait le voyage de Jerusalem, et pour cela n'en étoit pas plus habile.

La cour de notre siécle a eu ce malheur d'avoir des doyens qui, par leur insuffisance, ne lui ont gueres fait d'honneur.

Le dimanche 24 de ce mois, un nommé Frequeille passant l'eau à Choisi pour aller au prêche à Ablon, chut dans la riviere, et se noya. Il le fallut porter à Ablon pour l'enterrer, pour ce que ceux de Choisi, à cause de la religion, lui refuserent la terre pour sepulture. Il étoit homme de bien, fidéle et loyal à toute épreuve, qui étoit cause que je l'aimois; il avoit aussi beaucoup de bonnes lettres.

Le lundy 25, mourut à Paris madame Gobelin, femme du trésorier de l'epargne Gobelin, malade dès longtems d'une pierre qu'elle avoit en un rein, qui étoit tout pourri. Elle n'avoit encore cinquante ans, et eut grand regret à la mort, comme ont ordinairement ceux et celles qui jouissent à leur aise des biens, honneurs et commoditez de cette vie, ausquels la mort ne peut être qu'amére.

Le Roy fut malade en ce tems à Rouen d'un grand devoiement jusques au sang, que les medecins disoient provenir de trop d'huitres à l'écaille qu'il avoit mangé.

Sur la fin de ce mois, en la rue des Prêcheurs à Paris, à l'enseigne du Coq, se découvrit la peste, de laquelle on n'avoit ouï parler à Paris il y avoit longtems. On disoit qu'elle y avoit été apportée par quelque marchandise venue de Londres, où on faisoit état de deux mille personnes toutes les semaines qui y mouroient.

En ce mois couroit à Paris un nouveau livre d'un fol courant les rues, qui se faisoit nommer le comte de Permission, lequel ne sçavoit ni lire ni écrire : comme aussi il en donne avis à chaque feuillet de son livre ; et ce qu'il faisoit et écrivoit étoit (à ce qu'il disoit) par inspiration du Saint Esprit, c'est-à-dire de l'esprit de folie qui le possedoit, comme il apparoît par ses discours, où il n'y a ni rime ni raison, non plus que dans ses visions, desquelles y en a une entre les autres plaisante et digne de remarque : à sçavoir d'un diable à cheval qui se presenta un jour à lui pour le combattre, et le vouloit mordre ; duquel se voulant depetrer et ne pouvant, comme il étoit aux prises avec lui, s'écria au Pape et aux cardinaux pour le venir secourir. Mais voyant qu'il n'en tenoit compte, lâcha le diable à tous les diables, et commença à crier tout haut : « Se sauve « qui peut ! »

Il a mis dans ce beau livre la Reine, tous les princes et princesses, dames et damoiselles dont il a pu avoir connoissance, tant étrangers qu'autres ; avec des étymologies et interpretations de leurs noms fort plaisantes et à propos, selon le proverbe commun qui dit que les fols rencontrent souvent mieux et plus à propos que les sages.

Ce beau livre imprimé à Paris à ses dépens, et avec permission de M. le chancelier, est bien digne du siécle de folie tel qu'est le nôtre. Le métier de ce fol étoit d'être charron, et montoit en Savoye l'artillerie du duc, où on disoit qu'il se connoissoit fort bien.

En ce tems, M. Casaubon, revenu de son voyage de Dauphiné, ayant passé par Genéve, me conta qu'il y avoit vû M. de Beze, âgé pour le present de quatre-vingt-cinq ans; et qu'ayant longtems communiqué avec lui, il n'y avoit apperçû aucune diminution d'esprit et de memoire, pour le regard de sa théologie et des bonnes lettres; mais pour les affaires du monde, qu'il en avoit perdu du tout la memoire et la connoissance : demandoit à tout le monde comme se portoit la reine d'Angleterre; ne lui avoit jamais pû persuader d'écrire au roy d'Angleterre, disant qu'il étoit mort au monde, et qu'il lui falloit songer de mourir, et non d'écrire aux rois et aux reines.

Le dimanche dernier de ce mois, les nouvelles vinrent à Paris de la ville de Bois-le-Duc, assiegée par le comte Maurice le 19 de ce mois, et du 23 tellement retranchée, qu'il n'y avoit moyen de l'aborder. Entreprise grande, et laquelle toutefois on a vû s'évanouir et tourner en fumée, comme on voit ordinairement les plus grandes, dont on se promet beaucoup; et ce (je crois et l'ai remarqué), pour ce qu'on s'appuye ordinairement en cela plus sur le bras de la chair que sur celui de Dieu.

[SEPTEMBRE.] Le mercredy 3 de ce mois, madame Nicolaï, mere de M. le président Nicolaï, conseiller d'Etat et premier président de la chambre des comptes à Paris, fut enterrée dans l'eglise de Saint Eustache en grande pompe et magnificence.

Le jeudy 4, mourut à Paris M. Duval, conseiller en la cour et abbé de Saint Vincent, frere de M. le grand prevôt Duval.

Le vendredy 5, mourut à Paris un nommé Roguais, trésorier ordinaire des guerres, qu'on appelloit *le magnifique*, parce qu'il vivoit en prince et en tenoit maison : étant si fort abandonné au vice et au luxe, qu'on disoit qu'il avoit son serrail de courtisannes comme le Grand Seigneur. Pour fournir à telles vilaines bombances et superfluitez, il avoit fait son frere maître des comptes, et lui avoit achetté cet etat pour faciliter les moyens par ses réponses de recouvrer argent à Paris, où il en prenoit par tout où il pouvoit, faisant compagnon de sa ruine son propre frere, auquel ce bel état a coûté bien cher.

Ce petit trésorier fut empoisonné, selon le bruit commun ; vêcut prince et mourut gueux, qui étoit son premier métier, ne lui ayant été trouvé de quoi le faire enterrer : car Dieu avoit maudit la substance de cet homme, comme venue de rapine et extorsion.

Le lundy 8, Saint Sauveur, secretaire de M. l'ambassadeur d'Angleterre, montra à un de mes amis une lettre écrite de Londres, par laquelle on lui donnoit avis que la semaine précédente il étoit mort de la peste dans ladite ville de Londres trois mille tant de personnes.

Le jeudy 11, mourut en sa maison à Paris, entre deux et trois heures après minuit, madame de Maisons, âgée de soixante-dix-sept ans, ma bonne voisine et amie; d'une mort si soudaine et inopinée, qu'on n'eut loisir de venir à elle pour la secourir, qu'elle étoit ja passée en l'autre monde.

Le jeudy 15, un cordelier du couvent de Paris, nommé Boucher, qui, le dimanche 13 du mois de juin précédent, avoit fait profession de la religion à Ablon, reprit l'habit dans les Cordeliers de Paris, après qu'on lui eut fait faire une abjuration publique de sa faute, fait amande honorable la torche au poing, et donné la discipline de saint François tout du long.

Par le temoignage de ceux de son ordre, il étoit fort leger, ignorant, et d'une assez mauvaise vie.

Le lundy 22, mourut à Paris un greffier de la cour, qu'on appelloit le petit Habert.

Le jeudy 25, le Roy arriva à Saint Germain, étant de retour de son voyage de Normandie, où il arrêta le rétablissement des jesuites, confirma Sigongne en son gouvernement de Dieppe, et ôta à Crevecœur le gouvernement du château de Caën.

Le dimanche 28, mourut à Paris M. de Grosbois, un de mes amis, et mon compagnon d'office. Il étoit âgé de soixante-quinze ans, riche de quatre-vingt mille écus, sans enfans : qui fut cause qu'il fit de grands legs, faisant exécuteur de son testament M. le président Molé, auquel il donna pour souvenance ses médailles d'or et piéces antiques revenantes à la somme de mille écus, plus recommandables pour ce prix que pour l'antiquité ou singularité.

Ce même jour, mourut d'une mort soudaine et inopinée, et en la fleur de son âge, M. le grand prevôt Duval, en sa maison de Brevannes, à quatre lieues de Paris, où il avoit donné à diner ce jour à M. de Roquelaure et autres seigneurs et gentilshommes ses amis, avec lesquels il avoit fait grande chere, et donné sur les vins nouveaux. La maladie le prit étant à la chasse.

Mourut ce même jour à Paris, subitement et en moins de demie-heure, mademoiselle de Villeneuve, âgée de quarante-cinq ans ou environ.

Le mardi 30 et dernier du mois, le Roy revint à Paris, et s'en vint loger aux Thuilleries, malade de la goute, qui lui commença en ce mois.

Le même jour, mourut dans son abbaye madame

d'Yerre, de la maison de Luxembourg, que l'âge avoit reduite comme en rang d'enfance, encore qu'elle eût un bel esprit, et douée de graces qui la rendoient digne d'une meilleure compagnie; à laquelle M. Bouart, avocat au parlement de Paris, dressa le suivant tombeau, qu'on trouvoit un peu manque et court pour un avocat.

D. O. M.

Antoniæ à Luxemburgo Karoli F. Antonii N. imperiali Augusta Romanduorum ducum famil. claræ, clariori sanctitate, quæ postquàm florenti adhuc ætate, renunciasset sæculo, ut Christo serviret, et LV annis officio assiduo huic monasterio sanctiss. ab ea institutis reformato præfuisset, devotáque mente erga Deum, liberalitate in omnes, morum sanctitate, veteris et illustriss. gentis decus auxisset, tandem senio confecta, reversa est ad Dominum.

Francisca à Luxemburgo Pineâ, illius monasterii hæres, patronæ benè de se, benè de hac domo meritæ, hoc amoris et observantiæ monumentum mœrens posuit.

Vixit LXVIII, a die septemb., ultima obiit 1603.

[OCTOBRE.] Le dimanche 5 de ce mois, mourut à Paris M. Chemereaud, secretaire du Roy, d'un flux de sang : qui étoit la maladie qui regnoit le plus, à cause des fruits et forts vins de l'année.

On eut nouvelles ce jour que de la même maladie étoit mort aux champs M. Berdinvilliers, conseiller en la cour, étant encore en la fleur de son âge, aussi bien que l'autre.

Ce jour même fut fait à Paris l'accord entre monseigneur le comte de Soissons et M. de Rosni, qui lui
fit de grandes soumissions; mais qui ne lui eussent de
gueres servi sans la protection et faveur de son maître,
auquel pour ce regard il doit et l'honneur et la vie.
M. le comte se contenta de lui dire, lorsqu'il vint à
prendre congé de Son Excellence, qu'il regardât à bien
servir le Roy, et qu'il ne l'offensât de sa vie.

Le vendredy 10, fut pendu et puis brulé en la place
de Saint Jean en Greve, à Paris, un nommé François
Richard, seigneur de La Voulte, du regiment de Saint
Etienne en Dauphiné, accusé d'avoir voulu empoisonner le Roy, decelé par le duc de Savoye, auquel il
s'étoit adressé pour cet effet; lequel voyant que cetui-
ci n'étoit pas homme pour venir à bout d'une telle
entreprise, l'avoit envoyé à Sa Majesté pour en faire
faire la justice, et le gratifier d'autant : qui est un trait
commun et ordinaire entre les princes. Ce pauvre
homme étant au supplice, dit que jamais il n'avoit eû
intention de faire mal au Roy; et que ce qu'il en avoit
fait et communiqué au duc de Savoye (en quoi il reconnoissoit avoir merité la mort) n'avoit été projetté
par lui à autre dessein que pour tirer argent de Son
Altesse, dont il avoit bien à faire. Ce qu'on croit être
la pure vérité, vû sa franche et ingenue confession; et
telle étoit aussi l'opinion de son président qui le jugea.

Le lundi 13, mourut à Paris un nommé Le Thuil-
lier, que le Roy aimoit, et auquel le mercredy de devant il avoit donné un état de gentilhomme servant,
étant sur le point d'être accordé avec une de mes niè-
ces. M. Le Fevre, medecin qui le pensa, me dit qu'il
étoit mort d'une poudre qu'un charlatan lui avoit don-

née, qui lui avoit fait faire quatre vingts selles ; laquelle poudre couroit fort à Paris, et disoit-on qu'elle étoit bonne à toutes les maladies, et m'avoit-on même voulu persuader d'en prendre pour la mienne.

Le lundi 27, on afficha par les carrefours de Paris une défense du Roy, aux malades des écrouelles, de venir à Fontainebleau pour être touchez de Sa Majesté; et portoient lesdites défenses, imprimées en placard, pour beaucoup de grandes et preignantes occasions.

Sur la fin de ce mois, courut à Paris et à la cour un pasquil fort scandaleux, intitulé *les Comédiens*, qui offensa Sa Majesté, parce que les grands et principaux de sa cour, et qu'il aimoit le plus, y étoient couchez tout du long; tellement que de son exprès commandement en fut faite grande et exacte recherche, mais qui ne servit enfin qu'à le publier davantage, comme il advient ordinairement de telles médisances, lesquelles l'envie de les voir croît à mesure qu'elles sont défendues.

LES COMEDIENS DE LA COUR.

Sire, défaites-vous de ces comediens :
Vous aurez malgré eux assez de comedies;
J'en sçai qui feront mieux que ces Italiens,
Sans que vous coûte un sol leurs fâcheuses folies.

— Ton conseil est fort bon, Rosni, je le veux bien,
Puisqu'ils n'auront jamais de ma chere finance.
Mais dis-moi, je te prie, et m'apprens le moyen
Pour trouver sans argent des farceurs dans la France.

— Sire, premierement pour un bon petrolin
Qui sçait faire aux amans un doux maquerelage,
Et qui a de nature un aspect de facquin,
Ce cocu de Sigongne est fort bon personnage.

J'ai déja découvert un galant Pantalon
Qui sçait bien contrefaire un noble de Venise.
Sera-t'il pas gentil ce gaulois Chanvalon ,
Puisqu'il en a le nez, la barbe et la franchise ?

— Rosni, tu ne dis pas qu'il y faut un Zanon
Qui ne sache rien faire, et qui soit imbecille.
— O Sire, le voici ! Ce sot de Montbazon,
En peut-on trouver un qui soit plus mal habile ?

— Il faut un Gratian qui fasse le pédant,
Et qu'il ne sache rien au fonds de la doctrine.
— Le seigneur Maintenon fait fort le suffisant :
Donnons-lui cette charge, il en a bien la mine.

Je sçais une beauté qui sçaura bien lier
Le cœur de deux amans qui ont bonne escarcelle.
Vous la connoissez bien , madame de Cimier :
C'est elle qui fera galamment l'Izabelle.

Sa sœur a le visage et tous les meilleurs tours
Pour être maquerelle, ainsi que francisquine ;
Il faudra qu'elle serve et guide les amours
Que tous les compagnons auront dans leur poitrine.

J'ai un brave épouvante, un vaillant Calabrois
Qui est, à ce qu'il dit, le foudre de la guerre ;
C'est ce venteur V....., qui en dix mille endroits
S'est fait voir un poltron, feignant d'être un tonnerre.

J'étois bien empêché de recouvrer ici,
Pour achever la bande, une troisiéme dame ;
Mais le comte de Lude , en amoureux souci,
Ne sera point mauvais pour leur servir de femme.

O troupe valeureuse ! ô bienheureux farceurs,
D'avoir avecque vous ce petrolin Sigongne !
Vous serez par son nom les meilleurs batteleurs
Que l'on ait jamais vû dans l'hôtel de Bourgongne.

En ce mois moururent à Paris mademoiselle de
Rosay, mere de M. Courtin, conseiller en la grand-
chambre, âgée de quatre-vingts ans.

Un vinaigrier au fauxbourg Saint Germain, nommé Blaise de Bré, âgé de cent-cinq ans.

M. Petit, avocat à la cour, âgé de soixante-quinze ans.

Mademoiselle de Molevault en la fleur de son âge, qui fut enterrée de nuit dans les Cordeliers, comme étant morte de la maladie; et un procureur nommé Hulon, de moyen âge, qui mourut à Fontenay d'un flux de sang, et à qui Dieu (auquel il mourut) donna une vision de l'heure de son depart, qui advint précisement ainsi qu'il l'avoit vû.

[NOVEMBRE.] Le lundi 10 de ce mois, veille de Saint Martin, le fossoyeur de l'eglise Saint Jean à Paris ayant envie de faire la Saint Martin, et n'ayant de quoi, s'avisa d'un moyen pour avoir de l'argent, qu'il communiqua à deux ou trois goinfres aussi alterez que lui : à sçavoir du corps mort d'une femme qu'il y avoit un an qu'il avoit enterré dans l'eglise, lequel on avoit mis dans un cercueil de plomb, qu'ils aviserent d'ôter dudit cercueil, et faire argent du plomb pour faire le lendemain la Saint Martin. Ce qu'ayant exécuté de nuit, et jetté là le corps tout nud, qu'ils couvrirent de terre seulement, en sortit telle puanteur en l'eglise, qu'il y en eut un de la paroisse qui en mourut, et une femme grosse qui en avorta. Enfin le mystere ayant été découvert, le mari de la femme fit emprisonner le fossoyeur, qu'il vouloit faire pendre, comme il avoit bien merité. Mais la justice ayant égard à son grand âge et au long service qu'il avoit fait à l'église, sans avoir jamais été repris d'aucun malefice, joint son ingenue et franche confession du fait qu'il avoit perpetré par nécessité, lui sauva la vie.

Le dimanche 16 de ce mois, sur les onze heures du matin, tomba mort, en la rue Saint Jean de Beauvais à Paris, M. Charron, homme d'Eglise et docte, comme ses écrits en font foi.

A l'instant qu'il se sentit mal, il se jetta à genoux dans la rue pour prier Dieu : mais il ne fut sitôt agenouillé, que se tournant de l'autre côté il rendit l'ame à son Créateur.

Le lendemain, comme on étoit prêt d'enlever le corps, l'evêque de Beauvais (1) passant par-là, l'empêcha; et dit qu'il voyoit fort bien (et toutefois il ne voit goute) qu'il n'étoit pas mort. Aussi les medecins y étant appellez, dirent tous d'une voix qu'il l'étoit, et que c'étoit une apoplexie qui l'avoit suffoqué en un instant. Devant ce jugement des medecins, on faisoit courir le bruit en l'Université que l'evêque de Beauvais avoit ressuscité un mort.

Le mardi 18, mourut en sa maison à Paris Sebastien Nivelle, marchand libraire, âgé de quatre-vingts ans, droit et fidéle en son état, et homme de bien.

[DECEMBRE.] Le mardi 2 de ce mois, furent decapitez, en la place de Gréve à Paris, un beau gentilhomme normand, riche (ainsi qu'on disoit) de dix mille livres de rente, nommé Fourelaville, avec sa sœur fort belle, âgée de vingt ans ou environ; et ce, pour l'inceste qu'ils avoient commis ensemble : desquels le pauvre pere s'étant jetté à genoux aux pieds du Roy le jour de devant pour demander leur grace, Sa Majesté la

---

(1) *L'evêque de Beauvais* : René Potier, fils de Nicolas Potier, seigneur de Blancménil, président au parlement de Paris, et chancelier de la Reine.

lui auroit refusée, ayant fait réponse que si la femme
n'eût point été mariée, il lui eût volontiers donné sa
grace; mais que l'étant, il ne pouvoit : bien lui don-
noit-il leurs corps pour les faire enterrer.

La Reine aussi s'y trouva fort contraire, et dit au
Roy qu'il ne devoit souffrir une telle abomination en
son royaume.

Le dimanche 7, le pere Cotton, jesuite, prêcha devant le Roy à Saint Germain de l'Auxerrois, où il y
eut un merveilleux concours et affluance de peuple. Il
traita en son sermon des miracles, et en discourut fort.
Mais (comme dit quelqu'un qui s'y trouva) le plus beau
miracle qu'il eût sçû prêcher étoit de lui-même, de se
voir dans une chaire en une des premieres eglises de
Paris, paroisse du Roy; au lieu d'un gibet, où on avoit
vû ses compagnons il n'y avoit pas fort longtems.

Ce jour, y eut un capucin du tout ignorant, et de
peu d'esprit (ainsi que disoient ceux qui l'avoient
connu), qui se rendit à Ablon. Il étoit gentilhomme.

Le mardi 9, la cour fut assemblée pour le rétablissement des jesuites, que Sa Majesté leur déclara vouloir avoir lieu, sans plus amples remontrances ou déclaration.

Le dimanche 14, le connétable de Castille arriva à
Paris, y ayant demandé son passage au Roy pour aller
au Pays-Bas.

Le jeudi 18, fut pendu à la Croix du Tirouer à Paris un nommé Le Roy, pour avoir falsifié un relief
d'appel d'un prevôt des maréchaux, duquel il se vouloit aider comme si M. le chancelier l'avoit expédié.

Le dimanche 21, le pere Cotton prêcha, dans la
grande eglise Notre-Dame de Paris, où le Roy, la

Reine, les princes, les princesses, et toute la cour, se trouva.

Son sermon fut du tout courtisan : car pour gratifier le Roy (duquel lui et toute sa societé avoient à faire), il prêcha qu'il étoit meilleur et plus saint de payer les tailles que de donner l'aumône ; que l'un étoit un conseil, et l'autre un commandement. Ce qu'il a depuis reprêché souvent.

Le mardy 23 de ce mois, fut pendue en Greve la servante d'un nommé Depras, huissier de la cinquieme chambre des enquêtes, pour avoir vendu et livré entre les mains d'un certain jeune homme une fort belle et petite fille de son logis, âgée seulement de neuf à dix ans, que ce misérable ayant en sa possession avoit vilainement forcée et gâtée, au grand regret et déplaisir dudit Depras son pere, et de tous ses parens.

[JANVIER 1604.] Le samedy 3 de ce mois, fut fait un ballet en la maison de M. Le Febvre, premier president en la cour des aydes à Paris, où survinrent des querelles qui troublerent la fête : si qu'on tira les épées nues dans la salle; dont une honnête damoiselle, de peur qu'elle en eut, avorta et accoucha à quatre mois et demi. Saint-Brisson, fils du feu president Seguier, qui n'étoit de la querelle, mais y venoit seulement pour assister M. de Soret son frere, y fut blessé par les gens et laquais de Grisi.

Le dimanche 11, la fille de madame de Rosni fut mariée au prêche à Ablon, avec M. de La Boulaye, gouverneur de Fontenay-le-Comte, fils du feu sieur de La Boulaye, auquel le feu Roy avoit donné en garde le feu cardinal de Bourbon, que la Ligue depuis

appella Charles x du nom, roy de France. Le festin en
fut magnifique par M. de Rosni en son hôtel à Paris,
le dimanche, où Leurs Majestez se trouverent.

Le mardy 13, le pere Cotton, revenant sur le soir
de la ville dans le carrosse de La Varenne, fut blessé
d'un coup d'épée au derriere de la tête, qu'on lui tira
au travers du carrosse même; dont le Roy fut fort
fâché, et lui envoya aussi-tôt ses medecins et chirurgiens, et le fit traiter par les officiers propres de sa bouche. On vouloit charger de ce coup les huguenots : mais
le pere Cotton les en déchargea, et ne put-on jamais
sçavoir par qui et comment cela pouvoit être advenu;
aussi que la playe n'étant mortelle, et lui gueri à quelques jours de-là, on en cessa incontinent les poursuites.

Le lundy 19, fut pendu à Paris, près Saint Nicolas
des Champs, un jeune garçon du métier de coupe-
bourse, qui avoit tué un boucher de ce quartier-là,
qui lui vouloit ôter une épaule de mouton que ce coquin lui avoit dérobée. Il confessa à l'échelle que c'étoit
la quatriéme fois qu'il avoit tué. Deux mois auparavant, par sentence du lieutenant criminel, avoit été
pendu au cimetiere Saint Jean un des compagnons de
celui-ci, qui avoit pareillement confessé avoir fait quatre meurtres de la même façon.

Le jeudy 22, comme le pere Cotton accompagnoit
le Roy sortant du Louvre, Engoulevant (1), qui se
rencontra là, commença à crier : *vive le Roy et le
pere Cotton!* Sur lequel un gentilhomme qui accompagnoit Sa Majesté déchargea sur l'heure un grand

_____

(1) *Engoulevant :* Il se qualifioit de prince des sots.

27.

coup de bâton, pour apprendre à ce maître fol de donner un compagnon au Roy : dont il fut bien ri.

Le même jour on trouva semé le quatrain suivant :

> Autant que le Roy fait de pas,
> Le pere Cotton l'accompagne ;
> Mais le bon Roy ne songe pas
> Que le fin cotton vient d'Espagne.

Le samedy 24, un gentilhomme anglois tua à Paris, en une maison de la rue de la Calandre, un eslu de la ville qui lui avoit donné un soufflet ; et eut sa grace du Roy pour ce qu'il étoit Anglois.

Ce jour, un de ces tireurs de laine de Paris, dont la ville étoit remplie, fut pendu au bout du pont Saint Michel.

Le lundy d'après 26, il y en eut un autre à la Croix du Tirouer qui confessa à l'échelle d'en avoir jetté de dessus le Pont-Neuf quatre dans l'eau ; et le lendemain 27, en fut pendu encore un à l'instance de Pygré, chirurgien du Roy, lequel il avoit voulu, passant le Pont-Neuf, décharger de son manteau ; et avoit été blessé au bras par ledit de Pygré, qui l'alla lui-même prendre dans l'hôtel-Dieu, où il s'étoit retiré. On trouva que c'étoit un coupe-bourse qu'il n'y avoit que trois jours qui étoit sorti de prison.

Le jeudy 29, fut blessé et laissé pour mort, en la rue de la Coûtellerie à Paris, un gentilhomme par un autre gentilhomme, duquel on disoit que celui-ci avoit tué le pere. Ils se rencontrerent tous deux à cheval tête à tête en ladite rue. Celui qui prétendoit avoir été outragé en la mort de son pere fit mettre pied à terre à l'autre ; et sacquant galamment l'épée au poing, après l'avoir couché sur le pavé remonta sur son cheval ; et

tenant au poing son épée nûe toute sanglante, se retira
au pas vers la porte Saint Antoine, sans que personne
lui donnât empêchement. Il étoit environ quatre heures
du soir, et faisoit encore grand jour.

Le samedy dernier de ce mois, M. le lieutenant
civil fut à la cour pour la maladie qui menaçoit Paris,
en ayant par rapport six maisons d'infectées. Pour y
donner ordre, il proposa de faire une levée de deniers ;
mais il lui fut répondu assez aigrement qu'on n'avoit
jamais ouï parler de lever argent pour une police de
ville, et que cette proposition étoit nouvelle, et du
tout impertinente, attendu même la saison et le temps,
où on n'étoit payé ni de son revenu ni de ses rentes.

En ce mois moururent à Paris, de ma connoissance,
Barnabé des Prez, marchand demeurant en la rue de
la Harpe, âgé de quatre-vingts ans.

La mere du gendre de Preconta, près Saint André
des Arcs, âgée de quatre-vingt-huit ans.

M. de Lavet, secretaire du Roy, en la fleur de son
âge.

M. Remi, nagueres audiancier de France, âgé de
soixante-huit ans.

Le maître de la Trompette, orfevre, demeurant sur
le pont au Change, homme âgé, mais qui se portoit
encore bien, et lequel mourut toutes fois tout soudain
en moins d'une heure ou deux au plus ; comme aussi fit
un nommé Jacquelin, trésorier des bâtimens du Roy,
homme replet, et qui à peine put de la chambre des
comptes gagner sa maison, pour y rendre son ame à
Dieu.

La constitution de ce mois fut brouilleuse, vaine,
maussade et cathairreuse, la saison ne gardant point

sa constitution naturelle : car même la nuit du vendredy 9 de ce mois il tonna et éclaira fort, dont pro-
cederent force petites veroles et cathares soudains et
suffocatifs, qui en envoyerent au tombeau de jeunes et
de vieux.

La mauvaise maladie parut aussi en quelques endroits de la ville, mais peu ; et causa enfin par la grace
de Dieu plus de peur que de mal.

En ce mois de janvier, et le quatorze d'icelui, je reçus des lettres de La Rochelle de M. de Plom, mon bon
ami, en datte du premier de cet an 1604, avec un petit
livret intitulé *le Soldat françois,* duquel il me fit cas
par ses lettres comme d'une piece élegante et diserte,
digne (ce me mande-t'il) d'être gardée parmi mes ra-
retez, et de laquelle il me prie de lui écrire mon jugement ; et si les plumes huguenotes de Guyenne sont de
bonne trempe, et bien acerées.

Ma réponse a été, après l'avoir assez lû exactement
et d'un bout à l'autre, que ledit livre est un vrai discours d'un soldat bravasche, gascon, ayant de belles
pointes et rencontres à la mode du pays ; duquel si
l'épée est d'aussi bonne trempe et aussi bien acerée
qu'est sa plume, avec le courage qu'il a et le zele qu'il
fait paroître avoir comme bon François au service de
son Roy, est capable d'en faire un bon à Sa Majesté ;
laquelle se résolvant d'entrer en guerre avec l'Espagnol, auroit bon besoin de tels soldats en effet que
l'auteur lui en propose en papier et en peinture, pour
recouvrer à la pointe de son épée ce qui justement lui
appartient, puisque le droit en gît-là aujourd'hui.

[FEVRIER.] Le dimanche premier de ce mois, Alexandre Monsieur, second bâtard de notre Roy (1), fut fait chevalier de Malthe, avec l'ordre et cérémonies en tel cas accoûtumées, célébrées ce jour dans l'eglise du Temple à Paris (lieu propre et de tout temps affecté aux bâtards); où Sa Majesté assista avec les présidens de sa cour, ausquels il avoit fait commandement de s'y trouver, et leur avoit même fait signifier par le maître des cérémonies. Ledit Alexandre Monsieur avoit du Roy la réserve de la commanderie, qu'on disoit valoir quarante mille livres de rente.

Le dimanche 8 de ce mois, le cordelier portugais qui prêchoit à Saint André commença son sermon par un trait qui le fit remarquer de vaine ambition et de peu de charité : car étant entré en sa chaire, après qu'il eût bien regardé de-ça et de-là et tout à l'entour de soi, commença à dire qu'il y avoit des ecrivains de ses sermons qui les revendoient après; et qu'on lui avoit dit que tel de ses sermons avoit été vendu par eux, et l'étoit ordinairement, dix, quinze, vingt, voire jusqu'à vingt-cinq écus; qu'il n'étoit raisonnable qu'on profitât de cette façon de ses labeurs et sueurs, et que s'ils ne s'en abstenoient il cesseroit de prêcher. Lesquelles paroles en offenserent beaucoup, et en firent rire plusieurs autres, qui disoient que nous n'étions pas en un temps où on achetât des sermons si chers.

Le jeudi 12 de ce mois, un nommé de Louis, secretaire du Roy, qui se disoit de mes amis, et lequel toutesfois je n'aimois gueres, pour l'avoir en opinion d'un vrai trompeur et menteur qui avoit l'ame cauterisée, et portoit la conscience en écharpe, fit à la cour

(1) *Second bâtard de notre Roy :* Il étoit fils de Gabrielle d'Estrées, et cadet du duc de Vendôme.

amende honorable, nud en chemise (combien qu'il fît
fort froid), avec une torche au poing, atteint et convaincu de fausseté et concussions, fut banni de la pré-
vôté et vicomté de Paris pour trois ans, et déclaré à
jamais incapable de tenir en France aucun office ou
bénéfice.

Le vendredy 13 de ce mois, j'ai achevé de lire l'Histoire latine de ce temps, de M. le president de Thou,
imprimée nouvellement à Paris in folio par la veuve
Patisson, qui m'en donna une pour mes étrennes le
premier de cet an 1604. Elle contient dix-huit livres,
que j'ai lus exactement d'un bout à l'autre, et y ai
pris fort grand plaisir; ne pouvant dire autre chose
sur les jugemens divers que j'en ouï faire tous les jours,
nommément aux ecclésiastiques, qui la condamnent
tout haut d'affectation, de partialité et d'héresie, que
ce qui a été dit de tout temps et se pratique aujour-
d'hui plus que jamais : à sçavoir que *veritas odium
parit*; et crains fort que tels censeurs qui condamnent
cette premiere partie d'histoire, sous prétexte qu'en
quelques endroits d'icelle l'auteur s'est servi de quelques mémoires un peu communs et partiaux, qui pour
cela ne laissent d'être véritables, encourent eux-mêmes
la censure de partiaux et mauvais François, pour ce
qu'à proprement parler cette histoire est l'histoire de
notre Roy et de sa maison contre les vieux titres et
pretentions des ennemis de cette couronne : la décision
desquelles a souvent été renvoyée à la cour de parlement, de laquelle l'auteur est président.

Pour le regard du crime d'hérésie, on sçait assez
que toutes personnes pacifiques, et qui affectent une
réformation en l'Eglise, sont sujets pour le jourd'hui

à cette note, mal voulus et suspects à messieurs nos maîtres.

Tout ce qu'on craint pour l'auteur, c'est qu'ayant envoyé son livre à Rome, s'il vient à y être censuré (comme on croit qu'il sera), le Roy pour gratifier le Pape ne lui manque de garand.

Une autre faute qu'on cotte, c'est de ne l'avoir fait imprimer entiere ici ou ailleurs : qui eût rendu vaine la censure des envieux par la publication de l'histoire par tout, qui eût été si bien reçûe qu'on y fût venu à tard pour la censurer ; et encore en ce cas on n'eût manqué de contre-censeurs et bons avocats pour la défendre.

Ce jour, messieurs de la Faculté, assemblez en corps à la Sorbonne, censurerent les plaidoyers et arrêts de maître Louis Servin, avocat du Roy, qu'il avoit fait imprimer à Paris par Hugueville. Ladite censure étoit conçûe en ces termes : *Die* XVI, *etc.*

Le lundy 16 de ce mois, étant allé voir M. Casaubon, il me parla d'un livre imprimé depuis peu à Padoue, in 4°, composé par un docteur en droit canon, nommé Carrerius, sur la puissance du Pape, contre le cardinal Bellarmin, lequel il accuse d'avoir fait trop petite, et avoir reduit cette souveraine puissance pontificale au petit pied par ses ecrits : car il dît qu'au Pape appartenoit toute la terre, et que tout ce qui y est contenu est de son domaine et de sa jurisdiction : voire que tous les rois et princes de la terre ne sont que simples valets et serviteurs ministeriaux de Sa Sainteté. Me pria, si j'en pouvois recouvrer un, pour ce qu'il étoit rare, et ne l'avoit vû qu'en l'étude de M. le président de Thou, de le voir et de le lire. Sur quoi ayant rodé toute l'Université par trois ou quatre jours, enfin en ai trouvé un par hazard qui m'a couté un quart d'écu; lequel après avoir lû, ai trouvé qu'à la verité il partit la puissance du Pape avec Dieu, et ne la fait gueres moindre, contre les opinions et écrits des méchans politiques de ce siécle, et de Bellarmin entre autres, qu'il semble vouloir faire comme leur cardinal.

Le titre du livre est : *De potestate romani Pontif., adversùs impios politicos, libri duo, Alexandro Carrerio Patavino I. C., auctore; ad illustriss. et reverendiss. dominum, etc. Patavii, apud Franc. Bolzetam,* 1599. De moi je lui ai donné ce titre : *Liber Blasphemiarum Carrerii.*

Le mercredy 18, on publia à Paris une défense du Roy de trafiquer ni avoir commerce aucun aux pays de l'obéissance du roy d'Espagne et des archiducs, jusques à ce qu'ils eussent déchargé ses sujets du payement de l'imposition de trente pour cent (1). Il étoit imprimé par P. L'Huillier.

Contre ces défenses fut publié un petit discours de sept feuilles seulement, bien fait, mais sanglant et séditieux, et imprimé (comme on croyoit) à Paris, ainsi que me dit un homme d'honneur qui avoit eu à peine le loisir de le lire, tant il étoit rare et peu recouvrable, jusques là qu'un gentilhomme allémand fort curieux en donna d'un un double pistollet. Il portoit ce titre : *Remontrances des Etrangers sur la défense du commerce.*

Les deux rois, mais principalement celui de France

----

(1) *Imposition de trente pour cent :* Le roi d'Espagne et les archiducs avoient imposé trente pour cent sur toutes les marchandises qui en-

avec ceux de son conseil, qu'il nomme, y sont mal
accoutrez, et cruellement déchirez.

Le dimanche 22 de ce mois, un jeune cordelier du
couvent de Paris, nommé Baptiste Bugnet, tenu pour
habile homme entre eux, quitta le froc et l'habit, et
se rendit à Ablon, où il fit ce jour publique abjuration
de son ordre et religion, et profession de la leur. Il
tira avant que partir une attestation de son superieur,
comme il s'est toujours bien et honnêtement gouverné
et sans reproche, et donnant à entendre qu'il vouloit
aller prêcher quelque part; et ainsi les trompa, comme
un cordelier même de là-dedans m'a conté. Il étoit d'un
esprit vif et gaillard, comme temoigne un sien petit
livret intitulé *Antiperistase*, imprimé à Paris, in-16,
par A. Dubreuil, composé par lui peu auparavant son
défroquement, qu'un mien ami me donna. Le discours
est fort joli, et le langage affecté; où il n'a mis son
nom, ayant possible pensé qu'un traité d'amourettes
s'accordoit mal avec la profession de cordelier.

Le mardi 24 de ce mois, un solliciteur du Palais à
Paris, que je connoissois, ayant envoyé sa femme au
vin pour souper, comme elle fut de retour le trouva
mort près de son feu, ayant les jambes toutes brulées;
et si dit que quand elle le laissa il se portoit fort bien,
et ne se plaignoit de rien.

En ce même tems mourut à Paris un de mes amis
nommé Le Cointe, controlleur de la chancellerie de
Paris, et le plus ancien officier d'icelle, âgé de près de
quatre-vingts ans.

Mourut aussi un jeune gentilhomme fort accompli,

treroient et sortiroient des terres de leur obéissance; et par là ils con-
trevenoient au traité de Vervins.

nommé M. de Maisons, gendre de madame de Veuil, qui fut emporté en même tems à Paris d'une pleuresie; et changea sa religion en mourant, de laquelle vivant il avoit toujours fait profession : car il mourut catholique romain, et pria que ses enfans y fussent nourris et instruits.

Le vendredy 27 de ce mois, un secretaire du Roy nommé Nicolas, qui étoit un bon corrompu et vieil pécheur, et lequel on disoit croire en Dieu par benefice d'inventaire, n'en étant que mieux venu aux compagnies, selon l'humeur corrompue de ce siécle miserable, mourut à Paris en sa maison, âgé de soixante-dix ans ou environ, ayant fait une fin semblable à sa vie : car comme on lui parloit de Dieu et de la mort, et d'une vie éternelle beaucoup meilleure, plus desirable et heureuse que celle ci, il fit réponse qu'il eût quitté toujours fort volontiers sa part de paradis pour cinquante ans de plus de cette vie.

Trois ou quatre jours avant sa mort, comme il étoit homme facetieux, et qui avoit des rencontres fort à propos, et à cette occasion bien voulu et recherché de plusieurs personnes, M. le chancelier l'ayant envoyé visiter par un de ses gens pour sçavoir comme il se portoit, il le pria de dire à M. le chancelier qu'il se portoit tout ainsi que La Pavanne, un pas en avant, et trois en arriere.

Son tombeau, qu'il s'étoit dressé lui-même, comprend en quatre vers sa vie, sa mort, charité et religion du personnage, indigne de celui qui porte le nom d'homme.

J'ai vécu sans souci, je suis mort sans regret;
Je ne suis plaint d'aucun, n'ayant pleuré personne.

De sçavoir où je vais, c'est un trop grand secret :
J'en laisse le discours à messieurs de Sorbonne.

En ce mois moururent aussi à Paris le jeune Damfrie, fils unique de son pere, et qui jà l'égaloit en son
art de graveur, où il étoit singulier.

M. Parent, secretaire du Roy, partisan du sel.

Gaucheri, âgé de trente-un ans, qui venoit de perdre un procès qu'il avoit contre son pere.

Mademoiselle de Beauclerc, cousine-germaine de ma
femme, et le sieur de Gondi qui mourut en son hôtel de
Gondi au fauxbourg Saint Germain, le dimanche dernier de ce mois, à dix heures du matin ; auquel jour un
gentilhomme du pays de Bourbonnois, nommé Daisné,
ayant toute sa vie fait profession de la religion prétendue reformée, l'abjura publiquement dans l'eglise des
Capucins à Paris, où il ouit la messe, à laquelle assisterent plusieurs gens de qualité, et entre autres M. le
procureur général. M. Duransi mon gendre s'y trouva
aussi, en ayant été prié.

En ce mois mourut en Lorraine madame la duchesse
de Bar (1), sœur unique du Roy ; et en arriverent les
nouvelles à Paris et à la cour le dimanche 15 du present mois de fevrier, qui furent celées au Roy jusques
au mardy ensuivant, pour ce qu'il avoit ses goûtes.

Sa Majesté s'en montra fort fâché, et en pleura (ce
qu'on a remarqué lui être fort rarement advenu) ; défendit les balets et masquarades (2), et commanda à

(1) *Mourut en Lorraine madame la duchesse de Bar :* Catherine de
Bourbon, sœur du Roi. — (2) *Défendit les balets et masquarades :* Toute
la cour et tous les ambassadeurs étrangers prirent le deuil : il n'y eut
que le nonce du Pape qui voulut s'en dispenser. Le Roi l'ayant su,
lui fit dire qu'il ne vouloit point l'obliger à porter ce deuil contre son

messieurs de Nemours et comte d'Auvergne de differer leur balet, qu'ils devoient jouer le jeudi. Puis, pour passer sa fâcherie, s'en alla à Saint Germain, après avoir donné ordre aux bagues du cabinet de ladite dame, qu'on disoit être morte des drogues chaudes et fortes que quelques empiriques lui avoient fait prendre pour avoir des enfans, et même de la soye rouge. Autres disoient (mais avec calomnie) qu'on lui avoit aidé, et qu'avec la dispense du mariage étoit arrivée celle de la mort, qu'on avoit trouvée attachée au bout.

Depuis l'onziéme de ce mois, le vent, qui avoit toujours été au midi depuis le premier de l'année jusques à ce jour, tourna à la bise et au septentrion, et causa la gelée : bien à point pour les maladies, principalement les contagieuses, qui menaçoient fort Paris. Le tems fut fort froid, hereux et neigeux, jusques au 27 qui tourna au degel, qui étoit toutesfois froid et bruneux.

Pendant ces jours gras, le baron de Termes [1], frere de M. le grand, ayant été surpris la nuit couché en la chambre des filles de la Reine avec la Sagonne, une des filles de ladite dame [2], qu'il aimoit et entretenoit dès longtems, étant grosse de son fait, s'en étant sauvé tout nud et en chemise, craignant l'indignation de

gré ; mais qu'il seroit bien aise de ne point le voir, avant que le temps du deuil ne fût passé.

[1] *Le baron de Termes :* César-Auguste de Saint-Lary, fils de Jean de Saint-Lary et d'Anne de Villemur, frère puîné de Roger de Saint-Lary, duc de Bellegarde, grand écuyer de France. — [2] *La Sagonne, une des filles de ladite dame :* Il paroît qu'elle étoit fille de Georges Babou, sieur de La Bourdaisière, qui possédoit alors la terre de Sagonne.

Leurs Majestés, principalement celle de la Reine, qui s'en sentoit si fort offensée qu'elle pria le Roy de lui faire trancher la tête, s'enfuit de la cour, et s'absenta. La Sagonne fut ignominieusement chassée et mal-traitée de la Reine; et l'eût été pis si le Roy ne se fût mis entre deux, et interposé en ce fait son autorité. Madame de Drou, gouvernante desdites filles, bien qu'elle n'en fût en rien coupable, ayant toujours été tenue pour dame fort sage et vertueuse, eut son congé, et madame de Malissi mise en sa place. Le pere Cotton (qu'on tient fort habile homme en telles affaires, et autant versé en cette étude possible qu'en celle de sa théologie) s'employa fort à faire la paix de la Sagonne et de ladite dame de Drou avec la Reine; mais il y perdit son escrime, Sa Majesté s'y étant rendue inflexible, comme elle fait toujours où il va de l'honneur et de la chasteté.

[MARS.] Le mardy 2 de mars, qui étoit le jour du quarême-prenant, mourut à Paris la fille de M. L'Huillier, qui étoit fort belle, âgée de dix-huit à dix-neuf ans, laquelle avoit été encore le jour de devant à un balet.

Ce jour, contre l'ordinaire des débauches de Paris à un jour de quarême-prenant, ne se virent sur le pont au Change aucuns étaux dressez pour jouer aux dez, comme de tout tems on avoit accoutumé d'en voir. Sur laquelle reformation ceux dudit pont étant interrogez, répondirent qu'ils vouloient être sages doresnavant et bons menagers, puisque le Roy leur en montroit le premier l'exemple, et que M. de Rosni leur apprenoit tous les jours à le devenir.

Le mercredy 3, un pauvre pêcheur nommé Jean Gault, demeurant à Paris au fauxbourg Saint Germain, âgé de quatre-vingts ans, mourut, laissant sa femme, avec laquelle il avoit vécû soixante ans, âgée de quatre-vingt-quatre ans. Ledit Gault étoit pere de la nourrice de ma petite fille Magdelon.

Le mercredy 10, la femme d'un nommé Cornu, avocat au parlement de Paris, mourut tout soudain après avoir bien diné. Elle étoit grosse, et n'avoit fait aucun excès ou violence, qui soit venu au moins à la connoissance de personne, qui lui pût causer cet inconvenient et mort si soudaine.

Le vendredy 12 de ce mois, M. l'archevêque d'Aix (1), docte prelat, et vrai torrent d'éloquence, prêchant le carême à Saint André, scandalisa fort la paroisse d'Ablon, pour avoir dit qu'en y allant on chantoit de vilaines et sales chansons, et audit Ablon aussi; et que ce n'étoit que toute abomination de leur fait. Ce qui fut trouvé plus mauvais de lui que d'un autre, pour ce qu'on disoit qu'il sçavoit bien les chansons qu'on y chantoit, et qu'en ayant été autrefois il ne pouvoit ignorer ce qui s'y faisoit. Même le Roy parlant un jour de lui, avoit dit que s'il y eût eu des evêchez du côté de ceux de la religion, qu'il eût été evêque d'Ablon; mais qu'il n'y en avoit point.

Il y en avoit trois à Paris, en ce carême, qui avoient toute la presse de la ville, qu'on désignoit par les trois

(1) *M. l'archevêque d'Aix :* Paul Hurault de L'Hôpital. Il étoit fils de Robert Hurault, seigneur de Belesbat, et de Madeleine de L'Hôpital, fille unique du fameux chancelier de L'Hôpital, dont les enfans prirent le nom et les armes.

noms suivans : *le docteur, l'orateur, le prédicateur.*
Le docteur étoit le cordelier portugais qui prêchoit à
Saint Paul, qu'on trouvoit toutes fois être docteur en
plusieurs points ; l'orateur, le pere Cotton, qui prêchoit devant le Roy, fort propre pour une cour, étant
doué de toutes les parties requises en un bon courtisan ;
le prédicateur, le pere Gontier, jesuite (1), qui prêchoit
à Saint Jean, fort propre pour un peuple qui se repaît
plus de belles paroles que d'autre chose.

Le dimanche 14 de ce mois, je me fus promener
par curiosité au cimetiere de ceux de la religion, derriere Saint Sulpice, qu'on appelle Saint Pere, pour y
voir la belle tombe du feu trésorier Arnauld, dont
chacun parloit comme de chose nouvelle et inusitée
entre ceux de la religion, principalement en ce pays-ci.

Elle étoit d'un fort beau marbre noir tout d'une
piéce, estimée à deux cents écus ou environ, élevée

(1) *Le pere Gontier, jesuite :* Le père Gontier ou Gontheri. Il parloit
bien, d'une manière fort naturelle, et avec liberté. Un jour qu'il prêchoit à Saint-Gervais, le Roi, la marquise de Verneuil, et la plus grande
partie des dames de la cour, se trouvèrent à son sermon : ces dames
se plaçoient ordinairement près de l'œuvre, parce que le Roi s'y mettoit presque toujours. Outre le bruit qu'elles causoient, la marquise
surtout faisoit des signes au Roi pour le faire rire ; le père Gontier s'arrêta au milieu de sa prédication, et se tournant vers le Roi : « Sire,
« lui dit-il, ne vous lasserez-vous jamais de venir avec un sérail en-
« tendre la parole de Dieu, et de donner un si grand scandale dans ce
« lieu saint ? » Toutes ces femmes, et la marquise plus que les autres,
n'oublièrent rien pour porter le Roi à faire un exemple de ce prédicateur indiscret ; le Roi les écouta, et n'en fit rien. Le lendemain il retourna pour entendre le même prédicateur ; il le rencontra comme il
alloit en chaire. Au lieu de se plaindre de ce qu'il lui avoit dit la veille,
il l'assura qu'il ne devoit rien craindre, et le remercia de ses correc-
tions ; mais en même temps il le pria de ne le plus faire publiquement.

47.   28

d'un demi-pied de terre, et couchée de plus; autour de laquelle y avoit gravé en lettres d'or ce qui s'ensuit:

Ci gît noble homme maître Claude Arnauld, vivant conseiller, notaire et secretaire du Roy, maison et couronne de France, et des finances de Sa Majesté; trésorier général de France en la généralité de Paris, et ordonné par le Roy près la personne de monseigneur le marquis de Rosni, pour l'administration des finances de Sa Majesté, sous le commandement dudit seigneur.

Dans le milieu du marbre étoit gravé en lettres d'or ce qui s'ensuit :

Passant, tu ne liras point ici les louanges de celui qui est sous ce tombeau. Sa vie les a, comme immortelles, gravées dans le ciel, jugeant indigne qu'elles trainassent en terre.

Quant à ce qu'il a été, tu le pourras apprendre de sa fortune; mais de sa vertu seule, ce qu'il méritoit d'être.

MOESTISSIMO FRATRI
PLURA NON PERMISIT
DOLOR.

Au-dessus se voyoient gravées ses armoiries.

Quinze jours ou trois semaines après on couvrit de plâtre ce beau tombeau, de peur que la populace, envieuse de tels monumens, n'achevât de le gâter, comme elle avoit déja commencé; et qu'enfin elle ne le brisât et le rompît du tout, comme aussi on fut averti qu'on avoit déliberé de le faire en une nuit. Et voilà comme d'un tombeau de marbre en fut fait un de plâtre, et quelle est la durée de nos ambitions, qui se reduisent enfin en boue et en plâtre.

Le mardy 23, furent pendus en la place Maubert à Paris deux larrons, avec une femme qui étoit leur receleuse.

En ce tems couroient à Paris les conditions du contrat que Sa Majesté vouloit passer avec les jesuites, pour la fondation qu'elle leur avoit fait et accordé d'un college en sa maison de La Flêche en Anjou.

Entre autres particularitez, la sepulture des cœurs de Leurs Majestez y est désignée et ordonnée dans le milieu de leur eglise avec beaucoup de solemnité et cérémonie, et à l'instante priere et requête desdits jesuites.

Au même tems on fit courir à Paris force copies venantes de la maison de l'ambassadeur d'Angleterre, d'une nouvelle déclaration du Roy donnée à Westmunster le 22 de février de l'an present 1604, par laquelle Sa Majesté enjoignoit à tous ecclesiastiques de l'Eglise romaine, prêtres, jesuites et autres, de vuider des royaumes et pays de son obéissance dans le 19 de mars. Reconnoît cependant le Pape pour evêque de Rome, et en qualité de prince seculier lui offre tous offices et devoirs d'amitié, comme s'y sentant obligé par les courtoisies qu'il a reçû de lui; dont il proteste se revancher, se montrant en cette déclaration plus retenu qu'en sa confession, où il appelle ledit Pape antechrist.

Sur la fin de ce mois arriverent les nouvelles de la mort du capitaine Catrice, qui avoit le regiment de la Bourlotte devant Ostende, où il avoit été tué d'un coup

28.

d'arquebuze. Il étoit homme de grand conseil et d'affaires, grand guerrier, et aussi vaillant que son épée. De quoi le Roy lui-même rendit temoignage de sa propre bouche, lorsqu'on lui en apporta la nouvelle : car il dit tout haut que l'archiduc avoit perdu le meilleur capitaine qu'il eût, et le plus vaillant. Il étoit soldat de fortune, et né d'un fort bas lieu d'entre Therouanne et Hesdin; mais valeureux, et en cette qualité avancé par l'Espagnol, lequel en cela n'a point d'égard si on est sorti de la brayette d'un gentilhomme ou d'un vilain.

En ce tems mourut à Fontenay le Comte, en Poitou, le maître des comptes Pajot, qu'on disoit être mort empoisonné pour le service du Roy, exerçant une commission assez odieuse que Sa Majesté lui avoit baillée en ces pays-là. On croit que la recompense que les siens en auront sera l'ordinaire : qu'il étoit bon serviteur du Roy, et que c'est grand dommage.

Le mardy 30 de ce mois, fut arrêtée en la chambre des comptes à Paris la reception de Montauban au lendemain, en l'etat de receveur de la ville de Paris, non pour ses mérites, qui méritoient une autre recette que celle-là, et aussi peu du consentement de messieurs des comptes, mais de la pleine volonté et puissance absolue du Roy, qui leur dit, sur les remontrances qu'ils lui en pensoient faire, qu'il le vouloit; et que si dans mardy ils ne le recevoient, il les interdiroit tous. Au surplus, que tous tant qu'ils étoient étoient pensionnaires de ses financiers, et qu'il le sçavoit fort bien; mais que quand il lui plairoit, il feroit faire tous leurs etats par une douzaine d'hommes qu'il y commettroit.

Ainsi fut le lendemain, qui étoit le mercredy dernier du mois, reçû par la chambre le trésorier Montauban, receveur de la ville, tailleur de son premier
métier; dont on disoit que notre recette étoit assignée
sur la pointe d'une éguille. Il fut reçû à certain tems
et par commission seulement, c'est-à-dire tant qu'il
plairoit au Roy.

Ce mois de mars, pour son commencement, se fit
sentir doux et chaudelet; mais incontinent après tourna
au froid et à la bize, où il a continué jusques à la fin
toujours inconstant, froid, et fort venteux.

Sur la fin de ce mois de mars, un prêtre de Château-
landon fut condamné, par arrêt donné en la Tournelle,
d'être pendu à Nemours, et son corps reduit en cendres, pour avoir été convaincu de consacrer ordinairement en sa messe le *corpus Domini* avec du papier,
sous couleur d'un sort qu'il exerçoit par tel moyen.

[AVRIL.] Le samedy 3 de ce mois, furent apportées
nouvelles de la mort du cardinal d'Ossat à Rome, regretté de tous les gens de bien, pour avoir toujours
été bon serviteur du Roy et vrai François; au surplus
homme docte, grand politique, et le meilleur des cardinaux de Rome.

En ce tems advint à Paris qu'une fort belle jeune
femme âgée de vingt-sept ans ou environ, fille d'un
sellier nommé Cordon, demeurant en la rue de la
Harpe, nouvellement mariée à un sergent de la ville,
ayant été mordue à la main d'une petite chienne qu'elle
avoit, devint enragée; et parce qu'elle craignoit surtout
qu'on ne l'étouffât, comme on a accoutumé de faire
en telles maladies, on s'avisa, pour la faire plus douce-

ment mourir, de lui donner une médecine empoisonnée, qu'elle prit d'un grand cœur (encore qu'elle s'en doutât) de la main de son mari, qui la lui bailla avec tous les regrets du monde, et mourut trois heures après la prise de cette médecine.

Elle avoit en son mal quelques intervalles, et par fois quelques bonnes heures, pendant lesquelles elle se retournoit fort à Dieu, et le prioit ardemment avec plusieurs bons et saints propos; mais avoit toujours cette vive apprehension qu'on ne l'étouffât, priant pour cet effet son pere de ne la point quitter : « Car aussitôt, « disoit-elle, mon pere, que vous m'aurez laissée, ils « m'étoufferont. » Ce qui fut cause en partie de lui faire donner la médecine.

Le dimanche 11 de ce mois, jour de Pâques flories, monseigneur le marquis de Rosni, étant au prêche à Ablon, fit le pain beni à Saint Paul, où on donna quatre écus au cierge, et quatre à l'œuvre. On disoit qu'il étoit de deux paroisses fort différentes, et éloignées l'une de l'autre.

Il donna aussi trente écus pour la quête du cordelier portugais à Saint Paul, qu'il alloit ouïr souvent; et disoit-on qu'on lui avoit bien fait jusques à quatre cens écus, qui étoit plus de profit qu'on n'eût sçû tirer de ses sermons en quarante ans.

Le samedy 24 de ce mois, veille de Pâques closes, un nommé Loste, commis principal de M. de Villeroy, duquel il étoit le filleul, et grandement aimé et favori, âgé de vingt-trois ans seulement; lequel ayant été découvert avoir intelligence avec l'Espagnol contre le service de Sa Majesté, auquel il découvroit tous les secrets, jusques à envoyer en Espagne copies des lettres que le Roy écrivoit au roy d'Angleterre, comte Maurice, et autres princes et seigneurs ses confederez, peu amis de l'Espagnol (chose temoignée par la bouche de Sa Majesté); ayant pris sa brisée pour se sauver vers Meaux, accompagné d'un courrier d'Espagne, et se sentant fort poursuivi de près et pressé par les prevôts des maréchaux, principalement par celui de Meaux, fut trouvé noyé en la riviere près La Ferté, joignant le bacq, où il avoit passé l'eau, soit qu'après l'avoir étouffé on l'y eût jetté : ce que beaucoup ont cru et croyent fort; soit, selon l'opinion des autres, qu'il y fût tombé par hazard, ou qu'il s'y fût précipité par désespoir. Le corps mort fut visité et fouillé par tout : on trouva sur lui trente quadruples d'Espagne, un doublon et un sol, un cachet, un camaieux, et un chapelet de corail marqué d'or, fort beau et de grand prix, avec lequel il faisoit ses devotions à l'eglise; et le tenant entre les mains, disoit dessus : *Pater noster, Ave Maria*, recommençant toujours, et ne faisant autre priere que celle-là, comme je l'ai ouï assurer à un homme d'honneur assez privé de lui, avec lequel assistant à la messe il avoit observé toutes ces simagrées, et entendu ces belles dévotions. Ainsi servoit Dieu par compte ce bon catholique, comme il faisoit le roy d'Espagne son maître, selon le comptant qu'il en recevoit pour trahir le roy de France, son prince et naturel seigneur : étant au reste si bon chrétien qu'il alloit au conseil aux docteurs pour être assuré que Jesus Christ avoit été fait homme, ne le pouvant nullement croire, ainsi qu'il disoit.

Il commença ses menées et trahisons lorsque le Roy envoya M. de La Rochepot en Espagne, avec lequel il alla, à l'instante priere, requête et sollicitation de M. de Villeroy son maître.

Etant là, il découvrit l'entreprise de Pampelune, de laquelle il n'y avoit que le Roy, messieurs de Rosni et de Villeroy son maître qui le sçussent, et qui en pussent parler : ce qui ayant été ramentu depuis par Sa Majesté audit sieur de Villeroy, lui ôta pour un tems l'appetit et le dormir. Aussi n'étoit ce un petit desservice fait à Sa Majesté que celui-là, pour lequel on tient que ce petit maraud avoit touché de l'Espagnol deux mille écus.

Du depuis il poursuivit toujours, et en découvrit bien d'autres, jusques à ce qu'étant décélé par un nommé Raphin à l'ambassadeur de France, qui en donna avis au Roy, désirant ledit Raphin (qui étoit un des Seize, homme de sac et de corde, et exilé de France, son pays naturel, pour la Ligue) rentrer par là en la grace de son prince, en la France et en son bien, découvrit toutes les menées et intelligences de Loste, qui se fioit dudit Raphin, comme l'ayant toujours connu mal affectionné au service de Sa Majesté, et lequel pour cet effet étoit nourri et entretenu de la bourse de l'Espagnol.

Le lundi 26, le corps mort de Loste fut amené à Paris et mis au châtelet, où chacun par curiosité l'alloit voir. Il fut embaumé et ouvert par les plus experts chirurgiens, qui tous le jugerent n'avoir été noyé, et le tenoient comme impossible pour trois raisons : principalement l'une, qu'on ne lui avoit point trouvé d'eau dans le corps; l'autre, qu'on lui avoit trouvé les mains jointes l'une contre l'autre : ce qui ne se voit point en un noyé; la troisiéme, qu'au lieu qu'un homme qui s'est

noyé a toujours les jambes fort roides et étenduës, celui-ci les avoit au contraire toutes retirées, et quasi
resserrées jusques auprès des fesses. Par ainsi con-
cluoient à l'étouffement, après lequel on l'avoit jetté
dans l'eau, n'y ayant apparence aucune qu'il eût été
étranglé ni autrement mort, pour ce que les marques
ordinaires y défailloient.

Le Roy fut fâché de cet accident et trahison; en
remâchoit plus la conséquence en son cœur qu'il ne la
faisoit paroître au dehors, faisant comme on dit bonne
miue en mauvais jeu; plaignoit les Etats du Pays-Bas,
ausquels ce petit coquineau avoit bien brouillé, disoit-
il, les affaires, et possible plaignoit autant ou plus les
siennes, sans en dire mot; portoit cependant le meilleur visage du monde à Villeroy, prenant bien la peine
d'aller jusques chez lui pour le consoler et conforter en
son ennui, ne lui montrant aucun soupçon de défiance
pour ce qui s'étoit passé, non plus qu'auparavant, encore moins : tellement qu'on disoit à la cour que l'heur
lui en vouloit bien d'avoir un si bon maître, pour ce
qu'en matiere d'un fait d'Etat de telle conséquence, les
rois et les princes veulent coûtumierement que les maîtres répondent de leurs valets : comme aussi il semble
bien raisonnable, mêmement quand la charge répond
apparemment au soupçon.

Le peuple, moins retenu que le courtisan, passoit
bien plus outre : car par ses discours il attachoit au
gibet avec Villeroy plusieurs autres qui à l'avanture
n'en pouvoient mais, non plus que lui, étant aussi peu
en la puissance de toute la faculté terrienne d'engarder
le peuple françois de parler, que d'enfouir le soleil en
terre, ou l'enfermer dedans un trou.

Sur ces discours coururent les deux vers latins suivans, qu'on attribuoit à M. N. R.

Fabula per varias vulgo trajicitur artes,
Inque brevem, ut cuique est animus, jactatur olivam.

(*Brevis oliva*, un olivier : Vileroi.)

En ce tems fut publié et imprimé à Paris l'Anti-
Soldat françois, fait par un nouveau poëtastre et écri-
vaceau de ce tems, nommé Du Souhait, qui est un discours fort peu souhaitable de tous les gens d'honneur,
et si gauffe et mal tissu qu'il ne mérite qu'un matagot
pour réponse : au reste, qui sent de loin son ame cauterisée Espagnol, rejetté à bon droit de tous les bons
et naturels François.

Deux ou trois jours devant la découverte de l'entreprise de Loste, comme le Roy s'amusoit à lire le livre
du Soldat françois, auquel on disoit qu'il avoit pris
goût depuis un peu, arriva M. de Villeroy, auquel Sa
Majesté en riant demanda s'il avoit point vû et lû ce
livre. A quoi Villeroy ayant répondu que non : « Il faut,
« lui dit le Roy, que vous le voyiez : car c'est un livre
« qui parle bien à ma barette, et encore mieux à la
« vôtre. Il dit que vous êtes Espagnol : vous sçavez
« bien ce qui en est. »

En ce mois moururent à Paris le président Charron;
un médecin de l'Université, nommé Violette, âgé de
trente-cinq ans seulement; mademoiselle de Congis,
jeune damoiselle, cousine de feuë ma femme; et mademoiselle Olier, fort jeune aussi, de laquelle le mari avoit
eu l'etat de roquais de trésorier ordinaire des guerres,
lequel on disoit qu'il avoit acheté quarante mille écus.

Sur la fin de ce mois, et le dernier ou pénultiéme

d'icelui, mourut dans le couvent des Jacobins de Paris François Texera, portugais, moine de l'ordre Saint Dominique, homme de bien, meilleur François qu'Espagnol, grand généalogiste, et assez docte pour un moine. Au reste, homme pacifique, et formel ennemi de toute ligue et faction : ce qui le rendoit odieux à beaucoup de son couvent.

Il venoit fraîchement d'Angleterre, où il avoit été par le commandement du Roy, qui lui avoit fait donner cent écus pour son voyage. Etant là, il avoit vû le Roy d'Angleterre, auquel il avoit fait present de sa généalogie qu'il avoit faite ; et avoit été fort bien vû et reçu de Sa Majesté, étant prêt d'y retourner lorsque le mal le prit, qui fût le propre jour de Pâques : c'étoit une retention d'urine, qui le fit mourir avec grandes et extrêmes douleurs.

Beaucoup ont eu opinion qu'on lui avoit aidé, et que quelque méchant moine (dont le couvent n'est point dégarni) l'avoit chevillé. Pour moi, je tiens la maison des Jacobins pour une mauvaise retraite à tout homme, soit moine ou autre, qui fait des voyages en Angleterre au tems present (si ce n'est pour y mal faire), et qui est reconnu pour bon François, et affectionné au service du roy de France.

La constitution de ce present mois d'avril fut fort douce, plaisante et agréable, répondante à l'etimologie de son nom, Ἀφροδίτη, et qui avoit une montre de fertilité de tous biens la plus belle qu'on eût sçû voir ni regarder : qui eût été une joye entiere au pauvre peuple, si elle n'eût été interrompuë (comme sont les choses de ce monde ordinairement) par une apprehension de la maladie contagieuse qui paroissoit jà en beaucoup d'endroits, et la rage des chiens à Paris, qui étoit comme une chose prodigieuse en une telle ville, et qui sembloit la menacer de quelque triste et funeste accident.

Le vendredy dernier, jour du present mois d'avril, un mien ami me communiqua une lettre qu'on lui avoit envoyée sur l'état des affaires du Pays-Bas; laquelle, pour avoir trouvée bien faite, et écrite (selon mon jugement) d'une belle plume, je fis doubler sur l'heure, et en pris la copie suivante :

« Monsieur, il n'y a rien, parmi nos miseres et calamités, qui me déplaise plus que de dire que nous nous allons toujours repaissans des vaines espérances que l'on nous a données depuis un si long temps sans aucun effet; et que cela nous fait négliger les moyens de remedier à la ruine et subversion qui nous menace de si près, que nous ne sçaurions dire si nous en sommes à la veille ou au jour.

« Chacun reconnoît bien que nous ne sçaurions durer en l'état où nous sommes, et qu'il se doit encore bientôt changer en un pire; mais peu sçauront ou oseront en dire les moyens et remedes pour nous en tirer. Doncques, pour ne parler en termes généraux comme plusieurs font, je desire de particulariser ici seulement les sujets de nos justes appréhensions et les maux qui nous menacent, afin que s'ils sont sans remede, que nous nous résolvions de les supporter constamment, et que s'il y en a quelqu'un nous le recherchions soigneusement : car ce n'est rien de décocher ses fléches sans planter quelque but.

« La pire condition d'un Etat travaillé par la guerre,

c'est d'y être toujours sur la défensive, sans pouvoir à son tour entrer sur l'offensive; d'avoir ses ennemis proches et son secours éloigné; d'y voir augmenter les désordres à mesure que les moyens d'y remedier diminuent; et finalement de ne pouvoir esperer de parvenir à une paix, soit par traité, ou par l'effort des armes.

« Ces trois conditions se trouvent en la nôtre, telles que toute espérance de les voir changer nous est interdite.

« Nous ne pouvons en premier lieu entrer au pays des ennemis, pour, y portant la guerre, respirer dans le nôtre. L'on l'a tenté en vain par plusieurs fois, et même depuis peu par les côtés de Presberg, de Saghing et de Bommel : ce qui n'a servi qu'à les affermir et fortifier davantage. Ils sont couverts et enserrez de toutes parts de la mer, et des bras du Rhin et de la Meuse, puissans en vaisseaux, et en toutes sortes d'équipages nécessaires pour en défendre les passages, ou favorisez d'une telle assiette bien reconnuë de l'antiquité, qui n'a d'eux que ce qu'ils ont voulu bailler. Ils peuvent plus faire de mille soldats, que nous de deux ou trois fois davantage.

« En cette guerre défensive, les peuples sont sans cesse oppressez de leurs forces mêmes, desquelles la foule qui s'en ressent est toujours plus difficile à supporter, pour petite qu'elle puisse être, qu'une bien plus grande venant des ennemis : car le mal redouble, ou du moins le regret qu'on y a, quand il est fait par ceux d'où l'on attend le bien et la conservation.

« La condition d'un soldat en une telle guerre n'est pas meilleure que celle du peuple : car il ne se peut prévaloir d'aucun butin, qui est sa principale espérance, et ce qui le fait plus gaiement exposer aux périls. Les commodités de la campagne lui sont interdites, et la simple paye dont il est impossible qu'il se puisse toujours bien entretenir souvent vient à lui manquer : car les pays oppressés ne satisfont la plûpart du temps à ce qu'ils promettent, qu'en espérance d'allégement.

« Quant au secours qui nous vient de dehors, il a servi à la verité jusqu'ici à faire durer et prolonger notre misere, et à nous faire perdre pied à pied : mais il n'a jamais été assez puissant, ni ne le peut être, pour nous en tirer.

« C'est enfin le secours d'Espagne qui vient avec beaucoup de bruit et d'apparat, mais très-peu d'effet, et toujours après les occasions passées, trop tard pour nous défendre, et trop tôt pour nous oppresser. Il le faut tirer quasi tout des extrêmités de l'Italie et du fonds de l'Espagne, d'où, avant qu'il puisse parvenir ici, la longueur et fatigue des chemins en consomme une grande partie; et ce qui en arrive a tout besoin de repos, sinon qu'on les veuille employer sans les faire rafraîchir : et lors l'on les voit fondus comme la neige au soleil, et ruiner avant qu'ils ayent eu moyen de se reconnoître. Là où nos ennemis ne font que frapper du pied en terre, il en sort de tous côtez en un moment de frais, et tout prêts à servir autant qu'ils en peuvent entretenir, dont les plus éloignés les joignent en trois ou quatre jours : ce qui nous cause une entre-suite d'accidens. Car, comme on dit, le premier coup en vaut deux, et ils sont toujours plus prêts que nous de jetter leurs forces en campagne, desquelles même ils ont cet avantage de se pouvoir décharger d'une partie, quand le temps et les occasions de la guerre le permettent; ce que nous ne pouvons faire : car les nôtres viennent de trop loin pour les y renvoyer; de sorte qu'il nous en faut toujours supporter la foule et l'oppression.

« Touchant l'argent et moyens de faire la guerre, nous avons vû les années passées que le roy Catholique, abandonnant le soin de la conservation de ses Etats, s'est volontairement porté à des conquêtes imaginaires, d'Afrique, d'Irlande et autres, où il a beaucoup employé; et que ce qui nous souloit venir de ce côté-là nous a souvent manqué au fort de nos affaires. A cette heure qu'il a des enfans, et que la nécessité des siennes augmente et se découvre plus grandes chacun jour, jugeons ce qui s'en doit espérer.

« L'Espagne, quoi que l'on en veuille dire, est pauvre à l'égard des grandes charges et extrêmes dépenses qu'il lui faut supporter. Son trafic d'épiceries des Indes orientales est fort diminué, et incommodé par les Hollandois; l'or et l'argent des Indes méridionales et occidentales n'y viennent plus comme ils souloient. Les mines s'y épuisent comme elles ont fait ailleurs, et puis l'on ne peut faire travailler avec tant de milliers d'hommes que par le passé. Les Espagnols, au lieu de les peupler et méliorer, les ont la plûpart désertées; et s'y trouvent des isles et contrées où il avoit quatre ou cinq cens mille Indiens quand ils les conquirent, lesquelles à present, par leur avarice et rudesse, sont presque inhabitées.

« Le feu roy Catholique usa d'une très grande épargne quelques années devant sa mort, ruina par ses decrets quasi tous les marchands qui avoient négocié avec lui; et néanmoins c'est chose bien connue qu'il

1

laissa sa couronne grandement endettée et sans nul
fonds.

« Il est bien aisé à juger que le fils est bien plus en arriere que n'étoit le pere, puisqu'on sçait qu'il a davantage dépendu en une année que son pere n'avoit fait en
trois ou quatre, la plûpart sans besoin, et le tout au
gré de celui qui le possede. Ce qui peut apporter de
grands désordres, et empêcher que l'on ne satisfasse
aux dépenses plus nécessaires et importantes.

« Ainsi nous voyons que, par faute de moyens, la
confusion augmente chacun jour en ses Etats, où nous
avons, outre l'oppression continuelle, des garnisons
et des armées amies et ennemies, avec plusieurs mutins
formez; et un seul autrefois, qui fut celui d'Alost, ren-
versa tous ses Etats, en une saison même que les mu-
tinés se gouvernoient avec moins de désordre qu'à présent. Il est encore à craindre qu'au lieu de satisfaire à
ces vieux mutinez qui sont en pied, il ne s'en fasse
davantage, et de nouveaux.

« La defference qui se donne aux mutinez et à ceux
qui ne le sont pas fera que nous n'en manquerons jamais, quand il n'y auroit que cette raison-là : car les
uns sont logez à couvert dans les villes closes, exempts
de travail et peril, et reçoivent, outre ce qu'ils pillent
en la campagne, douze ou quinze sols par jour pour
soldat à pied, et vingt-quatre et vingt-cinq sols pour
celui de cheval; et finalement ont leur payement
entier, là où les autres qui sont exposez à l'ennemi et
aux fatigues continuelles de la guerre reçoivent si peu,
qu'ils ne sçauroient suffire pour entretenir la plus miserable personne du monde, et ne sont jamais conten-
tez s'ils ne se mutinent, encore que pour dire vrai ils

ne le sont jamais bien : car l'on leur charge et deduit ordinairement le pain , les armes et les habits de munition , qu'ils ont reçûs une fois plus qu'ils ne valent, et plusieurs choses même qu'ils n'ont pas reçûes ; au lieu que les autres princes font déduire toutes munitions à moins qu'elles ne leur coûtent , afin que le soldat se puisse entretenir de sa paye.

« Outre ce , l'indignation des soldats, où est tombé notre archiduc, et tant de manquemens de ses promesses , font qu'ils se mutinent à chaque bout de champ.

« Il n'y a point eu de gouverneurs généraux en ces Etats depuis ces guerres commencées, sous lesquelles, pour disgrace qui ait été , il se soit fait davantage de deux ou trois mutinemens au plus ; aucuns les ont évitez du tout, quelque nécessité qu'ils ayent eûe. Mais depuis l'arrivée de Son Altesse il s'en est fait vingt formées, que j'écrirai ici, afin qu'on ne pense pas que j'ajoute au nombre ; à sçavoir, celui de Diest, d'Ardres, de Campen, de Calais, de La Capelle, de Wert, du Castelet, de Dourlans, de Cambrai , de la citadelle d'Anvers, du fort de Saint André , de Crevecœur, de tous les vaisseaux et de l'amirauté qui sont sur l'Escault, de deux forts qui sont entre Anvers et l'isle du Sas de Gand , de L'Ecluse, d'Alost, du fort de Sainte Claire devant Ostende, dont nous sommes tous les jours oppressez comme l'on voit.

« L'archiduc a trouvé , depuis deux ans ou environ , une invention pour frustrer les vieux soldats de leurs avantages signalez et méritez, qui sera encore cause que nous aurons plus de mutinemens que jamais : c'est qu'il ne se fait plus de monstres comme il souloit.

47. 29

Mais traitant tous les gens de guerre également, il
leur ordonne à chacun quatre sols par jour, qui manquent bien souvent. Les vieux soldats avantagez voyant
cela, ne faudront jamais à se mutiner, pour être payez
du surplus qui leur peut revenir lorsque la somme le
vaudra, sçachans bien qu'ils n'en sçauroient rien tirer
autrement. Et quant aux bisognes et nouveaux venus,
ils ne sont pas sujets aux mutinemens, pour ce qu'il
n'y a rien à profiter pour eux, d'autant que leur solde
est si petite, et leurs charges si grandes et si excessives,
qu'ils devront toujours plutôt qu'il ne leur sera dû.
Même reconnoissans la triste vie qu'ils passent en une
vieille guerre comme celle-ci, où il n'y a rien à gagner
que des coups, ils se retirent la plûpart.

« Ainsi Son Altesse voulant tromper les soldats, se
trouvera trompée et des jeunes et des vieux, et n'en
sera jamais bien servie par les moyens qu'elle tient.

« Les ministres et principaux officiers espagnols,
superbes et incapables, qui manient, tournent et virent
tous les ressorts de l'Etat comme il leur plaît, et dispo-
sent des moyens qui viennent de leur pays, dont ils en
consomment la plus grande partie inutilement suivant
leurs passions, sont cause de ces inégalitez et nouveau-
tez, et de ce que l'on n'a pourvû à reprimer cette coutume de mutinement. Ils s'opposerent aux moyens qui
en furent proposez aux derniers Etats généraux, et
semble parmi eux que ce soit un crime d'en traiter.
Cependant ces mutinemens empêchent que l'on ne
puisse rien entreprendre qui réussisse, et consument
les deniers destinez pour faire la guerre, et les meilleurs soldats qui y devroient servir. Car le plus clair
s'en va en l'entretenement et payement des mutinez;

et quand ils sont payez, ils se retirent quasi tous : les uns voulant mettre leur argent en sûreté, les autres craignans les ressentimens; et la plûpart pource qu'après qu'ils ont été mutinez ils ne peuvent plus esperer de grades ni de charges, lesquelles par consequent sont données à gens neufs et inexperimentez : et par ce moyen un mal en attire plusieurs, et tout ensemble une ruine inévitable.

« Touchant les moyens de la paix, nous en sommes si éloignez que nous n'y sçaurions seulement atteindre avec l'esperance. Nos chefs n'ont pas à leur avenement tenu le chemin pour y parvenir : ils ont perdu toute confiance, sans laquelle il seroit malaisé de traiter; et puis ayant à le faire avec gens de differente religion, ils ne devoient avoir permis les supplices qui se sont faits, même celui d'une simple femme qui fut enterrée vive aux faubourgs de Bruxelles tirant vers Louvain : laquelle il eût été peut-être plus à propos de bannir que d'en venir là, attendu qu'elle ne pouvoit enseigner ni dogmatiser. Mais quoi! nous voyons bien clairement que ce n'est pas ce qu'on desire que la paix : l'Espagne, separée de nous d'une si grande distance, veut entretenir et faire ici loin d'elle son champ de Mars, conservant cependant toutes les autres provinces et dominations paisibles. Il seroit du tout impossible d'induire les ministres espagnols d'accorder ce qui seroit necessaire pour faire venir les Hollandois à une paix : car les orgueilleux aiment mieux rompre que ployer; et de même de gagner ce point sur les Hollandois, de se contenter de ce que les Espagnols leur voudront accorder. Ainsi ce seroit temps et paroles perdues que d'en traiter.

29.

« Quant aux moyens de parvenir à la paix par la guerre, en surmontant nos ennemis par l'effort des armes, il y a encore moins d'apparence que par le traité. Nos voisins puissans et redoutables ne la desirent point, et ne la doivent desirer par raison d'Etat. La grandeur d'Espagne, suspecte à tous les potentats de l'Europe, et laquelle n'est à craindre que par ce côté-ci, en seroit trop accruë ; et outre les difficultez qu'ils apporteront toujours à ce dessein, il y en a tant d'autres, que le tems de les dire defaudroit plûtôt que le sujet.

« Et quand même les Hollandois seroient abandonnez de tous les princes, et reduits sur la simple défensive ; si nous n'avions pour les entreprendre d'autres forces et moyens que ceux qu'on y employe ordinairement, encore ne pourrions nous esperer d'en venir de long-tems à bout.

« Ceux qui ne connoissent pas bien l'assiette de leur pays peuvent juger par l'échantillon d'Ostende, qui est loin d'eux, ce qui est du reste de la piéce qui y est joint et contigu. La plus grande partie des villes et forteresses qu'ils tiennent sont maritimes, et ont les ports et hâvres encore plus libres et ouverts que celui d'Ostende, qui est des moindres : de sorte qu'on ne les sçauroit bien assieger, ni leur empêcher le secours sans armées navales, où chacun sçait (et l'experience l'a montré) que leur puissance surpasse de beaucoup celle d'Espagne. Ainsi, ni par le traité ni par la force, nous ne pouvons esperer aucun repos ni allégement.

« Parmi tant d'inconveniens qui nous menacent, que nous devons finalement attendre, jugez, je vous supplie, s'il seroit bien possible que ces pays, épuisez de moyens, continuassent les efforts qu'ils ont faits après nos Etats, en esperance de quelque allégement; et ceux qu'ils font encore chacun jour, bien que toutes nos esperances soient éteintes et foudroyées. Jugez aussi, je vous prie, s'ils se relâchent et ne le font, ce qui en peut arriver, puisque l'ayant fait, ils n'ont rien avancé que leur ruine!

« Certes il est inévitable, parmi tant de miseres et de ruines, et si peu de conduite et d'adresse, que le peuple ou le soldat, et peut-être tous deux ensemble, ne donnent à travers des écueils; et que nos voisins ne se servent de proche en proche du bris de notre navire, sur lequel ils ont l'œil fiché.

« Les travaux et charges moderées retiennent chacun en leur devoir; mais les violentes et continuelles reduisent tout au désespoir. D'ailleurs tous les moyens et puissances humaines, destituées de conseil, comme nous sommes, se fondent promptement dessous leur grandeur même. Je crains, encore plus que je n'oserois dire, que le bruyant trompette de la France ne nous reveille en sursault l'un de ces matins.

« Les sujets de la guerre sont encore plus grands entre ces deux grands rois qu'ils n'ont été entre leurs devanciers, lesquels y ont passé la plûpart de leur âge.

« L'injuste détention du royaume de Navarre et du comté de Saint Paul et autres, et la facilité de l'entreprise de ces Etats, sont de grands prétextes et de grands éguillons pour y entendre. Que si, aux termes où nous sommes, le roy de France fait seulement connoître qu'il en a le vouloir, tout est perdu, ou si fort ébranlé qu'en attendant la chûte du général la plûpart s'en

éloigneront, delaissant au destin le soin d'en disposer;
et iront rechercher leur conservation particuliere d'un
côté et d'autre, s'estimans bien heureux s'ils la peuvent
trouver.

« Ainsi que toutes choses tendent à leur centre, les
vœux et volontez des peuples oppressez par la longueur
des guerres ne tendent qu'à la paix; et quiconque paroît
la leur vouloir donner, ils lui adhérent. Nos peuples,
qui n'ont point vu en tout le cours de leur vie que
guerres et désolations continuelles, et qui esperent que
leurs enfans et neveux en pourront voir un meilleur,
mais non jamais par le chemin que l'Espagne leur fait
tenir, sitôt qu'il s'en presentera un autre qu'ils estiment plus court et plus droit pour atteindre à ce but
tant desiré, ils ne faudront pas de le suivre. Et venant
le roy de France à se montrer sur nos frontieres, bien
ferme dedans ses arçons, nous ne les sçaurons plus retenir, ni empêcher qu'ils ne s'aillent jetter d'une course
précipitée entre les bras de Sa Majesté, sans traité ni
condition. Et quant aux grands du pays, que la venue
de Son Altesse a tous ruinez pour les extrêmes dépenses
où il les a portez, sans qu'ils trouvent en elle nulle res-
source, peut-être n'en feront-ils pas moins : car Dieu
sçait si ce courtois et magnanime prince sçaura bien recueillir tout ce qui se viendra presenter devant lui, sans
se contraindre ni forcer.

« Et quand nous voudrions tous ensemble, mépri-
sant sa bonté et clemence, éprouver sa valeur reconnue d'un chacun, et nous resoudre d'attendre ce dernier choc de pied ferme, cela ne pourroit de rien servir
que d'empirer fort bien notre condition.

« Nous nous trouverions en un instant enclos et

environnez de toutes parts d'ennemis qui sont maîtres de la mer. En ce que les Hollandois possedent, elle nous borne d'un côté, et la France de l'autre; il ne nous resteroit qu'une fort petite avenuë devers le Luxembourg, qui dès cette heure n'est guéres libre, et laquelle seroit bientôt du tout bouchée, quand la France seroit d'un côté et les Hollandois de l'autre; de sorte que nous ôtant tous les passages de la mer, et ceux de la terre ferme empêchez, nous ne pourrions plus attendre notre secours que du ciel, lequel ne s'ouvre pas tous les jours pour faire des miracles, et sauver miraculeusement ceux qui ne l'ont pas reconnu quand il en a fait.

« Mais laissant les miracles à part, et traitant des choses naturelles qui sont de notre jugement, lesquelles chacun peut voir à l'œil et toucher au doigt, dites-moi, je vous prie, qui c'est qui nous pourroit donner du bled ici, la guerre advenant, pour nourrir nos armées? Les garnisons et le peuple de la campagne refugié dans les villes quand la guerre le presse, et tout le surplus de ce pays, employe en la composition des breuvages plus du tiers du bled qu'on y recueille, où il n'en croît pas le quart de ce qui y est nécessaire, même quand le labeur de Hainault et d'Artois, ouvert aux courses de la France, vient à être incommodé. Or où le pain fault, tout est à vendre; outre ce, qui est-ce qui nous pourroit faire venir du sel, du vin, ni plusieurs autres alimens nécessaires à la vie humaine qui ne croissent en ces Etats, sans qu'il fût très-aisé à nos ennemis de l'empêcher? Il est inévitable que le prix de ces choses redoubleroit incontinent, et que soudain après la plûpart viendroient à nous manquer du tout. Quant aux

munitions de guerre, l'on sçait bien les défauts qu'en
avons, d'où nous les tirons, et la facilité d'en couper
les chemins; bref, sans nous rien ôter et faire autre
mal que de ne nous rien laisser passer, il leur seroit
facile de nous réduire en une extrêmité du tout insupportable; et lors nous ne pourrions au plus faire état
de tenir que comme une place assiegée, c'est-à-dire
autant que les vivres et munitions que nous aurions devant nous dureroient : ce qui seroit bien peu. Il nous
faudroit après recevoir les conditions telles que l'on
impose à ceux qui se laissent réduire aux dernieres
extrêmitez, et en traiter, comme on dit, le poignard
sur la gorge.

« Les Hollandois, se servans de cette guerre de
France, ne perdroient pas le tems; et gagnans cependant quelque place par la force, ils les priveroient,
comme ils ont fait la Frise et les autres provinces, de
la religion catholique (que nous devons nous évertuer
sur toutes choses de conserver). Brief, nous serions
miserablement affligez et dissipez, servans de proye et
de butin aux uns et aux autres, et de sanglant théatre
sur lequel se joueroient maintes tragedies aux dépens
de notre imprudence.

Tous ces maux sont très grands, reconnus d'un chacun, et comme pendans sur nos têtes : néanmoins je
ne tiens les choses déplorées en un Etat quand il reste
quelque moyen d'y remedier, et qu'on le veut suivre.
Nous en avons un qui pousse à notre porte, lequel
plusieurs sçavent comme moi; mais nul ne l'ose dire :
il ne leur est permis ni même de laisser respirer nos
plaintes, qu'on voudroit bien encore faire étouffer du
tout.

« Par vos dernieres lettres vous me priez de vous les écrire ; et je le ferai librement, remettant à votre prudence d'en user selon qu'elle verra bon être.

« Avant tout, je vous dirai que je n'approuve nous accorder et unir seuls avec les Hollandois, comme il vous a été proposé. Nous devons prendre là-dessus conseil de l'avenir par le passé, et considerer que nous avons été joints ensemble, et que l'Espagne nous a contraints, après beaucoup de feux allumez et de sang répandu, de nous separer et rentrer sous son joug. Cette derniere erreur seroit plus à blâmer que toutes les autres. S'il nous faut unir avec eux, il est du tout besoin que ce soit avec quelque autre assez puissant pour nous donner la paix, pour nous y maintenir, et pour chasser promptement de nos Etats les garnisons et forces espagnoles : car seuls nous ne le sçaurions faire ; et puis le roy de France, s'il n'est interessé, ne seroit obligé de refuser les passages qui sont en ses mains aux forces et moyens d'Espagne, qui nous viendroient toujours troubler. Ainsi, voulant sortir d'une guerre, nous entrerions en une autre, qui est tout ce que nous devons craindre et redouter.

« Le seul remede de tous les maux qui nous pressent, et le moyen d'éviter ceux qui nous menacent, aussi de conserver la religion catholique et de jouir d'une paix bien ferme et assurée, c'est de porter et unir ces Etats entiers avec la couronne de France, suivant l'exemple de plusieurs autres provinces, lesquelles, pour se garantir des guerres qui les oppressoient, en ont fait de même. Et pour parvenir à cela, il n'y faut que contribuer notre volonté, à laquelle les Hollandois seront prompts à se joindre ; et quand nous le serons ensemble avec la France, il n'y a rien au monde qui puisse de là en avant troubler notre repos, ni par mer ni par terre.

« Alors nous pourrons bien appendre nos vies et vœux mouillez à Neptune, et nous vanter d'avoir échapé les bourasques des aquilons furieux, et pris port assuré contre toutes tempêtes.

« Et encore que les Hollandois n'approuvassent ce dessein, si ne devrions-nous pas de laisser d'y entendre : car nous étant joints et unis avec un si puissant royaume et si voisin, ils ne nous sçauroient plus nuire ; et puis nous sçavons bien qu'ils l'ont fort recherché et desiré autrefois : de sorte qu'il n'y a point d'apparence de croire qu'ils le voulussent rejetter à cette heure.

« Les Espagnols, qui seuls se trouveront interessez en cela, sont trop éloignez de nous pour s'y opposer : ils ont perdu le passage de leurs forces par l'Italie, par le traité de Savoye ; et les autres, tant par mer que par terre, leur sont interdits. Ils n'ont garnison que dans neuf places, à sçavoir dans la citadelle d'Anvers, dans celle de Gand, au Sas de Gand, à L'Ecluse, à Nieuport, à Dendermonde, à Cambray, à Ruremonde et à Dixmude ; encore dedans plusieurs de ces places il n'y a qu'une escouade d'Espagnols, et en aucunes les garnisons sont mêlées de soldats espagnols et wallons, et en d'autres les habitans y sont les plus forts.

« D'ailleurs ceux qui ont bien reconnu ces neuf places diront avec moi qu'il n'y en a que trois qui soient fortes et tenables, et que les autres sont très-foibles.

« Or tout cela ayant le contraire, et un roy si puissant et si voisin que celui de France en tête, ne tiendront pas tant contre lui qu'ont fait la Bresse, la Savoye et autres, qui étoient bien unies en elles-mêmes, et avoient au reste toutes les choses aussi favorables pour leur défense qu'elles se trouveront ici contraires. Ce que connoissant les chefs qui y commandent, ils seront très-aisés à ranger à la raison, par le discours ou par la force; et se contenteront de leur retour libre et assuré en Espagne, comme il leur fut donné pour ces Etats par Sa Majesté Très-Chrétienne, après la Ligue de la France.

« Quant à leur armée, chacun sçait l'état où elle est reduite, le peu d'hommes de commandement qui s'y trouvent, ayant quasi tous capitaines, officiers et personnes experimentées qui y souloient servir, été tuez et sacrifiez à notre inexperience et mauvaise conduite; et quant à ceux qui l'ont échapée, ils ont été maltraitez ou congediez pour y faire place à d'autres, poussez en avant par la faveur de la cour, laquelle pouvoit ici en toute la charge des armées, plutôt que la valeur ni autre mérite. Chacun sait bien aussi le mécontentement des soldats, la haine et le mépris du chef, à qui les armes où il n'a été nourri sont si peu favorables, que rien ne lui succéde. Ajoutez à cela ce qu'ils ont à souffrir chacun jour, et jugez après l'estime qui s'en peut faire. J'entens des forces espagnoles : car je tiens pour certain que celles du pays embrasseroient notre résolution, comme elles ont fait autrefois pour un bien moins assuré que celui-ci; et quand il y en auroit aucuns si alienez du repos de leur patrie qui ne le voudroient faire, ils ne pourroient éviter, avec cette armée destituée de chefs et de conduite, d'être bientôt envelopez et couverts de sa ruine.

« Son Altesse, qui à la vérité a plusieurs vertus d'un bon prelat, et tous les défauts d'un grand capitaine, considerant la hauteur de son entreprise et le peu d'apparence, ayant failli sous tant de chefs experimentez, qu'elle puisse jamais réussir sous lui; voyant d'ailleurs la foible assistance qu'il tire d'Espagne, seroit bien aise de s'en voir honnêtement déchargé; et l'Infante étant hors d'esperance d'avoir enfans qui lui puissent succeder en ses Etats, où elle ne reçoit que mécontentement, ne devroit être marrie de retourner en Espagne jouir du repos où elle a été nourrie et élevée, et de quelque partage de provinces et pays paisibles.

« Ce n'est pas ce qu'il faut à notre archiduc, qu'un Etat aussi troublé : aussi ses parens, qui avoient bien reconnu son inclination, l'avoient voué à l'Eglise. Il faudroit, pour nous rétablir, des mouvemens plus prompts et plus gaillards que les siens. Cette grande gravité à laquelle il semble attaché, et dont il n'oseroit sortir craignant de se méprendre, l'empêche de se communiquer à ses sujets en un pays où il seroit plus requis qu'en nul autre.

« Il se fait servir par les plus grands, et même par ses confreres et compagnons d'ordre, jusques aux choses indignes d'être nommées.

« L'on voit chacun jour grand nombre de noblesse, qui pourroit bien s'employer à la tête d'une compagnie de cavalerie ou d'un regiment, ne s'exercer qu'à porter des plats sur une table; et d'autres encore à d'autres choses moins nécessaires.

« La vaine grandeur de cette maison (très-mécanique au reste) embarrasse les armées où il va, et remplit toutes les villes où il loge de bouches et de personnes aussi inutiles que sont les garde-dames en un pays si froid que le nôtre, et qui pis est consument les deniers plus nets et liquides qu'on puisse recouvrer. Mais quoi! l'archiduc se plaît tant à cela, pourvû que rien ne manque de ce qui dépend de sa grandeur imaginaire, qu'il se donne peu de peine du reste.

« Et quant aux affaires de la guerre, il n'y entre que par force, et ne s'y plaît nullement : car ce n'est pas son art ni son métier.

« Aussi toutes les fautes passées ne l'ont pas rendu plus capable qu'il souloit être : il est tout prêt encore d'en faire de plus grandes, et avec les mêmes outils. Il ne sçait faire marcher, camper, vivre, et encore moins exploiter, une armée; et si de cent conseils ou de cent hommes de guerre l'on lui donne le choix, il prendra toujours le pire.

« Or jugez si cela est propre pour nous rétablir ou pour nous conserver, et à quoi le tout tend.

« Au reste, toute la chrétienté, hors l'Espagne, fourniroit et favoriseroit notre dessein : car outre les raisons grandes qu'ils en ont, ces Etats servent de magasins et de descente de plusieurs marchandises à la plûpart de l'Europe, dont le trafic est empêché, et toutes choses encheries à cause de la guerre que l'Espagnol y entretient, avec la ruine du pays et incommoditez de tous les princes voisins.

« D'ailleurs ces deux grandes couronnes, opposées l'une à l'autre, ne pourroient, après cette union, venir si facilement aux mains que par le passé, ayant la nature mis de si fortes et grandes barrieres aux autres frontieres de leurs dominations, qui sont les Alpes, les Pyrenées et la mer, très-difficiles à franchir en tout tems, comme l'expérience du passé l'a assez montré.

« Ainsi, laissant la chrétienté en paix, ils tourne-roient leurs armes contre l'ennemi commun du nom chrétien.

« Ces pays aussi dépendroient d'une domination ferme et stable, à cause de la loy salique qui s'observe en France; et ne seroient plus sujets aux mutations et changemens, comme ils ont été par le passé, à cause des alliances que les filles qui en sortent prennent; et de tomber ès mains d'Allemans, Espagnols et gouver-neurs etrangers qu'ils y commettent, chacun desquels apporte ici son impureté, et nous veut regir à sa mode.

« Quant aux mœurs des François, qu'aucuns de nos espagnolisez rejettent tant, je leur avouerai que la na-tion françoise peut avoir ses défauts, ainsi que toutes autres : car il n'y en a point d'exempte; et la propre qualité des choses mortelles est l'imperfection. Mais ils m'avoueront aussi que les François ne sont point or-dinairement superbes, avares, ni cruels; et que leur courtoisie et liberalité convient bien mieux avec notre franche et libre humeur, qu'avec l'orgueil insuppor-table de la nation espagnole, que nul autre ne peut souffrir, et dont la nôtre est si particulierement éloi-gnée, qu'il seroit impossible de faire jamais d'eux et de nous, en quoi que ce puisse être, une bonne com-position. Mais nous joignans avec la France par des-sein et élection, puisque le plus favorable des accidens qui nous menacent est d'y être portez par la force, nous pouvons bien faire notre condition, et traiter de sorte que tout ce que l'on craindroit pour ce regard ne nous sçauroit jamais préjudicier. Et puis ce sont en pays conquêtez et durant les guerres, meres des désordres, que toutes nations se licentient et débordent; mais en un Etat qui n'auroit besoin de garnisons ni d'armes, et qui seroit pacifique (comme nous rendrions le nôtre, usans de cette prévoyance), chacun se contiendroit en son devoir de vocation, et la justice se rendroit également à tous : ce que nous ne pouvons jamais esperer sous la domination espagnole.

« Le roy Très-Chrétien, lequel entre les autres vertus qui logent en son ame généreuse, a celle de la clémence si vivement empreinte qu'il en est admiré d'amis et d'ennemis, s'étant déporté envers ses sujets vaincus et soumis avec tant de douceur que chacun l'a pu voir, ne conserveroit pas seulement nos privileges; mais nous portans volontairement sous sa domination, il les nous accroîtroit.

« Quant à la religion, l'on sçait comme les choses s'accommodent doucement en France, sans que nul y soit violenté : ce qui en effet a remis plus de personnes au droit chemin, que n'avoient fait auparavant toutes les forces qu'on y avoit employées.

« Sa Majesté voyant notre bonne intention et volonté, la recevroit benignement, se communiqueroit à nous comme un bon prince ; prendroit soin de notre conservation, nous déchargeroit des insupportables maletôtes et impositions dont nous sommes accablez. Bref, procedans avec lui de telle sorte, il nous donneroit (comme l'on dit) la carte blanche, se contentant de notre reconnoissance, et d'épargner chacun an un million de livres par notre moyen, que du moins il a employé à l'entretenement des forces et garnisons d'une si longue frontiere que ces Etats font aux siens;

de n'avoir plus, comme il a ordinairement dans ces
pays-ci, des armées voisines de son royaume : ce qui
en tout tems apporte des ombrages et de la dépense ;
et de voir au reste la France bornée et couverte du seul
endroit par lequel elle a été et peut être encore en-
dommagée. '

« Le trafic de toutes marchandises, qui a quasi cessé
en ces Etats, seroit remis et libre de l'une en l'autre
province, s'étendant en trois ou quatre cents lieues
sans nulle opposition. Celui de la mer seroit incontinent ouvert, et celui des Indes encore ne pourroit tar-
der de l'être.

« Les Hollandois, qui en savent déja bien les chemins, n'ont envie de les oublier. Nous ne verrions pas
seulement ces pays rétablis en leur ancienne splendeur,
mais, qui plus est, jouir de l'avantage, prosperité et
grandeur, et de toute commodité, qu'ils n'ont jamais
fait.

« C'est à la vérité toute autre chose d'être sous un
grand roy où les fortunes se font grandes, au prix d'un
petit prince où elles sont reduites; ou d'être sous un
roy voisin, ou sous un qui est éloigné.

« Quand celui d'Espagne semeroit et feroit pleuvoir
des grands et des faveurs, l'envie de la nation espagnole, par les mains de qui tout passe, n'en laisseroit
tomber une seule goutte sur nous autres, qui ne serons
jamais capables parmi eux que de foules, de défaveurs
et d'oppressions.

« Les benefices, gouvernemens, états et offices de
ces pays, dont nous voyons les Espagnols et autres
etrangers pourvûs, ne seroient accordez qu'à nos com-
patriotes. Bref, nous ne donnerions pas ces pays ici à

la France, mais la France à ces pays, qui en ont été autrefois distraits, et sont aisez à y rejoindre, ne pouvant jamais avoir repos qu'ils ne le soient : comme aussi ils n'en ont point eu depuis leur séparation.

Il n'y a murailles, mer ni montagne entre deux, qui l'empêchent. Nos mœurs, nos loix et coutumes sont semblables, ou très-peu s'en faut, et sommes la plûpart de même langue; et plusieurs d'entre nous y sont apparentez, et avons pris origine des uns et des autres.

« Au reste, nous nous regirions toujours par nos Etats généraux, même ainsi que font les autres provinces qui se sont portées à la France pour leur conservation, et sans en être nécessitez comme nous sommes à present, qu'il semble que nous ne le sçaurions differer sans prendre un si grand sault qu'il nous soit du tout impossible d'en pouvoir jamais relever. Je prie Dieu de nous faire la grace de l'éviter : et jettant ce dernier ancre de salut qui nous reste en la main, d'embrasser promptement cette salutaire proposition, vers laquelle toutes celles que l'on nous pourroit faire pour parvenir à une paix et éviter notre ruine entiere se trouveront je ne dirai pas sans effet, mais qui plus est sans aucune apparence qu'elles puissent jamais réussir. Qui est tout ce que je vous écrirai pour cette heure, sinon que je serai, monsieur, votre, etc. »

[MAY.] Au commencement de ce mois coururent à Paris des chiens enragez, qui effrayerent le peuple et en mordirent tout plein : entre autres le banquier de Sanzay, qui, sortant de sa maison près du cimetiere Saint Jean pour aller à la messe, en fut mordu d'un à la jambe, laquelle M. Duret le medecin lui fit cerner, inciser et accoutrer tout à l'heure ; puis l'envoya à la mer, qu'on tient être le souverain remede à cette maladie : comme aussi ledit Sanzay en guérit. On fit faire défenses par la ville, sur peine de cent écus d'amande, de laisser sortir aucuns chiens des maisons, et qu'on eût à tuer incontinent ceux qu'on trouveroit par les rues : ce qui fut observé et entretenu à la mode de Paris.

La peste aussi parut en quelques endroits de la ville, principalement vers le quartier de l'Université, où il y en avoit plus qu'en tout le reste de Paris.

En la rue de Saint Jean de Beauvais, y en eut une maison ou deux affligées ; près Saint Hilaire, deux ou trois, entre autres celle d'un boulanger. En la rue d'Ecosse, un pauvre libraire vis-à-vis de mon relieur, qui, en ayant perdu sa femme et ses enfans, s'en alla comme desesperé au coche d'Orléans, en danger (selon la bonne police de Paris) de gâter ceux qui y étoient, et à l'avanture en infecter toute une bonne ville où il alloit.

Vers la place Maubert, la maison d'un avocat de la cour, nommé L'Evêque, en fut affligée : ses enfans en moururent, et ne laissoit pour cela d'aller ordinairement au Palais. Un autre avocat nommé Perrier, qui demeuroit en la rue des Lavandieres, en mourut en ce même tems. De-là les ponts on n'en parloit gueres que vers la Fripperie, où il y en avoit une maison. Couroient aussi force morts subites, nonobstant la constitution du tems, qui étoit belle et saine ; et en mourut en nos quartiers un nommé Renusson, qui ayant soupé le premier de ce mois sur M. Chavanon, et fait fort bonne chere, eut à peine le loisir de gagner son lit, pour rendre son ame à Dieu.

Le samedy 15 de ce mois, fut exécuté et tiré à quatre
chevaux, en la place de Greve à Paris, le corps mort
de Loste, duquel, nonobstant qu'il eût été embaumé,
sortoit telle puanteur, que les assistans ne la pouvoient
supporter ; et le bourreau même en cuida étouffer.

Le mercredy 19 de ce mois, en la rue de l'Arondelle
à Paris, une jeune fille damoiselle, affligée d'une fiévre
chaude accompagnée de reveries, comme sa garde l'eût
laissée seule pour aller querir quelque chose, se laissa
tomber du haut d'une fenêtre en bas qui répondoit en
la rue, et se tua. Son pere et sa mere étoient du pays
de Poitou, de maison fort noble et honorable, qui
étoient venus à Paris pour poursuivre la vuidange d'un
procès qu'ils venoient de gagner, lequel leur importoit
de cent mille francs et plus ; et étoient logez en la rue
de l'Arondelle en chambre garnie avec cette pauvre
fille, qui étoit leur unique consolation, principalement
du pauvre pere, qui étoit un bon vieil gentilhomme tout
gris, qui n'avoit avec cette fille qu'un fils, lequel il ne
vouloit point voir, pour ce qu'il s'étoit marié contre
sa volonté ; et étoient prêts ledit gentilhomme et sa
femme de pourvoir leur fille en bon lieu, sans cette
fortune ou plutôt providence de Dieu, qui dispose des
choses de ce monde comme il lui plaît, et tout au re-
bours bien souvent de ce que les hommes ont proposé ;
et ce, ordinairement au beau milieu de nos belles prosperitez et desseins.

Ce jour, se voioient au châtelet de Paris, où on les
avoit portez, quatre corps de gentilshommes qui s'é-
toient battus en duel, et s'étoient entretuez, au grand
mépris des ordonnances de Sa Majesté, et encore plus
de celle de Dieu, duquel la loi est vilainement enfrainte

30.

et violée de ce côté-là, sans aucune punition, qui est le
pis : étant permis à la noblesse d'aujourd'hui faire avec
toute impunité une profession contraire à l'Evangile,
qui est une chose abominable. Entre ces gentilshommes
y en avoit un nommé le baron de Saint Marc, que
chacun plaignoit pour sa valeur et bon naturel, étant
connu et aimé du Roy à cette occasion, lequel on disoit avoir fait bonne fin; et moi avec tout bon chrétien l'appellerai une mauvaise et pauvre fin, sinon en
tant qu'il aura plû à celui qui seul d'une mauvaise en
peut faire une bonne, par sa grande misericorde lui
avoir touché le cœur pour se reconnoître.

Sur la fin de ce mois moururent à Paris la veuve
Kerver, la dame Buon, et la femme du chirurgien
Riolant.

En ce mois advint à Orléans qu'un bourgeois de la
ville, qui avoit autrefois été des capitaines et principaux massacreurs de la Saint Barthelemy, mourut en la
religion, de laquelle depuis un an ou environ il avoit
fait profession avec un nommé Bassecour, curé de
Saint-Germain, en ladite ville; à raison dequoi étant
fort mal voulu du peuple, principalement des mutins,
ausquels il avoit servi de portenseigne de sédition, ani-
mez encore plus de ce qu'à la mort il n'avoit voulu
avoir ni prêtres ni sacremens, et qu'on le vouloit
enterrer au lieu destiné à ceux de la religion : s'étant
assemblez pour l'empêcher, et menaçans de forcer la
maison et traîner le corps à la voirie, furent reprimez
enfin par la justice et chevalier du guet; et ceux qui s'y
trouverent, condamnez seulement à seize sols d'amande
chacun. De quoi le Roy averti s'en montra fort malcontent, et en écrivit à son lieutenant général et prin-

cipaux officiers des lettres bien précises, par lesquelles il les chargeoit d'en faire faire justice exemplaire, ne voulant qu'un tel attentat contre ses edits demeurât sans punition; et qu'il étoit d'autre consequence qu'ils ne pensoient, vû l'etat du tems et de ses affaires.

Le lundy dernier de ce mois, je reçus des lettres de M. de Plomb, de La Rochelle, dattées du 19 du present mois, par lesquelles entre autres particularitez il me donnoit avis d'une publique et ample librairie qu'on y alloit dresser, et à laquelle la plupart des gens de lettres et qui aiment les livres donnoient et contribuoient : m'exhortant à cette liberalité avec les autres, qui ne demeurera, me mande-t'il, frustrée des éloges de louange qui lui sont dûs, lesquels seront engravez au frontispice de leurs livres. Mais, pour mon regard, je n'ai nulle envie d'échanger les miens à des éloges de louanges qui ne sont que vent, pour ce que mes livres m'ont coûté autre chose.

La constitution de ce mois de may fut fort belle, saine et plaisante, avec une montre de grande fertilité et abondance de tous biens.

[JUIN.] Le 5 de ce mois, le Roy reçut avis d'un long et furieux assault donné à Ostende par l'Espagnol, qui fut aussi virilement repoussé comme bravement il avoit été assailli : si qu'il en demeura une grande quantité de morts des assaillans, desquels on en comptoit de tuez jusques à près de deux mille.

Deux jours après, pour emplâtre de cette playe, les François espagnolisez firent courir un bruit à Paris qui y étoit commun, que le comte Maurice avoit été assassiné par un sien valet de chambre, et Ostende rendu :

lesquelles nouvelles continuerent trois jours, jusques à ce qu'on en eût reçû certain avis contraire de la part des Etats.

Le 23 de ce mois, qui étoit un mercredy, auquel jour on avoit remis la petite Fête-Dieu, pour ce que la Saint Jean étoit le lendemain, la procession Saint Sulpice des fauxbourgs Saint Germain, qui avoit accoutumé de passer par la rue de Tournon, n'y passa point, pour l'amour de l'ambassadeur d'Angleterre qui y étoit logé, et ne voulut souffrir qu'on tendît devant sa maison, disant qu'il feroit mettre le feu dans les tapisseries qu'on y tendroit.

Sur la fin de ce mois, l'evêque de Boulogne (1), accusé d'avoir fait quelques charmes et sorcelleries contre la vie et etat du Roy, fut mis prisonnier en la Bastille, avec une damoiselle nommée Montpellier, et sa fille, qu'on disoit aussi s'en mêler. Mais leurs maisons et cabinets fouillez, et leurs papiers inventoriez, on n'y trouva que des poulets d'amour, qui étoit la magie que l'evêque et les damoiselles exerçoient : tellement qu'à faute de preuves furent peu après élargis, et mis dehors.

Le comte d'Auvergne en ce tems s'absenta de la cour, sous prétexte d'une querelle qu'il avoit avec M. le comte de Soissons; mais en effet pour une nouvelle conjuration dressée contre le Roy par la marquise sa sœur et le sieur d'Entragues son pere, de laquelle il étoit des plus avant, avec beaucoup d'autres.

(1) *L'evêque de Boulogne* : Claude Dormy, d'abord moine de l'abbaye de Cluny, puis nommé prieur du monastère royal de Saint-Martin-des-Champs à Paris. Le Roi, en 1600, l'avoit nommé à l'evêché de Boulogne.

[JUILLET.] Le vendredy 2 de ce mois, la prétendue promesse de mariage faite par le Roy à la marquise fut rendue à Sa Majesté au logis de M. le chancelier, avec la décharge mise au bas.

Le samedy 17 de ce mois, un nommé Poussin, tondeur de draps à Lyon, frere d'Ancelin, imprimeur du Roy en ladite ville, fut pendu en la place de Gréve à Paris, accusé d'avoir étranglé sa femme : ce qu'il nia jusques à la fin. Etant de la religion, et pour le convertir et faire mourir catholique, on lui voulut bailler des prêtres ; lesquels il repoussa, mêmement le curé de Saint Barthelemi, nommé Fusil. Etant à l'échelle, il tira de ses chausses une petite paire de psalmes où étoient les prieres, lesquelles il dit assez longues, étant appuyé sur un des échellons de l'échelle ; puis les donna au bourreau, qui les jetta dans sa charette. Après il se prit à chanter le pseaume VI : *Ne veuillez pas, ó sire ! etc.;* et le chanta tout du long, sans être interrompu. Ce que chacun trouva étrange, attendu la foule de peuple qui étoit là; au bout duquel se presenta à lui un prêtre, pour l'exhorter de mourir en la foy de l'Eglise catholique, apostolique et romaine ; qu'il rebuta fort rudement, usant de ces mots, qui furent entendus de tout le peuple : « Retire-toi, Sathan, » sans que pour cela s'élevât aucun bruit ni murmure : ce qu'on trouva encore plus étrange.

[AOUST.] Le dimanche premier de ce mois, un ministre nommé Duval, qui autrefois avoit été gardien des Capucins de Saint Omer, comme il venoit de faire son prêche de la Brie, où étoit son eglise, fut enlevé par quelques archers du prevôt de l'hôtel, et mené prisonnier à Arras, où il fut maltraité : dont ceux de la religion se troublerent fort, et en firent grandes plaintes et poursuites au conseil et à Sa Majesté, qui s'en montra fort déplaisante, M. le chancelier s'étant excusé (ainsi qu'on disoit) d'avoir été surpris en la commission qu'il en avoit donnée.

Le lundy 2 de ce mois, se voyoit en l'abbaye Saint Germain des Prez une belle jeune femme, morte et noyée, âgée de vingt-deux ans ou environ; laquelle ayant été pêchée vers la Grenouillere, y avoit été apportée le matin : elle avoit une grosse pierre au col, une autre aux jambes, un coup de poignard à la gorge, et quelques autres coups. Chacun y accouroit pour la voir et reconnoître : tant qu'enfin sur le soir elle fut reconnue pour une Espagnolle comedienne, accoûtrée de cette façon, ainsi qu'on disoit, par deux Espagnols aussi comediens, avec lesquels elle avoit dès long-tems privée et familiere connoissance, et ausquels elle s'étoit découverte de quelques bagues et argent qu'elle avoit, qui furent cause de sa mort.

Les meurtriers enfin furent pris; et le fait averé le jeudy 12 de ce mois, par arrêt de la cour, confirmatif de la sentence du baillif de Saint Germain, furent lesdits deux Espagnols rouez vis-à-vis de la Grenouillere, où ils avoient noyé leur Espagnolle : lequel meurtre toutefois il ne fut possible de leur faire confesser qu'à la mort, et ce sous la promesse qu'on leur fit qu'ils ne seroient point rouez vifs, comme portoit leur arrêt : ce qui fut exécuté.

Le vendredy 13, fut brulée en la place de Gréve à Paris une femme convaincue d'être dès longtems sorciere.

Le mercredy 18 de ce mois, un maître des comptes

de la ville de Rennes en Bretagne fut condamné, par un arrêt de la cour, d'épouser en face d'Eglise une veuve à laquelle il avoit promis mariage, et sous cette couverture lui avoit fait un enfant, auquel même il avoit donné son nom au baptême.

Il fut dit par son arrêt (ce qui est remarquable) qu'il l'épouseroit tout à l'heure; ou, à faute de ce faire, que dans deux heures après midi il auroit la tête tranchée. Ce qu'il fut contraint d'effectuer; et furent mariez ce matin dans l'eglise de Saint Barthelemy à onze heures.

Le président Molé lui en prononça l'arrêt en ces mots : « Ou mourez, ou épousez; telle est la volonté et « resolution de la cour. »

Ce jour, le lieutenant civil Miron (1), fait prevôt des marchands, revint de Fontainebleau saluer Sa Majesté, qui se montra fort contente de son élection.

Le dimanche 22 de ce mois, le Roy, étant à Fontainebleau, reçut les nouvelles de la reddition de la ville de L'Escluse du jour de devant; dont Sa Majesté se montra si contente, qu'il en voulût dire le premier les nouvelles de sa bouche à l'ambassadeur d'Angleterre, qu'il manda à cet effet, étant ja monté à cheval dans la cour de Fontainebleau pour aller à la chasse; et les lui dit en ces termes : « Monsieur l'ambassadeur, « L'Escluse est rendue; j'en ai reçû les nouvelles. Je « vous en ferai voir les articles de la capitulation, que « Villeroy a; je lui commanderai de vous les bailler. »

Ceux de la religion se montrerent, entre les autres,

_____

(1) *Le lieutenant civil Miron :* François Miron, chevalier, seigneur de Tremblay, conseiller d'Etat et lieutenant civil, fut élu prevôt des marchands le 16 août 1604.

fort rejouis de cette reddition : tant que le lendemain
dans la salle du Palais, où on tient le bureau des nouvelles, un gentilhomme assez indiscrettement, parlant
à M. de Clermont d'Amboise, profera tout haut ces
paroles : « Clermont, à ton avis, cela s'appelle-t-il pas
« chasse-messe? »

Le samedy 28, fut pendu à Paris, devant la maison
du chevalier du guet, un jeune garçon âgé de dix-sept
ans seulement, qui avoit été petit laquais audit logis,
pour avoir crocheté deux cabinets où il y avoit tout
plein de bagues. Ce pauvre garçonnet, comme on le
menoit pendre, pleuroit à chaudes larmes, et disoit
que c'étoit la premiere fois qu'il lui étoit advenu.

Le dimanche 29, M. le Dauphin passa par Paris
pour aller à Fontainebleau, où le Roy l'avoit mandé.
Il étoit dans une litiere découverte, où madame de
Malissi sa gouvernante le tenoit; et y eut force *vivats*
criez par le peuple à son arrivée.

En ce tems, le ministre Duval revint d'Arras (où il
étoit prisonnier) à Paris, ayant obtenu sa liberté par
l'entremise du Roy, auquel seul après Dieu il en doit
la délivrance et la vie. Aussi en alla t'il remercier tout
aussitôt Sa Majesté à Fontainebleau.

[SEPTEMBRE.] Le vendredy 10 de ce mois, on me dit
les nouvelles de la mort de M. de Plomb mon bon ami,
décedé à La Rochelle quelque tems auparavant, de la
maladie. Ce qu'on m'avoit celé tant qu'on avoit pû, à
cause de mon mal : comme à la vérité je reconnois avoir
fait perte en cet homme d'une douce, docte et chrétienne
compagnie, et lequel sur toutes choses craignoit et aimoit Dieu : qui estoit cause que je l'aimois et honorois

beaucoup, et auquel j'avois deliberé de leguer mes curiositez, comme il m'avoit promis les siennes. Mais Dieu en a disposé autrement.

Le jeudy dernier de ce mois, fut pendu et puis brulé au fauxbourg Saint Jacques à Paris, devant le Jeu de paulme, de Bracque, un miserable tripotier qui servoit ordinairement de nacquet par les jeux de paulme; et ce, pour avoir proferé des blasphêmes horribles et exécrables contre Jesus Christ et sa très-sainte mere, dont il faisoit métier et marchandise. Son dicton fut supprimé et son arrêt brulé avec son corps, afin que jamais ne fût parlé entre le peuple d'une si grande et vilaine énormité.

Sur la fin de ce mois, grands remuemens à la cour, la marquise disgraciée, ses enfans menez à Saint Germain, de l'exprès commandement de Sa Majesté; Fortan et Morgan, anglois, prisonniers, étant accusez de conspiration contre l'Etat, la marquise, le comte d'Auvergne, et d'Entragues.

En ce mois moururent à Paris madame la présidente Molé, ma cousine; mademoiselle Bragelonne, cousine de ma femme; mademoiselle Dierre, âgée de vingt-quatre ans seulement; et le bon-homme Odeau, beaupere de feu mon frere Du Couldray.

[OCTOBRE.] Le vendredy premier de ce mois, fut pendu et étranglé en la place de Gréve à Paris un certain gascon gentilhomme, grand faciendaire de l'Espagnol et de l'archiduc : au surplus homme de grand esprit, qui par ses subtilitez avoit ja plusieurs fois échappé la prison et la corde, et duquel le comte Maurice avoit donné avis au Roy de se garder, ne lui ayant jamais été possible de l'attraper. Mais ce que tous ces gens ici n'avoient pû faire, une garce de Paris qu'il entretenoit le fit : car ayant fait condamner cette garce au foüet pour quelques hardes qu'elle lui avoit dérobé, pour s'en sauver l'accusa; et ayant été ouïe là-dessus par M. le chancelier, donna moyen de le prendre prisonnier (comme on fit), et lui faire son procès.

Le mardy 5 de ce mois, à six heures du matin, mademoiselle de Beuil [1], nouvelle maîtresse du Roy, épousa à Saint Maur des Fossez le jeune Chanvalon, jeune gentilhomme, bon musicien et joueur de luth, piétre (ainsi qu'on disoit) de tout le reste, même des biens de ce monde. Il eut l'honneur de coucher le premier avec sa mariée, mais éclairé, ainsi qu'on disoit, tant qu'il y demeura, des flambeaux, et veillé de gentilshommes par commandement du Roy, qui le lendemain coucha avec elle à Paris au logis de Montauban, où il fut au lit jusqu'à deux heures après midi. On disoit que son mari étoit couché en un petit galetas au-dessus de la chambre du Roy, et ainsi étoit dessus sa femme; mais il y avoit un plancher entre deux.

Le samedy 9, Asconia notre voisin, précepteur de M. Saint Denis, mourut.

Le samedy 30 de ce mois, mourut à Paris mon cousin de Monthelon, jeune homme qui avoit été reçû conseiller de la cour à la survivance de son pere; et le lendemain mourut mon bon serviteur Etienne Pillart

---

[1] *Mademoiselle de Beuil :* Jacqueline de Beuil, fille de Claude de Beuil, sieur de Courcillon et de Marocure. Le Roi la fit comtesse de Moret; il la maria, suivant L'Estoile, à Chanvalon; mais le père Anselme et Moreri prétendent qu'elle épousa René Du Bec, marquis de Vardes, et gouverneur de La Capelle.

en la fleur de son âge, auquel le mariage avança ses jours, comme aussi on disoit qu'il les avoit avancez à mon pauvre cousin, aimé et honoré de tous ceux qui le connoissoient.

[NOVEMBRE.] Le jour de Toussaints premier de ce mois, le curé de Saint Paul à Paris alla aux Jesuites près le petit Saint Antoine dès le matin; où ayant trouvé dans l'eglise les napes mises sur la table pour communier, en grande colere ôta lesdites napes, et avec une âpre et severe remontrance exhorta le peuple de venir communier chacun dans sa paroisse, et non là où ils ne le pouvoient faire sans permission de leurs curez, menaça d'excommunier ceux de ses paroissiens qui s'y trouveroient; prêcha au même tems contre l'abus des bâtons des confrairies, et excommunia ceux de sa paroisse qui doresenavant les prendroient. Le curé de Saint Eustache fit le même en sa paroisse.

Le 20 de ce mois, le comte d'Auvergne, arrêté prisonnier par le sieur de Nerestan en Auvergne, qui s'en saisit par un brave et subtil stratagême, fut amené ce jour à la Bastille; au devant duquel alla La Chevalerie, lieutenant de M. de Rosni, qui voyant ledit comte bouffonner, capréoler et sauter comme de coutume, lui dit assez à propos *que ce n'étoient pas des figures de balets qu'on vouloit jouer : qu'il étoit question en son fait d'autre chose.*

L'avocat d'Orléans, délivré en ce tems de prison, fit imprimer à Paris un Remercîment au Roy, duquel il dit autant de bien qu'il en a jamais dit de mal; et est ledit discours assez bien fait pour un homme duquel le stile est tourné à la médisance.

Prieres en ce mois par les eglises de Paris, et principalement aux Augustins, du commandement du Roy et de la Reine, pour la Cousine, fille de la nourrice de la Reine, qu'on disoit être ensorcellée.

Gosselin, gardien de la librairie du Roy [1], âgé de près de cent ans, homme de bien et grand mathématicien, fut en ce tems trouvé mort dans une chaise près de son feu, tout havi et brulé, et déja vert : ayant été laissé seul par son homme, qui gagna tout aussi-tôt le haut, et s'enfuit, ayant vû ce prodigieux accident, et craignant qu'on ne le lui voulût imputer. De fait, son corps porté au châtelet fut visité des chirurgiens, qui lui trouverent un coup à la tête, mais ne vouloient assurer que ledit coup fût de chûte, ou d'effort qu'on lui eût fait. Ce qui rendit le valet plus soupçonné étoit qu'il sembloit malaisé qu'un homme de son âge, tombé dans le feu, se pût, tout brulé qu'il étoit, relever et asseoir dans une chaise comme il avoit fait. A quoi on répondoit que le serviteur, qui avoit toujours été tenu pour fidéle et éprouvé tel de son maître, avant que s'en aller le voulut tout mort possible asseoir dans sa chaise, pour lui rendre ce dernier service. Mais la décharge principale du valet fut qu'on ne trouva faute aucune ni à son argent, ni à autre chose quelconque qui lui appartînt.

[1] *Gosselin, gardien de la librairie du Roy* : Jean Gosselin étoit de Vire en Normandie. Il se livra à l'étude de l'astrologie, et fit imprimer un ouvrage en latin, qu'il intitula *Historia Imaginum cœlestium*. On a de lui quelques autres ouvrages : 1º la Main harmonique, ou les principes de musique antique et moderne, et la propriété que la moderne reçoit des sept planètes; 2º Ephémérides, ou Almanach du jour et de la nuit pour cent ans, etc.; 3º une Table de la réformation de l'an, et une Version française du calendrier grégorien.

Renouart, secretaire du Roy, et Almeras, grand audiancier de la chancellerie de Paris, tous deux de mes amis, moururent à Paris en ce mois.

[DECEMBRE.] Le samedy 11 de ce mois, M. d'Entragues (1) fut amené prisonnier à la Conciergerie du Palais de Paris, par M. Defunctis, prevôt des maréchaux. Il étoit dans un coche fermé, que Marcoussi son fils accompagnoit à cheval, mais sans aucune suite ni compagnie. Quand il fut arrivé, il demeura un fort longtems sans pouvoir avoir ni feu ni lumiere.

A madame sa fille la marquise, logée au fauxbourg Saint Germain, furent baillées gardes et archers du chevalier du guet, auquel le Roy en commit la charge très-expresse, pour lui en répondre sur sa vie.

On disoit que ladite marquise, qui pour son adversité ne se pouvoit rendre ni taire, ains parloit hardiment, et aussi librement et effrontément que de coutume, tenoit ordinairement ce langage : qu'elle ne se soucioit point de mourir, au contraire qu'elle le desiroit; mais quand le Roy le feroit, on diroit toujours qu'il avoit fait mourir sa femme, et qu'elle étoit reine devant l'autre. Au surplus, qu'elle ne demandoit que trois choses à Sa Majesté : un pardon pour son pere, une corde pour son frere, et une justice pour elle.

Ses coffrez fouillez et ses papiers tous inventoriez, on y trouva force petits poulets amoureux (instrumens du métier), et entre autres de Sigongne : qui furent cause de le disgracier.

(1) *M. d'Entragues :* François de Balzac d'Entragues, gouverneur d'Orléans, père de la marquise de Verneuil, fut arrêté comme complice de la conspiration du comte d'Auvergne.

La comtesse d'Auvergne toute épleurée, autant douce et humble que la marquise étoit fiere, s'étant jettée aux pieds du Roy pour lui demander la grace de son mari, Sa Majesté l'ayant fort courtoisement relevée et saluée, lui dit ces mots : « J'ai pitié de votre misere et « de vos larmes. Mais si je vous octroye ce que vous me « demandez, il faudroit (prenant la Reine par le bras) « que ma femme que voilà fût déclarée putain, mon « fils bâtard, et mon royaume en proye. »

Ladite dame ayant eu permission du Roy d'envoyer de sa part visiter son mari, et lui ayant fait demander ce qu'il desiroit d'elle, il lui fit réponse qu'elle lui fît seulement provision de bon fromage et de moutarde, et qu'elle ne s'empêchât d'autre chose.

La marquise d'autre côté, sollicitée sous main par le Roy de lui demander pardon (dont elle se pouvoit assurer de n'être jamais esconduite de Sa Majesté, eu égard principalement aux affections passées, et à son naturel prompt, et enclin à pardonner à quiconque lui avoit demandé), répondit qu'elle n'avoit jamais offensé le Roy ; et que quand il n'y avoit point d'offense, il n'y écheoit point de pardon. Même du chevalier du guet, duquel le Roy s'étoit voulu servir à cet effet, lui ayant fait dire que ladite marquise demandoit fort ledit pardon, et qu'elle lui avoit répondu que c'étoit un méchant homme que le chevalier du guet ; que jamais elle ne lui en avoit parlé, et que ce qu'il en avoit rapporté au Roy étoit faux. Dont Sa Majesté fut fort mal contente.

Le dimanche 26 de ce mois, qui étoit le lendemain de Noël, un Turc, âgé de quarante ans ou environ, fut baptisé à Ablon, et tenu par M. de Rosni, qui le nomma de son nom *Maximilien*. Ceux qui y étoient disent que ledit Turc fit en cette assemblée une fort belle et ample confession de sa foi.

Sur la fin de cette année, Ange Cappel (1), dit Du Luat, fit imprimer à Paris un livre in-fol. de dix-huit ou vingt feuilles seulement, lequel il dédia au Roy, sur l'abus des plaideurs, et punition par amende de tous ceux qui s'ingereroient doresenavant témérairement de plaider, et perdroient leurs procès.

Au commencement de ce beau livre, qu'il a fait imprimer à ses dépens, et fait signifier aux libraires des défenses de n'en vendre ni débiter, pour recommandation de son nom et de ce bel œuvre, comme on présuppose (qui n'est toutesfois estimé que de lui seul), il s'est fait pourtraire en ange; au dessous duquel portrait il a fait mettre un quatrain à sa louange, auquel on a répondu par un autre de cette façon :

> De peur que cet ange s'éléve
> Comme Lucifer autrefois,
> Il le faut faire ange de Gréve,
> Et charger son dos de gros bois.

M. Rapin y avoit mis au commencement des vers latins retrogrades, comme pour recommandation de son œuvre; mais on trouva qu'étant retournez ils disoient tout le contraire : qui fut cause de les faire ôter à l'auteur, et changer la feuille. Et s'en étant plaint à Rapin, lui pour s'en excuser, ou plutôt s'en mocquer, dit que par hazard ils s'étoient trouvez tels, et qu'il n'y avoit pensé malice en les faisant.

(1) *Ange Cappel* : Ange Cappel, seigneur de Luat, fut secrétaire du Roi. Il a traduit quelques-uns des ouvrages de Sénèque, et une partie de Tacite.

47. 31

En ce mois mourut à Thouars le seigneur de La Tremouille (¹), duc et pair de France, grand seigneur et grand terrien, et hors cela (dit quelqu'un) *rien*. Il étoit en la fleur de son âge quand il est mort, et si étoit ja affligé des gouttes.

Le Roy fit en ce tems mademoiselle de Beuil comtesse de Moret, faisant revivre l'amour en elle, qui étoit comme éteint en sa marquise.

Cette année 1604 fut bonne en France, fertile en bleds, vins et fruits, avec abondance de toutes autres sortes de biens pour les commoditez de cette vie, que ce bon Dieu nous a départis largement et libéralement.

Mais en récompense de ces grands biens de Dieu, nous avons été mauvais et ingrats envers sa divine majesté, steriles de toutes bonnes œuvres, et abondans en tous vices, luxes et dissolutions : comme si nous voulions prendre occasion d'être mauvais sur ce que Dieu nous est bon. Ce qui me fait craindre son jugement pour les années qui viennent, voire sur les grands et les petits, si chacun en particulier et en général ne s'amande : qui est l'unique moyen de détourner son ire, et les grands maux qui semblent nous menacer de fort près.

[JANVIER 1605.] L'an 1605, le lundy 17 janvier, naquirent à Paris en la rue de la Buscherie, à l'enseigne de la ville de Calais, deux jumelles, sur les trois heures après minuit.

Le pere s'appelloit Jacques Charpentier, maître pê-

_____

(¹) *Le seigneur de La Tremouille* : Claude, seigneur de La Trémouille, second duc de Thouars, pair de France, prince de Talmont.

cheur; la mere, Denyse Coudun, âgée de trente-six ans.
Elles avoient deux têtes, quatre bras, quatre jambes,
s'entr'accollans par les bras; le tout bien formé en
ses parties, avec poil et ongles. Chacune avoit sa nature et son siége ouvert. Elles étoient conjointes depuis le milieu de la poitrine jusqu'au nombril, et vinrent au monde au huitiéme mois. La mere eut grand
travail à son accouchement, les pieds étant sortis les
premiers contre nature; toutes deux n'avoient qu'un
arriere-faix commun, lequel enveloppoit les deux têtes
et les quatre jambes, sans les separer. Celle qui étoit
du côté gauche se presenta la premiere avec mouvement, indice de vie; l'autre morte, pour ce qu'elle
n'avoit point de chaleurs naturelles, ou peu, n'ayant
qu'une artere umbilicale; et l'autre, qui a eu un peu
de vie, en avoit deux.

A la dissection des parties intérieures, qui fut faite
aux Ecoles de medecine à Paris, il ne s'est trouvé qu'un
foye, un cœur, deux estomacs, et tout le reste des parties naturelles separées par une membrane mitoyenne.
Le foye étoit fort grand, assis au milieu, par-dessus
uni et continu par-dessous, divisé en quatre lobes, dans
lesquels se rendoient deux veines umbilicales. Le cœur
pareillement étoit fort grand, assis au milieu de la poitrine, ayant quatre oreilles, et quatre ventricules et huit
vaisseaux, quatre veines et quatre arteres : comme si
la nature eût voulu faire deux cœurs. Et encore qu'il
eût deux ventres inférieurs, il n'y avoit néanmoins
qu'une poitrine, separée d'avec les ventres inférieurs
par un seul diaphragme.

Le samedy 29 de ce mois, le comte d'Auvergne,
mandé à la cour, fut mis sur la sellette, où on disoit

31.

qu'il en avoit plus dit qu'on ne lui en avoit demandé. Il dit tout en sortant qu'il étoit le plus mal avisé de tous, mais le moins méchant. La marquise y ayant été aussi mandée, s'en excusa sur ce qu'elle avoit été saignée : ce qu'elle avoit fait (ainsi qu'on disoit) tout exprès.

Le lundy dernier du mois, elle y vint, portant encore le bras en écharpe, parlant resolument comme de coutume, sans aucunement s'étonner ; se défendit fort bien, et contenta messieurs ; recusa son frere, comme ayant querelle avec lui. Elle disoit ordinairement qu'elle ne demandoit que trois choses : un pardon pour son pere, une corde pour son frere, et une justice pour elle.

Ce jour dernier du mois, fut trouvé dans le cimetiere Saint Etienne du Mont, à Paris, un petit enfant nouveau né, qu'on venoit d'écorcher et qu'on avoit mis dans un pot, où on le trouva; et y avoit autour dudit pot écrit : *A la boucherie je vais souvent ; en ma bourse n'y a point d'argent.* On ne put jamais découvrir d'où cela venoit, ni qui c'étoit, et aussi peu de ce qu'on vouloit dire par cette écriture.

M. Du Tillet (1), dit Boisrufier, conseiller en la grand'chambre, mourut en ce tems à Paris. Aussi fit M. de Mareuil, Brioul, apotiquaire, qu'on appelloit le Singe ; et mademoiselle Pastée, qu'on nommoit la Devote et la Mere des pauvres, qui est une bonne devotion, et la meilleure de toutes.

[FEVRIER.] Le mardy premier février, la cour du parlement, par son arrêt, condamna à la mort, comme criminels de leze-majesté, messieurs les comtes d'Au-

---

(1) *M. Du Tillet :* Louis Du Tillet, fils de Jean Du Tillet, greffier civil du parlement.

vergne et d'Entragues; et pour le regard de la marquise
de Verneuil (¹), ordonna qu'il en seroit plus amplement
informé, et cependant qu'elle seroit detenue sous bonne
et sûre garde à la volonté du Roy.

Le mercredy 2, fête de la Chandeleur, comme le Roy
sortoit pour aller à la messe, madame d'Entragues, sçachant l'arrêt de mort donné contre son mari (l'exécution duquel devoit surseoir jusques à ce que le Roy en
eût ordonné), se vint jetter avec sa fille (²) aux pieds
de Sa Majesté, implorant sa misericorde. Le Roy, avec
la larme à l'œil, les releva toutes deux; leur dit qu'il
leur vouloit faire paroître qu'il étoit bon; qu'il assem-
bleroit son conseil dès le jour même pour en resoudre.
« Allez prier Dieu, leur dit-il, qu'il le veuille bien ins-
« pirer, et moi aussi, qui m'en vais présentement à la
« messe pour cet effet. »

L'après-dinée, ceux du conseil assemblez conclurent
tous à l'exécution de l'arrêt. Mais Sa Majesté étant
d'avis contraire au leur, selon sa bonté et clémence
accoutumée, après avoir tenu quelque tems ce jugement en suspens pour les faire penser à leurs consciences
(comme de vrai ils ne sçavoient où ils en étoient), remit la vie à d'Entragues et au comte d'Auvergne. Et

---

(¹) *Le regard de la marquise de Verneuil :* Le même arrêt la condam-
noit à être menée sous bonne et sûre garde en l'abbaye de Beaumont
près de Tours, pour y demeurer enfermée, avec défense d'avoir aucune communication avec toute autre personne qu'avec les religieuses.
— (²) *Avec sa fille :* Elle avoit trois filles : Hénriette de Balzac, maîtresse du Roi; Gabrielle-Angélique de Balzac, que Moreri suppose
avoir épousé le duc d'Epernon; et Marie de Balzac, maîtresse de
François de Bassompierre. Celle-ci étoit à Paris, lorsque l'arrêt du
parlement fut prononcé. Il y a apparence que ce fut elle qui accompagna sa mère lorsqu'elle alla demander la grâce de son mari.

pour le regard de la marquise, la délivra à pur et à
plein, encore que jamais elle ne s'abaissât jusques-là
de demander pardon : qui étoit tout ce que le Roy re-
queroit d'elle. Sur quoi on disoit que l'Amour avoit
triomphé de la Mort; et en fut divulgué l'epigramme
suivant, qu'on trouvoit bien fait :

Mors et Amor dubio Henricæ de funere certant,
  Et voti caussas reddit uterque sui.
Jactat Amor formam et molles commendat ocellos ;
  Mors scelus et miseræ crimina nota refert.
Sub Jove res acta est, cæcum qui pectore toto
  Vulnus alit ; victo judice vicit Amor.

Pendant la foire Saint Germain de cette année, où
le Roy alloit ordinairement se pourmener, se commirent à Paris des meurtres et excès infinis procedans des
débauches de la foire, dans laquelle les pages, laquais,
ecoliers et soldats des gardes firent des insolences non
accoutumées, se battans dedans et dehors comme en
petites batailles rangées, sans qu'on y pût ou voulût
donner autrement ordre. Un laquais coupa les deux
oreilles à un ecolier dans la foire, et les lui mit dans
sa pochette ; dont les ecoliers mutinez se ruans sur
tous les laquais qu'ils rencontroient, en tuerent et blesserent beaucoup. Un soldat des gardes ayant été attaqué desdits laquais au sortir de la foire, et atterré par
eux de coups de bâton sur les fossez Saint Germain,
s'étant enfin relevé en tua deux, et les jetta tous morts
dans les fossez; puis s'en alla et se sauva. Voilà comme
les débauches, qui sont assez communes en matiere de
foire, furent extraordinaires en icelle, laquelle néanmoins on prolongea jusqu'à quarême-prenant.

Le dimanche 13 de ce mois, M. de Rohan épousa à

Ablon la fille de M. de Rosni. Etant mariée, on lui mit aussi-tôt audit Ablon la couronne ducale sur la tête, et lui bailla lors le manteau ducal; et fut en cet équipage conduite à Paris par un bon nombre de seigneurs et gentilshommes, ausquels M. de Rosni avoit donné à dîner audit château d'Ablon.

Le mardi 15 de ce mois, fut mis en terre à Paris l'avocat du Roy Marion (1), homme accort, fin, subtil, déguisé, et qui est mort en réputation d'un des premiers hommes du Palais, des plus habiles et des mieux disans (plus éloquent que pieux, dit quelqu'un); dont le jugement appartient à Dieu, et non aux hommes.

[MARS.] Le jeudi 3 mars, fut mis en terre à Paris M. Jabin, conseiller en la cour, bon juge et incorruptible.

Le dimanche 13, le Roy étant à Chantilli reçut les nouvelles du décès à Rome du pape Clement VIII le 3 de ce mois : pape pacifique et bon François, qui étoit la cause que le Roy l'aimoit et l'honoroit beaucoup. Ceux de la religion même ne le haïssoient pas, s'étant toujours comporté en leur endroit fort gracieusement, et plus que pas un de ses prédécesseurs, jusqu'à leur octroyer des passeports pour aller et venir librement à Rome : ce qu'on ne trouve point avoir jamais été fait

---

(1) *L'avocat du Roy Marion* : Simon Marion, né à Nevers : il étoit fort savant dans les lettres, et surtout dans la jurisprudence; il fut d'abord avocat au parlement de Paris, puis conseiller, ensuite président à la seconde chambre des enquêtes, et enfin avocat général. Il étoit naturellement éloquent, avoit l'imagination féconde, et une mémoire si fidèle qu'il n'oublia jamais rien de ce qu'il avoit appris.

par aucun pape. Quand il mourut, et long-tems auparavant, ce n'étoit plus de lui qu'une masse de chair,
étant perclus de corps et d'esprit, ayant les mains même
toutes pourries et crevées : si que quand on lui venoit
baiser les pieds, qui étoient bien puans autant que tout
le reste, il lui falloit soulever les mains pour donner la
bénédiction.

Le lundi 14, furent publiées et vérifiées à la cour
les lettres de garde des sceaux de France pour M. de
Sillery-Brulart.

En ce mois, courut à Paris et à la cour un discours
écrit à la main, sur la reddition des villes de sûreté
que Sa Majesté avoit accordées à ses sujets de la religion dont le terme étoit échû, et qu'on disoit que le
Roy vouloit ravoir. Il étoit intitulé *le Gentilhomme
allemand au Roy*; discours libre, hardi, et bien fait;
mais du surplus qui sentoit bien son malcontent, et que
Sa Majesté ayant vû dit tout haut (fût-ce à dessein ou
autrement) : « Le duc de Bouillon a passé par ici (1). »

[AVRIL.] Le lundi 11 avril, le Roy eut nouvelles
comme Alexandre de Médicis, cardinal de Florence (2),
âgé de cinquante-neuf ans, avoit été nommé et élû
pape à Rome le vendredi premier de ce mois, et qu'il
avoit pris le nom de Léon XI. De cette élection le Roy

---

(1) *Le duc de Bouillon a passé par ici :* Le Roi, qui connoissoit les intrigues du maréchal de Bouillon avant et depuis sa sortie du royaume,
crut qu'il avoit beaucoup de part à ce discours. Le maréchal, depuis
la conversion du Roi, étoit devenu le chef des huguenots de France.
(Voyez la Notice qui précède ses Mémoires, t. 35, première série.) —
(2) *Cardinal de Florence :* Ce fut Henri IV qui fit nommer le cardinal
de Médicis. Du Plessis-Mornay prétend que cette nomination lui coûta
trois cent mille écus.

se montra fort joyeux et content, se promettant d'avoir
un pape à sa dévotion, et très-affectionné au bien de
son Etat (encore que les plus avisez à Rome tinssent
que Sa Majesté s'y fût trouvée trompée à la fin, pour
être ce pape du parti espagnol.) L'ambassadeur de Sa
Majesté Catholique, fâché de ce que la brigue des François l'avoit emporté par-dessus celle de son maître, et
étant bien averti du grand argent que Sa Majesté en
avoit déboursé, ne se pût tenir de dire que c'étoit un
pape qui coûtoit bien cher au Roy, pour être si vieil
qu'il étoit. Ce qui ayant été rapporté au Roy, n'en fit
que rire, et ne laissa pas de commander par tout qu'on
fît feux de joye : mais elle fut bien courte, selon la pro-
phetie de l'autre : car le mercredi 27 de ce mois ce bon
pape mourut, n'ayant tenu le siege que vingt-six jours
et quelques heures, Sa Majesté en ayant reçu les nouvelles huit jours après, qui le fâcherent fort ; comme
aussi le deuil à Rome en fut grand entre tout le peuple. En quoi se verifie le dire d'un grand personnage :
Pompa hujus mundi, et favor populi (dit-il), *fumus
est, et aura subitò evanescens. Ad quid mulæ sagi-
natæ? Ad quid vehicula cœlata? Ad quid phaleræ
deauratæ? Ista nec Dominum meliorem facere, aut
conservare nec mulam possunt.*

En ce mois se presenterent deux amples sujets pour
exercer les plumes et langues des curieux et médisans
de ce siecle : à sçavoir le rasement de la piramide (1),

(1) *Le rasement de la piramide :* La démolition de cette pyramide fut
sollicitée vivement par la société, et principalement par le père Pierre
Cotton, qui remontroit à Sa Majesté que ce monument avoit été élevé
moins contre le parricide de Jean Chatel, que contre les jésuites. Il y
eut plusieurs avis sur cette affaire : les uns disoient que les jésuites

qui se devoit faire incontinent, en faveur des jesuites; l'autre, la nouvelle catholicité de M. de Laval (¹). A quoi les uns et les autres ne s'épargnerent, et en publierent force écrits et discours (desquels je pense en avoir la plupart), mais avec peu de fruit, étant bien mal aisé de tirer d'une passion une verité.

Le livre des Hermaphrodites (²) fut imprimé et pu-

ayant été rétablis dans Paris, il falloit ôter de la pyramide la quatrième table de marbre, sur laquelle étoit écrit l'arrêt du parlement portant la condamnation du parricide Jean Chatel, et l'expulsion des jésuites hors du royaume; mais que le reste de ce monument, qui avoit été élevé en mémoire du détestable parricide, et pour la sûreté publique, devoit être conservé. D'autres, au contraire, soutenoient qu'il n'y avoit aucun danger à détruire entièrement ce monument: car, disoient-ils, si on ôtoit seulement la quatrième table de marbre, et si on laissoit la pyramide, tous ceux qui dans la suite passeroient devant rappelleroient dans leur mémoire l'arrêt rendu contre la société. Mais comme cette pyramide avoit été élevée par un arrêt du parlement, on prétendoit qu'il falloit qu'elle fût rasée par un autre arrêt de la même cour. Le chancelier assembla les présidens du parlement avec les gens du Roi, auxquels il proposa au nom du Roi cette affaire. On eut bientôt la certitude que le parlement n'y consentiroit jamais; et il fut résolu qu'on se serviroit de l'autorité du Roi. Un nouvel incident en retarda l'exécution. On avoit d'abord jugé à propos que cette démolition se fît pendant la nuit, pour prévenir le tumulte du peuple, qui pouvoit se soulever et l'empêcher; mais le père Cotton soutint que la pyramide devoit être démolie pendant le jour, disant qu'Henri IV n'étoit point un roi de ténèbres. Les curieux qui furent présens à cette démolition remarquèrent que les ouvriers commencèrent par mettre à bas la figure qui représentoit la Justice, comme s'il eût été nécessaire d'ôter la Justice avant d'ôter le monument élevé pour la sûreté du Roi.

(¹) *La nouvelle catholicité de M. de Laval :* Guy, comte de Laval, fut un des seigneurs le plus accompli de son temps. Il avoit été élevé dans la religion prétendue réformée; mais il la quitta quelques années après, au grand regret des huguenots, qui espéroient voir revivre en lui le zèle de son père et de son aïeul. — (²) *Le livre des Hermaphrodites :* Ce livre a pour titre : Description de l'île des Hermaphro-

blié en même tems, et se voyoit à Paris en ce même
mois, où on en fit passer l'envie du commencement
aux curieux, ausquels on le vendit jusques à deux écus,
ne devant valoir plus de dix sols; et en sçai un qui en
paya autant à un libraire de Paris. Ce petit libelle (qui
étoit assez bien fait), sous le nom de cette isle imaginaire découvroit les mœurs et façons de faire impies et
vicieuses de la cour, faisant voir clairement que la
France est maintenant le repaire et l'asyle de tout vice,
volupté et impudence; au lieu que jadis elle étoit une
académie honorable, et seminaire de vertu. Le Roy le
voulut voir, et se le fit lire; et encore qu'il le trouvât
un peu libre et trop hardi, il se contenta néanmoins
d'en apprendre le nom de l'auteur, qui étoit Arthus
Thomas, lequel il ne voulut qu'on recherchât, faisant
conscience, disoit-il, de fâcher un homme pour avoir
dit la verité.

[MAY.] Le jeudi 9 mai, fut mis en terre un maître
des requêtes nommé Seneville, mort à Paris d'un dé-
voyement haut et bas, qui lui ôta la parole, l'ouïe et
le sentiment deux jours durant, et au bout de deux
autres le fit passer en l'autre monde en la fleur de son
âge.

Le mercredi 25, arriverent les nouvelles à Paris de
l'élection du cardinal Borghese (1) au pontificat le
lundi 16 de ce mois, sans que lui ni autres y eussent

dites, nouvellement découverte; contenant les mœurs, les coutumes
et les ordonnances des habitans de cette île, etc. C'est une satire in-
génieuse de la cour de Henri III. — (1) *Election du cardinal Borghese :*
Camille Borghèse, fait cardinal par Clément VIII en 1598. Il étoit fils
d'un noble vénitien établi depuis peu de temps à Rome.

pensé, ainsi qu'on disoit; et prit le nom de Paul v.

Le dimanche 29, jour de la Pentecôte, un cordelier du couvent de Paris, nommé Bertrand Davignon, jetta le froc aux orties, et fit profession de la religion à Ablon.

[JUIN.] En ce mois de juin on apporta à Paris d'Anvers un livre qu'on y avoit imprimé, in-4°, intitulé, *Amphitheatrum Honoris* (1), qui couroit sous main ici, et s'y vendoit. Livre jesuitique contre cet etat, très-pernicieux et scandaleux, finement déguisé et couvert du prétexte de religion, tout énigmatique, écrit d'un latin antique, et comme barbare à la plupart; injurieux contre le Roy, les princes, et les plus grands et doctes personnages de ce siecle, comme Turnæbus, Scaliger, Casaubon et autres. Sur-tout en veut à la justice et aux principaux du parlement de Paris, lesquels il dénigre cruellement; appelle monsieur le premier président le Polypheme de notre siecle; et de tout le corps n'épargne qu'un seul président, de Thou, lequel encore en louant il blâme.

Parlant de feu messire Louis de Bourbon, prince de Condé, grand-pere de monseigneur le prince qui est aujourd'hui, l'attaque en la personne des huguenots, non tant lui que ceux de sa royale maison et posterité:

(1) *Amphitheatrum Honoris* : L'Estoile attribue ce livre à Charles Scribanius, recteur du collége des jésuites d'Anvers. Le père Alegambe, dans sa Bibliothèque de la Société, dit que l'auteur est un nommé Bernascius, autre célèbre jésuite; mais Bayle remarque que le père Cotton avoit assuré tout le contraire à Henri-le-Grand. Dès que ce livre parut, un homme docte offrit de prouver que l'auteur, par des expressions énigmatiques, menaçoit la tête du Roi et du Dauphin, se soumettant à la mort la plus cruelle et la plus ignominieuse s'il y manquoit.

battant, comme on dit, le chien devant le lion, en ces propres termes contenus en la page 92 dudit livre :

Et quæ pars Galliæ intacta? aut quid in avum eis, quorum hæ de suo capite voces auditæ non semel? Ludovicus XIII, *Dei gratiá Francorum rex, primus christianus, quid dices Gallia? Quid vos, purpurati patres? etc.*

Il y a audit livre une infinité d'autres méchans traits, desquels un honnête homme et docte, qui en tire tous les jours la quintessence et l'éclaircissement des factions jesuitiques y contenuës, qui visent droit à la tête du Roy et de monseigneur le Dauphin, bien que déguisées et couvertes d'énigmes, m'a donné un extrait contenant dix feüilles; et depuis peu en a parlé à M. de Lomenie pour en avertir Sa Majesté, offrant d'entrer en prison les fers aux pieds jusques à ce qu'il ait verifié son dire : à quoi faillant, se soumettoit à la mort la plus cruelle et ignominieuse du monde. Son zele a été loué, et rien autre chose; remis à quand le Roy auroit plus de loisir : c'est-à-dire n'en parlez plus. Et ainsi a cours ce beau livre, qui se vend à Paris comme un autre sans aucune recherche, à laquelle ne se trouvent point aujourd'hui de livres plus sujets que ceux qui deffendent l'autorité du Roy et manutention de son Etat contre les conjurations de cette sainte societé.

L'auteur de ce pernicieux écrit (qu'on ne distribua gueres qu'aux confidens de la Ligue) est un *Carolus Scribanus, jesuista, rector collegii Antuerpiensis.*

Le chevalier de Savoye, les trois Quenouilles, le Laquais, de même farine que celui-ci, et de même intelligence contre le Roy et son Etat, mais plus découvert et plus apparèmment méchant que l'Amphithéâtre, qui l'est couvertement, et d'autant, dit-on, plus dangereux, étoient en bruit à Paris dans ce même tems. Mais, pour être imprimez en Savoye et autres terres du roy d'Espagne, ne se pouvoient voir.

Un pauvre imprimeur, nommé C. Berion, trempa en ce mois à Paris cinq semaines en prison, pour un simple soupçon qu'on eut de lui qu'il avoit imprimé un méchant petit libelle contre les jesuites, d'un nommé Brochart; auquel tout fol qu'il étoit on voulut faire croire qu'il étoit sage, pource qu'il s'étoit mêlé d'écrire contre tous ces gens de bien-là. Il étoit intitulé *la Consultation des Doctes*, lequel j'ai vû et lû; et avec beaucoup d'autres ai jugé, avant que jamais le nom de l'auteur fût découvert, qu'il étoit sorti d'une cervelle mal-faite.

Le mardy 28 de ce mois, mourut à Paris M. Duret, avocat en la cour, mon bon voisin et ami, regretté de tous ceux du Palais pour son bel esprit et éloquence. Peu de jours auparavant étoit mort aussi à Paris le jeune Chouart, avocat, fort regretté aussi-bien que l'autre, ayant été tous deux inopinement et violemment emportez en la fleur de leur âge.

En ce mois (comme journellement à Paris il se fait toujours quelques bons tours qui apprêtent à rire et à parler aux bons compagnons) advint qu'un jeune conseiller de la cour, de fort amoureuse maniere, mais qui pour se faire aimer des dames tenoit une procedure un peu bien vilaine et bien orde, leur faisant ordinairement montre de ses pieces principales pour les mettre en rut et en appetit; le voulant pratiquer à l'endroit d'une jeune et belle dame du faux-bourg Saint

Germain vis-à-vis de laquelle il étoit logé, et lui faisant montre de sa marchandise par une fenêtre qui répondoit droit à la sienne, fut tiré d'une arbalête à jalet, dont le coup le blessa là.

Un almanach de cette année, fait par un qui se faisoit appeller le Grand Moissonneur, imprimé à Lyon, étoit en ce tems en grand bruit à Paris; et n'y avoit fils de bonne mere qui n'en voulût avoir, pour ce qu'il disoit merveilles, et avoit même prédit la mort du Pape et celle du fils du duc de Savoye au même tems qu'elles étoient avenuës : à raison de quoi Son Altesse l'avoit fait emprisonner à Thurin, et disoit-on qu'il le vouloit faire pendre. Pauvre science, laquelle fait prendre et pendre ses maîtres pour des balivernes et badineries!

En ce mois de juin, et le 3 d'icelui, selon l'advis qui en fut apporté ici sur la fin dudit mois, mourut en Pologne le chancelier du royaume, nommé Joannes Samoiscius (1), grand personnage, et duquel toute la Pologne mena grand deuil. Il étoit âgé de soixante-trois ans, et mourut d'une apoplexie.

Sur son tombeau il fit graver ces mots :

Joannes Samoiscius quicquid mortalitatis habuit huc recondere jussit. Postea accersitam ad se conjugem filiumque suum salutavit, et placidè absque ullo doloris sensu obdormivit.

Le dernier de ce mois, on eut nouvelles des grandes magnificences et feux de joye faits par toute l'Espagne, en congratulation de la paix d'Angleterre.

[JUILLET.] En ce mois de juillet, un livre latin im-

(1) *Joannes Samoiscius :* Il avoit fait ses études à Paris.

primé à Grenade (¹) en Espagne l'an 1602, en petit in-folio, par lequel l'auteur prétendoit prouver que le royaume de France appartenoit au roy d'Espagne, se voyoit à Paris; mais rarement, à cause qu'on en avoit peu apporté. Adrian Perrier en vendit un à M. de Cheman, duquel on a tiré le suivant extrait, pour de ce petit échantillon juger le reste de la pièce.

Titulus libri de dignitate regum regnorumque Hispaniæ, et honoratiori loco eis, seu eorum legatis à conciliis, ac Romana sede jure eis debito; auctore Jacobo Valdesio. In Granata, 1602.

Ex quâ longi sanguinis et genealogiæ descriptione colligitur, quod si etiam attendatur lex salica, quâ fœminæ in successione regni Francorum excluduntur, solumque masculi succedunt, regnum Franciæ ad Philippum, tertium regem catholicum Hispaniæ, pertinet, jure successionis et primogenituræ, recta masculina linea à masculo in masculum. Francis familiare est ridendo fidem frangere.

Franciæ rex, comes Tholosæ, debet feudum regi Hispaniæ.

Henricus III et IV, reges Galliæ, infesti Ecclesiæ, non credunt dicto Pontifici.

Ubi fuit una fides cum Francis?

On fit voir ce bel écrit à Sa Majesté.

[AOUST.] Le mercredy 24 août, jour S. Barthelemy,

(¹) *Un livre latin imprimé à Grenade :* L'auteur de ce livre est Jacques Valdès. Il avoit fait ses études à Valladolid; il y exerçoit la profession d'avocat, et y enseignoit le droit canonique. Dans une harangue qu'il prononça devant Philippe II, il prit pour sujet : *Prærogativæ Hispaniæ, hoc est de dignitate et præeminentia regum regnorumque Hispaniæ, etc.* Cette harangue fut applaudie; le monarque en fut si content, qu'il commanda à l'auteur de composer un ouvrage sur cette matière; et Valdès composa l'ouvrage dont parle L'Estoile.

fut faite à Paris une nouvelle et solemnelle procession
des sœurs carmelites, qui ce jour-là prenoient possession de leur maison. Le peuple y accourut à grande
foule, comme pour gagner les pardons; elles marchoient en moult bel et bon ordre, étant conduites par
le docteur Duval, qui leur servoit de bedeau, ayant le
bâton en la main, et qui avoit du tout la ressemblance
d'un loup garou. Mais comme le malheur voulut, ce
beau et saint mystere fut troublé et interrompu par
deux violons qui commencerent à sonner une berga-
masque : ce qui écarta ces pauvres oyes, et les fit retirer
à grands pas, tout effarouchées avec le loup garou
leur conducteur, dans leur eglise, où étant parvenuës
comme en lieu de franchise et sûreté, commencerent
à chanter le *Te Deum laudamus*.

Le mercredy dernier du present mois d'août, fut
mis en terre à Paris M. de La Grange Coursin, maître
des requêtes, et un des nouveaux conseillers d'Etat de
Sa Majesté, homme de bien, et bon juge.

En ce mois, la venuë de la reine Marguerite (1) à
Paris, où on ne l'avoit vûe depuis vingt-quatre ou
vingt-cinq ans, et son arrivée à la cour tant soudaine
et précipitée qu'il sembloit qu'elle n'y dût jamais être
assez à tems, réveillerent les esprits curieux, et four-
nirent d'ample matiere de discours à toutes sortes de
personnes.

Elle prit son logis à Paris à l'hôtel de Sens, joignant
l'Ave-Maria, sur la porte duquel on trouva peu après
écrits ces quatre vers, faits par quelques médisans :

(1) *La venue de la reine Marguerite :* Voyez la Notice qui précède les
Mémoires de cette princesse, tome 37, première série.

> Comme roine, tu devois être
> En ta royale maison;
> Comme p....., c'est bien raison
> Que tu loge au logis d'un prêtre.

On disoit qu'à son arrivée le Roi l'avoit requise de deux choses : l'une, que pour mieux pourvoir à sa santé elle ne fît plus, comme elle avoit de coutume, la nuit du jour, et le jour de la nuit; l'autre, qu'elle rétraignît ses liberalitez, et devînt un peu ménagere. Du premier, elle promit au Roy d'y apporter ce qu'elle pourroit pour contenter Sa Majesté, encore qu'il lui fût fort mal aisé, pour la longue habitude et nourriture qu'elle en avoit prise : mais qu'au regard de l'autre il lui étoit du tout impossible, ne pouvant jamais vivre autrement, et tenant cette liberalité de race. Comme à la verité du côté de sa mere les Médicis ont été tous notez de prodigalitez demesurées; et si pour cela n'en ont pas été estimez plus gens de bien.

Le seigneur d'Ivigni ou de Juvigni, gentilhomme françois, ayant nom et reputation entre la noblesse, fut poursuivi en ce tems, en sa vie et en ses biens, comme criminel de leze-majesté, et pendu en effigie à Paris, faute de l'original, pour avoir fait un discours intitulé *Discours d'Etat pour faire voir au Roy en quoi Sa Majesté est mal servie.*

Ce discours couroit secretement à Paris en ce mois, écrit à la main, et contenoit neuf à dix grands feuillets d'écriture; lequel un mien ami me fit voir, un peu bien libre et hardi pour le tems, qui ne souffre toutes veritez, où il ne se lit toutesfois rien qui soit contre le Roy et son service, mais bien contre M. de Rosni, et celui, disoit-on, de ses commoditez.

[SEPTEMBRE.] Le samedi 3 septembre, fut penduë en la place des Halles à Paris une servante du sire Heron, epicier demeurant près la porte Saint Innocent, pour avoir tué avec un couteau un petit enfant, fils dudit Heron son maître, âgé de vingt-six mois seulement, et l'avoir égorgé dans son lit. Cette miserable étant prise, confessa franchement le fait, et dit que c'étoit un homme noir qui le lui avoit fait faire; en quoi elle persista toujours, même au supplice, où elle dit qu'elle le voyoit qui la suivoit sur un cheval blanc. Il y avoit trois ans et plus qu'elle servoit en cette maison. Son corps fut réduit en cendres, après avoir eu le poing coupé.

Le samedi 10 de ce mois, on trompetta des deffenses par la ville de Paris de plus chanter par les ruës la chanson de Colas; et ce sur peine de la hart, à cause des grandes querelles, scandales et inconveniens qui en arrivoient tous les jours, jusques à des meurtres. Cette chanson avoit été bâtie contre les huguenots par un tas de faquins séditieux, sur le sujet d'une vache qu'on disoit être entrée dans un de leurs temples près Chartres ou Orléans, pendant qu'on y faisoit le prêche; et qu'ayant tué ladite vache, qui appartenoit à un pauvre homme, ils avoient après fait quêter pour la lui payer. Or à Paris et par toutes les villes et villages de France on n'avoit la tête rompuë que de cette chanson, laquelle grands et petits chantoient à l'envi l'un de l'autre en dépit des huguenots, devant la porte desquels pour les agacer cette sotte populace la chantoit ordinairement; et étoit jà passé en commun proverbe, quand on vouloit designer un huguenot, de dire *C'est la vache à Colas;* d'où procedoient une infinité de querelles et batteries, ceux de la religion s'en formalisans fort et ferme, et étant aussi peu endurans que les autres, qui s'en fussent servis volontiers à faire une sédition, à l'instigation de quelques-uns de plus grande qualité qui les y poussoient sous main, et faisant semblant d'éteindre le feu l'allumoient. Cela fut cause des deffenses si étroites qu'on en fit, et aussi que le jour de devant il y en eut près les Cordeliers un qui là chantoit, qui en fut payé d'un coup d'épée par un de la religion, archer des gardes de M. de La Force, qui l'étendit mort sur le pavé.

Ce jour, comme la reine Marguerite entroit aux Jacobins pour gagner les pardons, elle trouva une pauvre Irlandoise à l'entrée qui venoit d'accoucher; et à peine étoit elle delivrée de son fruit, qui étoit un garçon, qu'elle le voulut tenir; et ayant sçu que M. de Montpensier étoit là, le fit son compere, et lui donna le nom de Henry.

Le mardi 13 de ce mois, fut mis en terre, aux Augustins à Paris, M. le president de Lyon (¹), qui mourut d'un renversement de boyaux en l'âge de soixante-sept ans. C'étoit un très-homme de bien, et de mes amis.

Le lendemain fut enterré M. de Vœil, conseiller en la cour; et peu après M. des Portaux, maître des requêtes.

Mourut en même tems, en sa maison des champs près Paris, M. de Paroy, d'une melancolie qu'on disoit

---

(¹) *M. le président de Lyon :* François de Lyon fut conseiller du Roi au conseil privé, et premier président de la cour des monnoies. Il étoit fils d'Antoine de Lyon, conseiller à la grand'chambre du parlement de Paris.

qu'il avoit prise de la mort de la presidente Tambonneau, sa sœur. Il fut regretté de tous ceux qui le connoissoient, à cause de sa grande bonté et prudhomie.

Le grimoire du pere Cotton fut mis en ce tems sur les rangs à Paris, où il servoit de devis et entretien ordinaire aux compagnies. C'étoit un écrit de sa main, qui tomba par mégarde entre les mains de quelqu'un qui ne l'aimoit pas, ni ceux de sa société; et en fit courir des copies par tout. Il contenoit soixante-onze demandes par articles, qui s'adressoient à quelque demon ou grimoire; et y en avoit de fort plaisans. Il commence : *Per merita sancti Petri apostoli, sancti Pauli, sanctæ priscæ virginis et martyris, SS. Mosci et Ammonii, milit., etc.*

J'en ai extrait deux passages, l'un de Frontinus et l'autre de saint Thomas, que j'ai entre mes papiers, qui sont formels contre cette diablerie, et semblent avoir été faits exprès contre.

Le dimanche 18 de ce mois, fut dès le matin affiché à la porte Saint Victor, et autres endroits de la ville de Paris, un séditieux placard imprimé contre ceux d'Ablon; dont il y eut grand trouble et murmure, pource qu'il fut suivi de deux meurtres (fût à dessein ou autrement), à sçavoir d'un nommé Robert, demeurant au faubourg Saint Germain, qui se mêloit de louer des chambres; lequel, revenant d'Ablon avec un sien fils, fut attaqué et tué sur la place par un soldat des gardes de la compagnie du capitaine Sainte Colombe, et ledit soldat tué tout-à-l'heure par le fils dudit Robert, outré de juste douleur de voir son pauvre pere mort. Ledit placard contenant ce qui s'ensuit :

« On fait sçavoir à tous ecoliers, grammairiens, ar-

« tiens, et autres adolescens illustres etudians en notre
« Université lutetienne, qu'ils ayent à se trouver au-
« jourd'hui *post prandium* sur le bord de Seine , *cum*
« *fustibus et armis*, pour là s'opposer *in tempore op-*
« *portuno* aux insolences de la maudite secte hugue-
« note et abloniste; faisant deffenses à tous prévôts ,
« lieutenans et autres d'empêcher ceci, sur peine d'en-
« courir l'ire de Dieu, et du peuple chrétien et catho-
« lique, etc. »

[OCTOBRE.] Le dimanche 9 octobre, je vis au logis
d'un nommé L'Argentier, au Palais, une riche et rare
pierre qu'on y montroit, grosse à peu près comme la
tête d'un petit enfant, toute couverte de diamans, rubis,
émeraudes, opalles, et autres pierres précieuses de valeur inestimable. Ledit Argentier nous dit qu'on l'avoit
apportée des Indes orientales, et qu'elle étoit estimée
plus d'un million d'écus. Mais comme la rareté et curiosité font toujours paroître en ces choses nouvelles
les merveilles plus grandes qu'elles ne sont, et éblouis-
sent aisément les yeux de ceux qui les admirent pour
ne les connoître ; j'appris avec beaucoup d'autres que
les lapidaires s'en mocquoient, disans que cette belle
pierre (dont on parloit par tout Paris) étoit falsifiée;
qu'à peine en eussent-ils voulu donner un million de
sols ; qu'elle ne venoit nullement des Indes, ains plutôt
d'Espagne ou d'Afrique.

L'onziéme tome de Baronius (1) fut apporté sur la
fin de ce mois à Paris, où ceux qui le voulurent non

(1) *L'onziéme tome de Baronius* : Le onzième tome des Annales du
cardinal Baronius , dédié à Sigismond III, roi de Pologne, fut d'abord
imprimé à Rome , puis à Cologne.

retranché furent contraints d'en prendre de l'impression de Mayence ou de Rome, qui étoit fort cher, pource qu'à Anvers, qui est aujourd'hui entre les mains du roy d'Espagne, on en avoit ôté ce qu'il avoit écrit pour le Pape contre le roy d'Espagne, touchant les royaumes de Sicile et de Naples.

Plusieurs étranges et diverses maladies regnerent à Paris en cette saison; et avec l'éclipse qui advint le 12 de ce mois, eclipserent beaucoup de personnes qui depuis n'ont été vûes. Les dissenteries surtout furent dangereuses et mortelles à ceux qui s'en trouverent atteints, et plus ailleurs qu'à Paris : car il en réchapoit fort peu. Marescot le médecin et ma fille Duranti, avec beaucoup d'autres, en moururent.

Le bruit en ce tems de beaucoup de prodiges advenus depuis peu en diverses contrées et endroits de la France et de l'Europe étonne prou le peuple, mais ne l'amende point, qui est le pis. Une fille de Conflant en Angoumois, et une autre en Suisse, vivent (ainsi qu'on dit) sans boire ni manger aucunement. Ce qui ne s'est jamais vû au monde.

Deux prêtres de Monmorillon consacrent l'hostie au diable, et un prêtre hermaphrodite se trouve empêché d'enfant; et plusieurs autres choses miraculeuses et extraordinaires, qui toutes nous menacent de l'ire de Dieu.

[NOVEMBRE.] Le samedi 5 novembre, mourut, en sa maison des fauxbourgs Saint Honoré à Paris, M. de La Riviere, premier medecin du Roy, duquel on ne peut dire autre chose, sinon que le proverbe de *Telle vie, telle fin*, est failli en lui; et que c'a été le bon larron, que Dieu a regardé pour lui faire misericorde.

Le lundi 7 de ce mois, on eut advis certain de la mort de M. de Beze à Généve, par lettres bien expresses que je vis, qui contenoient la forme et façon dont ce grand personnage étoit mort, qui étoit le dimanche 23 du mois passé, lendemain de l'éclipse, à ceux qui n'observent le retranchement des dix jours. Il fut enterré dans le cloître de l'eglise Saint Pierre par ordonnance de la ville, nonobstant toutes oppositions et formalitez. Il étoit âgé de quatre-vingt-six ans et plus.

Le jeudi au soir 17 de ce mois, entre six et sept heures du soir, la nuit étant jà close, parut sur Paris un signe étrange du ciel en forme de verges rouges, que plusieurs milliers de personnes ont vû et remarqué.

En ce mois, mourut à Paris en la fleur de son âge M. de Navieres, conseiller en la cour, fils d'un homme de bien et docte, et de mes meilleurs amis, avocat au grand-conseil.

Vinrent aussi les nouvelles de la mort de M. de Bauves [1], tué en une rencontre des Pays-Bas. Il étoit fils de M. Du Plessis-Mornay, gentilhomme autant accompli et regretable qu'il y en ait eu en France il y a long-tems, tant pour la probité et doctrine que pour la valeur; dont le Roy rendit témoignage de sa propre bouche, lorsqu'on lui en apporta les nouvelles.

[DECEMBRE.] Le lundi 19 decembre, un gentilhomme nommé Merargues [2] fut décapité en la place

(1) *M. de Bauves* : Fils unique de Du Plessis-Mornay. Il étoit âgé de vingt-six ans, et servit comme volontaire dans l'armée du prince Maurice. — (2) *Merargues* : Louis de Lagon de Merargues, gentilhomme provençal, avoit des intelligences avec Balthazar Sunica, ambassadeur d'Espagne, et avec Bruneau son secrétaire. Il s'étoit en-

de Greve à Paris, pour avoir voulu vendre la ville de
Marseille à l'Espagnol. Il étoit parent de messieurs de
Joyeuse, et avoit épousé la niepce de M. de Grillon.
Il étoit estimé riche de plus de dix ou douze mille livres
de rente. Mais au surplus homme fort leger et inconstant, qui tantôt tenoit un parti, tantôt l'autre, et qui
pendant les troubles se montra si variable, qu'on en fit
un proverbe en Provence : car quand on vouloit designer un tems mal assuré, on disoit que c'étoit le tems
de *Merargues*.

Ce jour, comme le Roy revenant de la chasse passoit à cheval sur le Pont-Neuf, environ les cinq heures
du soir, se rencontra un fol qui, ayant un poignard
nud sous son manteau, tâcha d'en offenser Sa Majesté;
et l'ayant saisi par le derriere de son manteau, que le
Roy avoit agraphé, le secoüa assez long-tems, jusques
à ce que chacun étant accouru au secours, étant pris
et interrogé ce qu'il vouloit faire, dit qu'il vouloit tuer
le Roy, pource qu'il lui détenoit injustement son bien
et la plûpart de son royaume, et plusieurs autres folies;
puis en riant dit que pour le moins il lui avoit fait
belle peur. Ce fol s'appelloit Jacques des Isles, natif
de Senlis, praticien et procureur audit lieu, et trans-

gagé à leur livrer le port de la ville de Marseille. Ce complot ayant
été découvert, La Varenne et le prevôt Defunctis arrêtèrent de Merargues et Bruneau, au moment où ils conféroient ensemble. On trouva
plusieurs papiers importans cachés sous les bas de ce dernier. Merargues fut convaincu du crime de lèse-majesté, et condamné à avoir la
tête tranchée dans la place de Grève. L'arrêt portoit que son corps seroit mis en quatre quartiers, pour être exposés à quatre portes de Paris; et que sa tête seroit portée à Marseille, pour y être exposée sur
la grande porte de cette ville. Le secrétaire Bruneau fut remis entre
les mains de l'ambassadeur d'Espagne.

porté dès long-tems de son esprit; lequel à cette occasion, selon la déposition des procureurs même dudit
Senlis, avoit été chassé de leur siége, et l'en avoient
ôté comme fol et furieux. On ne laissa toutesfois de
proceder contre lui, comme contre un criminel de
leze-majesté au premier chef; et le vouloit-on envoyer
au gibet tout fol qu'il étoit, pource qu'on disoit (comme
la verité étoit) que la graine de ces fols-là n'étoit
point de garde, et que leurs folies étoient par trop
dangereuses et préjudiciables à l'Etat; mais le Roy ne
le voulut jamais permettre, disant qu'il en faisoit conscience, pource qu'il avoit bien reconnu que c'étoit un
vrai fol, et qu'il falloit encore donner celle-là à la
saison, qui en étoit fertile. Et là-dessus Sa Majesté ra-
mantut le conte qu'on lui avoit fait d'un homme d'apparence, lequel, avec un beau manteau de peluche
qu'il avoit, s'étoit jetté le dimanche auparavant de dessus ce Pont-Neuf même dans l'eau, et s'étoit noyé.

Les ecclesiastiques le soir allerent au Louvre congratuler Sa Majesté de cette heureuse délivrance. Il y
avoit huit evêques : M. l'archevêque de Tours (1) portoit la parole. On y remarqua un trait digne de la gé-
nérosité du Roy, qui fut que Sa Majesté ayant accoû-
tumé, aux autres fois que ceux de cette compagnie
le venoient trouver, de commander qu'autres que les
evêques n'approchassent sa personne, et que tous les
autres eussent à se retirer; ce jour tout au contraire
il enchargea, et voulut que tous ceux de leur suite
fussent reçûs à en approcher, jusques à leurs valets et
simples prêtres : voulant montrer par-là le peu de

(1) *L'archevêque de Tours* : François de La Guesle.

crainte et de défiance qu'il avoit, nonobstant les mauvais bruits qui couroient.

Le lendemain on en chanta le *Te Deum* à Paris; mais sans le sçu et consentement du Roy.

En ce tems coururent à Paris certaines propositions imprimées nouvellement en petit in folio, sans nom de lieu ni d'auteur, sur un avis d'Etat donné au Roy l'an 1603, sur la réformation et reglement de tous les etats de son royaume. Par cet avis, que l'auteur appelle un mémoire succinct (qui contient toutesfois cinq mains de papier écrit à la main, que j'ai vû et eu), il promet de grandes choses pour la réformation du désordre qu'on voit en toutes les parties de cet Etat, avec une manutention assurée de l'Etat et religion contre toutes entreprises tant domestiques qu'étrangeres; et au bout (qui est le principal et le meilleur, mais le plus malaisé) un fonds assuré de finances, sans aucune charge et foule du peuple, pour rendre Sa Majesté le plus riche et plus grand monarque de la terre. Qui sont à la verité de grandes et belles propositions qui ne peuvent être que bien agréables à Sa Majesté, utiles à son Etat et au public, qui dès long-tems soupire après; mais desquelles les exécutions sont plus mal aisées que les propositions, qui sont belles, propres à exercer un bel esprit, et rien autre chose. Elles commencent par le verset 15 du chapitre 10 de saint Paul aux Romains : « O que les pieds de ceux qui annoncent paix « sont beaux! etc. »

Le vendredi 30 de ce mois, auquel il neigea tout le long du jour, fut tué au moulin Saint Marceau, par le jeune Balagni, un baron de Dauphiné, qui, l'épée au poing toute nuë, avoit attendu ledit Balagni bien deux heures durant, tant il avoit d'envie que l'autre le tuât : comme il fit, l'étendant mort sur la place. Et étoit fondée leur querelle sur un néant.

Sur la fin de ce mois, et pendant icelui, plusieurs personnes à Paris furent volées en leurs maisons, en plein jour, par une espece de larrons qu'on appelloit barbets ; lesquels trouvans moyen d'entrer aux maisons sous couleur d'affaires qu'ils disoient avoir aux maîtres d'icelles, après les avoir accostez sous prétexte de leur parler, leur demandoient de l'argent avec le poignard sous la gorge ; et falloit qu'ils en baillassent. Entre ceux qui y furent volez, on compte pour les principaux le president Ripault (1), le tresorier de M. de Mayenne nommé Ribaud, lequel ils contraignirent de leur bailler deux cents écus en or ; et un avocat nommé Dehors, auquel après l'avoir lié, ils volerent la valeur de deux mille écus, ainsi qu'on disoit. Chose étrange de dire que dans une ville de Paris se commettent avec impunité des voleries et brigandages, tout ainsi que dans une pleine forest.

Le duc et senat de Venise, sur la fin de cette année, renouvella et fit de nouveaux decrets, aux fins que les ecclesiastiques reguliers, monasteres, hôpitaux et lieux pieux ne pûssent acquerir des immeubles sans licence du senat ; lesquelles il amplifia encore, faisant deffenses aux séculiers mêmes et ecclesiastiques de ne tester d'immeubles, ni faire fondations en faveur de lieux pieux, sans permission dudit senat : chose en laquelle la seigneurie se disoit être en possession dès longtems, sans qu'aucun pape la leur eût jamais debaiué.

(1) *Le president Ripault :* Michel Ripault fut conseiller au parlement de Paris, puis président à la quatrième chambre des enquêtes.

Mais celui-ci la jugeant contraire à l'immunité et liberté ecclesiastique, et lesdits decrets repugnans aux conciles et constitutions autorisées des papes, leur commanda de les casser et revoquer; ensemble de remettre ès mains de son nonce à Venise un abbé et un chanoine de Vicence, qu'au même tems ils avoient fait emprisonner pour quelques crimes desquels le senat de Venise prétendoit avoir la connoissance : mais il ne put obtenir de la seigneurie ni la cassation des decrets, ni l'élargissement des prisonniers : ce qui fut cause de l'excommunication qui s'ensuivit en après, seminaire de nouveaux troubles et divisions en la chrétienté.

On fit aussi en ce tems en France un parti de la justice en l'edit de Paulet (1), tout propre pour la ruiner et abolir : car la dispense des quarante jours que les officiers achettent fera, comme dit quelqu'un, qu'ils se dispenseront aisément de bien fairé, et feront porter injustement au peuple le tribut annuel qu'elle leur coûte, tout ainsi qu'ils ont déja fait et font encore tous les jours ; et encore que la dispense die que c'est pour donner cœur aux officiers de bien servir, conservant

---

(1) *En l'edit de Paulet :* Auparavant cet édit, les offices de judicature et de finance se pouvoient résigner, mais il falloit que le résignataire vécût quarante jours après sa démission : sinon le Roi y pourvoyoit. Pour augmenter les revenus de Sa Majesté, Rosny, qui étoit alors surintendant des finances, s'avisa de les assurer à la veuve et aux héritiers de ceux qui les possédoient, moyennant que les pourvus payassent tous les ans le soixantième denier de la finance à laquelle ces offices avoient été évalués ; faute de quoi ils retourneroient, par la mort, au profit du Roi. Ce droit fut nommé le droit annuel. Le vulgaire l'appela paulette, du nom de Paulet qui en fut le premier traitant.

par ce moyen leurs offices, si est-ce qu'il y a apparence qu'ils ne suivront jamais le sens de la lettre pour les garder plus long-tems ; mais s'en serviront à la même intention des partisans, c'est-à-dire pour faire leur profit. Et est à craindre que les gens de bien même ne soient contraints d'en user ainsi, pour l'incommodité que cette rente et surcharge leur apportera.

Il y a encore deux autres inconveniens non petits qu'on cotte, qui proviendront de cette dispense : c'est qu'elle rendra tous offices patrimoniaux, et diminuera d'autant l'autorité du Roy, les tirant du pouvoir de Sa Majesté. L'autre inconvenient sera un vrai établissement de l'ignorance, et par consequent de toute confusion : car il ne sera pas grand besoin aux peres de faire étudier leurs enfans, qui sans cela n'étudient déja gueres : car ils ont comme en héritage, par ce bon reglement, ce que par la science ils doivent acquerir. C'est une partie des raisons qui courent, et qu'on a fait entendre au Roy sur l'établissement de ce nouvel edit partisan.

Le bail des aydes de Montauban regnoit aussi en ce tems ; auquel le seigneur de Juvigny, en son discours d'Etat qu'il a écrit, remontre que le Roy fait perte dans les dix ans de dix millions de livres, qui tournent au profit, dit-il, de quelques particuliers qui devroient être ses meilleurs serviteurs ; et que d'ailleurs elle a assez obligé pour les empêcher de lui faire ce desservice. Ce qu'on croit bien être vrai ; mais on ne l'ose dire, chacun craignant de s'en trouver mal, comme a fait ce pauvre gentilhomme.

Le samedi dernier de ce mois et an 1605, le Roy

reçût nouvelles de la mort du duc de Saxe [1], âgé de trente-cinq ans seulement ; grand prince, bon, vaillant, pacifique, honoré de ses sujets, aimé et estimé du Roy. Il étoit protestant, mais homme de bien en sa religion, et qui dès son jeune âge s'étoit donné cette belle devise : *Deduc me, Domine, in verbo tuo.*

Peu auparavant Sa Majesté avoit eu avis de la mort de M. de Laval, tué en Hongrie : jeune seigneur fort accompli, riche de plus de cent mille livres de rente ; et de celle de son gouverneur M. de Gerges Du Faur, duquel M. de Rosni eut la dépouille.

Plusieurs morts subites et étranges fermerent à Paris l'an present 1605.

En cet an 1605, le fleau de la contagion, qui dès long-tems affligeoit fort et battoit la Touraine, l'Anjou, le Maine, le Poitou, le pays d'Aunis, la Xaintonge, et autres pays et provinces adjacentes, s'épandit tellement en la Guyenne, que la cour de parlement en quitta Bourdeaux pour aller à Agen.

Sur la fin de cet an, fut découverte la tragedie d'Angleterre, qui étoit une horrible conjuration contre l'état du royaume, et la vie et personne du Roy, lequel on devoit exterminer et faire sauter et brûler avec tout son conseil dans son conseil même, puis tuer tout le peuple jusqu'aux enfans du berceau, passant tout au fil de l'épée, sans distinction aucune de qualité, d'âge ni sexe.

Nec enim admirationi (dit le roy d'Angleterre en sa harangue) *tam horridæ et formidabilis sævitiæ,*

*quæ ipsis in mentem venerat, quæ non modò me pe-
tebat, non uxorem, non posteros, sed in ipsius reipu-
blicæ jugulum ferebatur, non ullius misereri, non
primæ aut ultimæ ætatis, nec conditionum nec
sexuum discrimine sævire.*

Cette damnable menée et conjuration ne regardoit
seulement l'Etat d'Angleterre, mais celui de tous les
princes voisins et potentats de la chrétienté. La traînée
en étoit longue, et la fusée jettée embrasoit beaucoup
de pays, même celui de la France, par l'artifice des
jesuites, qui s'y trouverent bien avant mêlez (comme
ils sont toujours en ces grandes bouleverses et renver-
semens d'Etats). Ce que le Roy sçût bien dire au pere
Cotton, quand il lui en parla. « Je ne veux croire ce-
« lui-là de vous autres, dit-il, ni toucher au général de
« votre ordre, si ce n'est à Person, qui est à Rome (1)
« près Sa Sainteté, lequel je sçais n'avoir ignoré cette
« pernicieuse menée et dessein. »

De cette tant miraculeuse délivrance, non seulement
l'Angleterre, mais tous les Etats et royaumes vraye-
ment chrétiens, en rendirent graces solemnelles à Dieu,
à la seule providence et misericorde duquel (et tant la
partie des méchans étoit bien faite) on la pouvoit et devoit referer selon la conclusion de la harangue du roy
d'Angleterre, qui finit par ces mots : *Huic quidem ora-
tioni exitum alium invenire non possum, quam ut ex
sacra Scriptura exclamem : Misericordia Dei super
omnia opera ejus.*

Un fol de Bearnois couroit les ruës de Paris en ce
tems, et par tous les endroits et carrefours de la ville,

(1) *Person, qui est à Rome :* Ce jésuite fut connu sous le nom de *Ro-
bertus Personius.* Il étoit né en Angleterre.

haranguant le sot peuple contre les huguenots et hérétiques pour la manutention de la sainte foi catholique,
apostolique et romaine : lequel tout fol qu'il étoit on
menaça de foüet et de prison pour le faire taire; mais
tout n'y servit de rien. Or le jugement de Dieu cependant sur ce pauvre fol est grand et remarquable, que
je mettrai ici pour l'avoir appris d'un homme de bien,
craignant Dieu et veritable, qui en sçavoit toute l'histoire, et me l'a assurée pour vraie.

Cet homme, qui court encore aujourd'hui les ruës
plus que jamais, est natif de la ville de Pau en Bearn,
de pere et mere de la religion, élevé et nourri soigneusement par eux en icelle; de laquelle s'étant révolté,
comme il fut entré un jour en dispute sur ce sujet avec
sa mere, qui étoit extrèmement fâchée de sa révolte,
et à laquelle il s'étoit de tous tems montré mauvais fils,
rebelle et désobéissant, lui ayant usé de quelques menaces et propos injurieux; cette femme outrée de colere
lui donna sa malediction en ces mots : « Je prie Dieu,
« avant que de mourir, que je te voye courir les ruës. »
Ainsi dit, ainsi fait; et est encore la mere vivante aujourd'hui, si elle n'est morte depuis bien peu de tems, et
son fils courant tous les jours les ruës de Paris.

Le 23 decembre de l'an present 1605, un syndic
de la ville de Nuremberg, flamand de nation, nommé
Nicolas Gilger, homme de grande autorité et sçavoir,
pour un inceste commis avec la sœur de sa femme, fut
exécuté à mort audit Nuremberg; dont on eut avis ici
le dernier de l'an 1606. L'histoire latine en raconte les
particularitez et forme du supplice, en ces mots :

Habuit Norimbergensis respublica, per annos XIX,
advocatum quemdam sive syndicum, Nicolaum Gil-

47.   33

ger nomine, natione Belgam, insignis staturæ, auc-
toritatis magnæ et profundæ eruditionis virum. Is ,
propter incestum cum uxoris suæ sorore commissum,
perjuria et scelera flagitiaque alia quamplurima , 23
decemb. die , in sella nigro panno obducta sedens ,
capite mulctatus est; quinquaginta millium floreno-
rum post se relicta.

En cet an 1605, y eut à Paris une grande assemblée de messieurs du clergé ⁽¹⁾, qui se tint, sous la permission de Sa Majesté, au couvent des Augustins ; en laquelle se firent de belles propositions, peu ou point de résolutions, de faste prou, de profit peu, de dépense beaucoup. Le vin et la bonne chere qui y présidoient causerent, entre les presidens et prélats de ladite assemblée, de grands debats et altercations sur le fait de leurs préseances, principalement entre messieurs les archevêques de Sens et de Lyon, l'un viel et l'autre jeune ⁽²⁾, qui l'emporta toutefois dessus le vieil. Et enfin la décision de cette matiere, comme des autres traitées en cette assemblée, se termina pour la plûpart en coups de poings, qui tomberent sur ceux mêmes qui n'en pouvoient mais. Un docte homme de notre tems en composa les vers suivans, qui furent divulguez par tout.

De conventu præsulum , etc.

[JANVIER 1606.] Le mercredi 18 janvier 1606, fut

⁽¹⁾ *Grande assemblée de messieurs du clergé :* Cette assemblée fut présidée par François, cardinal de Joyeuse, archevêque de Rouen, primat de Normandie. Elle étoit composée de neuf archevêques, dix-huit évêques , et de trente-deux abbés du second ordre. — ⁽²⁾ *L'un vieil et l'autre jeune :* Le premier étoit grand aumônier de France, et

ordonné, par arrêt de la cour de parlement, qu'on saisiroit le temporel des communautez, et qu'on vendroit les biens meubles des particuliers de ceux qui ne satisferoient à leur cotte des pauvres, que par ledit arrêt on mettoit hors la ville, pour la purger d'autant de faineans et vagabons. Ce qui fut improuvé de beaucoup, et engendra du murmure entre le peuple, qui disoit n'y avoir charité ni merite à donner l'aumône par force; et que bannir et chasser de Paris les pauvres comme faisoit ledit arrêt, c'étoit chasser Dieu de la ville, et mettre autant de voleurs et desesperez à la campagne; et qu'il y avoit moyen, sans les chasser, de les astraindre à travailler ici, et leur faire gagner leur vie.

Le 25 de ce mois, jour de la Conversion de Saint Paul, s'éleva à Rome une si horrible et furieuse tempête, que de mémoire d'homme on n'en avoit point vû de semblable : si que le Tibre crut en un instant, et se déborda avec telle impétuosité, qu'emportant et ravageant tout ce qu'il rencontra, fit tort à la ville de plus d'un million d'écus. Un historien de notre tems l'a décrite sommairement de cette façon :

Romæ, die Conversionis Pauli (dit-il), *tanta tempestas procellarum, imbrium et ventorum exstitit, quantam hominum memoria recordari non potuit. Audita enim sunt et tonitrua; et fulmen divi Petri templum concutiens, duo ingentia candelabra ab altari disjecit, pensilibus hinc inde lychnis simul om-*

---

avoit rendu de grands services au roi Henri IV dans la célèbre conférence de Surenne : il avoit alors près de quatre-vingts ans. Le second étoit beaucoup plus jeune, et n'étoit archevêque de Lyon que depuis environ un an.

33.

*nibus extinctis. Sed et in Ara-cœli monasterio nempe
fulmine tacto, tantus occupavit monachos omnes
pavor, ut extremum imminere sibi diem putarent;
idque eo magis quod quasi terræ motu concussum
monasterii fundamentum cernerent. Crescentibus autem hac tempestate et undique confluentibus in Ti-
berim aquis, fluvius iste in tantam excrevit altitudi-
nem, ut sese per vicos et plateas civitatis passim
diffunderet, obvia quæque vel miliarium tractu abri-
peret, et damnum urbi vix decies centenis millibus
aureis reparandum inferret. Magistratus igitur* D
statim plus minus fossores constituit, qui fodiendo
inundationem ex urbe derivarent. Pontifex vero, sequenti solis die, templum ut preces suas perageret
ingressus, cum in vestibulo ejus ingentem pauperum
multitudinem cerneret, atque inter illos etiam mulie-
rem, quæ in ipso juxta consistorium atrio, filium
infantem enixa esset, eleemosynas quidem inter pau-
peres copiosas distribuit; infantem verò illum cum
matre sua in xenodochio honorificè sustentari et
educari præcipit, promulgato mox sequenti die edic-
to, ut pistores pistos, magna copia panes, navigiis
hinc inde traducerent, ne quos aquarum vis domo
exire prohiberet, fame perire cogerentur.*

Le pénultieme et dernier de ce mois, furent executez
à mort à Londres, en Angleterre, huit des principaux
de la conjuration; les noms desquels sont Edouard
Digby, Robert Winter, Jean Grownt, et Thomas Ba-
tes; ces quatre le 30 de ce mois; et le lendemain les
quatre suivans : Thomas Winter, Ambroise Roockvod,
Robert Keest, et Guy Fawks. Le genre de leur supplice
est couché par leur histoire en ces mots :

Tali supplicio affecti sunt (dit-il), *ut equis primo ad supplicii locum, qui prioribus quatuor in cœmeterio ad D. Paulum, reliquis vero in parlamenti vestibulo paratus erat, protraherentur; patibula postmodum alligati, moxque antequam suffocarentur, inde liberati, mensæ imponerentur, ubi viventibus adhuc, virilia primum amputata et igne cremata, postmodum corda pectoribus eruta, intestinaque omnia in ignem conjecta sunt. Hoc facto, capita cervicibus amputata, et hastis affixa; corpora vero in quatuor partes dissecta sunt, capitibus vero reliquis ad portas variè affixis et alligatis. Cæterum omnes, cum protestatione se in fide catholica romana constanter perseveraturos, mortem, cum non ligati essent manibus, magno animi robore perpessi sunt.*

Sur la fin de ce mois, on eut avis ici d'un monstre né en Allemagne, duquel un historien latin parle en ces mots : *Sub initium anni hujus* (dit-il), *tertio nempè januarii die 1606, monstrum Argentinæ, matre Anna, patre vero Stephano Schwartzio Arculario, natum est, quod cum ad dimidium horæ viveret, ab obstetrice baptizatum, et Anna Maria vocatum est. Habebat id caput quidem satis crassum, ut ex duobus concretum dixisses, oculosque duos et os unicum, verum aures quatuor; corpus ad umbilicum usque unum erat, inde geminum apparebat; brachia et manus habebat quatuor, totidemque crura et pedes. In sectione, cor unicum tantum, et pulmo unus, sed hepar geminum, geminusque ventriculus et quatuor renes reperti sunt, solano ne vestigio quidem apparente. Quod monstrum quid portendat hisce præsertim periculosis et turbulentis temporibus, vel conjectura assequi, difficile non est, ut peculiarem admonitionem addere non sit opus.*

En ce tems le roi d'Espagne envoya deux ambassadeurs en Angleterre par devers le Roi, pour se conjouir avec lui de l'heureuse délivrance que Dieu lui avoit donnée par la découverte de cette maudite conjuration contre Sa Majesté et son Etat. Le sommaire de leur légation est couché en ces mots par l'historien latin :

Sub initium januarii, Hispaniarum rex duos ad regem Angliæ legatos ablegans, generosos aliquot equos ei donari, significari jubet magna sese affectum lœtitia, ut audivisset tantam et tam nefariam conjurationem in Anglia detectam, tamque ingenti periculo Regem (divina Providentia rem ita moderante) liberatum esse. Petit igitur ne suspectum sese habere ullo modo Rex velit : alienum enim animum suum, ut à proditione in Gallia nuper detecta, sic ab hac etiam et similibus machinationibus nefariis, fuisse semper et in posterum etiam futurum.

Cela veut dire en espagnol : « Nous l'avons belle « faillite, et vous l'avez échappé belle, puisque vous « êtes encore en vie. Le Roi notre maître vous la sou- « haite bonne et courte. »

La constitution de cette saison vaine, maussade et humide, ne se passant jour ni nuit qu'il ne plût, cause de grandes maladies en France, avec morts étranges et subites : mêmement à Paris, où de ma connoissance entr'autres moururent M. Regnault, conseiller en la cour des aydes, si subitement, qu'il n'eut loisir d'y penser. Il étoit nouveau marié pour la seconde fois, ayant eu en cinq mois deux femmes ; et sa femme deux maris en cinq semaines. M. de Lavernau, et mademoiselle Du Four en la fleur de son âge; avec beaucoup d'autres. Force meurtres, assassinats, voleries, excès, paillardises, et toutes sortes de vices et impietez, reguerent en cette saison extraordinairement. Insolences de laquais à Paris jusques aux meurtres, dont il y en eut de pendus; faux-monnoyeurs pris et découverts; deux assassins qui avoient voulu assassiner le baron d'Aubeterre [1] en sa maison, roüez tous vifs en Greve; un soldat des gardes pendu pour avoir tué son hôte, afin de lui voler dix francs qu'il avoit; un marchand venant à la foire, tué d'un coup de couteau qu'on lui laissa dans la gorge, trouvé en cet état le long des tranchées des fauxbourgs Saint Germain : sans dix-neuf autres qu'on trouve avoir été tuez et assassinez en ce seul mois par les ruës de Paris, dont on n'a pû découvrir encore les meurtriers. Pauvre commencement d'année, nous menaçant de pire fin, par la constitution du tems, si piteuse qu'elle semble pleurer nos péchez, au défaut de la crainte de Dieu, qui ne se trouve plus aujourd'hui entre les hommes.

[FEVRIER.] Le samedi 4 février, fut mis en terre à Paris M. René Choppin, avocat en la cour, grand jurisconsulte, qui par ses doctes ecrits entretenoit envers les etrangers la réputation du parlement. Il mourut d'une cangrenne à la vessie.

Le vendredy 10 de ce mois, la Reine accoucha d'une fille [2] en cette ville de Paris : ce qu'on n'avoit vû il y

(1) *Le baron d'Aubeterre :* Pierre Bouchard d'Esparbès de Lussan, fils de François d'Esparbès de Lussan, vicomte d'Aubeterre. — (2) *La Reine accoucha d'une fille :* A cette occasion, la noblesse de la cour

avoit fort long-tems. La science des astrologues éludée, qui lui avoient prédit qu'elle auroit un fils, et qu'elle encourroit danger de sa vie ; la querelle aussi de deux gentilshommes appointez par-là, qui étoient sur le point de se battre pour la lieutenance du duc d'Orleans : dont le Roi les baffoua tous deux plaisamment, et s'en mocqua, étant Sa Majesté d'autre côté empêchée à réconforter la Reine, qui ne se pouvoit contenter d'avoir une fille, lui remontrant que Dieu leur avoit donné des moyens honnêtement pour la pourvoir, et que beaucoup d'autres demeureroient si la leur demeuroit : et que si sa mere n'eût fait des filles, elle n'eût jamais été reine de France.

Le samedi 25 de ce mois, fut rompu sur la rouë, en la place de Greve à Paris, un gentilhomme voleur ; lequel étant sur l'échaffaut jetta du haut en bas un cordelier qui le confessoit ; puis se ruant sur le bourreau, peu s'en fallut qu'il ne l'étranglât avec ses dents ; mais enfin ayant été arrêté, fut roué tout vif.

Le lendemain dans l'eglise Saint Merry à Paris, pendant qu'on faisoit le prône, un chien enragé mordit un homme : ce qui fit fuir tout le monde, de façon qu'il y avoit presse à se sauver et sortir de l'eglise.

Sur la fin de ce mois se voyoit à Paris un livre d'un jesuite nommé Mariana, lequel se vendoit publiquement, encore qu'en termes exprès il approuvât l'assassinat du feu Roi, et en louât le meurtrier. Il étoit imprimé in-8° assez grosset, portant ce titre : *Joannis Marianæ Hispani, è Societate Jesu, de Rege et Regis Institutione libri* III, *ad Philippum* III, *Hispaniæ*

donna à Leurs Majestés un divertissement nouveau. Ce fut un ballet à cheval, dont on trouve le détail dans l'Histoire de de Thou.

regem catholicum , anno 1605; cum privilegio Sac.
Cæs. Majes. , et permissu superiorum. Moguntiæ.

Au chap. VI de son premier livre *An tyrannum*
opprimere fas sit, voici ce qu'il dit du feu Roi, et de
frere Clement qui le tua :

Henricus eo nomine tertius, Galliæ rex, jacet manu
monachi peremptus, medicato cultro in viscera adacto :
fœdum spectaculum in paucis memorabile , sed quo
principes docentur impios ausus haud impunè cadere ;
et paulo post residente multitudinis impetu , atque
Henrico ad quartum ab urbe lapidem castra habente ,
non sine spe ejus urbis vindicandæ, res propemodum
deploratas , unius juvenis audacia ad tempus breve
certè recreavit. Et paulo post cæso Rege , ingens sibi
nomen fecit, cæde cædes expiata ac manibus Guisii
ducis, perfidè perempti, regio sanguine est parenta-
tum. Sic Clemens ille periit viginti quatuor annos na-
tus, simplici juvenis ingenio, neque robusto corpore ,
sed major vis vires et animum confirmabat. Rex ,
nocte proxima, in magna spe salutis, eoque nullis sa-
cris procuratus, secunda hora post mediam noctem,
in illa Davidis verba : Ecce enim in iniquitatibus con-
ceptus sum, et in peccatis concepit me mater mea,
extremum spiritum edidit. Fœlix futurus si cum pri-
mis ultima contexisset talemque se principem præsti-
tisset, qualis sub Carolo fratre rege fuisse crede-
batur adversus perduelliones, copiarum bellique dux,
qui illi gradus ad regnum Poloniæ fuit, procerum
ejus gentis suffragio! Sed cesserunt prima postremis,
bonaque juventæ ætas major flagitio obliteravit. De-
functo fratre revocatus in patriam, rexque Galliæ
renunciatus, omnia in ludibrium vertit, ut non alia

caussa videatur ad rerum fastigium sublatus, nisi ut graviori casu præcipitaret. Sic fortuna seu vis major ludit in rebus humanis.

Le cordelier portugais fut un des premiers qui sonna l'allarme contre ce livre; déclama publiquement et prêcha contre : même le premier avis qu'en eut Sa Majesté vint de lui. Tellement qu'on en fit comme une forme de recherche, laquelle on laissa à la fin, voyant qu'elle ne servoit qu'à le faire chercher davantage, comme il advient ordinairement quand on y vient à tard, et que chacun en est fourni. J'ouïs dire un jour au Portugais (étant à la boutique de A. Perrier, qui m'en vendit un) que s'il en eût trouvé, qu'il l'eût jetté dans le feu comme un livre de Calvin; et qu'il ne valoit pas mieux.

[MARS.] Le vendredi 3 de ce mois de mars, fut mis en terre, dans l'eglise Saint Benoît à Paris, M. Minos, âgé de soixante-dix ans, homme regrettable tant pour la probité que pour la doctrine.

Le jeudi 9 de ce mois, M. de Rosni fit le serment de duc et pair de France à la cour, où il vint mieux accompagné que le Roi, et fut sa venue funeste à beaucoup : car il y fut combattu comme en bataille rangée entre les clercs et les laquais, dans la cour et salle du Palais, avec telle impudence, volerie, meurtre et désordre, qu'on n'a jamais ouï parler d'une si étrange et vilaine confusion. Ledit sieur de Rosni traita Sa Majesté à l'Arsenal, et lui donna magnifiquement à dîner, où ne fut épargnée la musique des canons.

Le dimanche 12, le baron de Nantouillet fut tué en duel par le comte de Saulx.

Ce jour, arriva monseigneur le Dauphin à Paris, qui fut recommandé par le Roi son pere ce même jour à messieurs de la cour, pour en avoir soin pendant son absence.

Le mardi 14, messieurs de la cour allerent en corps saluer Sa Majesté, qui étoit aux Thuilleries, et prendre congé de lui. Il leur recommanda derechef la personne de monseigneur le Dauphin, et leur dit qu'il s'en alloit avec les bras ouverts à Sedan, pour recevoir M. de Bouillon s'il vouloit; sinon qu'il lui apprendroit son devoir.

Le mercredi 15, qui fut le jour que le Roy sortit de Paris pour aller assieger Sedan (1), ainsi qu'on disoit, fut semé le suivant quatrain sur cette entreprise, extrait des Centuries de Nostradamus, dans lesquelles les curieux de notre tems trouvent aujourd'hui tout ce qui se fait et bâtit au monde de nouveau.

> Lorsqu'un Siron (2) gourmandera la France,
> Du vent du sud l'impétueux effort
> Battra La Tour (3) pour l'oster de la danse.
> Garde le heurt, le diable n'est pas mort.

Le 28 de ce mois, et aux Anglois qui ne tiennent la reformation des dix jours le 7 avril, fut exécuté à mort à Londres en Angleterre le pere Henry Garnet (4), provincial des jesuites en Angleterre, comme un des principaux fauteurs et complices de la conjuration: laquelle, comme bon catholique et jesuite, il ne voulut jamais avouer et confesser. Et lui ayant esté demandé si

(1) Voyez la Notice qui précède les Mémoires du duc de Bouillon, tome 35, première série. — (2) *Siron* : Anagramme de Rosni. — (3) *La Tour* : On prétendoit que la famille de La Tour étoit issue de Robert le Diable. — (4) *Henry Garnet* : Il étoit Anglois de nation.

le Pape *de facto* déposoit le roy Jacques, quel parti il croyoit que les sujets dussent tenir, celui du Roy, ou celui du Pape? ne répondit rien du tout. Son procès a été imprimé, et se voit par tout.

Le samedi, dimanche et lundi du present mois, veille de Pâques, le jour et le lendemain, s'éleverent des vents si grands et impetueux, que plusieurs personnes à Paris furent blessées et tuées de la chûte des cheminées et pignons de plusieurs maisons. Le haut de la croix des Carmes et de la petite eglise Notre-Dame en furent abatus, les gros arbres deracinés, même ceux du clos des Chartreux, que je vis. Aux champs, le ravage y fut encore plus grand : car il ruina plusieurs maisons, et y accabla dedans hommes, femmes et enfans : laquelle foudre et tempête fut universelle par toute la France. A Dieppe, le propre jour de Pâques, le temple de ceux de la religion en fut renversé, et y eut trente-cinq personnes de tuées. Une nouvelle etoile venant là-dessus à paroître, donna nouvelles terreurs au peuple, et matieres de nouveaux discours aux curieux sur l'état des affaires qui se remuoient, où toutesfois ils n'entendoient rien du tout.

En ce mois moururent à Paris, de ma connoissance, le conseiller Dolu, en la fleur de son âge ; M. Honoré, âgé de près de quatre-vingts ans ; et mademoiselle de Seselles d'une mort soudaine, le dernier de ce mois.

A Posnanie, ville de Pologne, à l'instigation des jesuites, le temple où s'assembloient les lutheriens pour l'exercice de leur religion fut entierement brûlé et réduit en cendres par les disciples desdits jesuites, qui y mirent le feu : ce qui cuida causer un grand trouble par toute la Pologne, duquel les jesuites rejet-

toient la faute sur la témerité et zéle de leurs ecoliers
à la religion catholique, apostolique et romaine; joignant à cette froide excuse une requête digne de leur
impudence, qui portoit que doresnavant il fût def-
fendu aux protestans de plus s'assembler ni réédifier
ledit temple, de peur de plus grand inconvenient : n'é-
tant en leur puissance de garder leurs ecoliers d'y remettre le feu, voire faire pis qu'ils n'avoient encore fait.
Cela advint en ce mois de mars, environ le 15 et 16 :
dont les avis en vinrent à la fin du mois, et un entr'autres du dernier, porté par une lettre que j'ai vûe et lûe.

[AVRIL.] Le mardi 4 avril, furent apportées les nouvelles à Paris de la réduction de la ville de Sedan et
accord du duc de Bouillon ; et en écrivit Sa Majesté la
lettre suivante à madame la princesse d'Orange étant
pour lors à Paris, laquelle fut incontinent divulguée
par tout.

« Ma cousine, je dirai, comme fit César : *Veni, vidi,
vici*; ou, comme la chanson, *Trois jours durerent mes
amours; et se finirent en trois jours*; tant j'étois amoureux de Sedan. Cependant vous pouvez maintenant
dire si je suis veritable ou non, ou si je sçavois mieux
l'état de cette place que ceux qui me vouloient faire
croire que je ne la prendrois de trois ans. M. de Bouillon a promis de me bien et fidellement servir, et moi
d'oublier tout le passé. Cela fait, j'espere vous voir
bien-tôt, Dieu aidant : car aussitôt que j'aurai été
dans la place, et que j'aurai pourvû à ce qui y est
nécessaire pour mon service, je prens ja mon retour
vers Paris. Bonjour, ma cousine. Arsens, qui vous ren-

dra celle-ci, vous dira de mes nouvelles. *Signé* **HENRY.**
« A Doncheri, ce 2 avril. »

Le mercredi 5, fut tué à Paris un gentilhomme favori de la reine Marguerite, par un autre jeune gentilhomme âgé de dix-huit ans seulement, qui le tua d'un coup de pistolet tout joignant la Reine. Le meurtri se nommoit Saint Julien, lequel ladite Reine aimoit passionnément, et pour ce jura de ne boire ni manger qu'elle n'en eût vû faire la justice : comme aussi dès le lendemain il eut la tête tranchée devant son logis, qui étoit l'hôtel de Sens, où elle assista; et dès la nuit même toute effrayée en délogea, et le quitta, avec protestation de jamais n'y rentrer. Le criminel marcha gayement au supplice, disant tout haut qu'il ne se soucioit de mourir, puisque son ennemi étoit mort, et qu'il étoit venu à bout de son dessein. On lui trouva trois chiffres sur lui, l'un pour la vie, l'autre pour l'amour, et l'autre pour l'argent, qui sont trois déitez fort reverées de nos courtisans d'aujourd'hui.

Ce jour, fut décapité aux Halles un gentilhomme faux monnoyeur.

Le jeudi 6, fut chanté à Notre-Dame le *Te Deum* de la paix de Sedan, auquel messieurs de la cour assistèrent en robes noires.

Le lundi 17 du present mois d'avril, fut publiée et affichée à Rome la bulle contenant la déclaration de la nullité des decrets de messieurs les Venitiens, et qu'on ne seroit tenu à l'observation d'iceux : ce faisant que le doge et senat, dans vingt-quatre jours, eussent à les revoquer et casser, et faire publier le contraire de ce qu'ils ont ci-devant fait par tout leur domaine tem-

porel, lesdits vingt-quatre jours par trois termes accoû-
tumez aux lettres monitoires, huit jours pour chacun
terme; lesquels expirez, à faute d'avoir obéi et revoqué lesdits decrets, le Pape déclare que ledit doge et
senat sont déclarez, à cause de ce, excommuniez; et
que s'ils persistent en leur obstination trois jours après
les vingt-quatre jours, que la ville de Venise en particulier, et en général tout leur etat et domaine temporel, sont interdits; avec deffenses de célébrer l'office
divin, ni messes solemnelles ou privées, sinon aux cas
reservés par le droit; et lors les portes desdites eglises
seront fermées, les cloches ne sonneront point, et les
excommuniez exclus, avec les autres censures ordinaires en tel cas, que le Pape déclare avoir bien et dûe-
ment déliberées et resolues avec le conseil et consentement de messieurs les cardinaux.

Le jeudi 20 de ce mois, le seigneur de Lafin étant à
Paris, venant de solliciter la liberté du sieur de Pluviers
son fils, prisonnier à la Conciergerie, comme il passoit
au bout du pont Notre-Dame, fut en plein jour chargé;
et lui étant à cheval porté par terre, couvert de feu et
de sang par douze ou quinze hommes inconnus, bien
montez et armez; lesquels lui ayant tiré dix ou douze
coups de pistolet, blessé et tué quelques-uns sans difficulté ou empêchement quelconque, sortirent de la
ville, qu'ils traverserent tous en gros au grand galop,
l'épée nue en une main, avec la bride et le pistolet en
l'autre, ayant ceux qu'ils avoient tiré à l'arçon de la
selle, sans qu'ils fussent suivis ni poursuivis de vingt-
quatre heures après. Occasion que tel crime est demeuré impuni, et les auteurs et complices inconnus,
sinon par conjectures.

Le vendredi 28 de ce mois, le Roi revenant de son voyage de Sedan, rentra à Paris par la porte Saint Antoine, accompagné de plusieurs princes et seigneurs, et entr'autres de M. le maréchal de Bouillon, qui étoit vêtu tout simplement d'un habillement tanné, monté sur un simple cheval sans aucune parade, et portoit un visage fort triste. A l'arrivée de Sa Majesté furent tirez de l'Arsenal force canons : et étoit près de lui M. de Rosni, qui l'entretenoit, et lui montroit les belles dames; et entre les autres lui montra la comtesse d'Auvergne à une des fenêtres des tours de la Bastille, laquelle Sa Majesté salua fort courtoisement, comme il fit aussi la comtesse de Moret en la rue Saint Antoine, et plusieurs autres belles dames.

Les jesuites, après avoir gratifié Sa Majesté de l'heureux succès que Dieu lui avoit donné de son entreprise de Sedan, lui presenterent en ce tems une requête tendante à ce qu'ils pussent sous son autorité avoir un college audit Sedan. A quoi le Roi fit réponse qu'il en falloit parler à M. de Bouillon pour en avoir son consentement; et quand ils l'auroient, que pour son regard il ne l'empescheroit point : et ainsi demeura la requête pendue au croc.

Sur la fin de ce mois, en un bourg de Vortlande nommé la Fontaine Elie, fut perpetré un acte barbare, prodigieux et diabolique, duquel un Danois mien ami me donna avis par une sienne lettre; et a depuis été redigé par écrit, et imprimé par un historien de notre tems. C'étoit le fermier d'une noble et riche maison, nommé Jean Eisenbisse, homme aisé, âgé de quarante-deux ans, lequel sans autre cause apparente, comme il confessa depuis (possedé du diable comme

il est à présupposer), massacra premierement sa femme
grosse et prête d'accoucher, âgée d'environ trente-trois
ans; puis tua inhumainement six enfans qu'il en avoit,
et finalement sa chambriere. Ayant fait cette exécution
en moins d'une heure, fut apprehendé; et combien
qu'il confessât le fait, gehenné et torturé, pour déclarer ce qui l'avoit pû mouvoir à cela, et commettre un
crime et acte tant cruel et barbare, ne dit autre chose,
sinon que sa femme et ses enfans le vouloient maîtri-
ser. A quoi il n'y avoit apparence quelconque, pour
ce que ses enfans étoient tous petits : et quant à la
femme, étoit fort honnête et merveilleusement douce,
au rapport de tous ses voisins; dont on ne peut penser, sinon que le diable s'étant emparé de cet homme,
avoit exécuté par lui cette horrible tragédie. Le supplice qu'on lui donna le mois d'après est remarquable,
couché en ces mots par l'historien :

*Principio catenis ferreis in curru constrictus, ad
pagum ubi habitaverat revectus est; eo uti perventum,
in pellem bubulam dispositus, et propriis suis bobus
ad loca singula facinoris hujus conscia traductus
est, ubi cum pro numero interfectorum forcipe ignita
nomes apprehensus, et manu utráque truncatus esset,
crus utraque rota collisum est, corpore in quatuor
partes dissecto, et ad vias publicas variè distributo,
intestinis porro igne crematis; capite verò rotæ qua
loco illo uxorem vita privaverat, elevata est imposito,
et manibus ad rotæ modiolum clavis ferreis affixis.
Pridie ejus diei quo executio judicii hujus facta, domus quam inhabitaverat, cum universa ejus supel-
lectile, igne accensa et in planitiem versa fuerat; co-
lumna lapidea, quæ diabolici hujus et propè inauditi*

47.   34

*facinoris, suppliciique de parricida hoc sumpti, nar
rationem prætereuntibus posteris exhiberet, in locum
ejus erecta et constituta.*

[MAY.] Le samedi 6 mai, un procureur nommé Pom-
mereuil, âgé d'environ cinquante ans, demeurant en
la rue de la Parcheminerie, tomba tout mort devant
le logis de M. le president de Thou.

Deux gentilshommes se battirent ce même jour en
duel aux Prez aux Clercs, et se blesserent griévement,
sur une querelle de verre, à sçavoir pour le miroir d'une
damoiselle.

Le lundi 8, fut mis en terre à Paris le plus ancien
commissaire de la ville, nommé Baccot, âgé de quatre-
vingt-seize ans. Quelque tems auparavant étoit mort à
Paris un procureur nommé Du Pont, qui au dire d'un
chacun avoit cent quatre ans: si que ces deux fournissoient deux cens ans.

Le mercredi 10, mourut à Paris, dans le cloître
Notre-Dame, M. Cocley, conseiller d'Eglise de la grand-
chambre, âgé de soixante-huit ans, homme regrettable tant pour la prud'hommie que pour la doctrine.

Ce jour, la femme d'un boulanger, se voyant surprise en adultere, se precipita du haut d'une fenêtre
en bas, et se tua.

Un gentilhomme sans jambes, comme sans Dieu,
eut ce jour la tête tranchée en Greve, où il ne voulut
ni prêtre ni ministre, ni même invoquer Dieu une fois
seulement, comme vrai athéiste qu'il étoit.

Le jeudi 11 de ce mois, le fils de La Martiniere,
maître des comptes, poignarda à Paris de quinze coups
sa propre sœur, femme du chevalier du guet, grosse

de six mois, l'étant allé voir le matin pour lui donner (ainsi qu'il disoit) le bon jour; et l'ayant trouvée comme elle achevoit de s'habiller, la salua de quinze coups de poignard. Histoire prodigieuse, mais pleine d'un merveilleux jugement de Dieu et sur le pere et sur le fils, et sur la sœur, et sur toute cette maison, l'ignominie de laquelle ne se peut couvrir que par le silence.

La nuit de ce même jour, une femme à Paris se precipita dans un puis, et se noya.

La nuit d'entre le 12 et 13, un méchant garnement tua un bon pere de famille à Paris, et puis emmena sa femme avec lui de son consentement, sans qu'on en ait pû encore avoir nouvelles.

Le 13 dudit mois, dès le matin, se trouva mort à Paris un avocat nommé Cornu, qu'on avoit tué, et le corps duquel fut porté au châtelet. On disoit que c'étoit pour l'amour de quelque femme. Chose assez commune à Paris, et où Dieu met ordinairement la main, au défaut des hommes.

Ce même jour, un jeune enfant fut tué d'un pot d'œillets qui lui fut jetté sur la tête.

Un gentilhomme, ce même jour, fut assassiné de seize coups d'épée près la maison de M. le chancelier.

Ce même jour, fut roué tout vif, en la place de Greve à Paris, un garranier qui avoit assommé un gentilhomme dans sa garenne, et lequel faisoit métier d'accommoder de cette façon ceux qu'il pouvoit attraper.

Le jeudi 18 de ce mois, le fils de La Martiniere, pour le meurtre inhumain commis en la personne de sa sœur, après avoir eu le poing coupé fut conduit

34.

en la place de Greve et mis sur la roue, où, aprés avoir enduré vif le premier coup de barre, fut étranglé : montrant au supplice une grande constance et repentance de son énorme et détestable peché.

Le Roi fut fort importuné pour donner la grace à cet homme : ce qu'il ne voulut jamais faire, faisant en cela office de bon roi et grand justicier, en ôtant le méchant, afin que, selon le dire du sage, son thrône pût être affermi par justice. A M. le grand, qui l'en importunoit, il lui dit qu'après qu'on lui auroit rompu les os des bras et des jambes, il lui en donnoit les cendres ; et à un autre seigneur, que s'il eût été pere de ce miserable, il n'en eût voulu faire la requête. Il fit encore à un autre une plaisante réponse, mais chrétienne et remarquable. « Ventre saint-gris, lui dit-il se pre-« nant à gratter sa tête, j'ai assez de péchez sur ma « tête, sans y mettre encore celui-là. »

Le vendredi 19, fut enterré à Paris, au cimetiere de ceux de la religion, G. Auvrai, libraire.

Le samedi 2, furent mis hors de Paris tous les Irlandois, qui étoient en grand nombre, gens experts en fait de gueuserie, et excellens en cette science par dessus tous ceux de cette profession, qui est de ne rien faire, et vivre aux dépens du peuple et aux enseignes du bon homme Peto d'Orleans : au reste, habiles de la main et à faire des enfans, de la maignée desquels Paris est tout peuplé.

On les chargea dans des batteaux conduits par des archers, pour les renvoyer par delà la mer, d'où ils étoient venus. Belle décharge pour la ville de Paris, dès long-tems attendue, mais différée à l'extremité, comme sont ordinairement ici les bonnes regles et polices concernantes le bien et le salut du peuple.

Le lundi 29, fut pendu à Paris, au bout du pont Saint-Michel, un adultere qui entretenoit la femme d'un fourreur, et lui avoit vendu sa fille : laquelle étant prête d'être conduite aù supplice, dit qu'elle étoit grosse, et fut ramenée, à la priere même de son joubet de mari, qui alla coucher la nuit avec elle, et se fâchoit de sortir d'une tant honorable compagnie que celle des cocus, dont il étoit des plus avant et des moins prisez.

Le mardi 30, la reine Marguerite gagna sa cause (¹) à la cour pour la comté d'Auvergne : dont elle fut tellement réjouie, que M. Drieux son chancelier lui en étant venu dire les nouvelles à Saint Severin, où elle oyoit la messe, se leva tout aussi-tôt; et laissant là la messe, s'en alla aux Cordeliers y faire chanter le *Te Deum*.

Les jesuites en ce mois furent bannis de Venise par décret de la seigneurie, et en sortirent avec tous leurs meubles et équipages le 10 de ce mois : la plûpart d'entr'eux se retirerent à Milan. Un grand personnage de notre tems l'ayant entendu, dit ces mots : *Viriliter cœperunt, muliebriter desinent.*

[JUIN.] Le vendredi 2 juin, un tailleur de madame de Sourdis se pendit à Paris; et se voyoit le corps mort le lendemain au châtelet.

Le mardi 6, fut roué vif devant le Louvre le fils du maître du cabaret des Trois Pilliers en la ruë Saint

_____

(¹) *La reine Marguerite gagna sa cause :* Il s'agissoit des comtés d'Auvergne et de Clermont, de la baronnie de La Tour, et d'autres terres qui avoient appartenu à la feue reine mère Catherine de Médicis.

Honoré, pour avoir à Fontainebleau, le Roi y étant, volé avec d'autres ses complices un gentilhomme espagnol, forcé sa femme, et abusé du nom du Roy : le moindre desquels crimes méritoit la mort. Aussi en avoit Sa Majesté la justice fort à cœur, laquelle il commanda expressément, disant qu'il n'oyoit parler à Paris et à sa cour que de pareilles méchancetez et abominations, qui s'y perpetroient, voire jusques dans sa maison ; mais qu'il en feroit faire si rigoureuse justice, qu'il en feroit perdre en brief le goût aux entrepreneurs.

Le vendredi 9, fut reçu à la cour un nouveau conseiller de la religion, nommé Saint Marc ; lequel par sa suffisance vainquit l'envie et la peine qu'on lui eût bien voulu donner, à raison de sa profession.

Ce jour, le Roi et la Reine passans au bacq de Nulli, revenans de Saint Germain à Paris, et ayant avec eux M. de Vendosme, faillirent à être noyez tous trois (1),

---

(1) *Etre noyés tous trois :* Le Roi, la Reine, madame la princesse de Conti, M. de Montpensier et le duc de Vendôme revenoient en carrosse de Saint-Germain à Paris. Etant arrivés au bac de Neuilly, ils ne voulurent pas descendre de voiture, à cause de la pluie ; mais en entrant dans le bac les deux derniers chevaux tombèrent dans l'eau, et entraînèrent le carrosse. Le Roi, qui étoit excellent nageur, fut bientôt hors de danger ; mais il se rejeta dans l'eau, pour aider à retirer la Reine et le duc de Vendôme. La Châtaigneraye avoit déjà sauvé la Reine : il sauva ensuite le duc de Vendôme. Le duc de Montpensier et la princesse de Conti étant tombés dans un endroit où la rivière n'étoit pas profonde, coururent moins de danger. La Reine, en récompense du service que lui avoit rendu La Châtaigneraye, lui donna une enseigne de pierreries de la valeur de quatre mille écus, une pension annuelle ; et ensuite elle le fit capitaine de ses gardes. La marquise de Verneuil égaya son esprit sur cette aventure, et dit au Roi, la première fois qu'elle le vit, que si elle avoit été de la partie, lorsqu'elle auroit vu la personne de Sa Majesté hors de danger,

principalement la Reine, qui but plus qu'elle ne vouloit; et sans un sien valet de pied et un gentilhomme nommé La Chastaigneraie qui la prit par les cheveux, s'étant jetté à corps perdu dans l'eau pour l'en retirer, couroit fortune inévitable de sa vie. Cet accident guerit le Roy d'un grand mal de dens qu'il avoit; dont le danger étant passé il s'en gaussa, disant que jamais il n'y avoit trouvé meilleure recette : au reste, qu'ils avoient mangé trop salé à dîner, et qu'on les avoit voulu faire boire après. Mais il y avoit plus à remercier Dieu qu'à rire de cette delivrance, laquelle vient d'en haut : Dieu ayant eu encore pitié à cette fois, comme en beaucoup d'autres, de son roy et de son peuple.

Le jeudi 15, le comte de Cressé tua à Paris en duel le baron de Saint George, le corps mort duquel fut porté en l'Abbaye. Le jour de devant, il y avoit eu encore un duel aux Prez aux Clercs de deux contre deux, où il y avoit des Anglois mêlés.

Le 29, courut un bruit à Paris que la ville devoit abîmer la nuit suivante. On disoit que le Pape en avoit eu une révelation, et autres fariboles dont on repaissoit le peuple, envers lequel toutefois cette fadaise trouva tant de croyance, que beaucoup des plus simples et credules sortirent la ville et les fauxbourgs.

Fut rapporté ce jour à la police, pour y donner ordre, qu'il y avoit à Paris jusques à cinquante maisons infectées de peste. La disposition du tems étoit très-maligne : ce qui faisoit peur au monde, et entretenoit les maladies contagieuses, avec beaucoup d'autres de

elle auroit crié : « La Reine boit ! » Cette raillerie ralluma le ressentiment de la Reine, et causa de nouvelles picoteries.

toutes sortes : desquelles moururent en ce mois, de
ma connoissance, la tresoriere Chauvelin, soudainement et sans y penser, n'ayant que trente-six ans ; la
Senami, que le capucin Joyeuse eut bien de la peine à
faire resoudre à la mort ; M. des Barreaux, le chirurgien Lefort, et Nicolas Damfrie, graveur excellent, et
singulier en son art.

FIN DU QUARANTE-SEPTIÈME VOLUME.

Date Due

MY			

Demco 38-297

CPSIA information can be obtained
at www.ICGtesting.com
Printed in the USA
BVHW090555280819
556854BV00003B/416/P